国家出版基金项目
NATIONAL PUBLICATION FOUNDATION

丝绸之路历史文化研究书系

第三辑　　杨富学　主编

回鹘文『慈悲道场忏法』词法研究

乔　睿　张铁山　著

甘肃文化出版社

图书在版编目（ＣＩＰ）数据

回鹘文《慈悲道场忏法》词法研究 / 乔睿，张铁山著. -- 兰州：甘肃文化出版社，2022.12
（丝绸之路历史文化研究书系 / 杨富学主编.第三辑）
ISBN 978-7-5490-2385-1

Ⅰ. ①回… Ⅱ. ①乔… ②张… Ⅲ. ①回鹘语－佛教－文献－研究 Ⅳ. ①B948

中国版本图书馆CIP数据核字(2022)第187737号

回鹘文《慈悲道场忏法》词法研究

乔 睿 张铁山 | 著

项 目 策 划 | 郭军涛
项 目 统 筹 | 周乾隆 贾 莉 甄惠娟
责 任 编 辑 | 顾 彤
封 面 设 计 | 马吉庆

出版发行 | 甘肃文化出版社
网　　址 | http://www.gswenhua.cn
投稿邮箱 | gswenhuapress@163.com
地　　址 | 兰州市城关区曹家巷 1 号 | 730030(邮编)

营销中心 | 贾 莉 王 俊
电　　话 | 0931-2131306

印　　刷 | 北京联兴盛业印刷股份有限公司
开　　本 | 787 毫米 × 1092 毫米 1/16
字　　数 | 400 千
印　　张 | 29.25
版　　次 | 2022 年 12 月第 1 版
印　　次 | 2022 年 12 月第 1 次
书　　号 | ISBN 978-7-5490-2385-1
定　　价 | 132.00 元

总　序

丝绸之路是一条贯通亚、欧、非三洲经济文化交流的大动脉。自古以来，世界各地不同族群的人都会在不同环境、不同传统的背景下创造出独特的文化成就，而人类的发明与创造往往会突破民族或国家的界限，能够在相互交流的过程中获得新的发展。丝绸之路得以形成的一个重要原因，就在于东西经济文化的多样性和互补性。

在中西交往的经久历程中，中国的茶叶、瓷器及四大发明西传至欧洲，给当时的西方社会带来了影响，至今在西方人的生活中扮演着重要角色。反观丝绸之路对中国的影响，传来的大多是香料、金银器等特殊商品，还有胡腾舞、胡旋舞等西方文化。尽管这些西方的舶来品在考古现场有发现，在壁画、诗词等艺术形式上西方的文化元素有展示，但始终没有触及中华文明的根基。

早在远古时期，虽然面对着难以想象的天然艰险的挑战，但是欧亚大陆之间并非隔绝。在尼罗河流域、两河流域、印度河流域和黄河流域之北的草原上，存在着一条由许多不连贯的小规模贸易路线大体衔接而成的草原之路。这一点已经被沿路诸多的考古发现所证实。这条路就是最早的丝绸之路的雏形。

草创期的丝绸之路经历了漫长的历史演进，最初，首要的交易物资并不是丝绸。在公元前15世纪左右，中原商人就已经出入塔克拉玛干沙漠边缘，购买产自现新疆地区的和田玉石，同时出售海贝等沿海特产，同中亚地区进行小规模贸易交流。而良种马及其他适合长距离运输的动物也开始不断被人们所使用，于是大规模的贸易往来成为可能。比如阿拉伯地区经常使用的耐渴、耐旱、耐饿的单峰骆驼，在公元前 11 世纪便用于商旅运输。而分散在亚欧大陆的游牧民族据传在公元前 4 世纪左右才开始饲养马。双峰骆驼则在不久后也被运用在商贸旅行中。另外，欧亚大陆腹地是广阔的草原和肥沃的土地，对于游牧民族和商队运输的牲畜而言可以随时随地安定下来，就近补给水、食物和燃料。这样一来，一支商队、旅行队或军队可以在沿线各强国没有注意到他们的存在或激发敌意的情况下，进行长期、持久而路途遥远的旅行。

随着游牧民族的不断强盛，他们同定居民族之间不断争斗、分裂、碰撞、融合，这使原始的文化贸易交流仅存于局部地区或某些地区之间。不过，随着各定居民族强国的不断反击和扩张，这些国家之间就开始了直接的接触，如西亚地区马其顿亚历山大的东征，安息王朝与罗马在中亚和地中海沿岸的扩张，大夏国对阿富汗北部、印度河流域的统治以及促使张骞动身西域的大月氏西迁。这些都说明上述地区之间进行大规模交通的要素已经具备，出入中国的河西走廊和连通各国的陆路交通业已被游牧民族所熟知。

丝路商贸活动的直接结果是大大激发了中原人的消费欲望，因为商贸往来首先带给人们的是物质（包括钱财等）上的富足，其次是来自不同地域的商品丰富了人们的精神文化生活。"紫驼载锦凉州西，换得黄金铸马蹄"，丝路商贸活动可谓奇货可点，令人眼花缭乱，从外奴、艺人、歌舞伎到家畜、野兽，从皮毛植物、香料、颜料到金银珠宝、矿石金属，从器具、牙角到武器、书籍、乐器，几乎应有尽有。而外来工艺、宗教、风俗等随商人进入更是不胜枚举。这一切都成了中原高门大户的消费对象与消费时尚。相对而言，唐代的财力物力要比其他一些朝代强得多，因此他们本身就有足够的能力去追求超级消费，而丝路商贸活动的繁荣无非是为他们提供了更多的机遇而已。理所当然的就有许许多多的人竭力囤积居奇，有钱人不仅购置珍奇异宝而且还尽可能在家里蓄养宠物、奴伎。诚如美国学者谢弗所言：7 世纪的中国是一个崇尚外来物品的时代。当时追求各种各样的外国奢侈品和奇珍异宝的风气开始从宫廷中传播开来，从而广泛地流行于一般的城市居民阶层之中。古代丝绸之路的开辟，促进了东西方的交流，从而大大推动了世界各国的经济、政治发展，丰富了各国人民的物质文化生活。

丝绸之路上文化交流，更是繁荣昌盛。丝绸之路沿线各民族由于生活的环境不同，从而形成不同的文化系统，如印度文化系统、中亚诸族系统、波斯—阿拉伯文化系统、环地中海文化系统、西域民族文化系统、河西走廊文化系统、黄河民族文化系统、青藏高原文化系统等等。而在这其中，处于主导地位的无疑是中原汉文化、印度文化、希腊文化和波斯—阿拉伯文化。

季羡林先生曾言："世界上历史悠久、地域广阔、自成体系、影响深远的文化体系只有四个，即中国、印度、希腊和伊斯兰……目前研究这种汇流现象和汇流规律的地区，最好的、最有条件的恐怕就是敦煌和新疆。"这两个地方汇聚了四大文化的精华，自古以来，不仅是多民族地区，也是多宗教的地区，在丝绸之路沿线流行过的宗教，如萨满教、祆教、佛教、道教、摩尼教、景教、伊斯兰教，甚至还有印度教，以及与之相伴的各种文化，都曾在这里交汇、融合，进而促成了当地文化的高度发展。尤其是摩尼教，以其与商人的特殊关系，始终沿丝绸之路沿线传播。过去，学术界一般认为摩尼教自13世纪始即已彻底消亡，而最近在福建霞浦等地发现了大批摩尼教文献与文物，证明摩尼教以改变了的形式，在福建、浙江一带留存至今。对霞浦摩尼教文献的研究与刊布，将是本丛书的重点议题之一。

季先生之所以要使用"最好的"和"最有条件"这两个具有限定性意义的词语，其实是别有一番深意的，因为除了敦煌和新疆外，不同文明的交汇点还有许多，如张掖、武威、西安、洛阳乃至东南沿海地带的泉州，莫不如此。新疆以西，这样的交汇点就更多，如中亚之讹答剌、碎叶（今吉尔吉斯斯坦托克马克）、怛罗斯、撒马尔罕、布哈拉、塔什干、花剌子模，巴基斯坦之犍陀罗地区，阿富汗之大夏（巴克特里亚）、喀布尔，伊朗之巴姆、亚兹德，土耳其之以弗所、伊斯坦布尔等，亦都概莫能外，其中尤以长安、撒马尔罕和伊斯坦布尔最具有典型意义。

西安古称长安，有着1100多年的建都史，是中华文明与外来文明的交流的坩埚，世所瞩目的长安文明就是由各种地域文化、流派文化融汇而成的，其来源是多元的，在本体上又是一元的，这种融汇百家而成的文化进一步支撑和推动了中央集权制度。在吸收整合大量外域文化之后，长安文明又向周边广大地域辐射，带动了全国的文明进程，将中国古代文化的发展推向高峰，并进一步影响周围的民族和国家；同时中国的商品如丝绸、瓷器、纸张大量输出，长安文明的许多方面如冶铁、穿井、造纸、丝织等技术都传到域外，为域外广大地区所接受，对丝绸之路沿线各地文明的发展产生了重大影响，体现出长安文化的扩散性和长安文明的辐射性。这是东西方文化长期交流、沟通的结果。在兼容并蓄思想的推动下，作为"丝绸之路"起点的长安，不断进取，由此谱写了一部辉煌的中外文化交流史。长安文化中数量浩繁的遗存遗物、宗教遗迹和文献记载，是印证东西方文化交流、往来的重要内容。

撒马尔罕可谓古代丝绸之路上最重要的枢纽城市之一，其地连接着波斯、印度和中国这三大帝国。关于该城的记载最早可以追溯到公元前5世纪，其为康国的都城，善于经商的粟特人由这里出发，足迹遍及世界各地。这里汇聚了世界上的多种文明，摩尼教、拜火教、基督教、伊斯兰教在这里都有传播。位于撒马尔罕市中心的"列吉斯坦"神学院存在于15—17世纪，由三座神学院组成，他们虽建于不同时代，但风格相偕，结构合理，堪称中世纪建筑的杰作。撒马尔罕的东北郊坐落着举世闻名的兀鲁伯天文台，建造于1428—1429年，系撒马尔罕的统治者、乌兹别克斯坦著名天文学家、学者、诗人、哲学家兀鲁伯所建，是中世纪具有世界影响的天文台之一。兀鲁伯在此测出一年时间的长短，与现代科学计算的结果相差极微；他对星辰位置的测定，堪称继古希腊天文学家希巴尔赫之后最准确的测定。撒马尔罕北边的卡塞西亚，原本为何国的都城，都城附近有重楼，北绘中华古帝，东面是突厥、婆罗门君王，西面供奉波斯、拂菻（拜占庭）等国帝王，这些都受到国王的崇拜。文化之多样性显而易见。

伊斯坦布尔为土耳其最大的城市和港口，其前身为拜占庭帝国（即东罗马帝国）的首都君士坦丁堡，地跨博斯普鲁斯海峡的两岸，是世界上唯一地跨两个大洲的大都市，海峡以北为欧洲部分（色雷斯），以南为亚洲部分（安纳托利亚），为欧亚交通之要冲。伊斯坦布尔自公元前 658 年开始建城，至今已有 2600 多年的历史，其间，伊斯坦布尔曾经是罗马帝国、拜占庭帝国、拉丁帝国、奥斯曼帝国与土耳其共和国建国初期的首都。伊斯坦布尔位处亚洲、欧洲两大洲的接合部，是丝绸之路亚洲部分的终点和欧洲部分的起点，其历史进程始终与欧亚大陆之政治、经济、文化变迁联系在一起，见证了两大洲许许多多的历史大事。来自东方的中华文明以及伊斯兰教文化和基督教文化在这里彼此融合、繁荣共处，使这里成为东西方交流的重要地区。

综上可见，丝绸之路上的文化多元、民族和谐主要得益于宗教信仰的自由和民族政策的宽松——无论是中原王朝控制时期，还是地方政权当政期间，都不轻易干涉居民的宗教信仰和民族之间的文化交流。丝绸之路上各种思想文化之间相互切磋砥砺，在这种交互的影响中，包含着各民族对各种外来思想观念的改造和调适。"波斯老贾度流沙，夜听驼铃识路赊。采玉河边青石子，收来东国易桑麻。"通过多手段、多途径的传播与交流，中西文化融会贯通，构成一道独具魅力、异彩纷呈的历史奇观。从这个意义上说，丝绸之路可称得上是一条东西方异质经济的交流之路和多元文化传播之路，同时又是不同宗教的碰撞与交融之路。

为了进一步推进"丝绸之路"历史文化价值的研究，本人在甘肃文化出版社的支持与通力合作下策划了"丝绸之路历史文化研究书系"，得到全国各地及港澳台学者的支持与响应。幸运的是，该丛书一经申报，便被批准为国家出版基金资助项目。

"丝绸之路历史文化研究书系"为一套综合性学术研究丛书，从不同方面探讨丝绸之路的兴衰演进及沿线地区历史、宗教、语言、艺术等文化遗存。和以往的有关丝绸之路文化方面的论著相比，本套丛书有自身个性，即特别注重于西北少数民族文献与地下考古资料，在充分掌握大量的最新、最前沿的研究动态和学术成果的基础上，在内容的选取和研究成果方面，具有一定的权威性和前沿性。整套丛书也力求创新，注重学科的多样性和延续性。

杨富学

2016 年 8 月 23 日于敦煌莫高窟

引　言

一、文献概况

《慈悲道场忏法》，又名《梁皇忏法》，为佛教忏仪书，相传由南朝梁诸僧所著，共十卷。《释氏稽古略》卷二载："梁帝（指梁武帝）初为雍州刺史时，夫人郗氏性酷妒，既亡，至是化为巨蟒入后宫，通梦于帝求拯拔，帝阅佛经为制《慈悲道场忏法》十卷，请僧忏礼。夫人化为天人，空中谢帝而去。其《忏法》行于世，曰《梁皇忏》。"但一般认为，南朝齐竟陵王萧子良曾撰《净住子》二十卷，梁时诸名僧删编为十卷，内分四十品，后因传误很多，元代妙觉智等重加校订审核，即现流通本。①该经自梁代至今，一直被佛家用来灭罪消灾、济度亡灵，因而在中原及其周边地区广为流传。除回鹘文译本外，《慈悲道场忏法》还有西夏文、藏文等译本现存于世。

从内容上来看，《慈悲道场忏法》十卷内容可以分为三大部分：

卷一、卷二为第一部分，内容主要包括两个方面，首先叙述了立此慈悲道场的缘由，其中提到有十二因缘，"一者愿化六道心无限齐。二者为报慈恩功无限齐。三者愿以此善力，令诸众生受佛禁戒不起犯心。四者以此善力，令诸众生于诸尊长不起慢心。五者以此善力，令诸众生在所生处不起恚心。六者以此善力，令诸众生于他身色不起嫉心。七者以此善力，令诸众生于内外法不起悭心。

---

① 任继愈主编：《佛教大词典》，南京：江苏古籍出版社，2002年，第1130页。

八者以此善力,令诸众生凡所修福不为自身,悉为一切无覆护者。九者以此善力,令诸众生不为自身行四摄法。十者以此善力,令诸众生见有孤独幽系疾病起救济心,令得安乐。十一者以此善力,若有众生,应折伏者而折伏之,应摄受者而摄受之。十二者以此善力,令诸众生在所生处恒自忆念发菩提心,令菩提心相续不断。"①接着叙述了进行忏悔的具体过程,这一过程分为六个步骤,也就是"归依三宝第一""断疑第二""忏悔第三""发菩提心第四""发愿第五""发回向心第六"。第一步"归依三宝",是指忏悔者须归依十方尽虚空界一切诸佛、一切尊法、一切贤圣,并且称颂此三宝之功德,以祈求得到其庇佑。第二步"断疑",是指忏悔者须以此忏法断除心中疑惑,忏法中引用《护口经》中一个饿鬼因前生作沙门时口业不净而得到恶报的例子,劝诫忏悔者相信"若不作因云何得果。若有造因果终不失"②的因果报应论。第三步"忏悔",是指忏悔者须忏悔以往罪过以祈求得到诸佛诸菩萨的谅解。在《慈悲道场忏法》里,所忏悔的主要是身、口、意三方面所行的十恶业。第四步"发菩提心",是指让忏悔者洗浣心垢,遣净业累,做到内外俱洁,"具足一切种智庄严无上菩提。究竟解脱。"③第五步"发愿",是指发誓愿。此忏法中包括"愿生生世世在在处处,常得忆念发菩提心、常得奉值无量无边一切诸佛,常得供养、常得护持大乘方等一切诸经、常值十方无量无边一切菩萨、常值十方无量无边一切贤圣、常得奉报覆荫慈恩、常得奉值和尚阿阇梨、常得奉值大力国王、常得庄严诸佛国土,无有三毒八难之名、得四无碍智具六神通"④等。第六步"发回向心",是指将讲经说法斋忏的功德回施于有情众生。此忏法中列举了国王帝主、父母师长、历劫亲缘、一切眷属等。

① (日)高楠顺次郎编:《大正新修大藏经》(第四十五册),日本东京:大正一切经刊行会,1927年,No. 1909《慈悲道场忏法》,T45n1909_p0923a05(01)-p0923a19(14)。

② (日)高楠顺次郎编:《大正新修大藏经》(第四十五册),日本东京:大正一切经刊行会,1927年,No. 1909《慈悲道场忏法》,T45n1909_p0925c11(02)。

③ (日)高楠顺次郎编:《大正新修大藏经》(第四十五册),日本东京:大正一切经刊行会,1927年,No. 1909《慈悲道场忏法》,T45n1909_p0929c23(05)-p0929c24(02)。

④ (日)高楠顺次郎编:《大正新修大藏经》(第四十五册),日本东京:大正一切经刊行会,1927年,No. 1909《慈悲道场忏法》,T45n1909_p0930a13(08)-p0930b02(05)。

卷三至卷六为第二部分,内容主要包括四个方面,也就是"显果报第一""出地狱第二""解怨释结第三""发愿第四"。第一"显果报",列举了相关经文中各种善恶皆有应、赏罚分明的故事。比如忏法中引用了《罪业报应教化地狱经》的经文告诉忏悔者,只要虔心向佛,就可以消除各种恶报。忏法中还引用了《杂藏经》中的七个饿鬼问目连的故事,以此说明因果报应的关系。第二"出地狱",引用经文告诉忏悔者何谓地狱,并详细描述了多种地狱的恐怖景象,比如刀山剑树、火车火轮、阿鼻地狱等,尤其是阿鼻地狱,一切苦难皆在其中,对其描述无一不令人身临其境,毛骨悚然。此外还详细引用了《地狱经》中十八狱王的名号,更烘托出阴森恐怖的氛围。此忏法以反复详细描述地狱之苦,为其超度亡灵的主题做了铺垫。第三"解怨释结",此忏法中指出"一切众生皆有怨怼","怨怼相寻皆由三业"。正所谓"有身则苦生,无身则苦灭",所以忏悔者必须忏悔身三、口四、意三之十恶业。第四"发愿",此部分与卷一、卷二中的发愿性质相同。

卷七至卷十为第三部分,内容主要包括五个方面,即"自庆第一""为六道礼佛第二""回向第三""发愿第四""嘱累第五"。第一为"自庆",也就是自述庄严之事,文中列举了"十五自庆",比如地狱难已免,饿鬼难已脱,畜生难已舍,共住中国、亲承妙典、各获人身、瞻对尊像、餐服甘露等可喜可贺之事。第二为"为六道礼佛",其中包括:(一)奉为天道、诸仙、梵王、阿修罗道一切善神、龙王、魔王礼佛;(二)奉为国王、诸王、父母、过去父母、师长、十方比丘比丘尼、十方过去比丘比丘尼礼佛;(三)奉为阿鼻地狱、灰河铁丸等狱、饮铜炭坑等狱、刀兵铜釜等狱、火城刀山等狱礼佛;(四)为饿鬼道礼佛;(五)为畜生道礼佛。其中第一项里含有二道,即天道和阿修罗道,再加上第二至第五项中所含四道,即人道、地狱道、饿鬼道、畜生道,就是所谓六道。第三为"回向",此部分与卷一、卷二中的回向性质相同。第四为"发愿",此部分与上述卷一、卷二、卷六中的发愿性质相同,但其内容叙述更有条理,因"寻众恶所起皆缘六根"①,"故于六根

① (日)高楠顺次郎编:《大正新修大藏经》(第四十五册),日本东京:大正一切经刊行会,1927年,No. 1909《慈悲道场忏法》,T45n1909_p0963c13(00)。

发大誓愿"①,将发愿具体分成:初发眼根愿,次发耳根愿、鼻根愿、舌根愿、身根愿、意根愿、口愿等。第五为"嘱累",此部分系仿照佛经中的流通分写出,阐明了此忏法已得到诸佛诸菩萨的认可,可将其广为流通传布,用意在于使此忏法具备正式经文的作用。

从整体来看,《慈悲道场忏法》具有广泛性和简易性这两个特点。

一方面,《慈悲道场忏法》的主题具有广泛性,因这一忏法拯救的不仅是待超度的地狱亡灵,还包括其他一切众生;另一方面,《慈悲道场忏法》的行忏方法具有简易性,尤其是称念诸佛诸菩萨之名号即可得到诸佛诸菩萨的拯救。②

回鹘文《慈悲道场忏法》译自汉文本《慈悲道场忏法》,译名为 kšanti qïlγu luq nom bitig。由写本跋文可知,其译者为别失八里人昆尊舍利都统(Küntsün Šäli Tutung)。根据现存的回鹘文写本大致可知其为 13 世纪初的译本。③德国学者 J. Wilkens 在其题为《吐鲁番博物馆藏回鹘语〈慈悲道场忏法〉两残页研究》一文中提出,"回鹘语《慈悲道场忏法》之大部分可据其古文书学及正字法的特征判定为 11—13 世纪的写本。"④

回鹘文《慈悲道场忏法》写本残片现分别藏于德国柏林勃兰登堡科学院吐鲁番学研究中心、普鲁士文化遗产基金会所属国立柏林图书馆、俄罗斯科学院东方学研究所圣彼得堡分所、中国敦煌研究院、吐鲁番博物馆等科研机构和相关单位,其中柏林勃兰登堡科学院吐鲁番学研究中心收藏了该文献绝大部分残片。

上述各处所藏回鹘文《慈悲道场忏法》写本残片既有卷子式,也有梵夹式。其中,梵夹式残片中既有每面书写 17 行者,也有每面书写 30 行者,而以每面

---

① (日)高楠顺次郎编:《大正新修大藏经》(第四十五册),日本东京:大正一切经刊行会,1927年,No. 1909《慈悲道场忏法》,T45n1909_p0963c16(00)。

② 陈佳政:《忏法、慈悲与佛教中国化——以〈梁皇忏〉为中心》,硕士学位论文,浙江大学,2011年,第21—23页。

③ 牛汝极:《回鹘佛教文献——佛典总论及巴黎所藏敦煌回鹘文佛教文献》,乌鲁木齐:新疆大学出版社,2000年,第161页。

④ [德]J.Wilkens:《吐鲁番博物馆藏回鹘语〈慈悲道场忏法〉两残页研究》,王丁译,殷晴主编:《吐鲁番学新论》,乌鲁木齐:新疆人民出版社,2006年,第155页。

书写 6 行者最为常见；梵夹式残片中还有横长竖短、无穿绳用圆孔的，也有横短竖长、有穿绳用圆孔的。由此可见，回鹘文《慈悲道场忏法》译本曾被多次抄写，有不同的版本流行于回鹘人中间。①

二、研究动态

（一）文献研究情况

自回鹘文《慈悲道场忏法》被发现以来，国内外一些学者先后对其进行了研究和刊布：

1971 年，德国学者 K. Röhrborn 首先研究刊布了柏林勃兰登堡科学院吐鲁番学研究中心收藏的该文献的 32 叶梵夹式残片和普鲁士文化遗产基金会所属国立柏林图书馆所藏 30 叶梵夹式写本残片。这些写本残片均为双面书写，每面 17 行文字，共 1368 行，内容与汉文本《慈悲道场忏法》第九卷相对应。该研究主要分四大部分：第一部分为序言，其内容又分为：1. 关于 kšanti 一词的论述；2. 回鹘文《慈悲道场忏法》的用途和来源；3. 写本内容；4. 关于称念佛名号的论述；5. 写本篇幅、准备工作及编目；6. 写本纸张和字体、编辑技术；7. 参考书目和缩略语。在第二部分中，作者对该写本残片进行了拉丁字母转写、（德语）翻译和注释，书中这三部分内容的格式为传统的原文拉丁字母转写在左侧，右侧为德语译文，这两部分内容下方的整片空白处为注释。该研究的第三部分，是作者所列词汇索引，在每个词条旁边列出了其在转写部分中出现的行数，但词条未附德语翻译。第四部分为该写本残片的图版。②这部著作是对回鹘文《慈悲道场忏法》的首次研究刊布，为后来学者的研究提供了范例，具有重要参考价值。

1978 年，德国学者 I. Warnke 对柏林勃兰登堡科学院吐鲁番学研究中心所藏该文献的 74 叶梵夹式残片进行了研究，这些残片均为双面书写，每面 6 行文字，共 852 行，内容分别与汉文本《慈悲道场忏法》的序、第一卷、第二卷（1

---

① 张铁山：《吐鲁番柏孜克里克出土两叶回鹘文〈慈悲道场忏法〉残叶研究》，《民族语文》2011 年第 4 期，第 56 页。

② Klaus Röhrborn, *Eine uigurische Totenmesse*, BTT II, Berlin, 1971.

叶)、第五卷(1 叶)、第八卷(2 叶)相对应。Warnke 的该项研究成果也是其博士学位论文,文章内容主要由九部分组成:一、论文目录;二、前言;三、序言;四、回鹘文本(拉丁字母)转写;五、(德语)翻译;六、文本注释;七、词汇表;八、参考书目;九、缩略语及符号。在序言部分中,作者又论述了十个方面的内容:1.(佛教)传统与(写本)内容;2. 手抄本说明;3. 回鹘文(写本)残片编号;4. 回鹘文(写本)残片与汉文本对照索引;5. 正字法;6. 语音;7. 形态学和句法;8. 词汇;9. 回鹘文翻译技巧;10. 序言注释。在词汇表中,每个词条均列有德语翻译、在转写中的出现行数以及该词在其出现行中与其他词的搭配。①总体而言,Warnke 的这篇论文是对柏林勃兰登堡科学院吐鲁番学研究中心所藏回鹘文《慈悲道场忏法》残片较为系统的研究,既包括对该写本残片文献学方面的研究,也包括对该写本残片语言学方面的研究,不过文中关于写本语言学方面的论述内容比较少,文末也未附图版,该论文至今尚未出版。

1983 年,I. Warnke 又研究刊布了柏林勃兰登堡科学院吐鲁番学研究中心所藏该文献的 10 叶梵夹式残片,这些残片均为双面书写,每面 6 行文字,共120 行,内容与汉文本《慈悲道场忏法》第八卷相对应。其中 61 行以后的内容与Berliner Turfantexte II(即上文所述 K. Röhrborn 的研究成果)中的 1—17 行相同。该氏发表的这篇论文题为《〈慈悲道场忏法〉第 25、26 品残片》,其内容包括:一、文献概述;二、写本(拉丁字母)转写;三、(德语)翻译;四、注释;五、佛名索引;六、图版。其中文献概述部分也包括对这十叶写本残片的编目,佛名索引中则列出了写本残片中出现的佛名的回鹘文写法及其梵文对照名称。② Warnke在这篇文章中首次对该文献中出现的佛名作出了整理,为该文献之后的研究提供了参考。

2003 年,日本学者庄垣内正弘对俄罗斯科学院东方学研究所圣彼得堡分

---

① Ingrid Warnke, *Eine Buddhistische Lehrschrift Über Das Bekennen Der Sunden-Fragmente der uigurischen Version des Cibei-daochang-chanfa*, Dissertation zur Erlangung des akademischen Grades Doktor eines Wissenschaftszweiges(unpubl. Diss.), Berlin, 1978.

② Ingrid Warnke, Fragmente des 25. und 26. Kapitels des *Kšanti qïlγuluq nom bitig*, Altorientalische Forschungen10, 1983(2), pp.243—268.

所收藏的属于该文献的一个长卷和9叶梵夹式残片进行了研究与刊布。其中卷子大小为31cm×85cm,共存42行文字,以草书体书写,内容与汉文本《慈悲道场忏法》第二卷相对应;梵夹式残片则均为双面书写,每面6行文字,共106行。其中七叶残片的内容与汉文本《慈悲道场忏法》第二卷相对应,两叶残片的内容与汉文本《慈悲道场忏法》第六卷相对应。①作者在文中首先对之前有关该文献的研究情况作了简要介绍,列出了文中所研究的卷子和梵夹式残片的编号及其与《大正藏》原文相对应的页码和行数。其次,对这一部分残片进行了拉丁字母转写,并根据文意逐段对回鹘文转写部分进行了日语翻译和注释。在每段回鹘文的翻译下方还列出了与该段回鹘文相对应的汉文原文语句,十分方便读者对二者内容进行比对。

2005年,德国学者J. Wilkens对我国吐鲁番博物馆所藏两叶梵夹式残片(编号分别为80T.B.I.526-1与80T.B.I.526-2)进行了研究与刊布。这两叶残片均为双面书写,每面6行文字,共24行,内容与汉文本《慈悲道场忏法》第六卷相对应。Wilkens首先在文章的引言部分介绍了这两叶残片的来历,描述了残片的特征,讨论了此二叶残片与圣彼得堡本一叶残片和柏林本一叶残片在内容上的对应问题,并介绍了文中所研究的两叶残片的内容。其次,以残叶的正字法特征为依据论证了其断代问题,认为这两叶残片的产生年代为元初甚至此前数十年。文章的第三部分,为文书释读,内容包括残片的换写(Transliteration)、转写(Transkription)、文本的德译文、文本的汉译文、汉文底本(《大正藏》1909)与回鹘文文本对应内容、注释。文末列出了参考文献。②Wilkens在文章中所作汉文底本与回鹘文文本内容的对照为后来学者的研究提供了新的角度,也为读者对回鹘文文本与汉文原文的进一步理解提供了重要参考。

2007年,J. Wilkens又在过去有关该文献研究成果的基础上,重新整理研

① [日]庄垣内正弘:《ロッア所蔵ウイグル語文献の研究》,日本京都:京都大学大学院文学研究科,2003年,第155—179页。
② [德]J.Wilkens:《吐鲁番博物馆藏回鹘语〈慈悲道场忏法〉两残页研究》,王丁译,殷晴主编:《吐鲁番学新论》,乌鲁木齐:新疆人民出版社,2006年。

究了各地所藏回鹘文《慈悲道场忏法》的各种版本的残片,出版了该文献的集校本, 名为 *Das Buch von der Sündentilgung, Edition des alttürkisch–buddhistischen Kšanti Kılguluk Nom Bitig*。该书分为两卷,共收 4443 行回鹘文,其中包括 K. Röhrborn 与 I. Warnke 之前分别刊布的柏林所藏残片、庄垣内正弘刊布的圣彼得堡所藏残片及 Wilkens 刊布过的上述吐鲁番博物馆所藏两叶残片之内容。该集校本内容包括:一、前言;二、序言;三、编辑;四、词汇表;五、换写;六、图版。序言部分又分为:1.(回鹘文)《慈悲道场忏法》在回鹘文献中的定位;2. 文本内容的注释;3. 佛名索引;4. 参考文献及缩略语;5. 按编辑顺序排列的残片索引;6. 按所在地编目排列的索引。序言的佛名索引部分由回鹘语佛名、汉语佛名、梵语对应词与 Weller 编号四个部分组成,这是在 Warnke 所列佛名索引基础上的全面补充和完善,也为回鹘语、汉语、梵语对音研究提供了新材料。另外, 按编辑顺序排列的残片索引及按所在地编目排列的索引是作者对该文献研究的又一大贡献,极大地方便了后来学者的相关研究工作。在该著作的编辑过程中,作者将各地收藏的回鹘文《慈悲道场忏法》残片按其汉文本内容归属分成了十卷,并对每卷所存回鹘文残片进行了拉丁字母转写。转写的格式为:在该书的左侧同一页上, 转写部分在左侧, 右侧为与其内容相对应的汉文原文、汉文原文在《大正藏》中出现的页码和行数,这种回鹘文与汉文原文内容的精确比对,对于回鹘文《慈悲道场忏法》对音、翻译等方面的研究具有重要参考价值;在该书的右侧一页分别是德译文(上方)和注释(下方)。此外,在十卷原文转写部分之后,也列出了未确定归属的残叶编号。附录包括两部分内容:按语 I(–gAlI bul–对–gAlI bol–)和按语 II(关于旃檀的探讨)。在图版部分中,首先列出了图版目录以供参考。①总之,Wilkens 所著的这一集校本是目前有关回鹘文《慈悲道场忏法》研究的最全面的成果。

近年来出土的、现收藏在我国敦煌研究院和吐鲁番博物馆的回鹘文《慈悲

---

① Jens Wilkens, *Das Buch Von Der Sündentilgung, Edition des alttürkisch–buddhistischen Küanti Kšlguluk Nom Bitig*, BTT XXV(1)、(2), Turnhout, 2007.

道场忏法》残片也陆续由我国学者研究刊布。

2007 年，我国学者张铁山首次对我国敦煌莫高窟北区 B128 窟出土的一叶回鹘文《慈悲道场忏法》梵夹式残叶（编号为 B128:12）进行了研究刊布。该残叶为双面书写，每面 30 行文字，共 60 行，内容与汉文本《慈悲道场忏法》第六卷相对应。作者在文中介绍了该残叶的来历与文献概况，对回鹘文文本进行了拉丁字母转写、汉语翻译和注释，给出了引自《大正藏》的与回鹘文内容相对应的汉文原文。在文章的最后一部分，作者对回鹘文《慈悲道场忏法》译本的版本，回鹘文《慈悲道场忏法》的经名、译者和施主，回鹘文《慈悲道场忏法》译本的翻译年代、翻译方式等相关问题进行了探讨。文末附有该残叶的图版。[①]这是我国学者首次对回鹘文《慈悲道场忏法》这一文献进行的研究与刊布。

2011 年，张铁山教授又研究刊布了 20 世纪 80 年代在吐鲁番柏孜克里克出土的两叶回鹘文《慈悲道场忏法》残叶（编号分别为 80TBI:532a/80TBI:532b 与 80TBI:545a/80TBI:545b）。两残叶均为双面书写，每面 6 行文字，共 24 行，内容与汉文本《慈悲道场忏法》第八卷相对应。作者在文中先对这两叶回鹘文《慈悲道场忏法》残叶按汉文原文先后顺序进行了排列，随后又对回鹘文文本进行了换写、拉丁字母转写、汉译（附汉文原文）以及注释，接着讨论了回鹘文译本的版本，回鹘文《慈悲道场忏法》的经名、抄写者和施主，回鹘文译本的抄写年代等问题。文末附有两叶残叶的照片。[②]此文是对现藏于吐鲁番博物馆的这两叶残叶的首次研究刊布。

同年，我国哈萨克族学者阿依达尔·米尔卡马力和维吾尔族学者迪拉娜·伊斯拉非尔也共同研究刊布了 20 世纪 80 年代在吐鲁番柏孜克里克出土的现藏于吐鲁番博物馆的七叶回鹘文《慈悲道场忏法》残叶，这七叶残叶中包括上文所述 J. Wilkens 于 2005 年刊布的编号为 80T.B.I.526-1 与 80T.B.I.526-2 的两叶残片，以及张铁山教授于 2011 年刊布的编号为 80TBI:532a/80TBI:532b

---

① 张铁山：《莫高窟北区 B128 窟出土回鹘文〈慈悲道场忏法〉残叶研究》，《民族语文》2008 年第 1 期。
② 张铁山：《吐鲁番柏孜克里克出土两叶回鹘文〈慈悲道场忏法〉残叶研究》，《民族语文》2011 年第 4 期。

与 80TBI:545a/80TBI:545b 的两叶残叶。其余三叶编号分别为 80TBI:539(a、b),80TBI:566(a、b)与 80TBI:559(a、b)。这七叶残叶均为双面书写,除 80TBI:559(a、b)这一残叶(80TBI:559a 残存 3 行文字,80TBI:559b 残存 4 行文字)外,其余残叶均为每面 6 行文字,共 79 行。其中,80TBI:526-1(a、b)与 80TBI:526-2(a、b)内容与汉文本《慈悲道场忏法》第六卷相对应;80TBI:539(a、b),80TBI:545(a、b),80TBI:532(a、b)与 80TBI:566(a、b)内容与汉文本《慈悲道场忏法》第八卷相对应;80TBI:559(a、b)内容可能与汉文本《慈悲道场忏法》第九卷相对应。①两位作者在文中首先对回鹘文《慈悲道场忏法》的基本情况做了介绍,列出了七叶残叶的编号、对应版本、行数、卷数之对照表。其次,对回鹘文《慈悲道场忏法》文本进行了拉丁文转写并附汉文原文。然后,对这些写本残叶进行了注释。最后,列出了这部分残叶中出现的佛名之索引。他们根据回鹘文《慈悲道场忏法》的汉文原文、柏林本、圣彼得堡本所记相关内容对这些残叶中残缺的地方进行了补充;在汉文原文中用下划线标注了与回鹘文相对应的内容;在佛名索引中分别列出了原文中出现的回鹘文佛名、对应汉文、(所属)残叶编号及行数。②这些研究成果都具有十分重要的参考价值。

(二)回鹘文献语言词语研究情况

1. 专著中的相关研究

早在 11 世纪时,麻赫穆德·喀什噶里就编写了广为后人所熟知的《突厥语大词典》。在这部著作中,作者对回鹘文献语言的语音、词汇、语法、方言、文字等方面都做了较为详尽的记录和描述。该书所提供的材料是有史以来对回鹘文献语言所作的最早记录, 也是后来学者们研究回鹘文献语言的最重要的依据。这一著作本身就是一部详尽的关于古代突厥语族文献词语研究的工具书,对于研究回鹘文献的词语具有十分重要的参考价值。

---

① 阿依达尔·米尔卡马力、迪拉娜·伊斯拉非尔:《吐鲁番博物馆藏回鹘文〈慈悲道场忏法〉残叶研究》,《敦煌研究》2011 年第 4 期,第 46 页。

② 阿依达尔·米尔卡马力、迪拉娜·伊斯拉非尔:前引文,《敦煌研究》2011 年第 4 期。

1941 年,德国回鹘语文专家冯·加班在莱比锡出版了《古代突厥语语法》这部著作。该书所指的"古代突厥语"包括古代突厥碑铭语言和回鹘文献语言两个部分,作者在书中将二者作为一个系统进行了研究。这一研究方法后来也成为国际突厥语言学界进行相关研究的一种传统。这一著作为此后的古代突厥语言研究奠定了基础,在国际突厥语言学界占有举足轻重的地位。在这部著作中,除了对古代突厥语方言、文字、语音、句法等方面的论述以外,在该书的第四部分与第五部分,作者分别讨论了古代突厥语的构词法与形态学。在构词法部分,作者详细介绍了构成古代突厥语名词、动词、形容词的构词方式和构词附加成分;在形态学部分,作者分析研究了古代突厥语各种词类的语法形态和语法意义。书中就古代突厥语词语方面的这部分论述为后来的古代突厥文献词语研究奠定了坚实的基础,该书已成为今人研究古代突厥语言的必备工具书和入门书。

1959 年,苏联学者谢尔巴克出版了《新疆 10—13 世纪突厥语文献语言语法概论》一书。该书中引用的文献材料并不全是回鹘文献,但从突厥语言发展史来看,10—13 世纪是回鹘文献语言发展的鼎盛时期,所以这一著作也可以看作是关于回鹘文献语言研究的一部专著。作者本人在该书的绪论中也提到,"本书描述的是古代葛逻禄·回鹘语的语音和语法。"该书的主要内容包括绪论、语音学、词法学三大部分。其中在词法学部分中,作者着重分析研究了这一时期突厥语文献语言的名词、动词、形容词、数词、量词、代词、副词和助词的构词方式、词形变化和语法范畴。这一部分是对 10—13 世纪突厥语文献语言词语及其相关内容的重点论述,作者在论述过程中提出了许多重要观点。

1963 年,苏联学者纳西洛夫所著《古代回鹘语》一书出版。该书为苏联科学院亚洲民族研究所出版的《国外东方和非洲语言概要丛书》之一。书中简明扼要地介绍了回鹘语的基本情况,主要内容共分为七个部分:除第一部分语音和书写法与最后一部分句法以外,第二至第六部分都是对回鹘语词语研究方面的论述。其中第二部分为词汇,作者在这一部分中分析和总结了名词词干、动词词干及静词构成静词、动词构成静词、静词构成动词、动词构成动词的构词方式和构词附加成分;第三部分为静词,主要研究了形容词、代词、数词等词类的语法范畴;第四部分为动词,主要研究了动词的各种形式及其构成方式;第五部分为副词,主要研究了副词的构成及其形式;第六部分为后置词,主要论述了后置词的用法和意义。由此可见,这是一部以回鹘语词语研究为重点进行研究的语法著作。

1975 年,美国学者克拉克完成其博士论文《13—14 世纪新疆回鹘文世俗文书导论》。论文的主要内容共分为六章,其中第三章以相当篇幅分析和论述了回鹘文世俗文书的语音、词汇及语法特点,概括性地描述了回鹘文世俗文书的语言。该论文中回鹘文世俗文书词汇及语法方面的论述对研究回鹘文献词语具有一定的参考价值。

1991 年,德国学者 M. Erdal 出版了两卷本的《古代突厥语构词法》一书。书中对突厥语言研究的已有成果进行了全面总结,也对古代突厥语中出现的每个词缀的结构、来源、功能、意义及其不同时期的变化等方面进行了分析研究和总结。此书是一部对古代突厥语构词法问题论述得比较详尽且全面的著作,对研究回鹘文献语言的构词法也同样具有重要意义。

1998 年,我国学者杨富学在其出版的《回鹘之佛教》一书中,专题讨论了佛教对回鹘语的影响,主要从语音、词汇和语法三个方面进行了论述。具体到佛教对回鹘语词汇方面的影响,该书指出:在词汇上,出现了大量与佛教有关的术语;利用回鹘书面语原有的词汇,按照回鹘语的构词法创造了很多新词。这是对回鹘语词汇在佛教影响下形成特点的总结。

1999 年,由我国学者李增祥、买提热依木与张铁山共同编著的《回鹘文文献语言简志》一书出版。该书是我国学术专著中首次对"回鹘文献语言"单独列名并进行研究的一部著作。该书的主要内容包括回鹘历史文化概述、回鹘文的起源与发展、回鹘文文献及其研究与回鹘文文献语言四大部分。在该书第四部分即回鹘文文献语言中,除语音、句法方面的论述外,作者还探讨了回鹘文文献语言的词法和词的构成,这也是我国学者首次以回鹘文献语言研究专著的形式就回鹘文献词语方面的相关问题论述得较为详尽的研究成果。

同年,我国学者邓浩、杨富学共同出版了《西域敦煌回鹘文献语言研究》一书。该书主要内容分为导论、回鹘文献语言概论及回鹘文献语言专题研究三部分。在该书第二部分中,作者分析了西域敦煌回鹘文献语言的特点,探讨了西域敦煌回鹘文献语言的语音、词汇、词法和句法等问题。其中对西域敦煌回鹘文献词汇与词法的研究是对回鹘文献词语研究的又一补充。

2001 年,我国学者赵明鸣出版了《〈突厥语词典〉语言研究》一书,该书分为上、下两编。上编分为两章,主要介绍了喀喇汗王朝的历史与文化、《突厥语词典》的作者麻赫穆德·喀什噶里的生平及学术经历、《突厥语词典》的基本情况与我国学者对《突厥语词典》进行语言学研究的情况。下编分为语音、词法、句法与词汇四章。文末附有《突厥语词典》语言语法形式索引和语言词条索引。其中在词法部分,作者对《突厥语词典》中记录的词语划分了词类并逐一分析了各个词类的语法范畴;在词汇部分,作者又对《突厥语词典》词汇的构成与构词法两方面进行了论述。这是我国近年来出版的一部详细且系统研究《突厥语词典》语言方面的学术专著,不论对今后《突厥语词典》相关问题的研究还是对古今突厥语言研究都极具参考价值。

2001 年,我国学者阿不里克木·亚森所著《吐鲁番回鹘文世俗文书语言结构研究》一书出版。该书以 13—14 世纪写成于吐鲁番地区的 169 件回鹘文书为依据,介绍了这些世俗文书的成书背景,分析研究了回鹘文世俗文书语言的语音、词汇和语法,并通过比较,总结了回鹘文世俗文书语言与其他类型回鹘文文献语言的共同点与不同点。书中将这些回鹘文世俗文书语言的词语分为词汇、构词法、形态学三个方面来进行研究,论述较为全面。回鹘文世俗文书语言的词语研究是回鹘文献词语研究的重要组成部分之一, 该书的相关研究是回鹘文献词语研究的又一重要成果。

2003 年,我国学者李经纬、靳尚怡、颜秀萍共同出版了《高昌回鹘文献语言研究》一书, 书中主要对发现于原高昌回鹘王国领地及其邻近地区属于公元9—14 世纪的回鹘文文献的语言结构进行了静态描写与分析,从而揭示了回鹘文文献语言在维吾尔书面语发展史上所处的历史地位与实际状态。该书的主要内容由绪论、文字篇、语音篇、词汇篇、词法篇、句法篇、文选篇等几大部分构成,其中在词汇篇主要讨论了词汇研究的对象、词干的分类和结构、高昌回鹘文献语言词汇的构成、高昌回鹘文献语言词的意义等问题;在词法篇首先将高昌回鹘文献语言的词语划分为十一类,接着逐一分析论述了每类词的语法范畴。该书对高昌回鹘文献语言的词语方面的论述全面详细,举例丰富,是一部用来研究回鹘文献语言词语的重要参考书和工具书。

2005 年,我国学者张铁山出版了《回鹘文献语言的结构与特点》一书。书中充分利用了各类回鹘文献来对相关问题进行论述,内容翔实、论证可靠。该书内容共分为导言、语音的分类及其变化、词汇的构成与词的结构、词的形态与特点、句法、回鹘文六章,全面系统地论述了回鹘文献语言的结构与特点以及回鹘文字等问题。其中,作者在第三章中分析了回鹘文献语言词汇的构成与词的结构;在第四章中将回鹘文献语言的词语按形态、功能、语义划分了词类并对每一类词的形态与特点进行了详细论述。该书是近些年来在国内出版的关于回鹘文献语言研究的诸多著作中论述详尽且内容丰富的一部专著,是对回鹘文献语言词语进行研究的必备参考书。

2010 年,经耿世民先生近一年时间的修改、补充和文字输入,由耿世民先生与魏萃一先生共同编著的《古代突厥语语法》一书,由中央民族大学出版社出版。这是我国学者首次编写的有关古代突厥语语法研究的一部专著。此书原是为 1976 年中央民族学院(中央民族大学前身)开办的古代突厥语班编写的教材之一。该书主要内容分为导论、语音、词汇、词法、句法五部分。其中词汇一章主要论述了古代突厥语基本词汇的构成;词法一章首先讨论了古代突厥语词的构成、词类的划分等问题,随后举例分析了书中所总结的各个词类的语法形式和语法意义。该书至今仍是对古代突厥语言进行研究的基础入门书和必备参考书,也是研究回鹘文献语言词语的重要参考书。

2. 相关研究论文

长期以来,学者们撰写并发表了许多有关回鹘文献语言词语研究的论文,从其内容来看,主要可以分为以下几类:

（1）有关构词研究的论文

这一类论文主要有：A. M. 谢尔巴克所写《新疆十至十三世纪突厥文献语言语法概论（动词部分）（续），动词的构词法》（载《突厥语研究通讯》1989 年第 2 期），买提热依木·沙依提所写《古代突厥语的构词词缀》（载《突厥语言与文化研究（第二辑）》），帕丽达·阿木提所写《古代维吾尔语的构词系统及其实用价值》（载《耿世民先生 70 寿辰纪念文集》），叶少钧所写《试论十一世纪维吾尔语词的构成——学习〈突厥语大辞典〉》（载《喀什师范学院学报》1985 年第 3 期），张铁山所写《〈突厥语词典〉名词构词附加成分统计研究》（载《中央民族大学学报》1997 年第 5 期）、《〈突厥语词典〉动词构词附加成分电脑统计分析》（载《民族语文》1998 年第 2 期），赵明鸣所写《〈突厥语词典〉语言构形及构词附加成分研究》（载《中国维吾尔历史文化研究论丛（3）》），阿布都那扎尔·阿布都拉所写《维吾尔语构词词缀历时比较研究——以构成静词的词缀为主》（2009 年中央民族大学博士学位论文），阿依努·艾比西所写《回鹘文〈金光明最胜王经〉对译同义词研究》（2009 年中央民族大学硕士学位论文）等。

（2）有关词汇研究的论文

这一类论文主要有：陈宗振所写《〈突厥语词典〉中保留在西部裕固语里的一些古老词语》（载《民族语文》1992 年第 1 期）、《再论〈突厥语词典〉中保留在西部裕固语里的一些古老词语》（载《民族语文》1993 年第 1 期），李增祥所写《中世纪突厥语文献与现代哈萨克语的词汇》（载《耿世民先生 70 寿辰纪念文集》），刘萍所写《佛教的传播对古代维吾尔语书面语的影响》（载《语言与翻译》1994 年第 4 期）、《摩尼教的传播对回鹘书面语的影响》（载《新疆社科论坛》1995 年第 2 期），张铁山所写《〈突厥语词典〉词汇统计研究》（载《中国民族语言论丛（二）》），赵永红所写《论佛教文化对回鹘语词汇的影响》（载《中国民族语言论丛（二）》）、《试论高昌回鹘王国时期回鹘文文献语言词汇的发展变化》（载《突厥语言与文化研究（第二辑）》）等。

（3）有关词法研究的论文

这一类论文主要有：阿不里克木·亚森所写《吐鲁番回鹘文世俗文书动词

条件式研究》(载《语言与翻译》2002 年第 2 期),迪丽达尔所写《古代突厥语和现代维吾尔语副词的初步比较研究》(载《耿世民先生 70 寿辰纪念文集》),邓浩所写《〈突厥语词典〉名词的语法范畴及其形式》(载《民族语文》1995 年第 1 期),邓浩、杨富学所写《西域敦煌回鹘文献语言词法研究》(载《敦煌研究》1998 年第 1 期)、《西域敦煌回鹘文献语言中的动词及其用法》(载《敦煌研究》1998 年第 4 期)、《西域敦煌回鹘文献条件形式的演变》(载《敦煌研究》1999 年第 1 期),靳尚怡所写《高昌回鹘文文献语言的助词》(载《语言与翻译》2002 年第 3 期)、《回鹘文献语言的助动词简析》(载《中国维吾尔历史文化研究论丛(1)》),李经纬所写《浅谈高昌回鹘文献语言的连词》(载《语言与翻译》2002 年第 2 期)、《回鹘文〈乌古斯可汗的传说〉kim 一词的用法》(载《语言与翻译》1988 年第 1 期)、《回鹘文献语言的数量词》(载《语言与翻译》1990 年第 4 期、1991 年第 1 期)、《回鹘文献语言动词的双功能形式》(载《语言与翻译》1997 年第 2 期),李经纬、陈瑜所写《回鹘文文献语言名词的格范畴》(载《语言与翻译》1996 年第 2 期),李经纬、靳尚怡所写《回鹘文献语言的后置词》(载《语言与翻译》1995 年第 1 期),赵明鸣所写《关于〈突厥语词典〉中的一种宾格附加成分–n》(载《民族语文》1998 年第 6 期)、《〈突厥语词典〉中的一种宾格附加成分–I 考》(载《民族语文》1999 年第 3 期)、《〈突厥语词典〉动词态范畴研究》(载《新疆大学学报》1999 年第 4 期)、《〈突厥语词典〉动词反身态研究》(载《民族语文》1999 年第 6 期)、《〈突厥语词典〉动词态特殊附加成分研究》(载《语言与翻译》1999 年第 4 期),阿不都热西提·亚库甫所写《古代维吾尔语摩尼教文献语言结构描写研究》(1996 年中央民族大学博士学位论文),陈明所写《〈福乐智慧〉的词法研究》(2008 年喀什师范学院硕士学位论文),迪拉娜·伊斯拉非尔所写《回鹘文哈密本〈弥勒会见记〉之动词词法研究》(2005 年中央民族大学硕士学位论文),买买提阿布都拉·艾则孜所写《回鹘文〈两王子的故事〉语言词法系统研究》(2011 年新疆大学硕士研究生学位论文),热孜娅·努日所写《回鹘文哈密本〈弥勒会见记〉名词研究》(2006 年中央民族大学硕士学位论文)等。

三、研究意义

综上所述,从该文献本身的研究情况来看,受客观条件所限,学者们关于回鹘文《慈悲道场忏法》的研究成果相对较少,且内容多为突厥语文献学方面的研究,属于该文献语言学方面的研究成果为数更少。其次,纵观以往回鹘文献语言词语的研究情况,一方面是在相关语法或语言研究专著中涉及了回鹘文献语言词汇学和词法学的研究,并未将其作为专著来进行研究;另一方面,则是就某一类文献或某一时期文献的词汇方面或词法方面来进行研究,这些研究成果的重要性不言而喻,但是其中对如回鹘文《慈悲道场忏法》这样篇幅较大、内容丰富、特色鲜明的某一部回鹘文文献词语的词法方面进行专题、系统的研究几乎未见,这也是本书研究的价值所在。

本书的研究意义如下:

(一)语言学方面

据 1997 年俄罗斯出版的《世界的语言——突厥语》一书统计,目前全世界共有三十九种突厥语族语言,这些突厥语族语言之间存在亲属关系,作为它们共同来源的共同突厥语大约从古代突厥语时期就开始出现分化,逐渐产生了一些方言差异,但据现存文献和学者们考证,其分化的主要时期应当是在中古突厥语即回鹘文献语言(9—15 世纪)时期,后来发展到近代突厥语时期而最终形成具有亲属关系的不同的突厥民族语言。由此可见,回鹘文献语言在突厥语言发展史上起到了承上启下的作用,回鹘文献语言研究在突厥语言史研究中占有举足轻重的地位。

本书研究的重点内容即属于回鹘文献语言研究的一个主要方面。进一步来讲,在词法方面,作为黏着语,回鹘文献语言有着十分丰富的形态变化,其形态变化具有典型的黏着式特点,即在词根或词干之后缀接各种构形附加成分来表达各种语法意义,一种附加成分通常表示一种语法意义。因此,回鹘文献语言的语法意义主要通过词法手段来表达,相对而言,句法和语序手段就显得不是那么重要。研究回鹘文《慈悲道场忏法》语言的词法可以为早期突厥文献语言、同时期回鹘文献语言、近代突厥文献语言和现代突厥语族诸语言的词法研究加以补充、提供参考。

从以往的相关研究成果中可以了解到,在构词法方面,除突厥语固有的根词外,回鹘文献语言主要通过派生和合成两种方法来造新词,其中,用派生法造出的新词在回鹘文献语言中占绝大多数。派生法是在词根或词干之后缀接各种构词附加成分从而派生新词的方法。回鹘文献语言中有大量的构词附加成分,对回鹘文《慈悲道场忏法》语言中出现的构词附加成分作出统计、归纳和分类,对研究回鹘文献语言的构词法是一种有意义的补充。此外,用合成法造出的新词在回鹘文献语言中也占一定的比例。合成法是由两个词根按照一定方式组合成新词的方法。对回鹘文《慈悲道场忏法》语言中出现的合成词进行分析和总结,也能为回鹘文献语言构词法的研究提供更多依据。

在词汇方面,与回鹘文献语言一样,回鹘文献语言的词汇在突厥语言词汇发展史上也占有极其重要的地位,发挥着承上启下的作用。除固有的突厥语基本词汇外,回鹘文献语言在使用和发展过程中还吸收了大量的外来语借词,并以符合回鹘语使用规则作为前提对这些借词进行了或多或少的改造,从而又进一步扩大了回鹘语的词汇范围。对回鹘文《慈悲道场忏法》语言中词汇的构成和借词进行研究,能够更具体地了解回鹘文献语言的词汇特点,尤其是回鹘佛教文献语言的词汇特点,为突厥语词汇学及突厥语词汇发展史的研究提供新材料。

总之,对回鹘文《慈悲道场忏法》进行语言学方面、主要是词法方面的研究可以进一步推动早期突厥文献语言、同时期回鹘文献语言、近代突厥文献语言和现代突厥语族诸语言的语言学研究进程,为突厥语言史研究提供有价值的参考。

(二)宗教学方面

现存回鹘文文献中,佛教文献占绝大多数,回鹘文《慈悲道场忏法》就是其中最具特色的佛教文献之一。由于回鹘人曾长期信仰佛教,随着佛教文化在回鹘社会中的日益推广和渗透,回鹘语中逐渐形成了其特有的佛教用语体系,这些独特的佛教用语可以用来表示佛教教义、佛教的制度与礼仪、佛之名称等,这种佛教文化语言有其特定的使用范围，并带有浓厚的宗教语义色彩和表述特点。①作为一部典型的佛教忏悔类文献，回鹘文《慈悲道场忏法》的词汇和语言就具有鲜明的佛教特点。此外，由于大量的佛教用语被吸收到回鹘语词汇体系中，从而也极大地丰富了回鹘语的表达手段，这些佛教用语是回鹘文献语言词汇体系的一个重要组成部分，能够真实地反映出当时回鹘佛教信仰的概貌。因此，研究回鹘文《慈悲道场忏法》的词语，尤其是其中的佛教用语，对研究回鹘人当时的佛教信仰，汉传佛教对回鹘社会的影响以及西域佛教史等具有重要意义，将为这些领域的研究提供可靠的例证和重要的第一手材料。

（三）文学方面

忏悔文是佛教徒为达到灭罪消灾的目的对自己以往所犯的罪行或过失进行忏悔而写成的。为达到实用和普及的效果，这类文章需要借助丰富多变的文学形式表现出来，在其应用过程中，需与礼拜的动作、口头的忏悔及虔敬的心意相结合，因此可以说，这些忏悔文基本上是一种以声情为主的民间仪式文学。推而论之，回鹘文忏悔类文献自然也可以被看作回鹘民间存在、使用并流传的一种文学形式。②回鹘文《慈悲道场忏法》不论从其内容与篇幅上，还是从其功用与影响上来看，都是回鹘文忏悔类文献中极具代表性的一部文献，其内容丰富，语言特点鲜明，作为典型的回鹘民间仪式文学作品，具有很高的文学价值。因此，对该文献进行语言文学方面的研究，对探讨回鹘佛教文献的文学特点、回鹘民间文学的类型等问题都具有重要的参考价值，是对回鹘语言文献文学方面研究的有益补充。

---

① 赵永红：《论佛教文化对回鹘语词汇的影响》，《中国民族语言论丛》（二），昆明：云南民族出版社，1997年，第 343 页。

② 杨富学：《回鹘佛教徒忏悔文及其特色》，《谷苞先生 90 华诞纪念文集》，兰州：兰州大学出版社，2007年，第 420 页。

四、研究方法

本书主要使用以下几种研究方法：

（一）定性分析与定量统计

在前期阶段，对文本中的词语进行定性分析，即对本书所选回鹘文《慈悲道场忏法》文本中的所有词语进行切分、分析与标记，再运用相关软件对这些词语进行分类定量统计，为后面的共时描写研究提供可靠的数据。

（二）共时描写

在正文撰写中，运用共时平面描写的方法客观详细地论述了回鹘文《慈悲道场忏法》词语的分类及各个词类的语法范畴。

（三）历时比较

在共时描写的基础上，从突厥语言发展史的角度出发，将回鹘文《慈悲道场忏法》词语的形态特点与早期文献与现代语言词语的形态特点进行纵向比较，总结出该文献词语本身的形态特点。

五、关于本书研究所使用的文本材料与符号的说明

（一）文本材料

参考以往各国学者刊布过的有关回鹘文《慈悲道场忏法》写本残片的研究成果，不论从写本残片的数量角度来看，还是从研究所涉及的范围角度来看，其中 Wilkens 于 2007 年出版的回鹘文《慈悲道场忏法》集校本当为目前有关回鹘文《慈悲道场忏法》研究的最全之作，该书所收录的回鹘文本内容最为完整，研究所涉及的范围较广，因此，本书以此集校本所收录的回鹘文文本材料为依据，对回鹘文《慈悲道场忏法》写本的词法进行研究。

此外，本书所使用的汉文原文的文本材料以《大正新修大藏经》第四十五册 No.1909《慈悲道场忏法》为底本。

（二）转写所用符号

阿拉伯数字——文本行数

[　]——对原文文义的补足

{　}——对文本的删削

（　）——对原文讹误写法的改正

〈　〉——对文本的补充文字

[[　]]——对应于汉文原文中的未译出片段

⑊　⑊——文本中删除的文字

((　))——文本中补充的文字

/// ——无法识读的已破损文字

: ——句读符号

. ——句读符号

:: ——段落分隔符

下面将就回鹘文《慈悲道场忏法》语言的词法进行论述。根据词的形态、语法和语义特征,可以将回鹘文《慈悲道场忏法》语言中的词划分为名词、形容词、数词、代词、副词、动词、后置词、连词、语气词、感叹词和象声词十一类。

目 录

第一章 名词 ………………………………………………… 1

　一、名词的数 ……………………………………………… 1

　二、名词的领属人称 ……………………………………… 4

　三、名词的格 ……………………………………………… 10

第二章 形容词 ……………………………………………… 24

　一、形容词的分类 ………………………………………… 24

　二、容词的级 ……………………………………………… 25

第三章 数量词 ……………………………………………… 28

　一、数词 …………………………………………………… 28

　二、量词 …………………………………………………… 31

第四章 代词 ………………………………………………… 33

　一、人称代词 ……………………………………………… 33

　二、指示代词 ……………………………………………… 35

　三、疑问代词 ……………………………………………… 36

　四、反身代词 ……………………………………………… 37

　五、性状代词 ……………………………………………… 38

　六、关系代词 ……………………………………………… 39

　七、确定代词 ……………………………………………… 40

八、不定代词 ………………………………………………… 41

第五章　副词 ………………………………………………… 42

一、时间频率副词 …………………………………………… 42

二、处所副词 ………………………………………………… 43

三、程度副词 ………………………………………………… 43

四、状态副词 ………………………………………………… 44

第六章　动词 ………………………………………………… 46

一、动词的人称–数范畴 …………………………………… 46

二、动词的肯定–否定范畴 ………………………………… 47

三、动词的时 ………………………………………………… 48

四、动词的式 ………………………………………………… 53

五、动词的态 ………………………………………………… 61

六、动名词 …………………………………………………… 66

七、形动词 …………………………………………………… 66

八、副动词 …………………………………………………… 69

九、助动词 …………………………………………………… 71

第七章　后置词 ……………………………………………… 74

一、要求主格或宾格的后置词 …………………………… 74

二、要求与格的后置词 …………………………………… 76

三、要求从格或位格的后置词 …………………………… 77

第八章　连词 ………………………………………………… 80

一、并列连词 ………………………………………………… 80

二、选择连词 ………………………………………………… 82

三、条件连词 ………………………………………………… 82

四、因果连词 ………………………………………………… 83

第九章　语气词 ……………………………………………… 84

一、疑问语气词 ……………………………………………… 84

二、不定语气词 ·································· 84

三、强调语气词 ·································· 85

四、加强否定语气词 ······················· 85

第十章　感叹词 ···································· 87

第十一章　象声词 ······························· 88

第十二章　原文拉丁字母转写 ············· 89

第十三章　汉译文 ······························· 258

结　语 ··· 426

参考文献 ··· 428

第一章　名词

名词是表示人或事物名称的词。回鹘文《慈悲道场忏法》语言的名词有数、领属人称和格的语法范畴。

一、名词的数

回鹘文《慈悲道场忏法》语言名词的数范畴由单数和复数两种对立的形态标记构成。

（一）单数

名词的单数形态标记为零形式，即名词词干之后不缀接表示数范畴的任何语法标记。例如：

täŋri（0001）——上天	bodisatav（1550）——菩萨
kšanti（0011）——忏悔	čoɣ（2907）——火焰
köŋül（0420）——心	qïlïnč（3251）——行为
burhan（0987）——佛	ätʿöz（3739）——身体
ämgäk（1385）——痛苦	yertinčü（4129）——世界

（二）复数

名词的复数形态标记有–lar和–lär两种形式，缀接于名词词干之后表示复数的语法意义。根据元音和谐规律，–lar缀接于由后列元音构成的名词词干之后；–lär缀接于由前列元音构成的名词词干之后。例如：

　　–lar——

tïnlïγ-lar（0019）——众生

han-lar（0252）——帝王

sav-lar（0770）——话

bahšï-lar（1277）——师傅

yïl-lar（2887）——年

-lär——

tözün-lär（0017）——贤仁

kiši-lär（0055）——人们

elig-lär（0437）——国王

ärdini-lär（1817）——宝

ögli -lär（1877）——意识

在古代突厥碑铭文献语言中，表示名词双数或复数的形态标记比较多，主要有-z、-t、-lar/-lär、-an/-än、-γun/-gün等，其中-lar/-lär只缀接在某些官职和亲属称谓名词之后①。发展到早期回鹘摩尼教文献语言时期，-lar/-lär也只缀接在一些神鬼等宗教名词之后②。但是到了后期回鹘文献语言时期，-lar/-lär这一组复数形态标记开始被广泛使用，从回鹘文《慈悲道场忏法》语言中我们可以看到，-lar和-lär已可以缀接在各种名词之后，成为占主导地位的、与名词单数相对立的名词复数的特定形态标记。早期的其他名词双数或复数形态标记在这一时期则已固化于个别名词词干之后，演变成为表示集合意义的能产性较低的构词附加成分，例如：kö-z“眼睛”，tegi-t（tegi<tegin“王子”）“王子们”，yumqï-γun“全部”等。发展到现代语言时期，比如维吾尔语，-lar和-lär则已成为唯一与名词单数相对立的名词复数形态标记。

此外，在回鹘文《慈悲道场忏法》语言中，还有一种类型的名词复数形态标

---

① T. Tekin, *A grammar of Orkhon Turkic*, Indiana University, 1968, p.121.

② 阿不都热西提·亚库甫：《古代维吾尔语摩尼教文献语言结构描写研究》，博士学位论文，中央民族大学，1996年，第62页。

记,即上文提到的-an/-än。这一组复数形态标记源自原始突厥语,在突厥语族语言的发展演变过程中,-an/-än的构形功能逐渐为-lar/-lär所取代。如其他早期的名词复数形态标记一样,-an/-än在后期回鹘文献语言时期已固化于个别名词词干之后。但是这一组形态标记并不再表示该名词的复数语义,说明其已完全失去表示名词复数构形标记的语义功能。回鹘文《慈悲道场忏法》语言中的例词如下:

"男人" 单数

är　　　　　　（0744）

　　　　　　　（1005）

　　　　　　　（1062）

　　　　　　　（1292）

　　　　　　　（2687）

ärän　　　　　（无例证）

复数

är(*-lär)　　 （无例证）

ärän-lär　　　（0056）

　　　　　　　（0530）

　　　　　　　（1292）

"儿子"单数

oɣul　　　　　（0277）

　　　　　　　（0292）

　　　　　　　（1272）

　　　　　　　（1332）

　　　　　　　（1519）

　　　　　　　（1529）

　　　　　　　（2040）

　　　　　　　（2040）

oɣlan　　　　　（0035）

（1712）

复数

oɣul(*-lar)（无例证）

oɣlan-lar（无例证）

该文献语言中也出现了名词之后缀接复数形态标记，但仍表示单数意义的情况，这种情况在该文献中并不多见。例如：

1160　yöläntüktä bir qunčuylar tïltaɣïnta yölänmiš üčün：

（始）向（菩提）之时，是因一女子之故。

在这句话中，qunčuy（女子<汉语<"公主"）一词之前有基数词bir"一"来修饰限定，但该名词之后缀接了名词复数形态标记-lar，这两个词所构成的偏正词组表示的意义为"一位女子"。可以看出，在这一例句中，复数形态标记-lar主要起强调作用。

二、名词的领属人称

名词的领属人称缀接于名词词干之后，与领有者形成一种主从结构关系。回鹘文《慈悲道场忏法》语言名词的领属人称有第一、第二和第三人称三种类型的形态标记。

（一）第一人称

在回鹘文《慈悲道场忏法》语言中，名词第一人称领属附加成分有单复数之分。

1. 第一人称单数：有-m、-ïm、-im、-um、-üm五种形态标记。其中，-m缀接于开音节名词词干之后；-ïm、-um缀接于含有后列元音的闭音节名词词干之后，-im、-üm缀接于含有前列元音的闭音节名词词干之后。例如：

-m——

0890　öŋi üdrülgäli bulmadïn üč aɣum örtänü

未得相离，我的三毒燃烧着

1117　bökünki kšantimïn alï yarlïqazunlar uluɣ yarlïqančučï

请他们接受我的忏悔，（以）大悲

–ïm———

0010 qïlïnčlarïmïn ökünü bilinü kšanti ötünü täginürmän

悔过知晓我的(罪)行、忏悔我的(罪)行

0070 ölüm adaqa tögürmiškä ol ayïɣ qïlïnčïmnïŋ

使(人们)受死亡之灾,(因为)我那罪行之

0848 muntada ulatï tïdïɣlarïm ülgüsüz üküš učsuz qïdïɣsïz

我的此等障碍无量无边

–um———

2861 qut qolunmaqlïɣ uɣušumda

在我的祈愿之界

–im———

0077 tälim üküš qurtlar avïp kälip ätïmin tärimin isirmäkläri

许多虫子蜂拥而来,(吮)咬我的皮肉

0884 qutïŋa umunup ïnanïp bir ikintikä tizimin čökitip

归依(三宝),一起屈膝下跪

1022 čïn kertü köŋülin beš tilgänimin yerkä tägürüp

我诚心地五体投地

–üm———

0085 tayanïp anïn bo körksüz yavïz ätʼözümin siziŋä

倚仗(您从前对我的眷顾),因此(我才敢无所畏惧地)将我这丑恶的身体
向您

0358 bökünki bo kertgünč köŋülümni aɣïtmayïn etürmäyin

让我不退失我今日这信仰之心

3821 köŋülümtägičä bolup tuyunmaqlïɣ küsüšüm qanmaqï

得到如我心(所愿),满足我的菩提愿

2. 第一人称复数:有–mïz、–muz、–imiz、–ïmïz、–ümüz、–umuz六种形态标记。
其中,–mïz、–muz缀接于含有后列元音的开音节名词词干之后;–imiz、–ümüz缀

接于含有前列元音的闭音节名词词干之后，–ïmïz、–umuz缀接于含有后列元音的闭音节名词词干之后。例如：

–mïz——

0393　küsüšlïri biziš bahšïmïz šakimuni burhan yänä uzun

（各有本）愿，我们的（尊）师释迦牟尼佛又长（年）

0885　ayamïznï qavöurup öŋin öŋin atïmïznï atayu köŋülin saqïnu

合上我们的手掌，各自称呼我们的名字，用心思考

–muz——

0336　qaraŋyu qararïy oronqa barïp yanyumuz yoq ärip

去向黑暗之处，我们没有返回（的可能性）

0970　ïnanyumuznï saqïnu yarlïqap manočap küü kälig ädram üzä

念及我们的归依，以神通之（力）

–imiz——

0338　beš tilgänimizni yerkä tägürüp bir učluy köŋülin kertgünüp

我们五体投地，一心（归）信

1119　tïdïy ada qïltačï alqu ayïy qïlïnčlïy kirlärimizni

将阻障……把我们的一切罪垢

1340　tüz yumqï köni tüz tuyunmaqqa tägmäkimiz bolzun

让我们全部得成正觉

–ümüz——

0899 biliglig išlärin kördüktä käntü özümüz yorïyalï

看到（他人的）智慧之业时，我们自己（不能）行

1329　yarlïqazunlar küsämiš küsüšümüz bützün qanzun

让我们所许的愿望得以圆满

1330　kertgünč köŋülümüz bäk qatïy bolzun ädgü qïlïnč kün

让我们的信仰之心坚固，让善业（如）日

–ïmïz——

0430 biziŋ saqïnčïmïz täŋri burhannïŋ yarlïqančučï köŋüli birlä

（是因）我们的意念与佛祖的悲心（相阻隔）

0723 köni tüz tuymaq burhan qutïn bulmaqïmïz bolzun bökünki

让我们得到正觉，（在）今日

3290 ärsär ymä buyanïmïz boltï ärsär

若又成为我们的福德

–umuz——

1515 äšidilgü ünläri ulalɣuta biziŋ köŋüllüg yolumuz

在所听的声音传响时，我们的心路

1529 ärtmiš käčmiš amraq oɣulumuz

我们逝去的爱子

3362 bo kšanti qïlɣuluq nomumuz üzä

以我们的这忏法

（二）第二人称

在回鹘文《慈悲道场忏法》语言中，名词第二人称领属附加成分只出现了单数的普称与敬称两种形态标记，并未出现复数的形态标记。

1. 第二人称单数普称：回鹘文《慈悲道场忏法》语言中只出现了–üŋ 这一种形态标记，它缀接于含有前列元音的闭音节名词词干之后。例如：

–üŋ——

0058 oron ymä ärmädin sän qayu küčüŋkä tayanïp munta

并非（像你这样的蛇类所生之）处，你依靠你的什么力量（进入）这里

2. 第二人称单数尊称：回鹘文《慈悲道场忏法》语言中有–ïŋïz、–ŋuz、–ŋüz、–uŋuz四种形态标记。其中，–ïŋïz缀接于由展唇后元音构成的闭音节结尾的名词词干之后；–ŋuz缀接于由圆唇后元音构成的开音节结尾的名词词干之后，–ŋüz缀接于由圆唇前元音构成的开音节结尾的名词词干之后；–uŋuz缀接于由圆唇后元音构成的闭音节结尾的名词词干之后。例如：

–ïŋïz——

4347　saqïnčïŋïznï

……将您的思想……

—ŋuz——

0082　ap ymä siziŋ bo ärgülüg ordoŋuzta

（我）也（并非是为了）在您所居住的这座宫殿中

—ŋüz——

0084　körüp öŋräki siziŋ meni amramaqlïɣ ädgüŋüzkä

看到（您），（倚仗）您从前对我的眷顾

—uŋuz——

0063　hatunuŋuz ärürmän öŋdün män sizni birlä

我是您的……夫人，从前我与您一起

（三）第三人称

在回鹘文《慈悲道场忏法》语言中，名词第三人称领属附加成分无单复数之分，有-i、-ï 和-si、-sï 四种形态标记。其中，-i 缀接于含有前列元音的闭音节名词词干之后，-ï 缀接于含有后列元音的闭音节名词之后；-si 缀接于含有前列元音的开音节名词词干之后，-sï 缀接于含有后列元音的开音节名词词干之后。例如：

—i——

0148　kertgünč köŋüli taqï artoqraq asïlïp üstälip tärkin tavratï

更增信仰之心，很快

2031　öŋdün uluɣ tavɣač elintä alqu taišeŋ šastarlarïɣ qamaɣ nomlarïɣ

把在东方大中国中一切大乘论、所有经法

3125　ulatï olarnïŋ öz öz terinläri

以及他们各自的眷（属）

—ï——

0742　asïɣï nägül birök yänä qayu ärsär kišiniŋ ädgüsiŋä

（有）什么益处？若不妨碍任何人之功德，

1537　atlïɣ täŋri burhan qutïŋa yükünürbiz

（南无大德）佛,南无

3705　köŋüllüglärniŋ aɣuluɣ yavïz otlarïnïŋ tatïɣïn

（不尝怀有仇恨之）心的人们的毒恶草药的味道

–si——

0878　arslan ilinčüsin ilinčülädäči bodisatav qutïŋa yükünürbiz

（南无）狮子游戏菩萨,南无

1835　ädräm täŋrisi atlïɣ täŋri burhan qutïŋa yükünürbiz

（南无）德主佛,南无

1907　burhan qutïŋa yükünürbiz bilgä bilig töpösi atlïɣ täŋri burhan

（南无灯王）佛,南无智顶佛

–sï——

0159　ordosïntaqï aɣïlïqta bäklig turup amtï yüz yïl

在其宫殿中的宝藏中尘封着,现今（已）百年

0428　qoš sögüt ikin arasïnta tägirmi körklä yaruqïn kizläyü

在双树之间将其美丽的光环隐藏

1293　yalŋoqlarnïŋ bahšïsï burhan atï kötrülmiš tep

（天）人师,佛世尊

根据突厥语族语言元音和谐规律,从上述例子中可以看出,该文献语言的名词领属人称附加成分有以下特点：

（1）相对于早期回鹘摩尼教文献语言而言,名词第一、第二人称领属附加成分以–a/–ä为主的部位和谐已经退化,即已不存在以–a/–ä起首的领属人称附加成分的变体,但依然保持了以–ï/–i为主的部位和谐以及以–u/–ü为主的唇状和谐。

（2）名词第三人称领属附加成分的唇状和谐已经退化,即已不存在以–u/–ü起首的领属人称附加成分的变体,只保留了以–ï/–i为主的部位和谐,这是后来突厥语族语言名词领属人称附加成分的发展趋势。

三、名词的格

名词的格范畴表示名词与其他词类的各种语法关系。回鹘文《慈悲道场忏法》语言名词的格范畴有主格、属格、宾格、与格、位格、从格和工具格七种类型。

（一）主格

主格的形态标记为零形式,与名词词干完全相同。主格名词在句中主要作主语、宾语、定语和谓语。例如：

0017 oɣlï tözünlär qïzï toyïn šamnanč upase upasanč

（善）男、善女,比丘、比丘尼,优婆塞、优婆夷

0039 ädgülüg ädrämlig lovudi atlïɣ han boltï ol hannïŋ

有功德的梁武帝为帝,那位皇帝的

（二）属格

属格表示人或事物的领属关系。带有属格附加成分的名词在句中主要作定语。回鹘文《慈悲道场忏法》语言名词的属格有–iŋ；–niŋ、–nïŋ、–nuŋ、–nüŋ 两个类型的五种形态标记。例如：

–iŋ——

0062 üzä ay täŋri elig män ärsär siziŋ öŋräki čiži atlïɣ

（蛇）用（人语对皇帝说道）："啊！陛下！是我,（我是）您从前的名为郗氏的夫人。"

0393 küsüšläri biziŋ bahšïmïz šakimuni burhan yänä uzun

（各有本）愿,我们的（尊）师释迦牟尼佛又长（年）

–niŋ——

0597 ärki tep sözläp muntaɣ išlärniŋ qutrulmaq yolqa

……（这样）说道,（他们完全不知）此诸业之（引领）向解脱道

1228 yalŋoqlar täŋrilärniŋ köŋüliŋä yapšïnmadïn

不附着人天的心

1701 barča ontun sïŋarqï üč ärdinilärniŋ ök čoɣluɣ

皆(因)十方三宝的威(猛之)

–nïŋ——

0018　tört törlüg terin quvraɣnïŋ köŋüllärintä antaɣ

在……四众的心中(若存在)那样的

0150　bälgürmiš oronta burhanlarnïŋ bodisatavlarnïŋ

在……显现之处,诸佛的、诸菩萨的

1293　yalŋoqlarnïŋ bahšïsï burhan atï kötrülmiš tep

(天)人师,佛世尊

0120　olarnïŋ ötüglärin äšidip taplap yänä olarqa

(皇帝)聆听、赞同了他们的请求,又向他们

–nuŋ——

0130　uluɣ aɣïlïq nomnuŋ ki luɣ tegmä at bitiglärin tutdurup

汇编大藏经的谓为经录之名号

0292　üzülmäz alqïnmaz tep yänä ög qaŋ oɣulnuŋ qïznïŋ

……不断不尽,而父母(见到)子女的

1780　atlïɣ täŋri burhan qutïŋa yükünürmän alqunuŋ täŋrisi

(南无梵寿)佛,南无一切天(佛)

–nüŋ——

1742　yertinčünüŋ uluɣ ädgü ögli yarlïqančučï köŋüllüg qaŋlarïŋa

向(一切)世间的大慈悲父们

1829　köŋülin ögnüŋ qaŋnïŋ……ädgü

以……之心,(应当念)父母的……慈(心)

2510　qutïŋa yükünürbiz alqu ügnüŋ

(南无善济佛),南无众(王佛)

从上述例子中可以看出,该文献语言名词已不再使用早期回鹘文献语言中的–ïɣ/–ig这一类型的属格附加成分;古代突厥碑铭文献语言中最常用的–ïŋ/–iŋ/–uŋ/–üŋ 这一类型的属格附加成分在该文献语言中则只保留了–iŋ 这一种

变体，且只缀接在人称代词之后；而早期回鹘文献语言中的-niŋ/-nïŋ/-nuŋ/-nüŋ 这一类型的属格附加成分在该文献语言中保留得最为完整，使用频率也最高，其不仅可以缀接在静词之后，而且可以缀接在人称代词之后。这些特点一直延续到了后来的近现代语言中。

（三）宾格

宾格表示动作行为的直接对象。带有宾格附加成分的名词在句中主要作宾语。回鹘文《慈悲道场忏法》语言名词的宾格有-g、-ig、-ïɣ、-üg、-uɣ；-n、-in；-ni、-nï 三个类型共九种形态标记。例如：

-g——

1038　bar tep bilmädin täk män ök enčgü mäŋig tiläyürmän

不知道（他人亦）有（……苦）。只（知道）我祈求安乐

1291　čahšapatqa tükällig ädgün barmïš yertinčüg uqmïš üzäliksiz

（明）行足、善逝、世间解、无上（士）

-ig——

0134　nom bitiglärig talulap alturup olartaqï nomlarïɣ

挑选（行忏的）经书，将其中的经法

1781　atlïɣ täŋri burhan qutïŋa yükünürmän bilgä biligig sävdäči

（南无一切天）佛，南无乐智（佛）

-ïɣ——

0283　qutïn bulmasar män ymä köni tüz tuymaqïɣ almaz män

如果（众生）不得（佛）果，我也不取正觉

1193　olarqa nom nomlap burhanïɣ ögüp nomuɣ ögüp

向他们说法，赞美佛、赞美法

-üg——

0800　adïn ayïɣ qïlïnčlarnïŋ tüšin bo ät'özüg titdüktä

其余恶行之果，舍弃此身时

2222　oronta olurɣïnčaqatägi bo küsüšüg

直至坐在(道)场,将这愿望

–uɣ——

0470　yer suvuɣ küzätdäči üč ärdinilär qutïŋa aɣïr ayaɣïn

向守护世界的三宝敬重地

0763　üč yavlaq yoluɣ käzär ärkän suurt oq ol pretqa

(满足罗汉)游历三恶道时,突然(遇到)那个饿鬼

–n——

0537　qïlïnčnïŋ taršmïš äkmiš tavarnïŋ tüšin utlïsïn bilmädin

不知道(以往所作之)业的、所种之物的果报

3244　quvraɣ bir ikintiškä tizlärin

(道场大)众共同(屈)膝

–in——

0077　tälim üküš qurtlar avïp kälip ätimin tärimin isirmäkläri

许多虫子蜂拥而来,(吮)咬我的皮肉

–ni——

0358　bökünki bo kertgünč köŋülümni aɣïtmayïn etürmäyin

退失我今日这信仰之心

1725　čïn kertü köŋülin beš tilgänimizni yerkä tägürüp aɣïr ayaɣïn

我们以诚心五体投地,奉(为)

–nï——

0885　ayamïznï qavšurup öŋin öŋin atïmïznï atayu köŋülin saqïnu

合上我们的手掌,各自称呼我们的名字,用心思考

1111　amtï bökünki küntä ol qïlmïš ayïɣ qïlïnčïmïznï

现在今日将我们所作的那罪行

从上述例子中可以看出,古代突厥碑铭文献语言中最常用的–g/–ig/–ïɣ/–üg/–uɣ 这一类型的宾格附加成分在该文献语言中继续保留,且使用频率很高;古代突厥碑铭文献和早期回鹘文献语言中使用的–n/–un/–ün/–ïn/–in这一类

型的宾格附加成分在该文献语言中也保留下来，且仍然缀接在带有领属人称附加成分的名词词干之后。该文献语言中出现了–n、–in两种变体，其中，–n缀接于带有第三人称领属附加成分的名词词干之后，–in缀接于带有第一人称单数领属附加成分的名词之后；早期回鹘文献语言中开始使用的–ni/–nï这一类型的宾格附加成分在该文献语言中也在使用，主要是缀接在带有领属人称附加成分的名词词干以及部分人称代词与指示代词之后。到了现代语言如维吾尔语中，只有–ni/–nï这一类型的宾格附加成分仍在使用，且使用范围已扩大到可出现在各种静词之后。

（四）与格

与格表示动作行为的方向、时间、目的、间接对象等意义。带有与格附加成分的名词在句中主要作状语。回鹘文《慈悲道场忏法》语言名词的与格有–kä、–qa；–rä；–ɣaru；–ŋä、–ŋa四个类型共六种形态标记。其中，–ŋä、–ŋa缀接于带有第三人称从属附加成分–i/–ï/–si/–sï的名词词干之后。例如：

–kä——

0338　beš tilgänimizni yerkä tägürüp bir učluɣ köŋülin kertgünüp

我们五体投地，一心（归）信

1500　nirvanlïɣ mäŋikä tägürüp bahšïlar uluɣlarnïŋ

得到涅槃之乐，诸位师长们的

–qa——

0035　oɣlanïn ozɣurup qutɣarïp nirvanqa kirü yarlïqamïšta

解救（众生）之子，进入涅槃（之后）

2558　yolqa kirip on oronluɣ

入（一乘）道，（满）十地的

–rä——

0410　körmiš üdtä inčä qaltï aɣuluɣ oqïn özirä ursuqmïš

看见（众生受苦）之时，就如同自己被用毒箭击中

–ɣaru——

2405　ootluɣ ävdin tašɣaru

自火宅向外（而出）

–ŋä——

0802　birök avantïn qïlmasar tüšiŋä nätäg täggäy

如果没有作因，怎么会得到果

2851　yeväkiŋä alquqa barča tükällig

（供养）的用具皆具足

–ŋa——

0240　täriŋ nom qapïɣïŋa kirü yarlïqazunlar

进入（甚）深法门

0702　qaŋlarïŋa umunup ïnanïp yükünürbiz vipaši atlïɣ

归依（世间的大慈悲）父们，南无维卫（佛）

从上述例子中可以看出，古代突厥碑铭文献语言中常用的–ɣa/–qa/–gä/–kä 这一类型的与格附加成分在该文献语言中继续使用，但在该文献中只出现了 –kä、–qa两种变体；古代突厥碑铭文献语言中的–ra/–rä 这一类型的与格附加成分在该文献中只出现在带第三人称领属附加成分的反身代词öz之后一次（见上例），其余都已固化成为处所副词或时间副词的构词附加成分，如asra（1285）"下面"、öŋrä（0080）"以前"等；古代突厥碑铭文献与早期回鹘文献语言中常用的–ɣaru/–qaru/–gärü/–kärü这一类型的与格附加成分在该文献中只保留了–ɣaru 一种变体，且已基本固化于方位处所词之后构成处所副词（见上例）；该文献语言中出现的–ŋä/–ŋa这一组与格附加成分变体是在带有第三人称领属附加成分的名词词干之后，由增音n和与格变体–gä/–ga组合构成的。在现代语言如维吾尔语中，–ɣa/–qa/–gä/–kä 成为使用最为广泛的与格附加成分，其余类型则均已词化。

（五）位格

位格表示动作行为发生的地点、时间、方式工具等意义。带有位格附加成分的名词在句中主要作状语。回鹘文《慈悲道场忏法》语言名词的位格有–da、

–ta、–dä、–tä、–nda、–nta、–ntä 一个类型七种形态标记。其中，–nda、–nta、–ntä 缀接于带有第三人称从属附加成分 –i/–ï/–si/–sï 的名词词干之后。例如：

–da——

1517   tolp taitsoki uluɣ aɣïlïq nomlar<u>da</u> ävḍip alïp bütürmiš

在全部大藏经中集取完毕

2310   tamu<u>da</u> tüšmädin alqu ayïɣ

不堕入地狱，一切罪（障）

–ta——

0109   bo ažun<u>ta</u> tuɣmïš amtï anï üčün qayu yeg üstünki

生在此世，（我们）现在为它（作）什么最上

1015   on ayïɣ qïlïnčlar<u>ta</u> yorïtïp on törlüg ayïɣ nomlarïɣ ögüp

（令其）行于十恶业，称赞十恶法，

–dä——

0398   yarlïqamïš üčün anïn bo yertinčü<u>dä</u> yarlïqap qudïqï

由于（怜悯），因此在这世间，（覆护诸）弊（恶）

3528   bilgä bilig<u>dä</u> ögirdäči atlïɣ

（南无）智喜（佛）

–tä——

0076   yoq yänä mäniŋ bo bir yalïŋ äsri ät´özüm<u>tä</u>

没有（力气），而（由于）在我这一赤裸的、有斑点的身体上

0323   körgitmäz anï üčün bökünki kün<u>tä</u> öŋin öŋin

令其不见（神通诸佛），因此在今日各自

–nda——

1800   birtäm öŋi üdrülüp uzatï arïɣ süzök burhanlar uluš<u>ïnda</u>

完全离开（恶世），常（生）于清净佛土

–nta——

2152   aɣïzlarï<u>nta</u> oot yalïn ünüp

在口中火焰(喷)出

3771　arïɣ el ulušlarïnta yeti ärdinilig

在(十方诸佛的)净国,七宝之

–ntä——

1342　qutluɣ uluɣ tavɣač elintä alqu taišeŋ seušeŋ šastar

在庄严的大中国中一切大乘小乘论

1555　küčintä nom ärdininiŋ küčintä

(以诸佛之)力、以法宝之力

需要指出,–da/-ta/-dä/-tä 原本是古代突厥碑铭文献语言的位从格附加成分,因其即可表示动作行为发生的地点、时间,又可表示动作行为的起始地点与来源。发展到回鹘文献语言时期,由于从格附加成分的逐渐广泛使用,其表示动作行为发生时间、地点的语义功能逐渐占据主导地位,成为了回鹘文献语言的位格附加成分,后来又用其表示动作的方式工具等意义。从上述例子中可以看出,在该文献语言中–da/-ta/-dä/-tä 主要表示位格的语义功能,但有时也表示从格的语义功能。到了现代语言中,–da/-ta/-dä/-tä 表示动作行为发生的地点、时间演变成为其基本的语义功能。此外,该文献语言中出现的位格附加成分变体–nda/-nta/-ntä 是在带有第三人称领属附加成分的名词词干之后,由增音n与位格变体–da/-ta/-tä 组合构成的。

(六)从格

从格表示动作行为的起始、发生的原因、材料的来源、比较等意义。带有从格附加成分的名词在句中主要作状语。回鹘文《慈悲道场忏法》语言名词的从格有–din、-tin、-dïn、-tïn、-dün、-tün、-tun、-ntin、-ntïn一个类型九种形态标记。其中,–ntin、-ntïn缀接于带有第三人称从属附加成分–i/-ï/-si/-sï 的名词词干之后。例如:

–din——

0110　buyan ädgü qïlïnčïɣ qïlsar biz ol ämgäkdin ozɣay qutrulɣay tep

若我们作(什么)功德善行,(能让它)从痛苦中解脱出来

1952   alqunï sïzɣurup öčürüp qamaɣ ämgäklärdin barčada

使一切(罪业)皆得消灭,从一切痛苦中皆

–tin———

0603   bolmaqlïɣ aɣïr igtin ozmïš qutrulmïšlarïn bilmädin

不知从已有之重病中得到解脱

1734   ap ymä ičtin sïŋarqï ap ymä taštïn sïŋarqï ap ymä yaqïntaqï

既内又外,既近(又远)

–dïn———

1494   inčip üč yavlaq yollardïn öŋi üdrültürü umadïn bahšïlar uluɣlar

而不能使(其)从三恶道离开,诸位师长

1637   alqu bodisatavlardïn adïn tözünlärdin ïdoqlartïn alqu ayïɣ

从一切菩萨、从其他贤圣,(起)一切罪(障)

–tïn———

0008   ilkisiz uzun sansartïn ötgürü bökünki künkätägi

自无始漫长的轮回以来直至今日

1588   yïltïztïn on ayïɣ qïlïnčlarïɣ qïltïmïz

我们(从三毒烦恼之)根作十恶行

–dün———

2031   öŋdün uluɣ tavɣač elintä alqu taišeŋ šastarlarïɣ qamaɣ nomlarïɣ

把在东方大中国中一切大乘论、所有经法

–tün———

1179   saqïnïp öŋtün yïŋaqdaqï tïnlïɣlarïɣ barča atalarïm

(看见)东方的众生,皆(是)我父

–tun———

0372   täginürbiz ontun sïŋarqï tolp kök qalïq ušušïntaqï

我们(归依)十方尽虚空界中的

–ntin———

1295 ämgäklärin<u>tin</u> tartäp oẓɣuru yarlïqadačï ärürlär amtï

从轮回之诸苦中拯救出来,现在

1523 beš balïqlïɣ küntsün šäli tutuŋ tavɣač tilin<u>tin</u> türk tilinčä

别失八里人昆尊舍利都统从中国语至突厥语

–ntïn————

0785 aɣïzlarïn<u>tïn</u> üntürmädin birök čahšapat

不使(假话)从其口中而出,若(见持)戒(者)

3498 lakšanïn<u>tïn</u> yaruq ïdïp ol yaruqlarïɣ

从(诸佛的肉)髻中放出光芒,(看见)那些光

在古代突厥碑铭文献时期,从格附加成分还不常用。到了回鹘文献时期,从格附加成分开始广泛使用,除表示动作的起始意义之外,还增加了新的语义功能。在回鹘文《慈悲道场忏法》语言中,从格附加成分得到了继承并广为使用。此外,在元音和谐规律的基础上,该文献语言中位格附加成分的变体既保持了部位和谐,也保持了唇状和谐。发展到现代语言如维吾尔语中,从格附加成分的变体则只保留了部位和谐。该文献语言中出现的从格附加成分变体–ntin/–ntïn是在带有第三人称领属附加成分的名词词干之后,由增音n与从格变体–tin/–tïn组合构成的。

(七)工具格

工具格表示动作行为的方式工具、时间地点、原因等意义。带有工具格附加成分的名词在句中主要作状语。回鹘文《慈悲道场忏法》语言名词的工具格有–n、–in、–ïn、–ün四种形态标记。其中,–n缀接于带有第三人称领属附加成分–i/–ï/–si/–sï 的名词词干之后,也缀接于少数以开音节结尾的名词词干之后;–in和–ün缀接于含有前列元音的闭音节名词词干之后,而–ïn则缀接于含有后列元音的闭音节名词之后。例如:

–n————

0051 közi<u>n</u> tetrü körüp aɣïzï<u>n</u> ačïp hanqa yülüg

用其眼睛看着,张开其口,面对皇帝

0795　töpön yükünüp yitlinip tep bökünki küntä bo nomluɣ

顶礼膜拜,(而后)消失了,今日此道(场)

–in——

0078　sormaqlarï üzä inčä qaltï bizin sančmïš

由于吮(咬),如同用锥刀刺戳

–ïn——

0410　körmiš üdtä inčä qaltï aɣuluɣ oqïn özirä ursuqmïš

看见(众生受苦)之时,就如同自己被用毒箭击中

–ün——

0359　miŋ kalp tümän kalp üdün adroq adroq ačïɣ

以千劫万劫的时间,(受)各种苦

从上述例子可以看出,在回鹘文《慈悲道场忏法》语言中继续使用古代突厥碑铭文献时期使用的工具格附加成分,并且在元音和谐方面,其变体既保持了部位和谐,又保持了唇状和谐。

回鹘文《慈悲道场忏法》语言名词的格范畴中,除上述主格、属格、宾格、与格、位格、从格和工具格七种类型的格形态标记外,还有两种类型的构形标记具有名词格的语义功能:

——–ča、–čä、–nča、–nčä;

——–daqï、–däki、–taqï、–täki、–ndaqï、–ntaqï、–ntäki。

根据它们的分布及其语义功能,可分别称其为比况格和方位特征格。

比况格:表示比拟意义。带有比况格附加成分的名词在句中主要作状语。该文献语言名词比况格的例子如下:

–ča——

0073　aɣïzïmïn tošɣurɣuča ymä ök yoq antaɣ yik

可以填满我口,也根本没有那样的窟穴

0277　amraq oɣulča saqïnïp uluɣ ädgü ögli uluɣ yarlïqančučï köŋültä

像(顾念唯一的)爱子一样顾念,以慈悲心

–ča——

0588　sav sözläšgü‿ä üdtä tümän kalplïq adïrïlurlar

如同说一句话时,会万劫分离

0647　barča köŋülčä tapča enč äsän ärmišimizkä

皆如心如意安宁平安

–nča——

0748　ermäk čïnïnča ärsär aɣïr ärip adïnlarnïŋ

毁谤他人如实,严重,(破坏)他人的

1151　öritsärlär olarnï asanke nayut sanïnča gaŋ ügüztäki

若(有人)发菩提心,将他们(于)如阿僧祇、那由他之数一样的恒河之(沙)

–nčä——

0612　kertü ol tep bäk tutup čïnïnča kertüsinčä bilmädin

(自己的话就)是真的,据实不知

1218　yänä hwa täŋinčä yalŋoq täŋridäm hwa čäčäklig

又(得到)如华人天华报

该文献语言中出现的比况格附加成分变体-nča/-nčä 是在带有第三人称领属附加成分的名词词干之后,由增音n与比况格变体-ča/-čä 组合构成的。

方位特征格:表示确指事物所处的方位特征。带有方位特征格附加成分的名词在句中主要作定语。该文献语言名词方位特征格的例子如下:

–daqï——

0137　säkiz yegirmi küinlüg nomlardaqï yertinčülüg

十八卷经中的世间的

0253　ulušdaqï bodun qara üčün ög qaŋ bahšïlar uluɣlar

为(城中)国中的人民百姓,(为)父母师长

–däki——

0442　kertü köŋüllüglär üčün täŋridäki yertäki kök qalïq

为(聪明)正直心、为天上地上虚空(表面者)

1350　tüšmädin ät´öztäki tildäki köŋüldäki qïlïnčlarï arïp süzülüp

(不再)堕入(三恶道之中),身、口、意中诸业变干净

–taqï——

0298　ükliyür asïlur äŋ mintin aviš tamutaqï uluɣ ootluɣ

(看见此众生时悲心)更增,乃至(进入)无间地狱中的大火(轮中)

4203　qutɣarïp tuɣmaq ölmäk sansartaqï

解脱(无量之人),(从)生死轮回中的(诸苦中拯救出来)

–täki——

0798　ärmäz mü bo tiltäki qïlïnč muntaɣ kalp kalp üdün

不是(令人恐惧的)吗?(若)此口中之业(得到)这样累劫时间的

1762　taɣtaqï luu hanï taloy ügüztäki luu hanï kün täŋri

山中的龙王,海河中的龙王,日(宫)

–ndaqï——

1053　yïlqï yolïndaqï asure yolïntaqï yalŋoq yolïntaqï

畜生道中的、阿修罗道中的、人道中的

1938　munčulayu ontun sïŋarqï tolp kök qalïq uɣušïndaqï alqu

(归依)如是十方的尽虚空界中的一切

–ntaqï——

0159　ordosïntaqï aɣïlïqta bäklig turup amtï yüz yïl

在……之宫殿中的宝藏中尘封着,现今(已)百年

0264　sïŋarqï tolp kök qalïq uɣušïntaqï alqu qamaɣ

(十)方尽虚空界中的一切

–ntäki——

0019　saqïnčlarï tursar barmu ärki antaɣ tïnlïɣlar bo nom ärdini ičintäki

如存在那样……的思想,是否有如是众生由于此法宝内的

0261　üstün kök qalïq yüüzintäki altïn yaɣïz yer arqasïntaqï

上面虚空表面的,下面褐色大地之后的

　　该文献语言中出现的方位特征格附加成分变体–ndaqï/–ntaqï/–ntäki是在带有第三人称领属附加成分的名词词干之后,由增音n与方位特征格变体–daqï/–taqï/–täki组合构成的。

第二章　形容词

一、形容词的分类

回鹘文《慈悲道场忏法》语言的形容词可以分为三类:性质形容词、关系形容词和特殊形容词。

(一)性质形容词

性质形容词主要表示人或事物的性质和特征。这类形容词一般是非派生的。例如:

qara(2495)——黑　　　　　　　qïzïl(2138)——红

qatïɣ(3080)——硬　　　　　　 yumšaq(3223)——软

ïraq(1331)——远　　　　　　　yaqïn(0105)——近

yaŋï(0815)——新　　　　　　　täriŋ(0573)——深

kök(1908)——蓝　　　　　　　kičig(2731)——小

(二)关系形容词

关系形容词主要表示与某一事物有关的特征。这类形容词一般是由名词、动词、形容词等词类派生的。例如:

eliglig(1920)——手的　　　　　qorqïnčsïz(1778)——无畏的

biligsiz(0807)——无知的　　　　čoɣluɣ(0038)——威势的

küčlüg(1982)——有力的　　　　amtïqï(2813)——现今的

mäŋilig(3237)——欢喜的　　　　köŋüllüg(0701)——心的

törlüg(3839)——种类的   öŋlüg(1091)——有色的

（三）特殊形容词

特殊形容词在语义方面类似于动词，比如要求名词及名词性词语以相关的格形式出现于句子中，但又不像动词那样有各种形态变化。根据传统语法的说法，我们称其为"特殊形容词"。回鹘文《慈悲道场忏法》语言中的特殊形容词主要有bar"有"、yoq"没有"和kärgäk"需要，应该"。例如：

bar"有"——

1035   mäniŋ ök ät´özüm <u>bar</u> tep bilip adïnlarnïŋ

只知道有我身，(不知亦有)他人之(身)

2008   yolïndaqï ämgäkläri <u>bar</u> ärsär bökünki küntä olartïn inčip ozẓunlar

(不论)有(什么样的)饿鬼道中之苦，在今日即让他们从其中解脱

yoq"没有"——

0336   qaraŋɣu qararïɣ oronqa barïp yanɣumuz <u>yoq</u> ärip

我们去向黑暗之处而无返

0837   nä üčün tesär birök bo sav <u>yoq</u> ärdi ärsär nätägin bökünki

若说为何，若无此事，为何(在)今日

kärgäk"需要，应该"——

0508   amtï bo sezikig birtäm tarqarmïš <u>kärgäk</u>

现今需要完全断除此疑惑

0575   ičgü ton kädim čïn kertü mäŋi ärmäz tep bilmiš <u>kärgäk</u>

应该知道(食)饮之物、衣装不是真正的快乐

二、形容词的级

形容词的级是表现同一形容词在语义上程度差别的不同形式。一般来说，只有性质形容词才有级的变化。回鹘文《慈悲道场忏法》语言形容词的级可分为原级、比较级、最高级和指小表爱级四种。

（一）原级

形容词的原级即为形容词的原形，其形态标记为零形式，其语义不发生任

何变化。例如：

3223　yïlïɣ yumšaq köŋülüg yavalmïš

柔软心，调和（心）

（二）比较级

回鹘文《慈悲道场忏法》语言形容词的比较级有–raq、–räk两种形态标记。例如：

–raq——

0079　bïčmïš tïqmïš täg artoqraq ačïɣ tarqa ämgäk ämgänürmän

如同（用锥刀）刺戳一般，我感到更加痛苦

–räk——

0669　bo oq yorïqlarïɣ qïlmadïn öŋrä ertäräk ök ölgüm äryük

不作此行，更早（以前）已死去

（三）最高级

形容词最高级在回鹘文《慈悲道场忏法》语言中主要由两种形式构成：

1. 以句法手段构成，即在形容词之前 加程度副词äŋ“最”、ärtiŋü“非常”等，可构成形容词最高级。例如：

0503　burhan qutïn bulzunlar bo äŋ kenki savlar qut

让他们（与诸菩萨一起俱）登正觉，这最后的话语

1159　tesär qaltï mančušïri bodisatav äŋ bašlayu adičit köŋülkä

若说（为何），正如文殊师利菩萨最开始向菩提心

0530　äränlär ärtiŋü bay barïmlïɣ bolɣu ärip inčip yänä čïɣay

（清廉之）士们（应当）特别富有，而（见其）贫穷

1510　uɣrayu anta ayïɣ qïlïnčlarnïŋ ärtiŋü bäk qatïɣ

特别是罪业非常牢固

2. 通过叠加的方法使原级形容词第一音节的语音形式发生变化，即重复该形容词第一音节并以–p结尾，从而增强原级形容词的语义色彩。例如：

0370　män bir učluɣ köŋülin tüp tüz bir täg ämgäklig sïqïɣlïɣlar

我一心(以)完全平等同一的痛苦

3643　yip yirümiš artamïš

……完全腐烂之

(四)指小表爱级

回鹘文《慈悲道场忏法》语言形容词的指小表爱级有–qïya、–kiyä 两种形态标记。例如：

–qïya——

2880　üzä olartïn učuzqïya

由于(影响相依)，很容易从其中

2895　bo qïsɣaqïya yašta išläšip

在这短短的年岁里共作

–kiyä——

0580—0581　kälip bayaqïya bar ärip amtï yoq bolmaqlarï teminkiyä bar ärip amtï arṭamaqlarï üzä

因适有今无，向在今灭

从上述例子中可以看出，该文献语言的形容词继续保持古代突厥碑铭文献和早期回鹘文献的特点，分为不同的类别，性质形容词也有级的变化，在句中可以作定语、状语、表语等。形容词的这些特点在现代语言中也依然保留。

第三章 数量词

一、数词

回鹘文《慈悲道场忏法》语言的数词可以分为四类：基数词、序数词、集合数词和分配数词。

（一）基数词

基数词是表示人或事物一般数目的数词。回鹘文《慈悲道场忏法》语言的基数词又可以分为基本基数词和合成基数词两种。

1. 基本基数词

基本基数词是由一个基数词构成的。回鹘文《慈悲道场忏法》语言的基本基数词主要有：

bir（0072）——一

iki（1170）——二

üč（0890）——三

tört（2789）——四

beš（3783）——五

altï（1575）——六

yeti（2091）——七

säkiz（3319）——八

toquz（3347）——九

on（2810）——十

yegirmi（0137）——二十

otuz（1092）——三十

qïrq（1017）——四十

älig（0033）——五十

örki（3839）——九十

yüz（3579）——百

miŋ（0789）——千

tümän（0521）——万

2. 合成基数词

合成基数词是由两个或两个以上的基本基数词按照一定的组合方式组合而成的。回鹘文《慈悲道场忏法》语言的合成基数词有以下两种组合方式：

（1）个位数在前，十位数在后。例如：

beš älig（0033）——四十五

säkiz yegirmi（0137）——十八

altï qïrq（3634）——三十六

beš otuz（1092）——二十五

yeti qïrq（3667）——三十七

需要注意的是，这种合成基数词是回鹘文献语言中使用最为普遍的一种基数词，它们只用于"二十"到"七十"两个十位数之间的数字。此外，örki"九十"这个基数词用在上述组合方式中，与其前个位数组合而成的合成基数词的意义跟上述例子中的合成基数词的意义有所不同，例如：altï örki（3477）表示"九十六"。

（2）低位数在前，高位数在后。例如：

beš yüz（3573）——五百

üč miŋ（1436）——三千

säkiz tümän（1026）——八万

yüz miŋ（3032）——十万

miŋ tümän（0620）——千万

基数词在句中主要作定语。例如：

0137　säkiz yegirmi küinlüg nomlardaqï yertinčülüg

十八卷经中的世间的

1026　säkiz tümän tört miŋ nizvanilar qapïɣïn ačtïm ärsär bo

我打开八万四千尘劳之门，（我有如）此（无量无边的罪行）

（二）序数词

序数词是表示人或事物计数顺序的数词。回鹘文《慈悲道场忏法》语言的序数词是在基数词的基础上通过缀接构词附加成分–nti和–nč、–ïnč、–inč、–unč、–ünč构成的。

1. –nti

–nti仅限缀接于基数词iki"二"之后。例如：ikinti(0099)"第二"。

2. –nč

–nč缀接于以元音结尾的基数词之后。例如：altïnč（2182）"第六"、yetinč（2185）"第七"、yegirminč(1710)"第二十"。

3. –ïnč

–ïnč缀接于含有后列展唇元音的闭音节结尾的基数词之后。例如：qïrqïnč（2098）"第四十"。

4. –inč

–inč缀接于含有前列展唇元音的闭音节结尾的基数词之后。例如：bešinč（1527）"第五"、säkizinč(1705)"第八"。

5. –unč

–unč缀接于含有后列圆唇元音的闭音节结尾的基数词之后。例如：toquzunč（2085）"第九"、onunč(2194)"第十"、otuzunč(1712)"第三十"。

6. –ünč

–ünč缀接于含有前列圆唇元音的闭音节结尾的基数词之后。例如：üčünč（1519）"第三"。

序数词在句中主要作定语。例如：

1527　ïdoq nomnuŋ tözin uqïtdačï bešinč ülüš nom tükädi

阐明圣法本性之第五卷经完结了

2085—2086　kšanti qïlɣuluq nom bitig toquzunč tägzinč

忏悔(所作罪行)之经书第九卷

(三)集合数词

集合数词是表示人或事物数目总和的数词。回鹘文《慈悲道场忏法》语言的集合数词是在基数词的基础上通过缀接构词附加成分–gü构成的,这种数词

在该文献中只出现在两处,且均以基数词iki为基础构成。例如:ikigü(2964)
"两者"。

集合数词在句中可以作主语。当其后缀接名词的格附加成分时,还可以充
当其他句子成分。例如:

2963—2964 tïŋlayu yarlïqazunlar bo tuɣmaqlï öčmäkli ikigü inčä qaltï

请(道场同业大众)聆听,这生与死二者正如

(四)分配数词

分配数词是表示人或事物被分配的数量的数词。回鹘文《慈悲道场忏法》
语言的分配数词是在基数词的基础上通过缀接构词附加成分–är、–rär构成的。

1. –är

–är缀接于含有前列元音的闭音节结尾的基数词之后。例如:birär(1169)
"各一"、üčär(1170)"各三"。

2. –rär

–rär缀接于含有前列元音的开音节结尾的基数词之后。例如:ikirär(1169)
"各二"。

分配数词在句中可以作定语、状语或宾语。例如:

1169—1170 birärig saqïnu tükäṭṭükdä ikirärig saqïnču ol iki saqïnčï bütä tükäṭ
sär üčärig saqïnɣu ol

若一想成,应作二想。二想成已,应作三想

从该文献语言数词的使用情况可以看出,其继承了古代突厥碑铭文献和
早期回鹘文献语言数词的特点。而后期回鹘文献语言中以两个基数词之间用
artuqï连接来表示合成基数词的方式在该文献中并未出现。此外,受数词修饰
的名词之后缀接了复数附加成分,这与现代语言数词在修饰名词时,受修饰的
名词之后不带复数附加成分的用法是截然不同的。

二、量词

量词是表示计算单位的词类。量词可以分为名量词和动量词两类:名量词
表示人或事物的单位;物量词表示动作的单位。回鹘文《慈悲道场忏法》语言的

量词主要是名量词,例如:

bölök(0259)——部

čir(0139)——帙<汉语"帙"

küin(0135)——卷<汉语"卷"

tägzinč(2086)——卷

ülüš(1527)——卷

qat(1089)——层

该文献语言的名量词在句中主要与其前数词共同构成数量词组作定语。例如:

0259 täŋrilig luuluɣ säkiz bölök quvraɣ üčün

为天龙八部众

1089 asure ažunï altï qat amranmaq uɣuš täŋri yerläri brahmaloq

阿修罗世,六欲天,梵世天

可以看出,在该文献语言使用的为数不多的量词中,借汉语的量词占了不小比例。由于突厥语族语言本身不常使用量词,通常直接用数词修饰名词,所以该文献语言中借用汉语的量词的现象或多或少地表明了当时汉语对回鹘语所产生的影响。

第四章　代词

　　回鹘文《慈悲道场忏法》语言的代词可以分为人称代词、指示代词、疑问代词、反身代词、形状代词、关系代词、确定代词和不定代词八类。

一、人称代词

　　人称代词用来代替人或事物的词。回鹘文《慈悲道场忏法》语言的人称代词有单复数之分和格的变化。现将该文献中出现的人称代词的各种语法形态变化情况列表如下：

（一）人称代词的单数和复数

	单数	复数
第一人称	män	biz
第二人称	sän（普称）/siz（尊称）	—
第三人称	ol	olar

（二）人称代词的变格

　　需要注意的是，第三人称单数在变格时，使用其古老的词根a~o"他"，其变格时的词干形式为an。

　　根据以上所列表格可以看出，该文献语言中第一人称单数代词已不再使用古代突厥碑铭文献语言中的bän这一形式，而普遍使用由bän演变而来的män这一形式。第二人称单数代词有普称与尊称之分，却没有使用第二人称复数代

人称代词单数变格表

格	第一人称	第二人称		第三人称
		普称	尊称	
主格	män	sän	siz	ol
属格	mäniŋ	—	siziŋ	anïŋ
宾格	meni	seni	sizni	anï
与格	maŋa	saŋa	siziŋä	aŋa
位格	—	—	—	anta/antada
从格	—	—	—	—
工具格	—	—	—	anïn

人称代词复数变格表

格	第一人称	第二人称	第三人称
主格	biz	—	olar
属格	biziŋ/bizniŋ	—	olarnïŋ
宾格	bizni	—	olarnï
与格	biziŋä	—	olarqa
位格	—	—	olarta
从格	—	—	olartïn
工具格	—	—	—

词。进一步来讲，古代突厥碑铭文献与早期回鹘文献语言中即可用作第二人称单数尊称代词"您"，又可用作第二人称复数代词"你们"的siz[1]，在该文献语言中都以第二人称单数尊称代词"您"的各种变格形式出现。古代突厥碑铭文献与早期回鹘文献语言中另一代表第二人称复数的代词sizlär"你们"在该文献语

<hr>

[1] "siz"在古代突厥文献与回鹘文献语言中既用作第二人称单数尊称代词"您"，也用作第二人称复数代词"你们"，但需要根据上下文义来加以区分。

言中并未出现。此外，人称代词的不同变格形式在句中可以作不同的句子成
分。例如：

0062　üzä ay täŋri elig <u>män</u> ärsär siziŋ öŋräki čiži atlïɣ（作表语）

（蛇）用（人语对皇帝说道）："啊！陛下！是我，（我是）您从前的名为郗氏的
夫人。"

0085　tayanïp anïn bo körksüz yavïz ät´özümin <u>siziŋä</u>（作状语）

倚仗（您从前对我的眷顾），因此（我才敢无所畏惧地）将我这丑恶的身体
向您

041—0414　ymä enč köŋüllüg bolmadïn <u>olarnï</u> ämgäklärintin tartïp ozɣurup en
čkä mäŋikä tägürgäli küsäyü（作宾语）

也（绝）不安心，希望将他们从痛苦中解救出来，使其得到安乐

二、指示代词

指示代词用来指示或区别人或事物。回鹘文《慈悲道场忏法》语言的指示
代词有近指与远指、单数与复数和格的变化。该文献中指示代词的语法形态变
化如下表：

格	近指		远指	
	单数	复数	单数	复数
主格	bo	bolar	ol	olar
属格	munuŋ	bolarnïŋ	anïŋ	olarnïŋ
宾格	munï	bolarnï	anï	olarnï
与格	muŋa	bolarqa	aŋa	olarqa
位格	munta/muntada	bolarta	anta/antada	olarta
从格	muntïn	—	—	olartïn
工具格	—	—	anïn	—

指示代词从构成上来看，都来源于bo~bu"这"和ol"那"。mu是由于起首辅音
b>m而形成的，其变格时的词干形式为mun。

需要注意的是,在突厥语族语言的代词系统中,ol和olar既可以用作人称代词,也可以用作指示代词。

根据以上所列表格可以看出,该文献语言继续使用古代突厥文献语言时期的指示代词及其各种变格形式。指示代词的各种变格形式在句中可以作各种句子成分。例如:

0271　ïnanɣuluq ärürlär tep saqïnsarlar munï inčä uqmïš kärgäk(作宾语)

若他们思考(为何)应当归依(此三宝),应该这样理解

2300　bolarnïŋ terinintä quvraɣïnta(作定语)

这些眷属(等)

三、疑问代词

疑问代词用来对人、事物、特征、状态、方式、原因、数量、时间、地点等进行询问。回鹘文献语言的疑问代词大多是以古老的疑问代词qa"哪"和nä"什么"为基础构成的。qa和nä还可以缀接格附加成分,表示疑问。根据回鹘文《慈悲道场忏法》语言疑问代词询问的对象,可以分为以下几类:

1. 询问人或事物。例如:

kim(2917)——谁

nä(0270)——什么

qayu(0058)——哪个

2. 询问特征、状态、方式、原因。例如:

nägü(0173)——怎样

nägükä(3328)——怎样

nägük(0649)——怎样

nägül(0742)——怎样

nägülük(0641)——怎样

näčük(0803)——怎样

nätäg(0097)——怎样

nätägin(0183)——怎样、为何

3. 询问数量。例如：

näčä(1877)——多少

4. 询问时间或处所。例如：

qačan(0614)——何时

qayuqa(0584-0585)——往哪儿

qayuta(3033)——在哪儿

qayutïn(0584)——从哪儿

此外，疑问代词还可以组合在一起表示疑问。例如：nä üčün(0969)"为什么"。

该文献语言中广泛使用古代突厥碑铭文献与早期回鹘文献语言中的各种疑问代词，这些疑问代词在句中可作各种句子成分。例如：

0270　bo üč ärdinilär nä üčünumunɣuluq（作状语）

为何应当归依此三宝？

2200　kim ozɣalï qutrulɣalï uɣay（作主语）

谁能解脱？

四、反身代词

反身代词用来突出或强调人或事物本身。回鹘文《慈悲道场忏法》语言中有öz"自己"和käntü"自己"两个反身代词，这两个词的语义相同，且可以连用。例如：

käntü özümüz(0833)——我们自己

käntü käntü(0238)——自己

öz öz(1728)——自己

öz具有名词的语法范畴，即有数、领属人称和格的变化，而käntü一般没有数和领属人称的变化，偶尔有格的变化。现将回鹘文《慈悲道场忏法》语言中öz的语法形态变化情况列表如下：

格	第一人称		第二人称		第三人称	
	单数	复数	单数	复数	单数	复数
主格	özüm	özümüz	—	—	özi	özläri
属格	—	—	—	—	öziniŋ	—
宾格	özümin	—	—	—	özin	özlärin
与格	—	—	—	—	öziŋä/özirä	—
位格	—	—	—	—	özintä	—
从格	—	—	—	—	özintin	—
工具格	—	—	—	—	özin	—

此外,在该文献中还出现了以öz的词干形式直接缀加一些格附加成分的情况。例如:

özüg(2483)<öz+-üg(宾格)

özni(0590)<öz+-ni(宾格)

özkä(0685)<öz+-kä(与格)

öztä(1332)<öz+-tä(位格)

从以上列表中可以看出,除反身代词öz的第二人称单复数形式没有出现外,在该文献语言中第一、第三人称单复数形式均有使用。其各种变格形式在句中可作各种句子成分。例如:

0845 inčä qaltï bïntadu qurṭï özintin bolmïš yipiŋä(作状语)

如同蚕作茧

0640 ketä umadïn käntü özüm tsuy erinčü bulup yorïsarmän(作主语)

不能离开(轮回),若我自己知罪而行

五、性状代词

性状代词用来指代性质或状态。回鹘文《慈悲道场忏法》语言的性状代词由以下两种方式构成:

1. 在指示代词之后缀接-taγ。例如:

muntaɣ（0118）"这样的"<bu"这"+n（增音）+taɣ

antaɣ（0355）"那样的"<a"那"+n（增音）+taɣ

2. 在指示代词之后缀接–ča/–čä。例如：

munča（1420）"这样"<bu"这"+n（增音）+ča

anča（0092）"那样"<a"那"+n（增音）+ča

inčä（2198）"这样"<i"这"+n（增音）+čä

性状代词一般没有数和领属人称的变化，偶尔有格的变化。该文献语言中的性状代词在句中主要作定语或状语。例如：

1420　ol avant tïltaɣ üzä munča ayïɣ qïlïnč tüšin bulmïš（作定语）

由于那因缘之故,（你）得到了这样的罪业之果

0118　täginmäz muntaɣ qïlu yarlïqasar temin ök ol čiži（作状语）

找不到（从这痛苦中解脱的方法）。若这样做,马上就（能让）那郁氏（夫人）

六、关系代词

关系代词用来联系句中的不同成分或复句中的两个分句。回鹘文《慈悲道场忏法》语言的关系代词由一部分疑问代词来充当,多用于句首。该文献中的关系代词主要有：

kim"那个……"：

0777—0778　kim bilgä kiši ärsär yiti bičäk üzä tillärin öz elgin bïčïp

若谁是明智之人,（就会）用锋利的刀子亲手割断其舌

0856—0858　artoqraq bir täg küü kälig ädrämlig küčläri üzä kim män šabi ata tutuŋnuŋ kšanti qïlmïš qïlïnčlarïm öčüp alqïnïp

同加神力,灭尽我šabi ata都统所忏悔的（罪）行

qačan"当……时"：

0157—0158　qačan lovudi han özi yänä adïn ažunqa bardï ärsär ančadïnbärü bo nom

当梁武帝自己也去世时,自那时起此经

2120—2121　qačan yaruqlï qaraŋɣulïqa tägdüktä yalŋuz ädgüli ayïɣlï

当到达明与暗之时,唯独善与恶

将疑问代词用作关系代词是回鹘文献语言的显著特征之一,该文献语言中关系代词的使用即体现了这一特点。

七、确定代词

确定代词用来指代人或事物的全部。回鹘文《慈悲道场忏法》语言的确定代词主要有:

qamaɣ(0215)——所有

alqu(2310)——所有

barča(1701)——一切

yumqï(2723)——全部

确定代词可以连用。例如:

alqu qamaɣ(0299)——所有

yumqï barča(0500)——全部

确定代词在该文献中有格的变化,其变格形式如下表:

主格	qamaɣ	alqu	barča	yumqï
属格	—	alqunuŋ	—	—
宾格	—	alqunï	barčanï	yumqïnï
与格	—	alquqa	barčaqa	yumqïqa
位格	qamaɣta	alquta	barčada	—
从格	—	—	barčatïn	—
工具格	—	—	—	—

从以上列表中可以看出,该文献语言中使用的确定代词均为回鹘文献语言中常见的确定代词,且具有不同的变格形式,这些不同变格形式的确定代词在句中可作不同的句子成分。例如:

1780　atlïɣ täŋri burhan qutïŋa yükünürmän alqunuŋ täŋrisi(作定语)

(南无梵寿)佛,南无一切天(佛)

2784　barčatïn birtäm ozup qutrulup（作状语）

从一切（苦）中完全解脱

3278—3279　kirdä i dyantïn ündäči yumqïnï ütläp ärigläp ädgü qïlïnčta（作宾语）

入（禅）出禅者、劝诫他们所有人,（行）善行（者）

八、不定代词

不定代词用来指代人或事物的某一部分或全部。回鹘文《慈悲道场忏法》语言中不定代词的构成方式有以下两种:

1. 由数词bir之后缀接–är构成。

birär“某些、一些”——

0044　busušluɣïn saqïnu küntüzintä birär tušta surt surt yerinip

悲伤地思念（她）,在白天忽忽不乐

2. 由两个疑问代词或一个疑问代词与其他词组合而成。

kim qayu“某个（人）、无论谁”——

0829　tep taqï nä ayïtmïš kärgäk kim qayu kišilärniŋ

更何况看见（有）任何人（以如是大心）

näŋ ymä“无论如何也……”——

0735　näŋ ymä yavïz köŋülüg öritip alqu tïdïɣlïɣ adalïɣ

无论如何也（不让他们）起恶心,（生）诸妨碍之（言）

不定代词一般没有数、领属人称和格的变化,具有强调的语义功能。此外,在同一句中,有不定代词näŋ 出现时,该句的谓语动词一般都用否定形式。

由上可见, 回鹘文献语言中常见的一些不定代词在该文献语言中也得到了一定的应用,可在句中作定语、主语等句子成分。

第五章 副词

副词是表示范围、时间、处所、性状、程度的词类。根据副词表示的意义可以将回鹘文《慈悲道场忏法》语言的副词分为时间频率副词、处所副词、程度副词和状态副词四类。

一、时间频率副词

时间频率副词表示动作进行的时间与频率。回鹘文《慈悲道场忏法》语言的时间频率副词主要有：

amtï(0087)——现在

küntüz(0044)——白天

tünlä(0174)——夜间

bökünki kün(0318)——今日

öŋrä(0752)——以前

ötrü(0792)——以后

ken(1893)——之后

yänä(0026)——又、再

uzatï(0043)——经常

turqaru(3711)——永久地、经常地

时间频率副词在该文献中的例子如下：

0508 <u>amtï</u> bo sezikig birtäm tarqarmïš kärgäk <u>bökünki küntä</u>

现今需要完全断除此疑惑,在今日

0327　öŋrä qïlmïš qïlïn larïɣ erinčkäču kšanti qïlɣalï küsägülük

希求忏悔以前所作的(罪)行

0278　uzatï ärinöksüzin turqaru ädgü savlar üzä

常无懈怠地、始终以善事

二、处所副词

处所副词表示动作进行的方位或处所。回鹘文《慈悲道场忏法》语言的处所副词主要有:

üzä(2157)——上面　　　　　tašɣaru(2405)——向外

yoqaru(0753)——向上　　　 utru(3704)——对面

üstün(1908)——上面　　　　 otra(1305)——中间

altïn(3857)——下面　　　　 öŋdün(1179)——东

asra(1285)——下面　　　　 kedin(1180)——西

ičtin(0729)——从内　　　　 küntin(1181)——南

taštïn(1734)——从外　　　　 taɣtïn(1182)——北

处所副词在该文献中的例子如下:

0753　körkin kördäčilärkä tüü tüpi yoqaru turɣu täg qorqmaɣu

形貌(丑恶),看见的人无不吓得寒毛竖起

1908　qutïŋa yükünürbiz üstün kök täŋriniŋ baštïnqïsï atlïɣ

(南无智顶佛),南无上天佛

1734　ap ymä ičtin sïŋarqï ap ymä taštïn sïŋarqï ap ymä yaqïntaqï

既内又外,既近(又远)

三、程度副词

程度副词表示动作或性质特征的程度。回鹘文《慈悲道场忏法》语言的程度副词主要有:

ärtä(0421)——极其

ärtiŋü(0530)——非常

äŋ(0298)——最

artoq(0321)——很

ayï(1048)——非常

taqï(0287)——更加,尚

tükäṭi(0108)——完全地

yoqaru(0131)——非常

程度副词在该文献中的例子如下:

0503　burhan qutïn bulzunlar bo äŋ kenki savlar qut

让他们(与诸菩萨一起俱)登正觉,这最后的话语

0530　äränlär ärtiŋü bay barïmlïɣ bolɣu ärip inčip yänä čïɣay

(清廉之)士们(应当)特别富有,而(见其)贫穷

四、状态副词

状态副词表示动作的状态或方式。回鹘文《慈悲道场忏法》语言的状态副词主要有:

ančulayu(1289)——那样地

munčulayu(3271)——这样地

inčip(2007)——这样地

birgärü(0111)——一起

surt/suurt(0044/0763)——忽然

tärkin(0771)——迅速

tavratï(0772)——迅速

üzüksüz(0789)——不断地

ulatï(0308)——随之

ančan(1177)——渐渐

状态副词在该文献中的例子如下:

1027　munčulayu ülgüsüz sansïz učsuz qïdïɣsïz ayïɣ qïlïnčlarïm

(若)我有如是无量无边罪行,

2940　bir üdtä <u>birgärü</u> yïɣïlïp ögi

于一时共同聚集，神（智）

0044　busušluɣïn saqïnu küntüzintä birär tušta <u>surt surt</u> yerinip

悲伤地想念（她），在白天忽忽不乐

1177—1178　miŋ yertinčütä toluɣ saqïnɣu ol <u>munčulayu ančan ančan</u> keŋürü

（应作）满（三千大）千世界想。如是渐广

从以上例子中可以看出，该文献语言中的时间频率副词、处所副词、程度副词和状态副词在句中主要修饰动词或形容词，作状语。古代突厥碑铭文献和早期回鹘文献语言中的副词在该文献语言中继续并广泛使用。

第六章 动词

　　回鹘文《慈悲道场忏法》语言的动词作为词法的核心部分,具有十分丰富的形态变化,其形态变化主要有人称–数、肯定–否定、时、式、态等语法范畴,同时还有动名词、形动词、副动词和助动词等不同的语法形式。

一、动词的人称–数范畴

　　动词的人称形式与数范畴密不可分。回鹘文《慈悲道场忏法》语言中,动词的人称–数范畴有三种类型,具体如下表:

第一种类型的动词人称形式

人称	单数		复数
第一人称	–män		–biz/–bïz
第二人称	普称	–sän	—
	尊称	–sïz	—
第三人称	ø		–lär/–lar

第二种类型的动词人称形式

人称	单数		复数
第一人称	–m		–mïz/–miz/–muz
第二人称	普称	–ŋ	—
	尊称	–ŋiz	—
第三人称	ø		–lar/–lär

第三种类型的动词人称形式

人称		单数	复数
第一人称		–yïn/–yin/–ayïn/–äyin	–lïm/–lim/–alïm/–älim
第二人称	普称	–ɣïl；–ŋ/–ïŋ	–ïŋlar
	尊称	—	—
第三人称		–zun/–zün	–zunlar/–zünlär

以上三种类型的动词人称形式除有单复数的区别以外,都属于动词的式、时范畴,其中第一种类型为动词陈述式现在–将来时、将来时,动词条件式,动词愿望式;第二种类型为动词陈述式过去时;第三种类型为动词祈使式。

每种人称的动词人称形式的附加成分有不同的变体。在某一动词词干之后缀接动词人称形式的附加成分时,与缀接其他附加成分时一样,主要以元音和谐律与是否以元音结尾为原则。

二、动词的肯定–否定范畴

动词的肯定–否定范畴是指对动词所指动作的肯定或否定。回鹘文《慈悲道场忏法》语言中,动词的肯定形式无形态标记,动词词干本身即为肯定形式;动词的否定形式是在动词词干之后缀接附加成分–ma/–mä 构成的。在肯定形式或否定形式的动词词干之后还可缀接其他各种时、式、态和人称等附加成分。由否定形式的动词还可构成动名词、形动词和副动词。

回鹘文《慈悲道场忏法》语言动词肯定形式与否定形式的例子如下:

1. 肯定形式

0001　yükün̲ürmän šiki atlïɣ täŋri burhan qutïŋa

南无尸弃佛

0800　adïn ayïɣ qïlïnčlarnïŋ tüšin bo ät´özüg tit̲düktä

（更何况此）外恶行之果。舍弃此身时

1185　tep k̲örüp üstün yïŋaqtïnqï tïnlïɣlarïɣ barča

看见（下方众生皆是我的姊妹）,看见上方众生皆（是我的师长）

1358　yavlaq yoltaqï ačïɣ ämgäklärig <u>saqïnïp</u> burhan qutïŋa

念(三)恶道中诸苦,(发)菩提(心)

2. 否定形式

0283　qutïn bulmasar män ymä köni tüz tuymaqïɣ al<u>maz</u> män

若(众生)不得(佛)果,我也不取正觉

0608　bo antaɣ qatïɣlan<u>madï</u> ämgän<u>mädi</u> ärsär munï täg ämgäkkä

若不这样勤劳,(岂不会让其受)如此之苦

3562　ünlärig äšid<u>mälim</u> säkiz yegirmi

让我们不听……之声,不听十八(地狱中)

3570　küsäp bulmamïš ünlärin äšid<u>mälim</u>

让我们不听(饿鬼因饥渴而烦恼、)祈求(食饮之物)而不得之声

三、动词的时

动词的时范畴表示动作发生的时间与说话时间的关系。根据动词表示的时间意义可以将回鹘文《慈悲道场忏法》语言动词的时分为过去时、现在-将来时、将来时三种。

(一)过去时

过去时表示说话前已经完成的动作。回鹘文《慈悲道场忏法》语言中,动词的过去时又可分为直接过去时、间接过去时两种。

1. 直接过去时

直接过去时表示说话者直接知道的、已经发生并完成的动作。回鹘文《慈悲道场忏法》语言中,动词直接过去时的构成是在动词词干之后缀接表示过去时语义的形态标记:-dï、-di、-tï、-ti、-du、-dü、-tu,其后再缀接过去时人称形态标记:-m,-mïz、-miz、-muz(第一人称);-ŋ,-ŋiz(第二人称);-ø,-lar、-lär(第三人称)。据此,我们可以将直接过去时的结构类型描写为:动词词干+过去时形态标记+过去时人称形态标记。该文献语言动词直接过去时构成形态标记如下表所示:

动词直接过去时构成形态标记表

人称	单数		复数
第一人称	–dïm/–dim/–tïm/–tim/–dum/–düm/–tum		–dïmïz/–dimiz/–tïmïz/–tumuz
第二人称	普称	–dïŋ/–tïŋ/–tiŋ	—
	尊称	–diŋiz	—
第三人称	–dï/–di/–tï/–ti		–dïlar/–dilär/–tilär

回鹘文《慈悲道场忏法》语言动词直接过去时的例子如下：

第一人称——–m、–mïz、–miz、–muz

0072 tïnlïɣ tuɣdum maŋa yoq antaɣ bir aš ičgü

我生成了（像这样令人恐惧的具有毒蛇之身的）生物,对于我（来说）,（没有）那样一种饮食之物

0836 yeg adroq ädgüsiŋä tïdïɣ ada qïlu tägintim ärki

我是否（以无量恶心）阻碍了（他人之）胜善？

1019 qïlïnčlarïɣ qïltïm quvratdïm ärsär bökünki küntä ol qïlmïš

若我作了、积累了（如是等无量无边罪）行,在今日（忏悔我）那所作之（罪）

1059 qïlïnčlarïɣ qïltïmïz quvratdïmïz ärsär amtï bökünki küntä

若我们作了、积累了（如是等无量无边罪）行,现在今日

1070 ädgü tep ädgü ädgü ärmäz tep tedimiz ärsär

若我们（将不善）说善,（将）善说不善

1057 tolp altï yoltaqïlarqa üz boz yaɣï boltumuz ärsär

（所以对）所有六道之中者（而言）,我们成为其仇敌。

第二人称——–ŋ, –ŋiz

1418 sän oɣrï köŋül öritip azqïya täŋinčä soqup altïŋ

你起了贼心,打取了少许

0090 maŋa ädgülüg utlï sävinč tägürmiš bolɣay ärdiŋiz tep

您就会让我（立刻）得到善果之喜悦。

第三人称——-ø,-lar、-lär

0039　ädgülüg ädrämlig lovudi atlïɣ han boltï ol hannïŋ

有功德的梁武帝为帝,那位皇帝的

0837　nä üčün tesär birök bo sav yoq ärdi ärsär nätägin bökünki

若说为何,若无此事,为何(在)今日

0809　yorïdïlar ärsär körmiš yoq bo kišilärniŋ qutrulmaqlïɣ

若(谁以放逸心)而行,不见此人(得)解脱(之果)

0022　ärsär kimlär tägdilär ärki tep tesär amtï bo

若(他们已得到),若说哪些人已得到? 现在(随)这

直接过去时否定形式的形态标记为:-ma、-mä,其结构类型为:动词词干+否定形态标记+过去时形态标记+过去时人称形态标记。例如:

0608　bo antaɣ qatïɣlanmadï ämgänmädi ärsär munï täg ämgäkkä

若不这样勤劳,(岂不会让其受)如此之苦

在回鹘文《慈悲道场忏法》语言中,带有直接过去时形态标记的动词常与är-连用,此时该动词又增加了är-所带有的时、式、人称等范畴的意义。

从以上所列表格和例子中可以看出,该文献语言中未出现动词直接过去时第二人称复数的附加成分。此外,古代突厥碑铭文献语言中使用的动词直接过去时第二人称单数附加成分-tig/-tïɣ 在该文献中也不再使用。

2. 间接过去时

间接过去时表示说话者间接知道的、已经发生并完成的动作。回鹘文《慈悲道场忏法》语言中,动词间接过去时的构成是在动词词干之后缀接间接过去时形态标记:-mïš、-miš,其后再缀接人称形态标记。该文献语言动词间接过去时的结构类型为:动词词干+间接过去时形态标记+人称形态标记。需要注意的是, 带有间接过去时形态标记的间接过去时在多数情况下不再缀接人称形态标记。例如:

1420—1421　ol avant tïltaɣ üzä munča ayïɣ qïlïnč tüšin bulmïš sän

由于那因缘之故,你得到了这样的罪业之果

0575 ičgü ton kädim čïn kertü mäŋi ärmäz tep bilmiš kärgäk

应该知道(食)饮之物、衣装不是真正的快乐

间接过去时否定形式的形态标记为：-ma、-mä，其结构类型为：动词词干+
否定形态标记+间接过去时形态标记。例如：

3570 küsäp bulmamïš ünlärin äšidmälim

让我们不听(饿鬼因饥渴而烦恼、)祈求(食饮之物)而不得之声

在回鹘文《慈悲道场忏法》语言中，带有间接过去时形态标记的动词常与
är-、bol-、kärgäk等词连用，此时该动词中-mïš、-miš间接过去时的意义服从于
与其连用的这些词的时、式、人称等范畴。

(二)现在-将来时

现在-将来时表示正在发生或将要发生的动作。回鹘文《慈悲道场忏法》语
言中，动词现在-将来时的构成是在动词词干之后缀接现在-将来时形态标
记-r、-ar、-är、-ïr、-ir、-ur、-ür、-yur、-yür，其后再缀接人称形态标记。该文献语
言动词现在-将来时的结构类型为：动词词干+现在-将来时形态标记+现在-将
来时人称形态标记。例如：

0063 hatunuŋuz ärürmän öŋdün män sizni birlä

我是您(从前名为郗氏)的夫人，以前我与您一起

0298 ükliyür asïlur äŋ mintin aviš tamutaqï uluɣ ootluɣ

(看见此众生时悲心)更增，乃至(进入)无间地狱中的大火(轮中)

0517 qatï qarï qïlurlar bo muntaɣ qïlïnčlarïnïŋ bir yintäm

交替地作(善与恶行)，(由于)如此行为(不是)唯一的

0553 tüzgärinčsiz tüzü köni tuymaq burhan qutïn bulur tep

(此后俱)得胜于一切之无上正觉佛果

0792 tuɣar män tep ötrü pret bo savlarïɣ sözläyü tükätdükdä

"我(又)将生(于地狱)"，随后饿鬼说完这些话时

现在-将来时的否定标记为-maz、-mäz，其结构类型为：动词词干+否定标
记+现在-将来时人称形态标记。例如：

0083 aɣïr uluɣ ada tuda qïlɣalï kälmiš ärmäzmän sizni

我(也)并非是为了(在您所居住的这座宫殿)做(深)重危险之事而来的。(看到)您

0283 qutïn bulmasar män ymä köni tüz tuymaqïɣ almaz män

如果(众生)不得(佛)果,我也不取正觉

0523 qïlmïš qïlïn larïn bilgäli uqɣalï umazlar antaɣ

他们不能知晓、领悟(那在前世)所作之行,(由于)那样的

0598 eltdä isin arïtï bilmäzlär antaɣ ymä adïnlarnïŋ bušï

他们完全不知(此诸业)将引领(向解脱道)。或(见)他人布施

在回鹘文《慈悲道场忏法》语言中,带有现在-将来时肯定形态标记(-r、-ar、-är、-ïr、-ir、-ur、-ür、-yur、-yür)或否定形态标记(-maz、-mäz)的动词常与är-、bol-等词连用,此时该动词中现在-将来时的意义服从于与其连用的这些词的时、式、人称等范畴。

（三）将来时

将来时表示将要发生和进行的动作。回鹘文《慈悲道场忏法》语言中,动词将来时的构成是在动词词干之后缀接将来时形态标记:-dačï、-tačï、-däči、-täči,其后再缀接人称形态标记。该文献语言动词现在-将来时的结构类型为:动词词干+将来时形态标记+人称形态标记。例如:

0423 bir täg asïɣ tusu qïlu yarlïqadačï ärdi tep bilmiš kärgäk

应当知道(由于本师以慈心)等同利益(一切)

1167 uluɣ yarlïqančučï köŋül ök olarnï ämgäktin tartdačï ärür tep

(知晓唯有)大悲心才能将他们从痛苦中解救出来

1731 kök qalïq yüüzintäki ädgüg küzä täči ayïɣïɣ qïnatačï

虚空表面上之守善罚恶(者)

2918 särgürgäli utačï anï üčün

谁能阻挡、忍受它? 因此

0021 ädgülüg tüškä utlïqa tägdäči birök tägdilär

将得到(上)善果报,如果他们已得到

1315 nomuɣ küzätdäči bolzunlar inčä qaltï tïnmaqsïz sönmäksiz

让他们(如阿逸多沙门一般精进)护法,如不休不息(菩萨一般)

1287 ozɣurup ädgülüg asïɣ bertäči tuɣmaq

解救(诸苦),布施善益,(由于为渡)生(死之海者)

1337 saqïntuqta burhanïɣ körtäči bolalïm inčä

念……之时,让我们看见佛祖,如(同)

0972 berü yarlïqadačïlar üčün anïn amtï biz töpön yinčürü yükünü

由于(以覆护)施予(安乐),因此现在我们顶礼敬拜

1289 barɣuluq kemi köprüg boltačïlar üčün anïn ančulayu

由于为渡生死之海者作行往之舟桥者,因此被称为如(来)

1155 üküš yänä adičit köŋülüg öritdäčilär

……(无量)多,又发菩提心

3059 arïtï öŋi ketmädäčilär

(枷锁杻械)不曾离身

将来时否定形式的形态标记为:–ma、–mä,其结构类型为"动词词干+否定形态标记+将来时形态标记"。例如:

4031 ärsär nomlarïɣ unïtmadačï titmädäči

不忘经法、不弃经法

在回鹘文《慈悲道场忏法》语言中,带有将来时形态标记的动词常与är–、bol–等词连用,此时该动词中–dačï、–tačï、–däči、–täči将来时的意义会发生一些变化。

四、动词的式

动词的式表示说话者对动作进行主观评价时所用的语气。回鹘文《慈悲道场忏法》语言中,动词的式范畴可以分为陈述式、条件式、祈使式和愿望式四种类型。

(一)陈述式

动词的陈述式表示动作是实际存在的。回鹘文《慈悲道场忏法》语言中,动

词的陈述式分为直接陈述式和间接陈述式两种。直接陈述式表示说话者以肯定的语气对动作进行陈述；间接陈述式表示说话者以间接知道或临时发觉的语气对动作进行陈述。在陈述式的范畴中，动词的式受到时间的制约，因而与动词的时是密不可分的。直接陈述式的形式与动词的直接过去时、现在-将来时和将来时的形式相同；间接陈述式的形式与间接过去时的形式相同。

（二）条件式

动词的条件式表示假设、虚拟等语法意义。条件式主要用于条件关系复句，做主句谓语动词所指动作实现的条件。回鹘文《慈悲道场忏法》语言中，动词条件式的构成是在动词词干之后缀接条件式形态标记-sar、-sär，其后再缀接人称形态标记。该文献语言动词现在-将来时的结构类型为：动词词干+条件式形态标记+条件式人称形态标记。

动词现在将来时结构类型

人称		单数	复数
第一人称		-sarmän/-sar män/-sär män	-sarbiz/-sar biz/-sär biz
第二人称	普称	-	-
	尊称	-sar siz	-
第三人称		-sar/-sär	-sarlar/-särlär

回鹘文《慈悲道场忏法》语言动词条件式的例子如下：

1239　oronta tuɣsarmän bökünki bo adičit köŋül bäk

不论我生在（何）处，今日此菩提心……坚固

1657　yalŋoq ažunïnta ärsär män tört yüz tört törlüg iglär

若我在人世，（让我们不受）四百四病（触身之苦）

0110　buyan ädgü qïlïnčïɣ qïlsar biz ol ämgäkdin ozɣay qutrulɣay tep

（因此问道：）"我们（现在为它）作什么（最上）功德善行，可让它从痛苦中解脱出来？"

0089 qïlïp meni bo ämgäkimtin tartïp ozɣursar siz anta temin

您若将我从我这痛苦中拯救出来,(您就会让我)立刻(得到善果之喜悦)

0329 köŋülläri taš ät´özläri iki birlä arïsar süzülsär

若内心外身二者一起变洁净

0837 nä üčün tesär birök bo sav yoq ärdi ärsär nätägin bökünki

若说为何,若无此事,为何在今日

1070 ädgü tep ädgü ädgü ärmäz tep tedimiz ärsär

若我们(将不善)说善,(将)善说不善

1503 nomča töröčä yorïsarlar öz ät´özläriŋä ök

他们若(一生)依法而行,……就是向他们自身(施益)

3219 quvraɣ qayu oronta tuɣsarlar

令此(大)众无论生在何处

0810 tüšiŋä tägmišlärin bo savda kimlär küzätinsärlär

(未见此人)得(解脱)之果。若谁以此言守护

1199 köŋülüg öritsärlär muntaɣ yaŋ üzä

(大众)若发(菩提)心,以这样

条件式否定形式的形态标记为–ma、–mä,其结构类型为:动词词干+否定形态标记+条件式形态标记+条件式人称形态标记。例如:

0283 qutïn bulmasar män ymä köni tüz tuymaqïɣ almaz män

如果(众生)不得(佛)果,我也不取正觉

0332 muntaɣ köŋülüg öritmäsär muntaɣ saqïnčïɣ saqïnmasar ötrü

若不起如是心,若不作如是想,之后

动词的条件式本身不表示时间。如果需要表示时间,那么主要的谓语动词首先要发生时范畴的变化,然后使用带有条件式的助动词。

从以上所列表格中可以看出,该文献语言动词的条件式形态标记保留了古代突厥碑铭文献语言和早期回鹘文献语言中的完整形式–sar/–sär,动词条件式附加成分的这一完整形式发展到后期回鹘文献语言中,–sar/–sär末尾的r辅

音开始脱落,逐渐演变成-sa/-sä这样的简化形式,到了近现代突厥语中,-sa/
-sä最终取代了古代的完整形式-sar/-sär,占据主导地位,得到普遍使用。据考
证,从十三世纪(元代)开始,动词条件式的简化形式-sa/-sä开始出现在吐鲁番
回鹘文献中,因此学者们对回鹘文献进行断代时会以动词条件式的简化形式
-sa/-sä的出现作为重要的断代依据,认为这是十三世纪(元代)及其之后的回
鹘文献的重要语言特征。①因此,我们也可以以此为依据,判断回鹘文《慈悲道
场忏法》为十三世纪(元代)以前的文献。

此外,在古代突厥碑铭文献时期,动词条件式是一种无人称形式,在条件
式形态标记-sar/-sär之后不缀接动词人称形态标记。在高昌回鹘文献语言初
期,动词的条件式则既保留了古代突厥碑铭文献时期不带人称附加成分的特
点,又开始出现用词法手段表示人称的形式,即在动词条件式附加成分之后缀
接人称附加成分。②而在该文献语言中,从以上列表中可以看出,动词条件式附
加成分之后都缀接了人称附加成分,说明条件式在这一时期已发展成为比较
稳定的动词人称形式。然而在该文献中,动词条件式人称附加成分却有与条件
式附加成分连写与不连写两种形式,这说明来自人称代词的条件式人称附加
成分在这一时期还处于过渡阶段,仍具有一定的独立性,并没有完全与条件式
附加成分组合成为动词条件式的特定形态标记。

(三)祈使式

动词的祈使式表示希望、请求、命令、建议、号召或邀请等语法意义。回鹘
文《慈悲道场忏法》语言中动词祈使式的构成是在动词词干之后缀接带有人称
形式的祈使式形态标记。不同的人称有不同的祈使式形态标记。该文献语言动
词祈使式的结构类型为:动词词干+带有人称形式的祈使式形态标记。

回鹘文《慈悲道场忏法》语言动词祈使式的例子如下:

---

① 阿不里克木·亚森:《吐鲁番回鹘文世俗文书语言结构研究》,乌鲁木齐:新疆大学出版社,2001年,第
133页。
② 阿不里克木·亚森:《吐鲁番回鹘文世俗文书语言结构研究》,乌鲁木齐:新疆大学出版社,2001年,第
132—133页。

人称	单数		复数
第一人称	–yïn/–yin/–ayïn/–äyin		–lïm/–lim/–alïm/–älim
第二人称	普称	–ɣïl；–ŋ/–ïŋ	–ïŋlar
	尊称	–	–
第三人称	–zun/–zün		–zunlar/–zünlär

第一人称单数——

3653 yïdlayïn alqu qamaɣ yeti törlüg

让我（常）闻（……之香），（让我们常闻）一切·七（方便人）

1458 barïp ilinčüläyin mäŋiläyin ärti tep

让我去（那些地方）游乐

1668 qutïn bulayïn yänä bökünki küntä bo nomluɣ orontaqï

让我得（佛）果，令今日此道场中的

3589 oqïtdačï ünlärig uzatï äšidäyin

让我常听诵读……之声

第一人称复数——

3647 bököntä ïnaru uzatï yïdlalïm

从今日以后让我们常闻

3955 sözlälim uzatï kišilärig

让我们（向他们讲所谓常乐我净之法），常（劝诫）他人

1337 saqïntuqta burhanïɣ körtäči bolalïm inčä

念……之时时，让我们看见佛祖，如（同）

3827 uzatï bilälim az amranmaq övkä qaqïɣ biligsiz bilignïŋ

让我们常知贪欲、嗔恚、愚痴的

第二人称单数普称——

2913—2915 ymä meni ozɣarɣïl qutɣarɣïl tep kimkä ärsär küsägäli tutuzɣalï

bulmaz

又不能希求命令任何人说:"请你解救我吧!"

0125　bolmaŋ tep

……说:"你不要……"

0107　sözin saqïnčïn öziŋä buyan qïlïŋ tep

将(自己的)话语、想法、向自己作功德(之事)

第二人称复数普称——

4328　qatïɣlanïŋlar

你们精进努力吧!

第三人称单数——

0723　köni tüz tuymaq burhan qutïn bulmaqïmïz bolzun bökünki

让我们得到正觉,(在)今日

1581　qïlɣuluq qïlïnčlarï ketzün tarïqzun

让所忏悔的行为远离消除

第三人称复数——

0025　ymä qop süzök kertgünč köŋülin äšidzünlär tïŋlazunlar

也让他们以完全虔诚的信仰之心聆听

0779　bo ämgäk täginzünlär adïnlarnïŋ ädgüsin bir

让他们(甘心)遭受此苦,(让他们不毁谤)一(句)他人之功德

祈使式否定形式的形态标记为–ma、–mä,其结构类型为:"动词词干+否定形态标记+带有人称形式的祈使式形态标记"。例如:

0348　köŋülüg öritip ikiläyü aɣmalïm tägšilmälim yänä

起(坚固信仰之)心,让我们不再退却、转变

3703　alqu özin ölmišlärniŋ tatïɣïn ymä tatmayïn tïnlïɣ uɣušïnïŋ

让我不尝一切自死之味,(让我不尝)生物的(髓血之味)

从上述列表与例子中可以看出,该文献语言中没有出现古代突厥碑铭文献语言动词祈使式第二人称单数使用动词词干形式来表达的情况。但该文献语言中除了由于受语料篇幅限制,没有出现祈使式第二人称单数尊称和第二

人称复数尊称以外，古代突厥碑铭文献语言动词祈使式的其他人称形式在该文献语言中都继续使用。

（四）愿望式

动词的愿望式表示说话者对完成动作的愿望。回鹘文《慈悲道场忏法》语言中动词愿望式的构成方式有以下两种：

1. 在动词词干之后缀接愿望式形态标记-ɣay、-gäy，其后再缀接人称形态标记。该文献语言动词第一种愿望式的结构类型为：动词词干+愿望式形态标记+愿望式人称形态标记。

人称		单数	复数
第一人称		–gäymän	–ɣaybïz/–ɣaybiz/–ɣay biz
第二人称	普称	—	—
	尊称	–ɣaysïz	—
第三人称		–ɣay/–gäy	–ɣaylar

回鹘文《慈悲道场忏法》语言中动词祈使式的例子如下：

第一人称——

0774　tayanïp uzun yašap ölmägäymän saqïnïp ülgüsüz üküš

倚仗（自己优越有力），认为（自己）长生不死，（作了）无量（罪恶）

0663　üdtä inčip qïlɣuluq ädgülüg išlärig bütürgäli uɣaybïz

（何）时能让我们完成应作的善事？

2897　bošunɣalï uɣay biz yänä bo yertinčü

（怎样）能让我们（自己）解脱，而且这世界

第二人称——

0087　nägü qïlɣaysïz amtï mäniŋ bir küsüšüm ol meni

（该）让您怎么做？现在我有一个愿望，（请您为）我做

第三人称——

0331　kertgünmäklig nom qapïɣïŋa učuz oŋay kirgäli bulɣay birök

让他容易得入（归）信法门，若

2200　kim ozɣalï qutrulɣalï uɣay

谁能解脱？

0119　hatun oza qutrulu tägingäy ärdi tep ötüntilär han

他们请求让（那郗氏）夫人得到解脱，皇帝

0628　tarqarmasar kenki kenki ažunlarda taqï artoqraq ükligäy

若其在此世不断除，在后后世要更增加

0335　bolɣaylar bir etürsär män bo ažunuɣ bo oronuɣ

使他们（怀疑、提防），我（一失去）今世、此处

这种类型的愿望式否定形式的形态标记为–ma、–mä，其结构类型为：动词词干+否定形态标记+愿望式形态标记+愿望式人称形态标记。例如：

0774　tayanïp uzun yašap ölmägäymän saqïnïp ülgüsüz üküš

倚仗（自己优越有力），认为（自己）长生不死，（作了）无量（罪恶）

0844　bo ät˘öz üzä qutrulmaqqa täggäli umaɣay ärdim

我不能以这个身体得到解脱

这一类型的动词愿望式是回鹘文献语言中特有的语法范畴，在该文献中也广泛使用。此外，同动词条件式一样，在该文献中，这一类型的动词愿望式人称附加成分有与愿望式附加成分–ɣay/-gäy连写与不连写两种形式，这说明来自人称代词的这一类型的愿望式人称附加成分在这一时期还处于过渡阶段，仍具有一定的独立性，并没有完全与愿望式附加成分–ɣay/-gäy组合成为动词愿望式的特定形态标记。

2. 在动词词干之后缀接愿望式形态标记–ɣuluq、–gülük，再与助动词är-、bol-的时、人称等形式组合使用。该文献语言动词第二种愿望式的结构类型为：动词词干+愿望式形态标记。例如：

1208　qutïn bulɣuluq ärsär ymä

得到（佛）果时，又……

0389　tsuyurqaɣuluq bolurlar nä üčün tep tesär bo sav

应当怜悯,若说为何,(因)此话

0299　tilgänkä kirgülük ärsär ymä alqu qamaɣ tïnlïɣlar

进入(无间地狱大火)轮中,(为了)一切众生

0816　qïlmasarlar alqu burhanlarqa öggülük külägülük bolɣaylar

若他们不造(新罪),应当称赞诸佛

这种类型的愿望式的否定形式依靠其后出现的助动词är–、bol–的否定形式来表示。例如:

2974　enč sïmtaɣ qïlɣuluq ärmäz anïn

不应当安逸。因此

从以上例子中可以看出,这一类型的动词愿望式主要表达"要……""应当……"等意义。

五、动词的态

动词的态即动词的语态,表示动作与主体(即主语)的关系。回鹘文《慈悲道场忏法》语言中,动词的态范畴可以分为主动态、被动态、使动态、反身态和共同态五种类型。

(一)主动态

动词的主动态表示动作由主体发出,即主语是施事者。回鹘文《慈悲道场忏法》语言中,动词主动态的形态标记为零形式。根据其语义功能,又可以分为不及物动词主动态和及物动词主动态两种类型。

1. 不及物动词主动态。例如:

0042　tušup adïn ažunqa bardï ötrü ol han anï artoq sävär

患(重病)去世了。之后那位皇帝(因为)特别爱她

0091　tedi han bo savïɣ äšidip ačïɣï kälip yeriŋüyü boɣuzï

……(这样)说道,皇帝听了此话十分悲伤,(如)其喉(被堵住)

2. 及物动词主动态。例如:

0293　utlïsïz törösüz qïlmïšïn kördüktä övkälig

看见(子女)忘恩负义时,(存)恚恨(之心)

3589　oqïtdačï ünlärig uzatï <u>äšid</u>äyin

让我常听诵读……之声

（二）被动态

动词的被动态表示动作由主体承受，即主语是受事者。回鹘文《慈悲道场忏法》语言动词被动态的结构类型为：（不及物/及物）动词词干+被动态形态标记。该文献语言动词被动态的形态标记主要有以下几种类型：

1. –l、–ïl、–il、–ul、–ül。例如：

0411　kiši täg azu a ymä bï bïč<u>y</u>u üzä közin tägl<u>ä</u>lmiš

如同自己被以毒箭击中之人一样，或者（如同）被以（尖）刀刺中其眼之（人一样）

0290　ögli köŋüli bo bir ažunta oq tïd<u>ï</u>lur ärip burhanlarnïŋ

（父母念儿女之）慈心就止于这一世，诸佛的

1562　köŋülläri biligläri tïd<u>ï</u>lïp tut<u>u</u>lup

诸心诸智被阻碍

0305　ürt<u>ü</u>lüp nizvanilarï üzä köŋülläri köšit<u>i</u>lip

以无明覆慧，以烦恼覆心

1350　tüšmädin ätˊöztäki tildäki köŋüldäki qïlïnčlarï arïp süz<u>ü</u>lüp

（不再）堕入（三恶道之中），身、口、意中诸业变干净

2. –n、–ïn。例如：

0418　tep ata<u>n</u>u yarlïqamïš ärür nä üčün tep tesär alqu ämgäklärig

特被称为（"勇猛释迦牟尼佛"），若说为何，由于（忍）一切苦

0068　qor käm kälmiš sayu yalar oot täg atmïš oq täg qïl<u>ï</u>nïp

像灾害疾病到来各处（燃烧的）火焰一样，像射出的箭一样被……

3. –suq。例如：

0410　körmiš üdtä inčä qaltï ayuluy oqïn özirä urs<u>u</u>qmïš

看见（众生受苦）之时，就如同自己被以毒箭击中之人

4. –tuq。例如：

0383　üčün : : čïn kertü tüši bultuqmaz äzüg igid

由于(这样像幻觉一样不真实),(故)不得实果。(由于)虚假

（三）使动态

动词的使动态表示动作不是由主体直接进行,而是强使其他客体进行的。回鹘文《慈悲道场忏法》语言中动词使动态的结构类型为:(不及物/及物)动词词干+使动态形态标记。该文献语言动词使动态的形态标记主要有以下几种类型:

1. –dur、–dür、–tur、–tür。例如:

3434　yükünürbiz šimnuɣ yoqaḍḍurmïš

南无尽魔(佛)

1456　taŋlančïɣ ädgü oronlar közünür köŋülüg ögirtdürtäči

(在其心中)显现(此)奇妙美好之处,使其心中欢喜……

0030　nomta ävḍitip yïɣturup yaratdurmïš qïlturmïš

命人在(全部大藏)经里收集、创作出来

1453　ünlärig barča ïr taqšut ünlärig äšidtürürlär

令其(从)听到地狱中号哭痛苦之声皆(变为)听到歌咏之声。

2. –t、–ut、–ït、–it。例如:

0129　burhannïŋ nomlarïn tilätip istätip tolp taitsoki

让人搜寻佛经,(汇编)大藏经(的谓为经录的名号)

1015　on ayïɣ qïlïnčlarta yorïtïp on törlüg ayïɣ nomlarïɣ ögüp

令(他人)行于十恶业,称赞十恶法

1283　üküš tälim šimnularïɣ ürkitdäči qorqutdačï

令群魔畏惧

2960　qorqïtur ürkitür tep yarlïqamïš ärür

丑恶诸色令他人畏惧

0884　qutïŋa umunup ïnanïp bir ikintikä tizimin čökitip

归依(三宝),一起屈膝下跪

3. –ür、–ar、–är。例如：

0338 beš tilgänimizni yerkä tägürüp bir učluɣ köŋülin kertgünüp

我们五体投地，一心（归）信

2161 olarnï ölürüp irkliklärig

杀死他们，（分布）鼎镬

0508 amtï bo sezikig birtäm tarqarmïš kärgäk

现今需要完全断除此疑惑。

1950 künkä ägi alqu nizvanilarïn barčanï ketärip tarqarïp qamaɣ

（从无始漫长的轮回以来）直至（今）日，使一切烦恼皆消除远离，（使）一切

4. –ɣur、–gür。例如：

0853 köŋülüg turɣurup yinčürü töpön yükünüp küsäyü yalvaru bo

使（我）产生（大惭愧之）心，躬身顶礼敬拜，（我）祈求（忏悔）此

2918 särgürgäli utačï anï üčün

谁能阻挡、忍受它？因此

5. –git。例如：

0086 äymän sizin körgitdim meni saqïnmaq üzä amru sïqïlïp

我（才敢）无所畏惧地（将我这丑恶的身躯）展示（给您）看。由于思念我，（您）始终压抑

（四）反身态

动词的反身态表示动作由主体发出，又返回主体本身，即主语是施事者，又是受事者。回鹘文《慈悲道场忏法》语言动词反身态的结构类型为：（不及物／及物）动词词干+反身态形态标记。该文献语言动词反身态的形态标记主要有以下几种类型：

1. –n、–ïn、–in、–un。例如：

0593 qalvaɣ yep ät˝öziŋä täŋläp üdčä aš ašanmïšïn

（若见他人）吃（粗糙的）蔬菜，估量其身，按时吃饭

2897 bošunɣalï uɣay biz yänä bo yertinčü

(怎样)能让我们(自己)解脱,而且这世界

1046　bilip särgäli tïḏïnɣalï umadïn yänä adïnlarnïŋ

不能忍受,而(将)他人的

0131　özi yoqaru sävinip bo ïḏoq nomluɣ suvuɣ

他自己非常喜悦,(向饮)此神圣法水(的一切众生)

2389　qut qoluṉu täginürbiz ädgü ögli

我们祈愿,(以)慈(悲力)

2. –ïl、–il。例如:

0037　keŋürü yadïl̲duqta ötrü ol uɣurta tolp tavɣač eli

(佛法在东方中国)弘扬开来之后,那时在全中国

1457　adroq ünlär äšidi̲lür amtï män ol oronlarqa

听到不同的声音。现在(让)我(去)那些地方

(五)共同态

动词的共同态表示动作是由两个或两个以上主体相互协作或共同进行
的。回鹘文《慈悲道场忏法》语言中动词共同态的结构类型为:(不及物/及物)
动词词干+共同态形态标记。该文献语言动词共同态的形态标记为–š、–uš、
–üš、–ïš、–iš。例如:

0112　käŋšäšü̲ sözläši̲p lovudi hanqa täŋri elig

(所有僧众也)共同商讨、交谈:"(今日若让)梁武帝(领悟)天王(之福)"

0616　ketär tarïqar apam birök ayïɣ öglilärkä soquš̲sarlar

(其疑惑将会)消除。若他们遇到恶知识

3704　yilikiniŋ qanïnïŋ tatïɣïn tatmayïn utru tušuš̲mïš üz boz

让我不尝(生物)髓血的滋味,(让我不尝)怨家对主

2123　körüš̲ürlär ädgü qïlïnč ärsär

(只有善与恶两种行为)相形相现。若是善行

2906　kiriš̲gäli umazlar asïɣ tusu

不能相互进入(代替)。利益

2879　köligäli yaŋqulï täg tayanïšmaqlarï

像影响一样互相依附

六、动名词

动名词是表示动作名称的动词形式，动名词兼有动词和名词的主要语法特点和语法意义。回鹘文《慈悲道场忏法》语言中动名词有以下几种类型的形态标记：

1. -ɣu、-gü，其基本结构类型为"动词词干+-GU形态标记"。例如：

0029　ozɣurɣu qutɣarɣu üčün tolp taitsoki uluɣ aɣïlïq

为了（从恶世中）解救出来，（命人在）大藏经（里）

0176　yarlïqančučï köŋüllüg nomluɣ oron tep at urɣu ol nä

立名为（慈）悲道场。什么……

0818　kišiniŋ ädgülügin kördüktä anïŋ bütgüsin bütmägüsin

若看见他人之善，（不谈论）其成与不成

0669　bo oq yorïqlarïɣ qïlmadïn öŋrä ertäräk ök ölgüm äryük

不作此行，更早（以前）已死去

2. -maq、-mäk，其基本结构类型为"动词词干+-MAQ形态标记"。例如：

3153　bo alqu qamaɣ tïnlïɣlarnïŋ ozmaq

这一切众生（不能得）解脱（者）

3257　qayu nä ä bar ärsär tuyunmaqta

（十方诸人王）不论有多少（所修）菩提（业）

3189　qutïŋa yükünürbiz öčmäk amrïlmaqqa

（南无具威德佛），南无寂灭（佛）

3775　qarïmaq iglämäk ölmäktä ulatï

（让我们常觉无）老、病、死等痛苦之触

七、形动词

形动词是以动作为事物特征的动词形式，形动词兼有形容词和动词的主要语法特点和语法意义。回鹘文《慈悲道场忏法》语言中的形动词以动词词干为基础发生形态变化,有时的区别和人称变化,分为现在–将来时和过去时两种。其基本结构类型为:动词词干+形动词形态标记。

(一)现在–将来时形动词

现在–将来时形动词的形态标记有以下几种类型:

1. –dačï、–tačï、–däči、–täči。例如:

2570　ot qusdačï tamuda muntada

在吐火地狱,此(等)

3456　qarištačï tuyunmaqlïɣ yorïqïmqa qarištačï tuyunmaqlïɣ küsüšümkä

违背(今日我发此菩提心)者,违背我的菩提行者,违背我的菩提愿者

0878　arslan ilinčüsin ilinčülädäči bodisatav qutïŋa yükünürbiz

(南无)狮子游戏菩萨,南无

1731　kök qalïq yüüzintäki ädgüg küzättäči ayïɣïɣ qïnatačï

虚空表面上的守善罚恶者

2. –ɣu、–gü。例如:

0098　yaŋlïɣ buyan ädgü qïlïnčïɣ qïlɣu ärki tep käŋšäšip käŋäšig

(共同商讨)要作(怎)样的功德善行,商讨(未果)

0172　alïp ornatmïšta basa bo nom sü bütgü turur amtï muŋa

让人收集(此行忏之经)、创制之后,完成此经序。(思考)现今对此

3. –ɣuluq、–gülük。例如:

0171　lovudi atlïɣ tavɣač han bo kšanti qïlɣuluq nomlarïɣ ävditip

名为梁武帝的中国皇帝命人收集此行忏之经

1077　alp uɣuluq körmägülük äšidmägülük ülgüsüz üküš ämgäk

(若我作)难可堪忍、不可见闻、无量苦(果之因缘)

4. –gmä、–igmä。例如:

0130　uluɣ aɣïlïq nomnuŋ ki luɣ tegmä at bitiglärin tutdurup

汇编大藏经的谓为经录之名号

0007　käligmä üdki maitri atlïɣ täŋri burhan qutïŋa

南无(后)来时的弥勒佛

5. –gli、–uɣlï。例如：

0311 kertgünčsüz köŋül uɣrïnta tamu pret yïlqï tegli

由于不信之心,生于叫作"地狱""饿鬼""畜生"的(诸恶道中)

1290 kälmiš ayaɣqa tägimlig köni tüz tuyuɣlï bilgä bilig

(如)来、应供、等正觉、明(行足)

6. –r、–ar、–är、–ïr、–ir、–ur、–ür、–yur、–yür。例如：

0068 qor käm kälmiš sayu yalar oot täg atmïš oq täg qïlïnïp

像灾害疾病到来各处(燃烧的)火焰一样,像射出的箭一样被……

0040 bir isig özi täg sävär čiži atlïɣ amraq

(有)一位爱如其命的、名为"郗氏"的、喜爱的(夫人)

1417 qïlïp arïɣ süzök suv alïp šäkär suvsuš qïlur ärkän qatïɣ

行(沙弥之举),取清净之水,作石蜜浆时,坚硬的……

0547 bošɣurur oqïyur sözläyür ärkän yänä adïnaɣutïn tutqa

教授、诵读(此法宝)时,(若受)他人轻(贱)

(二)过去时形动词

过去时形动词的形态标记有以下几种类型：

1. –kän。例如：

0763 üč yavlaq yoluɣ käzär ärkän suurt oq ol pretqa

(满足罗汉)游历三恶道时,突然(遇到)那个饿鬼

2. –ɣučï、–güči。例如：

2199 täŋri burhan yarlïqaɣučï yarlïɣlartïn

如佛所言

1363—1364 uluɣ quvraɣ ol bitigdäki sözlägüči savlar täŋläsärlär

(此道场同业)大众若思考那(经)书中所说之语

3. –mïš、–miš。例如：

0028 barmïš amraq qunčuy čiži hatunuɣ yavïz ažuntïn

（是名为梁武帝的中国皇帝为了将）已去世的、喜爱的夫人郗氏夫人从恶世中（解救出来）

0752　ymä öŋrä ärtmiš üdtä bir pret körksüz yavïz ät´özin

从前，有一饿鬼，形（貌）丑恶

4. –duq、–dük。例如：

0345　alqïnzun qïlmaduq ayïɣ qïlïnčlarïɣ ikiläyü qïlɣalï

让其（灭）尽。未作之罪（我们不敢）重新再作

2802—2803　altï yollardaqï kälmädük üdnüŋ učï qïdïɣï tükäginčäkätägiki

尽至（……虚空界中、四生中、）六道中未来时之边际

5. –yuq、–yük。例如：

1113　qïlmayuq ayïɣ qïlïnčlarïɣ ikiläyü taqï qïlɣalï tetinü

未作之罪（我不）敢再作

1522　čöpik kälyük bulɣanyuq yavlaq üdtä qoluda kenki bošɣutluɣ

在这五浊到来的混乱的恶世，后来有学的

八、副动词

副动词是以动作表示与主要动作之间各种关系的动词形式。副动词兼有副词和动词的主要语法特点和语法意义。回鹘文《慈悲道场忏法》语言的副动词根据结构–语义特征来划分，有以下几种类型：

（一）状态副动词

状态副动词表示主要动作进行的方式或状态。该文献语言状态副动词的形态标记有–p、–ïp、–ip、–up、–üp，其结构类型为"动词词干+状态副动词形态标记"。例如：

0770　tilin äyrig sarsïɣ savlar sözäp birök yänä čahšapat

以口说出粗恶之言，若（见持）戒（精进之人）

0035　oɣlanïn ozɣurup qutɣarïp nirvanqa kirü yarlïqamïšta

解救（众生）之子，进入涅槃（之后）

3327　tözin bilip uqup ikiläyü

（始终）知晓、领会（无相法性），（不）再（贪着于何物）

3785　yarlïqančučï köŋüllüg qaŋlarïŋa umunup ïnanïp

归依（世间的大慈）悲之父

0052　utru turdï anï körüp han artoqraq ürküp qorqup

立于（皇帝）对面。看见它，皇帝非常害怕

（二）持续副动词

持续副动词表示动作持续的时间很长或同时发生的动作。该文献语言持续副动词的形态标记有–a、–ä、–u、–ü、–yu、–yü，其结构类型为：动词词干+持续副动词形态标记。例如：

0032　täŋri täŋrisi burhan bo yertinčü yer suvda tuɣa bälgürä

天中天佛在这世界上出现

0640　ketä umadïn käntü özüm tsuy erinčü bulup yorïsarmän

不能离开（轮回），若我自己知罪而行

0424　biz näŋ bökünki küntä qutrulmaqlïɣ ädgükä tägü umadïn

我们在今日根本不能得到解脱之恩

1203　yerkä tägürüp köŋülin saqïnu tilin sözläyü

（我五体）投地，心念口言

0091—0092　tedi：han bo savïɣ äšidip ačïɣï kälip yeriŋüyü boɣuzï tïqïlïp yïɣlayu anïŋ küsüšin tilikin taqï ymä anča sözlätgäli

它（这样）说道。皇帝听了此话十分悲伤，喉咙哽咽、哭泣（起来）。（当他考虑）让它把它的愿望再讲（一次时）

（三）目的副动词

目的副动词表示主要动作出现的目的。该文献语言中目的副动词的形态标记有–ɣalï、–gäli，其结构类型为：动词词干+目的副动词形态标记。例如：

0331　kertgünmäklig nom qapïɣïŋa učuz oŋay kirgäli bulɣay birök

让他容易得入（归）信法门，若

0523　qïlmïš qïlïnčlarïn bilgäli uqɣalï umazlar antaɣ

他们不能知晓、领悟(那在前世)所作之行,(由于)那样的

0888 bökünki künkätägi qutqa täggäli umadïn bo tüš ät'öz

直至今日,未能得道,此报身

0897 yorïɣalï umadïn olarqa eyin ögirgäli umadïn

(我们自己)不能行,不能随他们欢喜

(四)界限副动词

界限副动词表示主要动作的时间界限。表达的意义为"到……为止""……之前""直到……"等。该文献语言界限副动词的形态标记有-ɣïnča、-ginčä,其结构类型为:动词词干+界限副动词形态标记。例如:

0587 tutušɣïnča uzun üdlük öŋi bolup bir aɣïzqïya

直到互相执(手)之时为止,会分离很久。(互相说)一句(话)

0789 ät'özüm miŋ kalp üd ärtginčä tünüg künüg üzüksüz

我这饿鬼形貌的身体,直至经过千劫的时间,终日竟夜

(五)否定副动词

否定副动词表示对主要动作的否定。该文献语言中否定副动词的形态标记有-madïn、-matïn、-mädin,其结构类型为:动词词干+否定副动词形态标记。例如:

1228 yalŋoqlar täŋrilärniŋ köŋüliŋä yapšïnmadïn

不附着人天之心

0402 ïdalamatïn ol tïnlïɣlarïɣ ozɣuru qutɣaru yarlïqap

不舍弃(那痛苦),解救那众生

0093 saqïnïp turur ärkän ančɣïnča ol yïlan közünmädin

当他考虑(让它把它的愿望再讲一次)时,那蛇就(消失)不见了。

九、助动词

助动词是动词的一种特殊类型。从来源看,助动词源自实义动词;从结构语义功能看,助动词是一种词义虚化或半虚化了的特殊形式的动词。助动词在主要动词之后使用,与带有"-(A)P/-A/-GALI"副动词形态标记的主要动词一

起构成复合动词,但主要动词用来表示行为动作的基本意义,即承担动词的语义功能;助动词则由于在复合动词中失去或部分失去词汇意义而保持形态变化的功能,以表示某种情态变化的方式来补充说明复合动词中主要动词的语义色彩,如动作的完成、持续、瞬时、反复等。

从语义功能看,回鹘文《慈悲道场忏法》语言中的助动词主要有以下几种类型:

1. 表示行为动作的持续、重复和稳定性。这类助动词有 tur-。例如:

0050　kuvatsïn türgäklänip yašïnqa oɣšatï yalïnayu turur

将其身体盘成结,(用其)像闪电一样闪烁着的(眼睛)

另外,tur-与静词结合使用时,也可以表示"存在、站立、居住"等意义。例如:

1251　burhan qutïŋa yükünürmän ärdini lenhwa čäčäk üzä uz turmïš

(南无宝华游步)佛,南无宝莲华善住(娑罗树王佛)

2. 表示行为动作的完成、结束或突然性。这类助动词主要有 bol-、qïl-、tükät-。例如:

4036　tägẓinmäktä ulatï bar käl qïlmaq

(由于在慧力法门)周旋往来

0792　ṭuɣar män tep ötrü pret bo savlarïɣ sözläyü tükätdükdä

"我(又)将生(于地狱)",随后饿鬼说完这些话时

1862　üčün burhanlarqa yükünmäk tükätmiš boltï munta basa

为(父母亲属)礼佛完毕。此后

其中,bol-与静词结合使用时,也可以表示"是、成为"等意义。例如:

0039　ädgülüg ädrämlig lovudi atlïɣ han boltï ol hannïŋ

有功德的梁武帝为帝,那位皇帝的

0518　bolmamaqïŋa anïn tüšläri ymä yoɣun yinčgä bolup antaɣ

(由于如是行为)不是(唯一的),因此结果也有粗(有)精

3. 表示行为动作的趋向或连贯性。这类助动词有 käl-。例如:

1277　üčün ög qaŋ üčün bahšïlar uluɣlar üčün käzä kälmiš kalp üdlärtä

(奉)为(国主帝王)、父母、师长、经历数劫时间(以来的)

4. 表示行为动作的确定性。这类助动词有 är-。例如：

0762 öŋdün kedin yügürür qačar ärdi ötrü ol üdün purne arhant

东西奔跑。后来那时满足罗汉

另外，är-与静词结合使用时，也可以表示"是、有、存在"等意义。例如：

0750 ymä čïn kertü yenik ärmäz nä üčün tesär bo sav tïltaɣïnta

(破坏他人善根之罪)亦真不轻。若说为何，因为此话

5. 表示行为动作的能动性，这类助动词有 u-。例如：

0523 qïlmïš qïlïnčlarïn bilgäli uqɣalï umazlar antaɣ

他们不能知晓、领悟(那在前世)所作之行，(由于)那样的

6. 尊敬体与谦卑体的助动词。这类助动词有 yarlïqa-，tägin-、ötün-。其中
yarlïqa-用来表示说话人的身份高贵，其前的主要动词表示的行为动作是由年
长的、上级对下级、地位高者对地位低者所为；tägin-、ötün-则用来表示说话人
的身份低下，其前的主要动词表示的行为动作是由下级对上级、地位低者对地
位高者所为。例如：

0032—0033 täŋri täŋrisi burhan bo yertinčü yer suvda tuɣa bälgürä yarlïqap
beš älig yïl töni tïnlïɣlarqa asïɣ

(全智的)天中天佛在这世界上出现，经过四十五年，向众生(施)益

0119 hatun oza qutrulu tägingäy ärdi tep ötüntilär han

他们请求让(那郁氏)夫人得到解脱，皇帝

0263 tïnlïɣlar üčün ïnanu yükünü täginürbiz ontun

我们(奉)为(一切)众生归依，(向)十(方)

第七章　后置词

后置词依附于静词之后，表示该静词与动词之间或静词与静词之间各种语法关系的虚词。后置词没有形态变化，也不能单独使用，其功能类似于名词的格。由于后置词大多由动词虚化演变而来，因此后置词所依附的静词一般都具有格的变化。回鹘文《慈悲道场忏法》语言中的后置词，根据其要求静词所带的格形式的不同，可以分为要求主格或宾格的后置词、要求与格的后置词和要求从格或位格的后置词三种类型。

一、要求主格或宾格的后置词

回鹘文《慈悲道场忏法》语言中要求其前静词带主格或宾格附加成分的后置词主要有：

1. birlä

表示"与……一起，和……，用……"等意义。例如：

0097　yarlïqap olarnï birlä čiži hatun üčün nätäg

他说了（这些话），与他们一起（商讨："要"为郗氏夫人（作）怎样的（功德善行？"）

0722　kirip tolp ontun sïŋarqï bälgürdäči tïnlïɣlar birlä yumqï

进入（诸佛之智慧），与所有十方显现之众生一起俱（登正觉）

2. üčün

表示"为了……，由于……"等意义。例如：

1888　beš otuzunč ontun sïŋarqï toyïnlar šamnančlar <u>üčün</u> burhanlarqa

第二十五,为十方比丘、比丘尼(礼)佛

3252—3253　biz amtï olarnï <u>üčün</u> buyan ävirä täginürbiz

我们现在为他们回向

3. üzä

表示"在……之上,在……之时,用……,借助……,通过……"等意义。例如:

0763—0765　üč yavlaq yoluɣ käzär ärkän suurt oq ol pretqa tušup inčä tep ayïtdï ay sän öŋrä ažunta qayu qïlïnčïɣ qïlmaq <u>üzä</u> amtï bo ämgäkig täginürsän tep

(满足罗汉)游历三恶道时,突然遇到那个饿鬼,这样问道:"啊! 你在前世由于犯下何罪,现今遭受此苦? "

1890　bir išďäš qamaɣ uluɣ quvraɣ bo yükünč yükünmäk <u>üzä</u>

(此道场)同业大众,以此礼拜……

4. sayu

表示"每一个,遍及……"等意义。例如:

1093　käzä yorïp oron oron <u>sayu</u> alqu ayïɣ qïlïnčlarïɣ

(遍)历二十五有,处处(起)诸恶业

5. eyin

表示"随……,按照……"等意义。例如:

0579　tärk tavraq ürlüksüz törö <u>eyin</u> arţamaq ärtmäkkä

很快随无常之法磨灭消失

6. töni

表示"经过……"的意义。例如:

0033　yarlïqap beš älig yïl <u>töni</u> tïnlïɣlarqa asïɣ

(在这世界上)出现,经过四十五年,向众生(施)益

7. uɣrïnta

表示"由于……,以……之故"等意义。例如:

0311　kertgünčsüz köŋül uɣrïnta tamu pret yïlqï tegli

由于不信之心,生于叫作"地狱""饿鬼""畜生"的(诸恶道中)

8. tïltaɣïnta

表示"因……之缘故"的意义。例如:

0430—0431　täŋri burhannïŋ yarlïqančučï köŋüli birlä tïdïlïšmaqï tïltaɣïnta tetir

是因(我们的意念)与佛祖的悲心相阻隔之故

9. täg

表示"像……一样"的意义。例如:

0380　täŋrili yalŋoqlï ätʾözlüglär yelvi kömän täg

(而这)天人身像幻觉一样

二、要求与格的后置词

回鹘文《慈悲道场忏法》语言中要求其前静词带与格附加成分的后置词主要有:

1. tägi

表示"到……为止"的意义。例如:

0717　qutïn bulɣïnčaqatägi tört törlüg ülgüsüz köŋüllärig

直至得菩提为止,使四无量心

2. eyin

表示"随……,按照……"等意义。例如:

0897　yorïɣalï umadïn olarqa eyin ögirgäli umadïn

(我们自己)不能行,不能随他们欢喜

3. oɣšatï

表示"像……一样"的意义。例如:

0049—0050　bir aɣuluɣ yïlan ordoqa aɣtïnïp kälip ätʾözin kuvatsïn türgäklänip yašïnqa oɣšatï yalïnayu turur

一条毒蛇向殿上爬来,将其身体盘成结,用其像闪电一样闪烁着的(眼睛)

0868 čintanqa oɣšatï ädrämlig atlïɣ täŋri burhan qutïŋa

（南无）旃檀德佛

三、要求从格或位格的后置词

回鹘文《慈悲道场忏法》语言中要求其前静词带从格或位格附加成分的后置词主要有：

1. adïn

表示"除……之外"的意义。例如：

1186 bahšïlarïm uluɣlarïm ol tep körüp olarta adïn

看见（上方众生皆）是我的师长，（看见）除他们以外之（四方者）

2. öŋi

表示"除……之外"的意义。例如：

1268 yertinčütin öŋi bolmadačï atlïɣ bodisatav

（南无常）不离世菩萨

3. ken

表示"……之后,在……以后"等意义。例如：

0035—0036 oɣlanïn ozɣurup qutɣarïp nirvanqa kirü yarlïqamïšta ken nom-luɣ yarlïɣï öŋdün tavɣač elintä

解救（众生）之子,进入涅槃之后,佛法在东方中国

4. basa

表示"……之后,在……以后"等意义。例如：

1891 munta basa ikiläyü yänä artoqraq üstünki kertgün

此后,（我）再以更上信仰（之心）

5. ötrü

表示"……之后,在……以后"等意义。例如：

0037 keŋürü yadïlduqta ötrü ol uɣurta tolp tavɣač eli

（佛法在东方中国）弘扬开来之后,那时（在）全中国

6. bärü

表示"从……以来"的意义。例如：

0834　yinčürü saqïnu täginürbiz bo ilkisiz uzun sansardïn <u>bärü</u> ötgürü

我们(自己)思考，从这无始漫长的轮回以来

7. ïnaru

表示"从……以后，从……以往"等意义。例如：

1312　quvraɣlarï birlä bökünki küntä <u>ïnaru</u> nomluɣ oronta olurɣïnčaqatägi

与(其诸)眷属一起，从今日以后直到坐在道场为止

8. ötgürü

表示"经过……，从……以来"等意义。例如：

0008　ilkisiz uzun sansartïn <u>ötgürü</u> bökünki künkätägi

自无始漫长的轮回以来直至今日

9. ulatï

表示"……等"的意义。例如：

0848　muntada <u>ulatï</u> tïdïɣlarïm ülgüsüz üküš učsuz qïdïɣsïz

我的此等障碍无量无边

1187—1188　tört yïŋaqdïnqïlarïɣ barča toyïnlar bramanlarta <u>ulatï</u>lar ol tep körüp

看见(除他们以外之)四方者皆是沙门婆罗门等

　　如上文所述，后置词大多由动词虚化演变而来。有些后置词虚化程度较高，已不能单独使用，如 üčün、birlä。但大多数后置词在虚化的同时，仍然可以作为实词使用，具有词汇意义。这些处于半虚化状态的后置词，出现在静词之后时，就表示该静词与动词之间或静词与静词之间各种语法关系的虚词；当其具有词汇意义时，就成为实词，具有不同的形态变化。

　　如 adïn 在这一例句中的用法：0143 <u>adïn</u>larnïŋ ät´özin tilin köŋülin qïlmïš"别人以其身、口、意所作的"。

　　此外，有些要求主格的后置词也能要求宾格，那么可以认为，要求主格的

后置词都来源于动词，其所要求的主格形式是宾格形式不带宾格附加成分时的表现形式，因此这一类后置词所要求的主格和宾格形式从根本上来讲是一致的，可以归为一类。而要求位格和从格的后置词则是从侧面体现出位格和从格在时期、在语法意义上不加区分的事实，因为古代突厥碑铭文献语言中的位格最初是位从格，既表示位格意义，又表示从格意义。从格出现以后，位格表示从格意义的作用才逐渐消失，但在回鹘文献语言时期，位格有时仍保留从格的意义，因此这一类后置词所要求的位格和从格形式从根本上来讲也是一致的，可以归为一类。①

---

① 张铁山:《回鹘文献语言的结构与特点》,北京:中央民族大学出版社,2005 年,第 284 页。

第八章 连词

连词是用来连接词与词、词组与词组、句子与句子的词,是被连接的语法单位之间各种关系的虚词。连词没有形态变化,也不能单独使用。根据回鹘文《慈悲道场忏法》语言中连词的意义及其在句中所表示的各种关系,可以分为并列连词、选择连词、条件连词和因果连词四种类型。

一、并列连词

并列连词主要连接两个同等成分,表示并列的意义。回鹘文《慈悲道场忏法》语言中的并列连词主要有:

1. ymä

表示“和,又,也”等意义。例如:

1728 öz öz terinläri quvraɣlarï üčün yänä ymä aɣïr ayaɣïn

(以及他们)各自的眷属,又奉(为)

2. taqï

表示“和,又,还,况且”等意义。例如:

2890—2891 arïtï ozɣalï qutrulɣalï bulmaz taqï nä ayïtmïš kärgäk bizni

完全不得解脱,更何况(像)我们一样的

在回鹘文《慈悲道场忏法》语言中,taqï 还与ymä 结合使用,构成taqï ymä 形式的复合连词,表示“还,还有”等意义。例如:

2857 birök taqï ymä kim qayu munta

若还有谁此（后）

3. ulatï

表示"和,并且"等意义。例如：

0307—0310　nom nomlap üṭläp ärigläp asïɣ tusu qïlu yarlïqamïšlarïn ymä ök kertgünmädin täginmädin ulatï yoɣun äyrig savlar üzä erä ayïɣlayu

说法教化也不信不受,并且以粗言毁谤

3645—3646　uluɣ quvraɣlar birlä ulatï altï yollartaqï tïnlïɣlar birlä

与大众一起,并且与六道中众生一起

4. ap

表示"和,以及"等意义。

在回鹘文《慈悲道场忏法》语言中,ap与ymä结合使用,构成以下两种形式的复合连词：

（1）ap…ap ymä…

表示"无论……还是……,既……又……"的意义。例如：

0142—0143　yükünč yükünüp ap öziniŋ ap ymä adïnlarnïŋ ät´özin tilin köŋ‑ülin qïlmïš

敬拜……,既（忏悔）他自己的、又（忏悔）他人的以身、口、意所作的（恶行）

（2）ap ymä…ap ymä…

表示"无论……还是……,既……又……,或……或……"的意义。例如：

0350—0351　titip ïdalap ap ymä tamu yolïnta tüšüp ap ymä yalŋoq yolïnta tuɣup ap ymä täŋri yerintä tuɣup üč uɣuš

舍弃（此身此命）,或堕入地狱道,或生于人道,或生于天道,（在）三界（中）

0729　ap ymä ičtin sïŋarqï ap ymä taštïn sïŋarqï nomlarqa

对内外之诸法

5. …lï…lï/…li…li/…lï…li

表示"……与……,……和……"等意义。例如：

2872　ymä bo ayïɣ qïlïnčlï buyanlïnïŋ

而这罪行与功德的

0805　yeḍärdäči ärip qaltï köligäli yaŋqulï täg

会跟随(自身),如同影响一般

1602　alquɣun bar a suvlï sütli täg tüz baz bolup alquɣun

一切像水与乳一样融合,一切

二、选择连词

选择连词主要连接两个同等成分,表示选择的意义。回鹘文《慈悲道场忏法》语言中的选择连词主要有:

1. azu

表示"……或……,……或者……"等意义。

在回鹘文《慈悲道场忏法》语言中,azu与ymä 结合使用,构成azu ymä 形式的复合连词,表示"……或……,……或者……"等意义。例如:

1585—1587　azu ymä övkä qaqïɣ üzä azu ymä az amranmaq üzä azu ymä biligsiz bilig üzä üč aɣu nizvanilïɣ töz

或以嗔恚,或以贪爱,或以愚痴,(若从)三毒烦恼之根

2. antaɣ ymä

表示"或……或……,要么……要么……"等意义。例如:

0518—0520　antaɣ ymä yeg antaɣ ymä qudïqï antaɣ ymä ädgü antaɣ ymä yavïz bolmaqlïɣ savlarï bir ärmäz üčün

由于或贵或贱,或善或恶之事并不一样

三、条件连词

条件连词主要用来引导条件从句。回鹘文《慈悲道场忏法》语言中的条件连词主要有:

1. birök

表示"如果……,假如……"等意义。例如:

0021—0022　ädgülüg tüška utlïqa tägdäči birök tägdilär ärsär

得到(上)善果报,如果他们得到了

2. apam birök

表示"如果……,假如……"等意义。例如:

0616　ketär tarïqar apam birök ayïɣ öglilärkä soquššarlar

(那疑惑)将会消除。若他们遇到恶知识

四、因果连词

因果连词主要用来引导结果从句。回鹘文《慈悲道场忏法》语言中的因果连词主要有:

1. anïn

表示"因此,所以"等意义。例如:

0398　yarlïqamïš üčün anïn bo yertinčüdä yarlïqap qudïqï

由于(怜悯),因此在这世间,(覆护诸)弊(恶)

2. anï üčün

表示"因此,所以"等意义。例如:

2918—2919　särgürgäli utačï anï üčün sudurta sözläyür ölmäk ärsär alqïnmaq

谁能阻挡、忍受它? 因此在经里说,如果死去(就会)完竭

可以看出,该文献语言中连词的数量和类别比较有限,这也是回鹘文献语言的特征之一。作为一种黏着语,回鹘文献语言的连词没有那么发达,词语和词语、句子和句子之间的各种关系主要还是依靠语序和其他一些语法手段来表现。

第九章　语气词

语气词是附着在词后或句末,表示各种语气的虚词。语气词一般不能单独使用,也不能充当句子成分。回鹘文《慈悲道场忏法》语言中的语气词根据其所表示的不同意义,可以分为疑问语气词、不定语气词、强调语气词和加强否定语气词四种类型。

一、疑问语气词

疑问语气词表示疑问或询问的语气。回鹘文《慈悲道场忏法》语言中的疑问语气词主要有:mu/mü,例如:

0608—0609　bo antaɣ qatïɣlanmadï ämgänmädi ärsär munï täg ämgäkkä täggäy <u>mu</u> ärdi munuŋ ät´özi šu yoqsuz qïrï asïɣsïz

若不如此勤劳,会让其受如此之苦吗? 这身体徒劳无益地(死去)

0797—0798　ol sudurtaqï sav qorqïnčïɣ qašïnčïɣ ärmäz <u>mü</u> bo tiltäki qïlïnč muntaɣ kalp kalp üdün

那经中之言(难道)不是令人恐惧的吗? (若)此口过(得到)这样累劫时间的(果报)

二、不定语气词

不定语气词表示推测、不确定或疑问的语气。回鹘文《慈悲道场忏法》语言中的不定语气词主要有:ärki,例如:

0170　urmïš ol tïltaɣsïz ärmäz tïltaɣï nägü <u>ärki</u> tep tesär

……(有原因)而立,并非无缘无故。若说其原因是什么

三、强调语气词

强调语气词表示强调、确切、肯定的语气。回鹘文《慈悲道场忏法》语言中的强调语气词主要有:

1. oq/ök

oq一般用在由后元音构成的词之后。例如:

0558—0559 ärmäk ämgäk ärip bo <u>oq</u> üč uɣuš yertinčüdin ünmäkniŋ mäŋi ärdükin kertgünmädin yertinčülüg

(又)不信在(此三界)是苦,出此三界是乐。世间的

ök一般用在由前元音构成的词之后。例如:

0073 aɣïzïmïn tošɣurɣuča ymä <u>ök</u> yoq antaɣ yik

可以填满我口,也根本没有那样的窟穴

2. qïya/kiyä

qïya一般用在由后元音构成的词之后。例如:

0779—0780 bo ämgäk täginzünlär adïnlarnïŋ ädgüsin bir aɣïz<u>qïya</u> ymä erä ayïɣlayu sözlämäzünlär amtï ayaɣqa

让他们甘心遭受此苦,让他们不以一言诽谤他人之善。现在(若)尊(者)

kiyä一般用在由前元音构成的词之后。例如:

0276—0277 alqu qamaɣ tïnlïɣlarïɣ inčä qaltï yalŋuz bir<u>kiyä</u> sävär amraq oɣulča saqïnïp uluɣ ädgü ögli

念 一切众生如同唯一的爱子一样,大慈大悲

3. ol

2175—2179 bo yertinčüdä on törlüg savlar ol öltükdä üč yavlaq yollarqa kigür-rdäči qayular <u>ol</u> on tep tesär

在这世间有十件事,在死时将(因此而)入三恶道。若说是哪十件事

四、加强否定语气词

加强否定语气词用在否定句中,表示加强否定的语气。回鹘文《慈悲道场

忏法》语言中的加强否定语气词主要有：

1. näŋ

0543　täginür ärip munï <u>näŋ</u> bilmädin muntaɣ yaŋlïɣ sözläyürlär

得到……，他们根本不知道这个，这样说道

2882—2884　qïlïnčlarnïŋ tüšläri täggüdä <u>näŋ</u> olartïn ozɣalï adrïlɣalï bulmaz

（因善与恶）行之果报所致，根本不能从其中得以脱离

2. arïtï

0598　eltdäčisin <u>arïtï</u> bilmäzlär antaɣ ymä adïnlarnïŋ bušï

他们完全不知（此诸业）将引领（向解脱道）。或（见）他人布施

3. birtämläti

1598—1600　<u>birtämläti</u> yänä altï yollarta ačïɣ tarqa ämgäklär üzä ämgät išm-

äzünlär toqïšmazunlar

令他们完全不再于六道中以诸苦互相折磨、互相攻击

从其书写特点可以看出，除了强调语气词qïya/kiyä与其前词语连写以外，该文献语言的语气词主要都是单独书写。发展到后期回鹘文献语言与近现代语言中，一直保留并使用的疑问语气词mu也与其前后的成分连写，组合使用。

此外，根据语音和谐律，部分语气词会因其前词语的语音特点而产生不同的变体，如mu、oq、qïya用在由后元音构成的词语之后，而mü、ök、kiyä则用在由前元音构成的词语之后。

第十章 感叹词

　　感叹词是表示说话人的各种感情色彩或意愿以及呼唤应答的虚词。感叹词没有形态变化，一般不与其他词连用，往往单独使用。回鹘文《慈悲道场忏法》语言中的感叹词比较少，主要有 ay、ya 和 ävät。例如：

　　ay——

　　0062　üzä ay täŋri elig män ärsär siziŋ öŋräki čiži atlïɣ

　　（蛇）用（人语对皇帝说道）："啊！陛下！是我，（我是）您从前的名为郗氏的夫人。"

　　0764　tušup inčä tep ayïtdï ay sän öŋrä ažunta qayu qïlïnčïɣ

　　（突然）遇到（那个饿鬼），这样问道："啊！你在前世（由于犯下）何罪（，现今遭受此苦？）"

　　ya——

　　0108　ötünmišin tüzü tükäṭi ötkünüp ya ayaɣqa tägimliglär

　　讲述完其请求，（问道：）"啊！尊者们！……"

　　ävät——

　　0054　umadïn turup kälip ol yïlanqa ävät bo biziŋ

　　就站起来对那条蛇（说道）："喂！我们这座（宫殿）……"

第十一章 象声词

象声词是用语音来模拟各种声音或形象的词。回鹘文《慈悲道场忏法》语言中的象声词比较少,主要有tavïš tuvuš"窸窸窣窣"和čïqra-"嚓嚓作响"。例如:

0046—0047 bir kün ïdoq ordosïnta aroqlap yatur ärkän[taš]türtïn bir tavïš tuvuš ün äšidilti:

一日,他在其皇宫中休憩时,听见从外面(传来)一阵窸窸窣窣的声音。

0756 bolup:aɣïzïnta alqïnčsïz[üküš qur]tlar čïqrayu ünüp

……在他口中有无尽蛆虫嚓嚓而出

从以上例句可以看出,象声词所模拟的声音十分形象,可以丰富语言的表现力,在句中可以作定语或状语。

第十二章 原文拉丁字母转写

　　本书的原文拉丁字母转写部分主要以 Wilkens 的回鹘文《慈悲道场忏法》集校本的原文转写①为基础，根据回鹘文献语言的语音和谐规律，将其转写的部分文字中未使用通用转写字母（如将后元音 ï 转写为 1）、未对前后辅音加以区分（如将 g 与 ɣ 都转写为 g）等处，通篇统一改写为学术界通用的、区分前后辅音的回鹘文拉丁转写字母，对其转写的部分文字中一些讹误也进行了更正，以供参考。

卷　　一

0001　[yükünürm(ä)n šiki] atl(ï)ɣ t(ä)ŋri burh[an]qutïŋa：yükünürm(ä)n

0002　[višvabu atl(ï)ɣ t(ä)ŋ]ri burhan qutïŋa：：yükünürm(ä)n kr(a)k[a]–

0003　[šunde] atl(ï)ɣ t(ä)ŋr[i] burhan [qutï]ŋa：yükünürm(ä)n

0004　[kanakamuni] atl(ï)ɣ t(ä)ŋri burhan [qutï]ŋa：yükünürm(ä)n

0005　[kašip atl(ï)ɣ t(ä)ŋr]i burhan qutïŋa：y[ükünür]m(ä)n töz bahšïm(ï)[z]

0006　[šakimuni atl(ï)ɣ t(ä)ŋ]ri [burhan qutïŋa：yükünürm(ä)n ken]

0007　[käligmä] üdki m[aitri atl(ï)ɣ t(ä)ŋri burhan qutïŋa：]

---

① Jens Wilkens, *DAS BUCH VON DER SNDENTILGUNG*, *Edition des alttürkisch–buddhistischen Kanti Kl-guluk Nom Bitig*, BERLINER TURFANTEXTE XXV（1）、（2）, Turnhout, 2007, pp54–316.

0008 [ilkisiz uzun] sansartïn ötgürü bö[künki k]ünkätägi

0009 [ät´özin] tilin köŋülin q[ïlmïš q]u<v>ratmïš aɣïr ay[ïɣ]

0010 [qïlïnč]larïmïn ökünü bili[nü] kšanti ötünü tägin[ürm(ä)n]

0011 [erinčkäyü] tsuyurqayu y(a)rlïqamaqlarï üzä kšanti berü

0012 [y(a)rlïqazunlar]:qop törlüg uɣrïn dežit kšanti bolzun

0013 [ädgü ögli köŋüllüg nomluɣ oronta yükünü qïlmïš ay]ïɣ qïlïnčlarïɣ kšanti

qïlɣuluq nom

0014 [bitig süü] yörügi :: ::

0015 [amtï munta bo] nom ärdinig bošɣunda[č]ï tutdačï oqïdačï

0016 [oqïtdač]ï äšidtäči tïŋlatačï bitid[äč]i bititd[äč]i:tö[zün]−

0017 lär oɣlï tözü]nlär qïzï to[yïn š(a)mnanč upase u]pasanč

0018 [tört törlüg ter]in quvraɣnïŋ köŋüllär<in>tä a[nta]ɣ [   ]

0019 [saqïnčlarï tursar:bar]mu ärki antaɣ t[ïn]l(ï)ɣlar bo nom ärdini ičint[äki]

0020 [yükünč yükünmäk] kšanti qïlmaq tïltaɣï[nta yeg] üstünk[i]

0021 [ädgülüg tüš]kä utlïqa tägdäči:birök tägdilär

0022 [ärsär]kimlär tägdilär ärki tep tesär:amtï bo

0023 [saqïnčlar eyin bo] nom ärdini tïltaɣïnta ädgülüg

0024 [tüškä utlïqa täg]m[i]š tïnl(ï)ɣlarïɣ ayu berälim:: ::

0025 [ymä qop süzök] kertgünč köŋülin äšidzünlär tïŋlazun−

0026 lar::y[änä bo] kšanti qïlɣuluq yaŋïɣ uqïtdačï ïdoq nom

0027 ärdinig lovudi atl(ï)ɣ t(ä)ŋri t(a)vɣač han adïn ažun−

0028 qa barmïš amraq qunčuy čiži hatunuɣ yavïz ažun−

0029 tïn ozɣurɣu qutɣarɣu üčün tolp tai[tsoki] uluɣ aɣïlïq

0030 nomta äv(di)tip yïɣturup yaratdurmïš qïl[t]urmïš

0031 ärür:nätägin tep tesär:q(a)ltï qayu üdün tükäl bilgä

0032 t(ä)ŋri t(ä)ŋrisi burhan bo yertinčü yer suvda [tu]ɣa b(ä)lgürä

0033 y(a)rlïqap beš älig yïl töni tïnl(ï)ɣlarqa asïɣ

0034   tusu qïlïp beš y(e)g(i)rmi asanke nayut sanïnča tïnl(ï)ɣlar

0035   oɣlanïn oz[ɣuru]p qutɣarïp nirvanqa kirü y(a)rlïqamïš‒

0036   [ta ken nomluɣ] y(a)rlïɣï öŋdün t(a)vɣač elintä

0037   [keŋürü yadïlduqt]a ötrü ol uɣurta tolp tavɣač eli

0038   üzä ärklig [tü]rklüg qutluɣ buyanlïɣ čoɣluɣ yalïnlïɣ

0039   ädgülüg ädrämlig lovudi atl(ï)ɣ han boltï﹕ol han‒

0040   nïŋ bir isig özi täg sävär čiži atl(ï)ɣ amraq

0041   hatunï ärti﹕ken bir tušta ol hatunï a[ɣ]ïr igkä

0042   tušup adïn ažunqa bardï﹕ötrü ol han anï artoq sävär

0043   üčün﹕ölmištä ken qač ayqatägi uzatï anï oq

0044   busušluɣïn saqïnu﹕küntüzintä birär tušta surt surt yerinip

0045   baɣḍam bolup﹕tünläsintä yänä enčsirämäkin enčsiräp

0046   uudïmaz ärdi﹕bir kün ïdoq ordosïnta aroqlap

0047   yatur ärkän [taš]tïrtïn bir tavïš tuvuš ün äšidilti﹕

0048   [   ] ol tep tuyurqap körüp qoḍḍuqta

0049   [bir] aɣuluɣ yïlan ordoqa aɣtïnïp kälip ät´öz‒

0050   in kuvatsï[n] türgäklänip yašïnqa oɣšatï yalïnayu turur

0051   közin tetrü körüp aɣïzïn ačïp hanqa yülüg

0052   utru turdï﹕anï körüp han artoqraq ürküp qorqup

0053   oonɣuluqsuz yašɣuluqsuzqa tägip k(ä)ntü özin apïtu yupaṭu

0054   umadïn turup kälip ol yïlanqa äv(ä)t bo biziŋ

0055   ordo qaršï tapïɣčï uduɣčï kišilär﹕adïn ymä üküš tälim

0056   yatɣaq turɣaq äränlär üzä qoduru oduɣ saq ärip﹕yänä

0057   bo seni osuɣluɣ yïlanqa tuɣɣuluq törügülük

0058   oron ymä ärmädin﹕s(ä)n qayu küčüŋkä tayanïp munta

0059   kirtiŋ﹕[birök] kirtiŋ ärsär oḍɣuraq munta ada tuda qïlïp

0060   [   ] mu uɣrayur s(ä)n tep ayïtdï﹕hannïŋ

0061 [antaɣ osuɣlu]ɣ y(a)rlïɣïn äšidip hanqa yïlan kiši tili

0062 üzä∶ay t(ä)[ŋri] elig m(ä)n ärsär siziŋ öŋräki čiž(i)atl(ï)ɣ

0063 hatunuŋuz ärürm(ä)n∶öŋdün m(ä)n sizni birlä

0064 äsän ärkän bo ïdoq ordotaqï∶ičintäki

0065 tašïntaqï terin quvraɣ∶ïraqdaqï yaqïndaqï tapïɣčï uduɣčï

0066 kim bar ärs[är]lär olarqa barča küni qïvïrqaq övkä

0067 qaqïɣ köŋ[ü]l öritip aɣuluɣ ämgätmäklig köŋülüm üzä birär

0068 q[or] käm kälmiš sayu yalar oot täg∶atmïš oq täg qïlïnïp

0069 üküš tälim kišilärig qorluɣ qunčluɣ qïlïp∶ulatï

0070 ölüm adaqa tägürmiškä∶ol ayïɣ qïlïnčïmnïŋ

0071 qïnamaqïntïn m[u]nï täg qorqïnčïɣ aɣuluɣ yïlan ät´özlüg

0072 [tïnl(ï)ɣ tuɣdum∶ma]ŋa yoq antaɣ bir aš ičgü

0073 [aɣïzïmïn] tošɣurɣuča∶ymä ök yoq antaɣ yik

0074 yarma∶t[olp ä]tözümin sïɣurɣuča∶ačmaqlïɣ ämgäkin

0075 sïqïlïp k(ä)ntü özümin särgürü tutɣuluq küčk(i)y–

0076 äm yoq yänä mäniŋ bo bir yalïŋ äsri ät´özüm–

0077 tä tälim üküš qurtlar avïp kälip ätimin tärimin isirmäk–

0078 [läri] sormaq[la]rï üzä inčä q(a)ltï bizin sančmïš

0079 [bïčmï]š t[ïqmï]š täg artoqraq ačïɣ tarqa ämgäk ämgänürm(ä)n∶

0080 m(ä)n yänä öŋrä tuɣmïš törümiš uzatïqï yïlan ärmäzm(ä)n∶

0081 b(ä)lgürtmä ät´özin tärüp b(ä)lgürüp munta kälmiš ärür–

0082 m(ä)n∶[a]p ymä siziŋ bo ärgülüg ordoŋuzta

0083 aɣïr [u]luɣ [ada] tuda qïlɣalï kälmiš ärmäzm(ä)n∶∶sizni

0084 [körüp öŋrä]ki siziŋ meni amramaqlïɣ ädgüŋüz–

0085 [kä] taya[nïp [anï]n bo körksüz yavïz ät´özümin siziŋä

0086 äymänčsizin körgitdim∶meni saqïnmaq üzä amru sïqïlïp

0087 nägü qïlɣaysïz∶amtï mäniŋ bir küsüšüm ol∶meni

0088 üčün qayu ärsär bir yeg üstünki buyan ädgü qïlïnčïɣ

0089 qïlïp meni bo ämgäkimtin tartïp ozɣursar siz：anta temin

0090 maŋa ädgülüg utlï sävinč tägürmiš bolɣay ärdiŋiz tep

0091 tedi：han bo savïɣ äšidip ačïɣï kälip yeriŋüyü boɣuzï

0092 tïqïlïp yïɣlayu anïŋ küsüšin tilikin taqï ymä anča söz−

0093 lätgäli saqïnïp turur ärkän ančɣïnča ol yïlan közünmädin

0094 yitlinip bardï：ötrü ol lovudi han：bo b(ä)lgüg

0095 bo savïɣ t(ä)rk[in] taŋïrqap köŋüli qarïnï artoq čöküp batïp

0096 [ük]üš///ʼʼ[ï]nančïn tayančïn öskintä kigürüp bo sav−

0097 [larïɣ y(a)rlï]qap olarnï birlä čiži hatun üčün nätäg

0098 yaŋl[ï]ɣ buya[n äd]gü qïlïnčïɣ qïlɣu ärki tep käŋšäšip käŋäšig

0099 oḍɣuraq qïlu umadïn：ikinti kün taŋda arqa

0100 tavɣač elintäki köŋül tözin ötgürü bilmiš

0101 čikoŋ atl(ï)ɣ dyanlabi šinši ačari bašïn tolp taitsoki

0102 uluɣ aɣïlïq nomuɣ aɣïzïnta tutmïš täg käd：č(a)hšap(a)t

0103 dyan bilgä biligtä ulatï adroqlarqa tükällig cl

0104 bahšïsï qamaɣ toyïnlarïɣ dentarlarïɣ yïɣturup kälürüp

0105 ïdoq ordota yaqïn kigürüp olarqa ol yïlan−

0106 nïŋ nätäg yaŋlïɣ közünmišin：öz qïlïnč−

0107 ïn söz[i]n [saqïn]čïn：öziŋä buyan qïlïŋ tep

0108 [ötünmišin t]üzü tükäti ötkünüp：y−a ayaɣqa tägimlig−

0109 [lär：bo ažunt]a tuɣmïš：amtï anï üčün qayu yeg üstünki

0110 buyan[ädgü] qïl[ïnčï]ɣ qïlsar biz：ol ämgäkdin ozɣay qutrulɣay tep

0111 ayïtdï<：>qamaɣ bursaŋ quvraɣ ymä yumqï birgärü

0112 käŋš[äš]ü sözläšip：lovudi hanqa t(ä)ŋri elig

0113 qutï bökün oŋa[ru] y(a)rlïqasar：bügü biliglig burhanlar−

0114 nïŋ atlarïn [at]ap yükünč yükünüp čïn kertü aɣïr

0115　a[ya]nčaŋ süzök [kert]günč köŋülin kšanti qïlmaqlïɣ arïɣ

0116　söz üzä ayïɣ q[ï]l[ï]nčlïɣ kirig yumaq arïtmaqta öŋi

0117　umu[ɣ ï]naɣ bolup bo ämgäktin ozɣuluq al altaɣ

0118　täginmäz: muntaɣ qïlu y(a)rlïqasar temin ök ol čiži

0119　hatun [oz]a q[u]trulu tägingäy ärdi tep ötüntilär: han

0120　[olarnïŋ] ötüglärin äšidip taplap: yänä olarqa

0121　taqï[···

0122　ädgü[···

0123　WMYN[···

0124　közündüm[···

0125　bolmaŋ tep[···

0126　barïp üzülmä[ŋ···

0127　ögrünč[···

0128　savïɣ[···

0129　[burhannïŋ]nomlarïn tilätipistä ṭip tolp taitsoki

0130　[uluɣ aɣïlïq no]mnuŋ ki luɣ tegmä at bitiglärin tutdurup

0131　[　　　]özi yoqaru sävinip bo ïdoq nomluɣ suvuɣ

0132　[ičmiš] alqu tïnl(ï)ɣlarqa keŋürü sačɣalï yadɣalï

0133　[šastr nomlarïɣ ötgür]m[i]š käd petkäčilärkä kšanti qïlɣuluq

0134　[nom bitiglärig] talulap alturup olartaqï nomlarïɣ

0135　[　　　]maqï beš küin qïlturup: anta yänä qayu

0136　[　　qazɣ]anmïš nomlarïɣ ävditip kim ol öŋrä bolmïšï

0137　[　　　]säkiz y(e)g(i)rmi küinlüg nomlardaqï yertinčü–

0138　[lüg　　　]savlarïn öŋi ketärip qalmïšïn bo nom

0139　[　　ä]ŋäyü on küin bir čir qïlturup bütürtdi

0140　[: bo nom ä]rdini tükäl uz bütdi ärsär: ötrü ančata

0141　[　　　　no]m ärdinig oq[ït]ïp muntaqï burhan

0142　[　　　　　yükünč] yükünüp ap öziniŋ∶ap ymä

0143　[adïnlarnï]ŋ ät´özin tilin köŋülin qïlmïš

0144　[ayïɣ qilinč]larïn kšanti qïlïp üč ärdinilärkä

0145　[　　　　] tapïɣ uduɣ üzä tapïnïp udunup alqïnčsïz üküš

0146　[　　　　] b[e]rdi∶anta ken kečmädin bir küntä lovudi

0147　[han　　　] tep äšidip ärtiŋü ögirip sävinip süzök

0148　[kertgünč köŋül]i taqï artoqraq asïlïp üstälip t(ä)rkin t(a)vratï

0149　[　　ïdoq] ordosïntaqï čiži hatun yïlan ät´özi–

0150　[ntä b(ä)lgür]miš oronta∶burhanlarnïŋ bodis(a)t(a)vlar–

0151　[nïŋ　　] körklärin∶qamaɣ uluɣ tözün

0152　[　　　ö]tünüp kälürüp yeg üstünki töltäkli[g]

0153　[　　asïlma]qï üstälmäki ba[rč]a uɣr[ayu]

0154　[　　　]/ bolmïš tep oдɣuraq bilip

0155　[　　lovu]di han bo nom ärdinig ordosïnt[a]

0156　[　　　　]Y oqïtïp yükünč yükünüp qïlmïš–

0157　[　　　] L´R ärti∶qačan lovudi han özi yän[ä]

0158　[adïn ažun]qa bardï ärsär∶ančadïnbärü bo no[m]

0159　[　　ordosïnta]qï aɣïlïqta b(ä)klig turup amtï yüz y[ïl]

0160　[　　　　y]änä ök bo nomnuŋ benin bulup

0161　[　　　]yaŋča yükünč yükünüp qïlmïš

0162　[　　kšant]i qïlïp muŋa umunmïš ïnanmïš

0163　[　　　　ä]dgülüg tüšlärin küsädi

0164　[　　　　]// barča umuɣ ïnaɣ

0165　namo but∶namo d(a)rm∶namo saŋ∶

0166　ädgü ogli y(a)rlïqančučï köŋüllüg nomluɣ oronta kšanti

0167　qïlɣuluq nom bitig bir tägzinč∶

0168　bo nom ärdininiŋ bašïnta ädgü ogli y(a)rlïqančučï

0169 köŋüllüg nomluɣ oronta tegüči tört užiklarïɣ tïltaɣlïɣ–

0170 ïn urmïš ol : tïltaɣsïz ärmäz : tïltaɣï nägü ärki tep tesär

0171 lov((u))di atl(ï)ɣ t(a)vɣač han bo kšanti q[ï]l[ɣu]luq nomlarïɣ ävditip

0172 alïp ornatmïšta basa : bo nom sü bütgü turur : amtï muŋa

0173 at nägü urɣu ärki tep saqïnïp turur ärkän ol ymä

0174 bodis(a)t(a)v uɣušluɣ qutluɣ tïnl(ï)ɣ üčün tünlä tülintä

0175 bir naivazike kirip : t(ä)ŋri elig ol nom ärdinikä ädgü ögli

0176 y(a)rlïqančučï köŋüllüg nomluɣ oron tep at urɣu ol : nä

0177 [   ]/R 'T//// T[   ]

0178 [ken] kältäči maitri

0179 [burhan   ]C´ükliyü

0180 [tükätip   ] kenki k(a)lp

0181 [   ]/ tayaqlïɣïn

0182 [   ]/ sözläp

0183 [tep at ur]mïš ärür : nätägin

0184 [   ]ömäk saqïnmaq

0185 [üč ärdinilärig] k[ü]yü küzäṭü

0186 [tut–   ] küsünin

0187 [   ]/ küvänč

0188 [   ]ẈT [ ]

0189 inčip tar[ïmïš   amtï]

0190 üklitip[alqu kördäči]–

0191 lärkä ilinč[lig oron   öŋi üdrül]–

0192 mäk //[sävdäčilärig]

0193 [säv]däčilärig

0194 [   ] muntaɣ"T'M[   ]

0195 [yänä bo ädgü ögli y(a)rlïqančučï köŋü]l ärsär alq[u]

0196　[　　　　　　　　　alqu tïnl(ï)ɣ]larnïŋ

0197　umunɣul[uq ïnanɣuluq oron ärür : inčä q(a)ltï]

0198　kün täŋ[ri　　　　　 : : azuča]

0199　ymä ay t(ä)[ŋri　　　　　　 :]

0200　yalŋoqla[r　　 L'R NYNK]

0201　[　　　　　　　　]ädgülärkä

0202　[　　　　　　　　　ä]rdükin

0203　[　　　　　　　　tü]šiŋä utlï–

0204　[ŋa　　　　　　]DYN sïŋarqï

0205　[　　　　　　　ö]lti ärsär

0206　[　　　　　　　]/ qoltačïlar

0207　[　　　　　　　]KWNWP mäniŋ

0208　[　　　　　　　]Q qïlmïš buyan

0209　[　　　　　　　]uluɣ yïlan

0210　[　　　　　　　]/WRWP strayastriš

0211　[　　　　　　　]/ asïlïp üs-

0212　[tälip　　　　　　]/Y adroqlarïm

0213　amru m(ä)n antaɣ[　　　　　　]

0214　kšanti qïltač[ï　　　　bökünki küntä]

0215　bo nomluɣ[orontaqï bir išdäš qamaɣ uluɣ quvraɣ]

0216　k(ä)ntü öŋin[öŋin　　　　　]

0217　bo yertinčü yer[suv　　　　　]

0218　turmamïšïn[　　　　odɣuraq]

0219　esildäči qora[dačï bolɣay　　　　　]

0220　–taqï adïn'/[　　　　　　]

0221　kirlig[　　　　　tümän]

0222　törlüg[äd t(a)var　　　　　]

0223   alquɣun barč[a   ]

0224   üstün t(ä)ŋri [   ]

0225   NYNK qayu är[s]är savda asïɣ [   ]

0226   L'RD' k(ä)ntü özi qatïɣlanu [   ]

0227   LW avantï tïltaɣï T[   ]

0228   totoq basmïl꞉k(ä)ntü ö[zümüz   ]

0229   ertäki salqïm [üz]ä꞉is[ig öz   ]

0230   NYNK y(a)ruqï täg [ ]/꞉/[   ]

0231   üzä antaɣ t[uɣmïš   ]//[nä]

0232   üčün tep te[sär] bilgä[bilig   ]

0233   bügüdäm uluɣ k[išiniŋ   ]

0234   üzä tutsar Y[   ]

0235   keŋ ötvi ïraq biligi꞉[   ]

0236   tözün yavaš ädgü savlar[   ]

0237   qatïɣlanmaqï yintäm mäŋi üčün꞉qut qolu küsüš öritü

0238   täginürm(ä)n꞉bo qamaɣ quvraɣ k(ä)ntü k(ä)ntü köŋüllärin yïɣa

0239   tutup꞉särinmäklig b(ä)k yarïq kädip꞉täriŋdä

0240   täriŋ nom qapïɣïŋa <kirü> y(a)rlïqazunlar꞉bökünki

0241   küntä nomluɣ orontaqï bir išḏäš qamaɣ uluɣ quvraɣ birlä

0242   [ö]ŋin öŋin yaraɣlarïnča isinü yïlïnu aɣïr ayančaŋ

0243   [saq]ïnčïn꞉alp tetimlig köŋülüg꞉sïmtaɣsïz köŋülüg꞉e<n>č-

0244   in ornanmïš köŋülüg꞉uluɣ köŋülüg꞉yeg köŋülüg꞉uluɣ

0245   ädgü ögli y(a)rlïqančučï köŋülüg꞉ädgüg sävdäči köŋül-

0246   üg<꞉>ögrünč sävinč köŋülüg꞉utlï yantuṭ qïlmaq-

0247   lïɣ köŋülüg꞉alqunï ozɣurmaqlïɣ köŋülüg꞉alqunï küyü

0248   küzätü tutmaqlïɣ köŋülüg꞉alquqa umuɣ ïnaɣ bolmaqlïɣ

0249   köŋülüg꞉bodis(a)t(a)vlar birlä birikdäči köŋülüg꞉kertüdin

0250 kälmišlär birlä täŋi<k>däči köŋülüg öritip : bir köŋülin bir

0251 učluɣ saqïnïp beš tilgänim(i)zni yerkä tägürüp ayayu aɣïr-

0252 layu el uluš i(y)äsi eliglär hanlar üčün : balïqdaqï

0253 ulušdaqï bodun q(a)ra üčün : ög qaŋ bahšïlar uluɣlar

0254 üčün : bašta otra adaqta olurdačï ädgü ögli ayïɣ

0255 öglilär üčün : alqu t(ä)ŋrilär : qamaɣ aržilar yertinčü

0256 küzäṭ či tört m(a)haračlar üčün : ädgüg küzäṭtäči ayïɣ-

0257 ïɣ qïnadačï ärkliglär üčün : darni arvïš tutdačïlarïɣ

0258 kügči küzäṭčilär üčün : beš yïŋaqlardaqï luu han-

0259 larï üčün : t(ä)ŋrilig luuluɣ säkiz bölök quvraɣ üčün :

0260 keŋürü bolarta ulatï uulsuz tüpsüz alqïnčsïz tükäṭinčsiz

0261 üstün kök qalïq yüüzintäki : altïn yaɣïz yer arqasïnta-

0262 qï suvdaqï qurqaɣtaqï kök qalïq uɣušïntaqï alqu qamaɣ

0263 tïnl(ï)ɣlar üčün ïnanu yükünü täginürbiz : ontun

0264 sïŋarqï tolp kök qalïq uɣušïntaqï alqu qamaɣ

0265 burhanlar qutïŋa : : ïnanu yükünü täginürbiz : : ontun

0266 sïŋarqï tolp kök qalïq uɣušïntaqï alqu qamaɣ ayaɣuluq

0267 nom ärdini qutïŋa : ïnanu yükünü täginürbiz : ontun sïŋarqï

0268 tözünlär ïdoqlar qutïŋa : yänä bökünki küntä bo nom-

0269 luɣ orontaqï bir išḍäš qamaɣ uluɣ quvraɣ köŋüllärin-

0270 tä bo üḍ ärdinilär nä üčün umunɣuluq

0271 ïnanɣuluq ärürlär tep saqïnsarlar munï inčä uqmïš k(ä)rgäk : :

0272 qamaɣ burhanlar bodis(a)t(a)vlar : ülgülänčsiz täŋlänčsiz uluɣ

0273 y(a)rlïqančučï köŋülläri üzä ozɣurup qutɣarïp yertinčüdäkilärig

0274 ülgülänčsiz täŋlänčsiz uluɣ ädgü ögli köŋülläri üzä

0275 enčgülüg äsängülüg qïlïp yertinčütäkilärig :

0276 alqu qamaɣ tïnl(ï)ɣlarïɣ inčä q(a)ltï yalŋuz birk(i)yä sävär

0277 amraq oɣulča saqïnïp uluɣ ädgü ögli∶uluɣ y(a)rlïqančučï köŋül–

0278 tä uzatï ärinöksüzin turqaru ädgü savlar üzä∶

0279 alqunï asïɣlïɣ qïlɣalï küsäp tïnl(ï)ɣlarnïŋ üč aɣu niz–

0280 vanilïɣ ootlarïn öčürgäli qut qolunu üţläp ärigläp

0281 üzäliksiz yeg üstünki köni tüz tuymaq burhan

0282 qutïŋa tägürdäčisi üzä∶birök tïnl(ï)ɣlar burhan

0283 qutïn bulmasar m(ä)n ymä köni tüz tuymaqïɣ almaz m(ä)n∶∶

0284 tep qut qolunu y(a)rlïqadačïlar üčün∶anïn bo yörüg üzä

0285 bügü biliglig burhanlar umunɣuluq ïnanɣuluq y(a)rlïqarlar∶∶

0286 yänä ymä qamaɣ burhanlarnïŋ∶tïnl(ï)ɣlarïɣ ädgü ögli köŋülin

0287 ömäki∶∶ögnüŋtä qaŋnïŋta taqï artoq

0288 üčün∶∶(bo)sav tïltaɣïnta sudurta sözlämiši bar∶

0289 ögnüŋ qaŋnïŋ oɣlïn qïzïn saqïnmaqlïɣ ädgü

0290 ögli köŋüli∶bo bir ažunta oq tïdïlur ärip∶burhanlarnïŋ

0291 tïnl(ï)ɣlarïɣ saqïnmaqlïɣ ädgü ögli köŋülläri apamuqatägi

0292 üzülmäz alqïnmaz tep∶yänä ög qaŋ oɣulnuŋ qïznïŋ

0293 utlïsïz törösüz qïlmïšïn kördüktä övkä–

0294 lig käklig köŋüli turup∶ädgü ögli köŋüli olar–

0295 nï üzä azq(ï)ya yuqaq(ï)ya bolur∶∶burhanlarnïŋ bodi–

0296 s(a)t(a)vlarnïŋ maitri ädgü ögli köŋülläri näŋ antaɣ

0297 bolmaz∶bo tïnl(ï)ɣlarïɣ körtükdä y(a)rlïqančučï köŋülläri artoq

0298 ükliyür asïlur∶äŋ mintin aviš tamutaqï uluɣ ootluɣ

0299 tilgänkä kirgülük ärsär ymä alqu qamaɣ tïnl(ï)ɣlar

0300 üčün k(ä)ntü özläri kirip ülgüsüz üküš ačïɣ tarqa

0301 ämgäklärig täginürlär∶anïn alqu burhanlar(nïŋ)qamaɣ uluɣ

0302 b[o]dis(a)t(a)vlarnïŋ tïnl(ï)ɣlarïɣ amramaqï saqïnmaqï ögnüŋ

0303 [qa]ŋnïŋta artoq ärür tep bilgülük ärip∶inčip yänä

0304　alqu tïnl(ï)ɣlarnïŋ biligsiz bilig üzä bilgä biligläri

0305　ürtülüp nizvanilarï üzä köŋülläri köšitilip

0306　burhanlarqa bodis(a)t(a)vl[ar]q[a] umunɣalï ïnanɣalï

0307　bilmädin : nom nomlap üṭläp [äriglä]p asïɣ tusu [qï]lu y(a)rlïqamïš‐

0308　larïn ymä ök kertgünmädin [tä]ginmädin : ulatï yoɣun äyrig

0309　savlar [üz]ä er[ä ayïɣ]layu burha]nlarnïŋ ädgüsin ögü‐

0310　lük saqïnɣ[u]l[uq köŋül　　　　　　a]rïtï kälürmädin unïtp :

0311　kertgünč[süz köŋül uɣ]rïnta t[a]mu : pret : yïlqï tegli

0312　[är]mäz yavïz y[ollarta tu]ɣ[u]p üč y(a)v[l]aq yollarïɣ tüzü

0313　[käz]ip : ülgüsüz üküš ačïɣ tarqa ämgäklä[rig] täginip : :

0314　[yän]ä ayïɣ qïlïnčlarï alqï[nï]p olartïn ozup ü[nü]p azq(ï)ya

0315　[ü]d üzä yalŋoq ažunïnta t[uɣ]sarlar ät´öz etigi altï qačïɣ‐

0316　[ïŋ]a ägsük bolup : dy[a]nlïɣ suvï bilgä biliglig küč‐

0317　[i] bultuqmaz : mun[ta]da [ula]tï tïdïɣ tutuɣlar barča kertgünč‐

0318　süz köŋül [tïltaɣïn]ta bolur : bökünki kün üzä

0319　bo nomluɣ o[rontaqï bir išd]äš qamaɣ uluɣ quvraɣ äšïdü tïŋlayu

0320　y(a)rlïqaz[un]lar[　　　　　　kert]günčsüz bolmaqlïɣ

0321　ayïɣ qïlïnč[alq]u ayïɣ q[ï]lïnčlarda artoq aɣïr üčün :

0322　kertgünčsüz yoɣ[ačar]ilarqa bügü biliglig burhanlarïɣ uzatï

0323　körgitmäz : a[n]ï üčün bökünki küntä öŋin öŋin

0324　[k(ä)nt]ü özläri b[ir i]ḳintiškä čïn kertü ärigin

0325　[ada]q köŋülin asra saqïnčïn yeg baštïnqï köŋülüg

0326　[turɣu]rup : uvut ïyat saqïnčïɣ öritip yinčürü töpön yükünüp

0327　[ö]ŋrä qïlmïš qïlïnčlarïɣ eri[n]čkäčü kšanti qïlɣalï küsägülük

0328　[ol] : muntaɣ qïlïp ayïɣ qïlïnčlïɣ ilišläri alqïnu tükäp ič

0329　k[ö]ŋülläri : taš ä[t]öz[lä]ri iki birlä arïsar süzülsär

0330　antada b[a]sa temin ädgü saqïnčïɣ öritip umunmaq

0331 kertgünmäklig [no]m qapïɣïŋa učuz oŋay kirgäli bulɣay∶birök

0332 muntaɣ köŋ[ülüg] öritmäsär muntaɣ saqïnčïɣ saqïnmasar∶ötrü

0333 qïlïnčlïɣ t[ï]dïɣ tutuɣ üzä tïdïlïp üzülüp∶qutrulmaqlïɣ oron–

0334 qa alp ötgül[ü]k ärür tep čïn kertü sezingülük ïčanɣuluq

0335 bolɣaylar∶∶bir etürsär m(ä)n bo ažunuɣ∶bo oronuɣ

0336 [qa]raɣu q(a)rarïɣ oronqa barïp yanɣumuz yoq ärip

0337 [ö]ŋin öŋin k(ä)ntü özümüz inčä q(a)ltï uluɣ taɣ yemrilürčä

0338 [be]š tilgänim(i)zni yerkä tägür[ü]p∶bir učluɣ köŋülin kertgünüp

0339 [um]unup sezikig saqïnčïɣ y[o]qaḍḍurmasar biz nätäg bolɣay∶∶

0340 [yän]ä biz šabi ata tutuŋ boltï t(ä)ŋrim birlä bökünki kün

0341 üzä qamaɣ burhanlarnïŋ bodis(a)t(a)vlarnïŋ ädgü ögli

0342 y(a)rlïqančučï köŋülläri küčintä yaŋïrtï tuyunup bilinip

0343 artoqraq uvut ïyat köŋülüg tuɣuru täginürbiz∶qayu bizïŋ öŋrä

0344 qïlmïš qïlïnčlarïm(ï)z bar är[s]är qut qolunu täginürbiz∶öčzün

0345 alqïnzun[∶]qïlmaduq ay[ï]ɣ qïlïnčlarïɣ ikiläyü qïlɣalï

0346 tetinü täginmä[z] biz∶amtïta ïnaru üzäliksiz yeg üstünki

0347 burhan qutïŋa tägginčäkätägi b(ä)k qatɣï kertgünč

0348 k[ö]ŋülüg öritip ikiläyü aɣmalïm∶tägšilmälim∶yänä

0349 [biz]šabi ata tutuŋ boltï t(ä)ŋrim∶bo ät´özüg isig özüg

0350 [tit]ip ïdalap∶ap ymä tamu y[o]lïnta tüšüp∶ap ymä yalŋoq∶

0351 [yolï]nta tuɣup∶ap ymä t(ä)ŋri yerintä tuɣup∶üč uɣuš

0352 [yer]tinčüdä ap ymä erkäk ät´özin täginip∶ap ymä

0353 [ti]ši ät´özin täginip∶ap ymä erkäk ärmäz∶tiši

0354 ärmäzdä ulatïlarnïŋ ät´özin täginip∶antaɣ

0355 ymä uluɣ∶ant[a]ɣ ymä kičig∶∶antaɣ ymä yeg∶antaɣ ymä

0356 qudïqï bolup∶näčä alp uɣuluq∶alp särgülük sïqïɣïɣ

0357 täginsär m(ä)n ymä∶qut qolunu täginürbiz ol ämgäklär uɣrïnta

0358   bökünki bo kertgünč köŋülümni aɣïtmayïn etürmäyin

0359   miŋ k(a)lp tümän k(a)lp üdün adroq adroq ačïɣ

0360   [tar]qa ämgäklärig täginsär biz yeg bolɣay : :

0361   [qut]qolunu täginürbiz : ol ämgäklär üzä bökünki bo kertgünč

0362   [köŋü]lümtin aɣmayïn tägšilmäyin : qut qolunu küsüš

0363   [öri]tü täginürbiz : qamaɣ burhanlar : uluɣ orontaqï bodis(a)t(a)v‒

0364   [lar] artoqraq bir täg umuɣ ïnaɣ bolu y(a)rlïqazunlar : artoqraq

0365   b[i]r täg tuta ičgärü y(a)rlïqazunlar : biz šabi ata tu‒

0366   tuŋ boltï t(ä)ŋrimniŋ bo b(ä)k qatɣï kertgün   köŋülümüz

0367   alqu burhanlarnïŋ köŋüli birlä täŋikip : qamaɣ burhanlarnïŋ

0368   küsüši birlä birikip : bo köŋülümüzni alqu y(a)vlaq š(i)mnular

0369   taš azaɣ nomluɣ tirtelar buzɣalï artatɣalï umazun : anïn

0370   m(ä)n bir učluɣ   köŋülin : tüp tüz bir täg ämgäklig sïqïɣ‒

0371   lïɣlar birlä beš tilgänim(i)zni yerkä tägürüp ïnanu yükünü

0372   [tä]ginürbiz : : ontun sïŋarqï tolp kök qalïq uɣušïn‒

0373   [ta]qï alqu qamaɣ burhanlar qutïŋa : : ïnanu yükünü täginürbiz

0374   [ontu]n sïŋarqï tolp kök qalïq uɣušïntaqï alqu

0375   [qama]ɣ ayaɣuluq nom ärdini qutïŋa : : ïnanu yükünü täginürbiz

0376   [on]tun sïŋarqï tolp kök qalïq uɣušïndaqï alqu qamaɣ töz‒

0377   [ün]lär ïdoqlar qutïŋa : : yänä bökünki küntä

0378   bo nomluɣ orondaqï bir išḍäš qamaɣ uluɣ quvraɣ zu①

0379   yïɣïnmïš köŋülin äšidü tïŋlayu y(a)rlïqazunlar : : ymä bo

0380   t(ä)ŋrili yalŋoqlï ätʾözlüglär yelvi kömän täg

0381   yeläyü ärip : tïnl(ï)ɣlï idišli yertinčülär ymä äzüg čïnsïz

0382   y(a)rpsïz ärürlär : munčulayu yelvi kömän täg čïnsïz y(a)rpsïz

---

① 根据上下文义判断，此词拼写错误，正确写法应为"uz"。

0383　üčün::čïn kertü tüši bultuqmaz:äzüg igid

0384　[a]dalïɣ kävräk üčün tägšilmäki artamaqï ymä alqinčsïz

0385　[tü]käṭinčsiz tetir:čïn kertü tüši yoq üčün anïn tïnl(ï)ɣlar

0386　[sansa]rlïɣ kälgintä keč üdün tïdïlïp tägšilmäklig törön

0387　[täg]šildäči üčün::az nizvanilïɣ ämgäklig taloyda uzatï

0388　[är]käčlänürlär:muntaɣ osuɣluɣ tïnl(ï)ɣlar tözünlärkä erinčkägülük

0389　[ts]uyurqaɣuluq bolurlar:nä üčün tep tesär:bo sav

0390　tïltaɣïnta bi–hw–aki atl(ï)ɣ karuna pušpe sudurta

0391　sözläyür::bodis(a)t(a)vlarnïŋ burhan qutïn bultuqlarïn–

0392　ta öŋin öŋin bir ärip öŋräki qut qolunmaq–

0393　lïɣ küsüšläri:bizïŋ bahšïm(ï)z šakimuni burhan yänä uzun

0394　yašïn körgitü y(a)rlïqamadïn yašaɣuluq yašïn qïsurup

0395　[q]ïsɣa qïlïp bo tïnl(ï)ɣlarnïŋ t(ä)rk t(a)vraq tägšilmäki

0396　[ü]zä ämgäklig taloyta uzatï tägzinip titgäli

0397　[ö]ŋi bolɣalï umamïšlarïn körüp erinčkäyü tsuyurqayu

0398　[y(a)rlï]qamïš üčün::anïn bo yertinčüdä y(a)rlïqap qudïqï

0399　[asr]aqï yavïz y(a)vlaqlarqa umuɣ ïnaɣ bolup olarnï üṭläyü

0400　[äri]gläyü y(a)rlïqaduqta olar näčä qatïɣ čïkä ämgäṭṭäči sïqdačï

0401　[sa]vlarïɣ sözläsär ymä ol ämgäkig titmädin

0402　ïdalamatïn ol tïnl(ï)ɣlarïɣ ozɣuru qutɣaru y(a)rlïqap::

0403　ädgü nomluɣ al altaɣ üzä tïnl(ï)ɣlarqa keŋürü asïɣ tusu qïlïp

0404　ozɣurmaq qutɣarmaqlïɣ köŋülin arïtï ančaq(ï)ya ymä

0405　särgürü y(a)rlïqamadï tep:yänä sam–bai–ki atl(ɣ)ï samapaṭi dyan–

0406　ïɣ uqïtdačï sudurta ymä sözläyür:alqu burhanlarnïŋ

0407　köŋüli:uluɣ ädgü ögli y(a)rlïqančučï köŋül ärip:ol ädgü

0408　[ö]gli y(a)rlïqančučï köŋülnüŋ adqanɣusï yänä ämgäk–

0409　[li]g tïnl(ï)ɣlar ärür:birök tïnl(ï)ɣlarnïŋ ämgäk tolɣaq täginmiš–

0410   [läri]n körmiš üdtä inčä q(a)ltï aγuluγ oqïn öz(i)rä ursuqmïš

0411   [kiš]i täg:azuča ymä bï bïčγu üzä közin täglälmiš

0412   k[i]ši täg bolup:körü tükä tüktä ämgänip sïqïlïp ančaq(ï)ya

0413   [y]mä enč köŋüllüg bolmadïn olarnï ämgäklärintin

0414   tartïp ozγurup enčkä mäŋikä tägürgäli küsäyü

0415   y(a)rlïqarlar tep::yänä ymä qamaγ burhanlarnïŋ bilgä

0416   biligläri täŋ:asïγ tusu qïlmaqlarï tüz ärip::bahšïm(ï)z

0417   šakimuni t(ä)ŋri burhanqa tägdüktä säčä alp šakimuni burhan

0418   tep atanu y(a)rlïqamïš ärür::nä üčün tep tesär::alqu ämgäk−

0419   [lär]ig särip tïnl(ï)γlarïγ ozγuru qutγaru y(a)rlïqamaqï üzä

0420   [tö]z bahšïm(ï)znïŋ ädgü ögli köŋül üzä asïγ tusu

0421   [qïl]maqlïγ ädgüsi čïn kertü ärtä aγïr üčün:ämgäklig

0422   [tolγa]qlïγ tïnl(ï)γlarqa adroq adroq nomlarïγ nomlap alquqa

0423   [bir] täg asïγ tusu qïlu y(a)rlïqadačï ärdi tep bilmiš k(ä)rgäk::

0424   b[i]z näŋ bökünki küntä qutrulmaqlïγ ädgükä tägü umadïn

0425   [ö]ŋrä adroqluγ tušda tištanti tirig äsän y(a)rlïqayur

0426   [är]kän bir aγïzq(ï)ya nomluγ y(a)rlïγïγ öz aγïzïn y(a)rlïqa−

0427   mïšïn äšidmädin:amtï esilmäklig tušda ärip:šala atl(ï)γ

0428   qoš sögüt ikin arasïnta tägirmi körklä y(a)ruqïn kizläyü

0429   y(a)rlïqamïšïn körmämäkim(i)z barča uγrayu qïlïnčlïγ tïdïγïmïz uγrïnta

0430   bizïŋ saqïnčïm(ï)z:t(ä)ŋri burhannïŋ y(a)rlïqančučï köŋüli birlä

0431   [tï]dïlïšmaqï tïltaγïnta tetir:anïn bökünki küntä ämgäklig

0432   [il]inmäklig köŋülin ančulayu kälmiš burhan bahšïta

0433   [i]linmäk bodulmaq üzä artoq y(i)ti qïnïγ ädgü köŋülin ämgäk−

0434   [tä] turu tükäṭip:ančulayu kälmišnïŋ ädgülärin öyü saqïnu

0435   [yeri]ŋüyü ačïyu busanu bulganu uvutluγ yüüzin ämgäklig

0436   [ü]nin bir täg bir saqïnčlïγlar birlä:beš tilgänim(i)zni yer−

0437 [k]ä tägürüp ayayu aɣïrlayu el uluš i(y)äsi eliglär hanlar

0438 üčün∶balïq uluštaqï bodun q(a)ra üčün∶∶ög qaŋ

0439 bahšïlar uluɣlar üčün∶kertgünčlüg bušï berdäči∶upase

0440 upasančlar üčün∶∶ulatï ädgü ögli∶ayïɣ öglilär

0441 üčün alqu t(ä)ŋrilär∶qamaɣ aržilar∶tetik bilgä köni

0442 kertü köŋüllüglär üčün∶t(ä)ŋridäki yertäki∶kök qalïq

0443 [y]üüzintäkilär üčün∶yertinčü küzätči tört m(a)harač–

0444 [lar]üčün ädgüg küzätdäči∶ayïɣïɣ qïnadačï ärkliglär

0445 üčün∶darni arvïš tutdačïlarïɣ kügči küzätčilär üčün

0446 [be]š yïŋaqlardaqï luu hanlarï üčün t(ä)ŋrilig luuluɣ

0447 [sä]k[i]z bölök quvraɣ üčün keŋürü ulatï ontun sïŋarqï ulsuz

0448 [t]üpsüz alqïnčsïz tükätinčsiz alqu qamaɣ tïnl(ï)ɣlar üčün ikiläyü

0449 [yä]nä ïnanu yükünü täginürbiz∶ontun sïŋarqï tolp

0450 kök qalïq uɣušïntaqï alqu qamaɣ burhanlar qutïŋa

0451 ïnanu yükünü täginürbiz∶ontun sïŋarqï tolp kök qalïq uɣuš–

0452 ïntaqï[a]lqu qamaɣ ayaɣuluq nom ärdini qutïŋa∶ïnanu yükünü

0453 täginürbiz ontun sïŋarqï tolp kök qalïq uɣušïndaqï alqu qamaɣ

0454 tözünlär ïdoqlar qutïŋa∶∶amtï bir učluɣ köŋülin

0455 öŋin öŋin tizim(i)zni čökitip ayam(ï)znï qavšurup

0456 k[ö]ŋülin saqïnu tilin sözläyü munčulayu ötünü täginür–

0457 [bi]z∶tolp yertinčünüŋ ayaŋuluqï bügü biliglig burhan–

0458 [lar] tuyɣuluq nomlarïɣ qalïsïz tükäl bilü y(a)rlïqamaqlarï üzä

0459 [t(ä)ŋr]i yalŋoqta ulatïlarnïŋ üzäliksiz bahšïsï qaŋï

0460 [ü]čün∶anï üčün m(ä)n amtï ïnanu yükünü täginürbiz∶burhan

0461 [är]dini qutïŋa uzatï mäŋün turdačï alqu qamaɣ nom–

0462 larda arïɣ süzök tözi üzä∶alquta yeg

0463 sudurlar ärtiŋü uz tarqardačï üčün ät´özdäki∶tildäki

0464   köŋüldäki iglärig∶anï üčün biz amtï ïnanu yükünü

0465   täginürbiz∶bo nom ärdini qutïŋa∶uluɣ oronta ärdäči üküš

0466   tälim bodis(a)t(a)vlar tört törlüg toyïn tüšiŋä tükällig

0467   ayaɣqa tägimliglär∶tükäl törlüg ämgäklärdä

0468   [t]üzükä umuɣ boltačïlar üčün anïn biz amtï ïnanu

0469   [y]ükünü täginürbiz∶tözünlär ïdoqlar qutïŋa∶yertinčü

0470   [yer] suvuɣ küzätdäči üč ärdinilär qutïŋa aɣïr ayaɣïn

0471   [biz] amtï yinč[ü]rü töpön yükünüp altï yoltaqï bir täg bir kertü

0472   [t]özlüg tïnl(ï)ɣlar üčün∶amtï alquɣun bir yaŋlïɣ umunu

0473   [ï]nanu täginip ädgü ögli y(a)rlïqančučï köŋülin alqunï

0474   amrayu tutmaqlarï üzä barčanï yintäm birgärü

0475   enčgükä mäŋikä tägürüp tïnl(ï)ɣ uɣušïn tüz köŋülin

0476   erinčkäyü tsuyurqayu y(a)rlïqadačïlarqa∶∶anïn amtï biz umunu

0477   ïnanu yük[ün]ü täginürbiz∶amtï biz beš tilgänim(i)zni yerkä tägürüp

0478   öŋin öŋin k(ä)ntü özümüz köŋülin saqïnu tilin sözläyü

0479   qut qolunu küsüš öritü täginürbiz∶ontun sïŋarqï

0480   [ü]č ärdinilär∶ädgü ögli y(a)rlïqančučï köŋüllüg

0481   küčläri üzä∶öŋräki qut qolunmaqlïɣ küčläri üzä

0482   [saqï]nu sözläyü yetinčsiz küčläri üzä∶∶ülgüsüz

0483   [ü]k[ü]š ärksinmäklig küčläri üzä∶tïnl(ï)ɣlarïɣ ozɣurmaq

0484   [qu]tɣarmaqlïɣ küčläri üzä∶tïnl(ï)ɣlarqa umuɣ ïnaɣ bolmaqlïɣ

0485   [kü]čläri üzä∶tïnl(ï)ɣlarïɣ enčgülüg äsängülüg qïlmaq–

0486   lïɣ küčläri üzä alqu qamaɣ tïnl(ï)ɣlarïɣ alqunï

0487   barča tuyunturu odunturu y(a)rlïqazunlar∶amtï biz šabi ata tu^①

0488   boltï t(ä)ŋ[r]im birlä∶bökünki küntä bo üč ärdinilärkä

---

① 此处的 tu 为 tutuŋ 一词的不完全形式。

0489 umunmïš ï[na]nmïš buyan ädgü qïlïnčïm küčintä kim qamaɣ tïnl(ï)ɣlar–

0490 nïŋ küsüšläri saqïnčlarï köŋülläri eyin bützün qanzun

0491 ančulayu t(ä)ŋrilärdä aržilarda∶{arži(larda)} ärtäčilär∶alqu

0492 [aq]ïɣlarïɣ alqzunlar∶∶ančulayu oq ymä asurelarda

0493 [ärtä]čilär küvänč yoqay köŋüllüg ögrätiglärin titzün–

0494 [lär]ančulayu yalŋoq yolïnta ärdäčilär∶   ∶ikiläyü taqï

0495 [ämgä]ksiz bolzunlar∶∶ančulayu oq ymä tamu∶∶pret yïlqï

0496 [yol]ïnta ärdäčilär∶ol yollarda ozzunlar qutrulzunlar∶∶

0497 [yän]ä ymä bökünki küntä ap ymä üč ärdinilär–

0498 [n]iŋ atïn äšidtäčilär ap äšidmätäčilär ymä bügü

0499 biliglig burhanlarnïŋ küü käliglig küčläri üzä

0500 ol qamaɣ tïnl(ï)ɣlar yumqï barča∶∶∶∶ozup qutrulup

0501 birtämlik üzäliksiz üstünki tuyunmaqqa tükällig

0502 bolup∶qamaɣ bodis(a)t(a)vlar birlä bir täg yumqï köni tuyunmaq

0503 [b]urhan qutïn bulzunlar∶∶bo äŋ kenki savlar qut

0504 [qo]lunmaqta yorïmaq üzä ät´özüg etmäk yaratmaq

0505 [ärü]r∶∶∶ikinti sezikig saqïɣïɣ tarqarmaqlïɣ bölök alqu

0506 [tïnl](ï)ɣlar ikirčgü seziktin öŋi üdrülmäyük∶∶

0507 [anï]n∶nomta üküš tïdïlurlar köši ilürlär∶∶anï üčün

0508 [a]mtï bo sezikig birtäm tarqarmïš k(ä)rgäk∶bökünki küntä

0509 [bo] nomluɣ orondaqï bir išḍäš qamaɣ uluɣ quvraɣ bir

0510 učluɣ köŋülin tetrü tïŋlayu y(a)rlïqazunlar∶∶

0511 ymä bo avant tüš tözlüg nomlarnïŋ köligä täg

0512 yaŋqu täg ärdüki üzä nätäg osuɣluɣ

0513 avant yänä antaɣ osuɣluɣ oq tüši tuɣmaqlïɣ∶oḍɣuraq

0514 k(ä)ntün törümiš törösiniŋ tözi arïtï aɣmaz tägšilmäz

0515 [äri]p inčip yänä bo alqu tïnl(ï)ɣlarnïŋ qïlïnčlarï čarit–

0516　[lar]ï yintäm bir täg ärmäz üčün : ädgüli ayïɣlï qïlïnč–

0517　[larï]ɣ qatï qarï qïlurlar : bo muntaɣ qïlïnčlarïnïŋ bir yintäm

0518　[bolmamaq]ïŋa : anïn tüšläri ymä yoɣun yinčgä bolup antaɣ

0519　[ymä] yeg : antaɣ ymä qudïqï : antaɣ ymä ädgü : antaɣ ymä

0520　[yav]ïz bolmaqlïɣ savlarɣ bir ärmäz üčün : : qavïšmaqlarï

0521　[adr]ïlmaqlarï tümän öŋi bolur : qavïšmaqlarï adrïl–

0522　m[a]qlarï bar bolu tükäṭmäki üzä ol öŋrä ažun–

0523　taqï qïlmïš qïlïnčlarïn bilgäli uqɣalï umazlar : antaɣ

0524　bilgäli uqɣalï umamaqlarï uɣrïnta ikirčgü sezik üzä

0525　köŋülläri bulɣalïp : antaɣ ymä sözläyürlär qatïɣlanïp t(a)vranïp

0526　č(a)hšap(a)tïɣ ayayu tutdačïlar uzun yašlïɣ bolɣu ärip inčip

0527　[y]änä özi qïsɣa bolmïšlarï közünür : : yavïz y(a)vlaq

0528　[ö]lütči(y)etiṭči kišilär qïsɣa yašlïɣ bolɣu ärip

0529　[ö]zi uzun bolmïšlarï közünür : arïɣ süzök köŋüli yïɣïɣlïɣ

0530　[ärä]nlär ärtiŋü bay barïmlïɣ bolɣu ärip inčip yänä čïɣay

0531　[äm]gäklig bolmïšlarï közünür : azï küčlüg oɣrï tävlig

0532　k[i]šilär : ämgäkkä sïqïɣqa täggülük ärip inčip yänä üküš

0533　[tä]lim ädlig t(a)varlïɣ bolmaqlarï közünür : bo nätäg

0534　savlar ol tep muntaɣ ikirčgü sezeklig kišilär

0535　mürki biligsiz üzä ataɣuluq bolurlar : nä üčün tep tesär

0536　nä atl(ï)ɣ ögsüz köŋülsüz kiši yalŋoq bolur : : öŋrä qïlmïš

0537　qïlïnčnïŋ tarïmïš äkmiš t(a)varnïŋ tüšin utlïsïn bilmädin

0538　muntaɣ luvlan sözlägüči : bo ažunta ädgü qïlïnčlïɣ ärip ayïɣ

0539　[tü]šïŋä tägmäk : ayïɣ qïlïnčlïɣ ärip ädgü tüšïŋä

0540　[täg]mäk barča öŋrä ažuntaqï qïlïnčnïŋ

0541　[ke]n tüši tetir : öŋrä ažuntaqï qïlïnčnïŋ tüšin

0542　[bo až]unta täginip : bo ažuntaqï qïlïnč tüšin ken ažunta

0543 [   ] täginür ärip∶munï näŋ bilmädin muntaɣ yaŋlïɣ sözläyürlär∶

0544 [bo s]av tïltaɣïnta kim−ko−ki atl(ï)ɣ v(a)čračeḍak sudurta

0545 [t(ä)ŋr]i burhan y(a)rlïqamïšï bar∶∶subuṭi qayu tözünlär

0546 [o]ɣlï tözünlär qïzï birök bo nom ärdinig tutar

0547 bošɣurur oqïyur sözläyür ärkän yänä adïnaɣutïn tuṭqa

0548 učuzqa tägsär∶bo kiši öŋrä ažuntaqï ayïɣ qïlïnč tïltaɣ−

0549 ïnta∶bo ažunta ät´öz qodup üč y(a)vlaq yolta tuɣɣuluq

0550 ötäki bar ärsär∶bo ažundaqï ol tuṭqa učuzqa tägmäki

0551 üzä ök ol öŋrä ažundaqï tsuy ayïɣ qïlïnčlarï

0552 [tar]ïqar ketär öčär amrïlur∶keniŋä yänä qamaɣta yeg

0553 [t]üzgärinčsiz tüzü köni tuymaq burhan qutïn bulur tep∶∶

0554 [inči]p qamaɣ tïnl(ï)ɣlarnïŋ bo sudurtaqï y(a)rlïɣïn artoqraq

0555 k[er]tgüngäli umadïn muntaï seziklig bolmaqlarï barča bilig−

0556 [si]z bilig üzä yaŋïlmaq tïltaɣïnta bolur üčün∶yaŋloq

0557 [tä]trülmäkig öritürlär∶yänä bo üč uɣuš yertinčü−

0558 tä ärmäk ämgäk ärip∶bo oq üč uɣuš yertinčüdin

0559 ünmäkniŋ mäŋi ärdükin kertgünmädin∶yertin ülüg

0560 uzatïqï kirlig savlarïɣ barča mäŋi ol t[e]p teyür−

0561 lär∶∶birök olarnï mäŋi ol tep tegüčä ärsär nä tïltaɣïn

0562 ol mäŋilärtä ikiläyü yänä ämgäk tuɣar∶ämgäk tuɣmaqï

0563 [nä]gü ärki tep tesär∶∶inčä q(a)ltï ašïɣ ičgüg

0564 [ü]lgüdä artoq yesär ičsär∶ötrü anta ig

0565 [kä]m törüp tïn bušup sïqïlïp taŋïlïp qarïn kövrüg täg

0566 [sïš]ïp∶∶yip ïšïɣ tartar täg aɣrïɣ sïzlaɣ yorïyur

0567 [yän]ä ton kädim tïltaɣïnta ymä üküš busuš ämgäkniŋ

0568 [bol]maqï közünür∶nätägin tep tesär q(a)ltï tumluɣ buzluɣ üd−

0569 [lär]dä inčip qarzta ulatï yoɣun tonlarïɣ kädtüktä

0570　ötrü ol tonlarnïŋ ädgüsi ymä yuqa saqïnɣu—

0571　luqï sïɣ bolup：：yänä isig quyaš üdlärdä aɣïr kürk—

0572　dä ulatï qalïn tonlarïɣ kädtüktä olarnïŋ ämgäki

0573　bususï täriŋ bolur üčün：：birök bolarnï mäŋi ol tep

0574　tesär：nä tïltaɣïn bolarta busuš ämgäk tuɣar：anïn aš

0575　ičgü ton kädim čïn kertü mäŋi ärmäz tep bilmiš k(ä)rgäk：

0576　[yän]ä terinig quvraɣïɣ ymä mäŋi ol tep tegüčä

0577　[ärs]är：：olarnï birlä uzatï alqïnčsïz üküš ïr oyun

0578　[ö]grünč mäŋi tägingü k(ä)rgäk：：nätägin yänä anïŋ ara

0579　[t(ä)r]k t(a)vraq ürlüksüz törö eyin arṭamaq ärtmäkkä

0580　[kä]lip bayaq(ï)ya bar ärip：amtï yoq bolmaqlarï：temin—

0581　[k](ï)yä bar ärip amtï arṭamaqlarï üzä：t(ä)ŋrig körüp

0582　ulïtu：yerig körüp sïɣtayu yüräkig baɣïrïɣ

0583　tsun tsun üzmiš käsmiš täg qïlur：yänä olarnïŋ

0584　tuɣmïšta qayutïn kälmišin：ölmišdä qayu—

0585　qa barɣusïn bilmädin：busušluɣ ämgäkligin tägürü eltip

0586　soqa ölüg b(ä)klägü kueŋ šan atl(ï)ɣ taɣqa tägürüp elig

0587　tutušɣïnča uzun üdlük öŋi bolup：bir aɣïzq(ï)ya

0588　[sa]v sözläšgüčä üdtä tümän k(a)lplïq adïrïlurlar：：

0589　k[i]m muntaɣ osuɣluɣ ämgäkläri ülgüsüz üküš ärip：：tïnl(ï)ɣlar

0590　[ö]zni yaŋïlïp mäŋi üzä körüp yertinčülügdä yeg

0591　[mä]ŋiniŋ{(niŋ)} avantïn barča ämgäk ol tep teyürlär：antaɣ ymä

0592　[a]dïnlarnïŋ arïɣ yorïqta qatïɣlanïp：äyrig yoɣun

0593　[qa]lvaɣ yep ät´oziŋä täŋläp üdčä aš ašanmïšïn

0594　yenik yumšaq tonlarïɣ ketärip：panšukul ton

0595　kädmäkdä ögrätinmišlärin körsärlär：olarnï barča

0596　bolarqa munčulayu küčänip öz ät´özlïrin sïqɣu ämgätgü nägü

0597　ärki tep sözläp：muntaɣ išlärniŋ qutrulmaq yolqa

0598　eltdäčisin arïtï bilmäzlär：：antaɣ ymä adïnlarnïŋ bušï

0599　berip č(a)hšap(a)t tutup：särinip qatïɣlanïp čankramit qïlu

0600　[yorï]p yükünüp äŋitip：nom sözläp bošɣut bošɣunup

0601　[qat]ïɣlanïp t(a)vranïp ärmägürmämišlärin körtükdä barčanï ämgäk

0602　[ol t]ep：olarnïŋ yertinčülügdä yeg köŋülüg bïšrunup

0603　[bol]m[a]qlïɣ aɣïr igtin ozmïš qutrulmïšlarïn bilmädin

0604　[ola]r ölmiš ärtmiš küntä ötrü yänä sezik köŋül öritip

0605　[ol] kiši ölgü künkätägi ät´özin köŋülin

0606　[a]rtoq sïqïp ämgätip ančaq(ï)ya ymä üdtä tïnmadï：

0607　nä kišiniŋ küči yetgäy munuŋ ämgäkin uɣuluq：birök

0608　bo antaɣ qatïɣlanmadï ämgänmädi ärsär munï täg ämgäk-

0609　kä täggäy mu ärdi：munuŋ ät´özi šu yoqsuz qïrï asïɣsïz

0610　tususuz b(ï)ṭaḍï ölti：muŋa nä asïɣ boltï ärki tep teyür-

0611　[lä]r：：：：azuča ymä öz öz savlarïn oq čïn

0612　[kert]ü ol tep b(ä)k tutup čïnïnča kertüsinčä bilmädin

0613　[tü]šin ïḍïp kämišip a<va>ntïn oq tiläp istäp yaŋloq

0614　[saqïn]u muntaɣ yaŋïlurlar sezinürlär：birök olar qačan

0615　[　　　　]ädgü öglilärkä tuššarlar ol yaŋïlmaqlarï sezik-

0616　[lär]i ketär tarïqar：apam birök ayïɣ öglilärkä soquššarlar：：

0617　[ol y]aŋïlmaqlarï taqï artoq üklip asïlïp ol sez-

0618　ikläri yaŋïlmaqlarï uɣrïnta üč y(a)vlaq

0619　yolta tüšärlär：üč y(a)vlaq yolta ärmištä basa

0620　miŋ tümän öpnünsär nä tusu bolɣay：：bökünki küntä bo

0621　nomluɣ orontaqï bir išḍäš qamaɣ uluɣ quvraɣ äšidü y(a)rlïqazun-

0622　lar：bo sezikniŋ bar bolɣuluq avantï tïltaɣï ülgüsüz üküš

0623　üčün yänä munï üzä yaŋïlmaqnïŋ šipki ögrätig-

0624　[läri]n äŋ mintin bo üč uɣuš yertinčütin vairag

0625　[bar]mïš ayaɣqa tägimliglär ymä taqï oq alqɣalï umasar‒

0626　[lar] bo tükäl nizvanilïɣ prtaɣčan ät´özdä taqï nätägin

0627　[bir] käzdä ketgärgäli tarqarɣalï bulɣay：birök bo ažunta

0628　[tar]qarmasar kenki kenki ažunlarda taqï artoqraq ükligäy

0629　[asï]lɣay：：uluɣ quvraɣ amtï bir ikintikä sansar‒

0630　l[ï]ɣ uzun yolta yorïp k(ä)ntü özläri ämgäklig

0631　yorïqta yorïɣuta inčip t(ä)ŋri burhannïŋ y(a)rlïɣ‒

0632　ïŋa tayaqlïɣïn nomtaqï y(a)rlïɣča bïšrunu yorïɣuluq

0633　tušta sezik köŋül öritip ardïm ämgäntim tep teyü y(a)rlïqamaz‒

0634　unlar：nä üčün tesär：alqu burhanlarnïŋ adïn tözün‒

0635　[l]ärniŋ sansarlïɣ muntïn qïdïɣtïn ozup ünüp

0636　[nirva]nlïɣ ïntïn qïdïɣqa käčmäkläri tägmäkläri

0637　[üčü]n uɣrayu buyan ädgü qïlïnčïɣ yïɣmaq termäklig ädräm‒

0638　[läri] üzä tïdïɣsïz uluɣ qutrulmaqta ärksinmäkläriniŋ

0639　[küčin]tä ärip：m(ä)n yä[n]ä bökünki küntä sansartïn öŋi

0640　[ket]ä umadïn k(ä)ntü özüm tsuy erinčü bulup yorïsarm(ä)n

0641　[nägü]lük ol maŋa bo čöpik yavïz üdkä qoluqa

0642　azlanïp yapšïnïp yorïmaqïɣ：amtï bo üdtä

0643　mäniŋ tört m(a)habutlarïm taqï qurulmadïn öz [y]aš öŋ

0644　körk aṭ küü mäŋi toŋa čoɣ yalïn tegli beš törlüg

0645　buyanlar üzä tüzüglüg：ögrünčülügin yorïmaq barmaq

0646　täprämäk qamšamaq：ävrilmäk tägzinmäktä ulatï savlar‒

0647　ïm barča köŋülčä tapča enč äsän ärmišim(i)zkä

0648　[　　　]K’RL’YW birök tavranmasar qatïɣlanmasarbiz：：ken‒

0649　[täk]i nägük küzäṭürbiz：ärtmiš üdlüg bir ažunta tört

0650　[kert]ü nomlarïɣ körmäyü tükäṭip：：bo közünür üdtä yänä

0651 [tu]ɣɣuluq quruɣ asïɣsïz kämišü ïdïp：qayu ärsär ädgü nomuɣ

0652 [tan]uqlamasarbiz：ken käligmä üdtä taqï nägü üzä

0653 [oz]ɣay qutrulɣaybiz：antaɣ bir yïqï bolup til

0654 ävirip sözläyü umaz aɣïn kävgäk：köküzdä sav

0655 tutup köŋülin imläp sözlägüči čïn kertü erinčkäyü tsuyurqayu

0656 tutɣuluq ämgäklig bolsarbiz：ančata nätäg qïlɣalï bulɣay–

0657 [biz：uluɣ q]uvraɣ bökünki kün üzä yintäm ütläšü ärigläšü isinü

0658 [yïlïnu qa]tïɣlanu tavranu：ädgü nomta bïšrunu ögrätinü ikiläyü

0659 [taqï anč]aq(ï)ya ärsär ymä tïnalïm särilälim tep

0660 [temäzü]nlär：：tözün yol uzun ïraq üčün bir

0661 [küntä al]p bulɣuluq bütürgülük ärür：：：：munčulayu bir

0662 [kün ärtdükd]ä：yänä bir kün bolu barmaqï üzä qayu

0663 [üdtä inčip qï]lɣuluq ädgülüg išlärig bütürgäli uɣay–

0664 [bïz：amtï] antaɣ ymä nom sözlämäk：nom bitig oqïmaq

0665 [dyan olur]maq ämgäklig yorïqta qatïɣlanu yorïmaq üz–

0666 [ä azq(ï)y]a täŋinčä iglig tapsïzlïɣ boltuqta

0667 [ötrü] m[un]taɣ nom sözlämäk：bošɣut bošɣunmaqta qatïɣlanmaq–

0668 [ïm äm]gänmäkim uɣrïnta muntaɣ boltum tep k(ä)ntü özläri bilmädin

0669 [bo oq] yorïqlarïɣ qïlmadïn öŋrä ertäräk ök ölgüm äryük

0670 [bo] yorïqlar tïltaɣïnta bökünki künkä tägmiš

0671 [   ]/ körü tep y(a)rlïqamazunlar：：yänä bo tört

0672 [m(a)habutla]r üklidäči ymä esildäči ymä ärürlär：：   ：：

0673 [yänä y]mä tï bolmïš törö ol：ulatï qarïmaq ölmäktin

0674 [näŋ ozɣal]ï bultuqmaz：：   ：：bo yertinčüdä tuɣmïš törümiš

0675 [yalŋoqlar ä]ŋkenintä artadačï yoqaddačï ärürlär：birök

0676 [yolqa] täggäli küsäsär：t(ä)ŋri burhannïŋ y(a)rlïɣïŋa

0677 [tayanɣulu]q ol：nomqa qarïšïp täggäli küsäsär bo arï–

0678　[tï bolmaɣ]uluq sav tetir : alqu qamaɣ tïnl(ï)ɣlar : burhan–

0679　[nïŋ] y(a)rlïɣïŋa qarïšmaq üzä anän üč y(a)vlaq

0680　[yolt]a tilinip tägzinip tümän törlüg ämgäklär üzä

0681　[　　　　yör]gälürlär bolurlar : anï üčün burhanlarnïŋ

0682　[y(a)rlïɣïnt]a arïtï tïnmadïn sönmädin inčä q(a)ltï baštaqï

0683　[oot yalïn]ïɣ öčürgäli küsäyürčä alqu nomlarda

0684　[qatïɣlanïp] : t(a)vranïp bo bir ažunta yoqsuzïn

0685　[　　　　　]/ qïrï yorïp ärtürmägülük ol : amtï özkä

0686　[özkä bir] t[ä]g ämgäklig sïqïɣlïɣlar birlä yumqï inčä

0687　[q(a)ltï uluɣ ta]ɣ yemrilürčä beš tilgänim(i)zni yerkä tägürüp

0688　[ayayu aɣïrla]yu ilkisiz uzun sansardïnbärü ötgürü bo ätö[z]–

0689　[kätägi] yeläyü tuɣmïš ög qaŋ : käzä kälmiš [k(a)lp]

0690　[üdlär]täki qaqadaš üčün : bahšïlar uluɣlar [üčün]

0691　[　　　]NT' tanuq boltačï ayaɣqa tägimliglär ü[čün]

0692　[　　　bašta] otra : adaqta olurdačïlar üčün : :

0693　[kertgünčlüg bušï i(y)ä]si upase upasančlar ädgü ögli

0694　[ayïɣ öglilär üčün :] alqu t(ä)ŋrilär : qamaɣ aržilar : yertin–

0695　[čü küzätči tört m(a)h]aračlar üčün : ädgüg küz–

0696　[ätdäči ayïɣïɣ qïnadačï ä]rkliglär üčün : darni

0697　[arvïš tutdačïlarïɣ kügči küzä]tčilär : beš yïŋaqtaqï

0698　[luu hanlarï üčün t(ä)ŋrili]g luuluɣ säkiz bölök quvraɣ

0699　[üčün keŋürü ulatï ontun sï]ŋarqï ulsuz tüpsüz alqïnč–

0700　[sïz tükätinčsiz alqu qamaɣ tïnl(ï)ɣ]l[a]r üčün : : yertinčünüŋ

0701　[uluɣ ädgü ögli y(a)rlïqa]nčučï köŋüllüg atalarïŋa

0702　[qaŋlarïŋa umunup ïnanï]p : yükünürbiz vipaši atl(ï)ɣ

0703　[t(ä)ŋri burhan qutïŋa yü]künürbiz šiki <atl(ï)ɣ t(ä)ŋri>burhan qutïŋa<:>

0704　[yükünürbiz višvabu atl(ï)ɣ t](ä)ŋri burhan qutïŋa : : : :

0705 [yükünürbi]z [k]rakašunḍe t(ä)ŋri burhan [qutïŋa∶yükünürbiz]

0706 [kanakamuni t(ä)ŋri burhan qu]tïŋa∶∶yükünürbiz k[aš]ip t(ä)[ŋri]

0707 [burhan qutïŋa∶y]ükünürbiz š[aki]muni<t(ä)ŋri> burhan qutïŋa∶∶

0708 [yükünürbiz a]lq[ïnčsïz ät´öz bodis(a)t(a)v qutïŋ]a ∶∶

0709 [   ]/ yükünürbiz körgäli ärklig

0710 [kuanši im bodis(a)t(a)v qutïŋ]a umunup ïnanïp yükünüp

0711 [ontun sïŋarqï tolp k]ök qalïq uɣušïntaqï

0712 [alqu qamaɣ üč ärdinilär] qutïŋa∶qut qolunu täginürm(ä)n

0713 [ädgü ögli y(a)rlïqančučï köŋüll]üg küčläri üzä

0714 [artoqraq bir täg tuta ičgärü y(a)rlïqazunlar∶] küü kälig

0715 [ädrämlig küčläri üzä   ]'KD' t[art]a

0716 ozɣur[u] y(a)[r]l[ïqazun]lar bökünki küntä ïnaru ulatï burhan

0717 qutïn bulɣïnčaqatägi tört törlüg ülgüsüz köŋüllärig

0718 altï p(a)ramitlarïɣ uzatï yügärü qïlïp∶tört törlüg

0719 tïdïɣsïz bilgä [bili]gl[ä]rtä∶altï törlüg bügülänmäk

0720 ädrämlig küčlärtä köŋül[čä] tapča ärksinip∶bodis(a)t(a)vlar–

0721 [nï]ŋ y[o]lïnta yorïp∶[burhanla]rnïŋ bilgä biligiŋä

0722 kirip tolp ontun sïŋarqï[b(ä)]lgürd]äči tïnl(ï)ɣlar birlä yumqï

0723 köni tüz tuymaq burhan qu[tïn] bulmaqïm(ï)z bolzun∶∶bökünki

0724 küntä bo nomluɣ o[ron]t[aq]ï bir išḍäš qamaɣ uluɣ

0725 quvraɣ∶∶ikiläyü yänä čïn kertü uz yïɣïlmïš ög–

0726 lüg köŋüllügin bir ikintikä umunmaq kertgünmäklig nom

0727 qapïɣïŋa [kirü] tükätmäk[lä]ri üzä yintäm köŋüllärin

0728 b(ä)k qatïɣ tutup kertgünčkä barmaq yölänmäkkä išläšip

0729 ap<ymä>ičtin sïŋarqï∶ap y[m]ä taštïn sïŋarqï nomlarqa

0730 ikiläyü tïdïɣ ada qïlu y(a)rlïqamazunlar∶birök

0731 töz ädgülüg išig [bi]lmädin∶öz ät'özläri buyan qïlu

0732 umasar：adïn kišilärniŋ [bu]yan qïlmïšïn körtükdä yintäm

0733 uz ütläp äriglāp：ärŋäk [suqïp] aya qavšurup olarnïŋ qatïɣ

0734 qatïɣlanmaqlïɣ ädgüs[i]n y[änä] yarutu sözläyü y(a)rlïqazun-

0735 lar：näŋ ymä yavïz köŋülüg [ö]ritip alqu tïdïɣlïɣ adalïɣ

0736 savlarïɣ turɣurup yoɣačarilarnïŋ köŋüllärin

0737 buza yanturu y(a)rlïqamazu[n]lar：birök öz ät'öz ol ädgü-

0738 kä qatïɣlanɣučï kišikä a[nta]ɣ saqïnu turup ol kiši aɣmaqsïz

0739 köŋüllüg ärip：：yänä b[ay]aqï täg ök：qatïɣlanu

0740 turmaqï üzä ol kiši nä [ä]rsär esilmädin：yalŋuz k(ä)ntü özi

0741 ök qurulup qïrï luvlan：ärür ärmäz temäk üzä öz ät'özkä

0742 asïɣï nägül：birök yänä qayu ärsär kišiniŋ ädgüsiŋä

0743 tïdïɣ ada qïlmasar：ol temin bir nomdaš küčlüg

0744 küṣ ünlüg uluɣ är tep t[egä]li tägimlig bolur：näčük bo

0745 üdtä tïdïɣ ada qïlɣuč[a ärs]är：ken käligmä üdtä

0746 yänä nätägin üzäliksiz [yeg] üstünki burhan qutïŋa

0747 täggäli bulɣay：töz nom t[ö]zin tuta čïnɣarɣuča ärsär adïn-

0748 larïɣ ermäk čïnïnča ärsär aɣïr ärip adïnlarnïŋ

0749 ädgülüg yïltïzïn buzmaq artatmaqlïɣ qïlïnč

0750 ymä čïn kertü yenik ärmäz nä üčün tesär：bo sav tïltaɣ-

0751 ïnta ku–kïu–ki atl(ï)ɣ v(a)čanepale sudurta sözläyür

0752 ymä öŋrä ärtmiš üdtä bir pret körksüz yavïz ät'özin

0753 körkin：kördäčilärkä tüü tüpi yoqaru turɣu täg qorqmaɣu

0754 äymänmägü täg ärmädin：[ät]özintä oot yalïnï

0755 tülüklüg ünä：i[nčä q(a)lt]ï oot yügmäk täg

0756 bolup：aɣïzïnta alqïnčsïz [üküš qur]tlar čïqrayu ünüp

0757 yiriŋlig qanlïŋ：alqu qurul[maqlar üzä] etilmiš yaratïl-

0758 mïš ät'özlügin：yïd[ï]ɣ sas[ïɣ yïdï ïra]q ünmäki üzä

0759 yaqïn yaɣuq barɣuluqsuz bo[lup : antaɣ] ymä birärdä aɣïz–

0760 ïnta oot yalïnï ü[nüp tulup] yüüz yüzägülärintä

0761 barča oot oq tuɣup : ü[n] kötürüp yïɣlayu sïɣtayu

0762 öŋdün kedin yügürür qačar ärdi : ötrü ol üdün purne arhant

0763 üč y(a)vlaq yoluɣ käzär ärkän suurt oq ol pretqa

0764 tušup inčä t[ep] ayïtdï : ay s(ä)n öŋrä ažunta qayu qïlïnč–

0765 ïɣ qïlmaq üzä amtï bo ämgäkig täginürs(ä)n tep : pret

0766 keginč berü inčä tep sözlädi : ayaɣqa tägimlig

0767 m(ä)n öŋrä ažunta toyïn dentar ärip äd–

0768 kä t(a)varqa ilinip yapšïn[ï]p : ač saran köŋülüg tiṭü

0769 umadïn yinčgä yorïq : [t]sï törög küzäṭü umadïn

0770 tilin äyrig sarsïɣ sav[lar s]özläp : birök yänä č(a)hšap(a)t

0771 tutdačï qatïɣlandačï t(a)vrandačï kišilärig kördüktä t(ä)rkin

0772 tavraṭï olarn[ï] sögüp tutap{tülisiz}(tulvïsï)<n> yavïz qïŋ

0773 köz üzä körüp öz ät'özümniŋ yegiŋä küčlügiŋä

0774 tayanïp : uzun yašap ölmägäym(ä)n saqïnïp ülgüsüz üküš

0775 qïlïnčlarnïŋ tözin qïltïm ärdi : : inčip amtï

0776 ol ayïɣ qïlïnčlarïmïn ača yada ökünüp arïtï yašu umaz–

0777 m(ä)n : kim bilgä kiši ärsär y(i)ti bičäk üzä tillärin

0778 öz elgin bïčïp k(a)lpt[ï]n k(a)lpqatägi süčig köŋülin

0779 bo ämgäk täginzünl[ä]r adïnlarnïŋ ädgüsin bir

0780 aɣïzq(ï)ya ymä erä [ayïɣlayu] sözlämäzünlär : amtï ayaɣ–

0781 qa tägimlig [čam]b[u]d[ivipqa yana y(a)r]lïqasar mäniŋ bo ät'özümin

0782 körkümin tuta toy[ïnlïɣ quvr]aɣïɣ : ulatï adïn ymä

0783 t(ä)ŋri burhannïŋ tet[silarïn] üṭläyü ärigläyü y(a)rlïqazun

0784 bo tiltäki qïlïnčïɣ u[z] küzätip äzüg igid savlar–

0785 ïɣ aɣïzlarïntïn üntürmädin birök č(a)hšap(a)t

0786 tutdačïlarïɣ : č(a)hšap(a)t tutmadačïlarïɣ kimni körsärlär olarnïŋ

0787 ädgüsin ök özünlär sözläzünlär : muntaɣ qïlmadïn meni

0788 osuɣluɣ ämgäkig täginmä[z]ünlär : mäniŋ bo pret körklüg

0789 ät'özüm miŋ k(a)lp üd ärtginčä tünüg künüg üzüksüz

0790 ärtürüp tükäl törlüg ačïɣ tarqa ämgäklärig

0791 täginip mäniŋ b[o] isig özüm alqïntuqda yänä tamu-

0792 ta tuɣar m(ä)n tep : [ötrü pret] bo savlarïɣ sözläyü tükä<t>dük-

0793 dä yänä b(a)yaqï yaŋ[ča ünin] kötürüp ulïyu sïɣtayu inčä

0794 q(a)ltï uluɣ [ta]ɣ yem[rilmiš täg ät]özin y[erkä] kämišip yinčürü

0795 töpön yükünüp yit[linip] tep : : bökünki küntä bo nomluɣ

0796 orondaqï bir išḍ[ä]š qamaɣ uluɣ quvraɣ tïŋlayu y(a)rlï-

0797 qazunlar : [o]l sudurtaqï sav qorqïnčïɣ qašïnčïɣ

0798 ärmäz mü : bo tiltäki [q]ïlïnč muntaɣ k(a)lp k(a)lp üdün

0799 tüšin tägintür[ür ärsär : taqï [n]ä ayïtmïš k(ä)rgäk[:]munta

0800 adïn ayïɣ qïlïnčlarnïŋ tüšin : bo ät'özüg titdüktä

0801 ämgäk täginmäk barča qïlmïš ayïɣ qïlïnčnïŋ uɣrïnta ärür : :

0802 birök avantïn qïlmasar tüšiŋä nätäg täggäy : :

0803 näčük avantïn qïlɣuča ärsär tüši arïtï yitlinmäz

0804 yoqaḍmaz : ayïɣ qïlïnčlï [buyan]lï ïramadïn öz ät'öz eyin

0805 yeḍärdäči ärip : : [q(a)ltï] köligäli yaŋqulï täg

0806 öŋi ketmämäki üzä[bo tïnl](ï)ɣlar biligsiz <bilig> tïltaɣïnta tuɣup

0807 yänä biligsiz bilig tï[ltaɣïnt]a ölürlär : ärtmiš kälmädük

0808 közünür bo üč [ü]dlärtä kimlär sïmtaɣ köŋüldä

0809 yorïdïlar ärsär : körmiš yoq bo kišilärniŋ qutrulmaq-

0810 lïɣ tüšiŋä tägmišlärin : bo savda kimlär küzäṭinsär-

0811 lär saqlansarlar alqïnčsïz üküš buyanlarïɣ täginürlär

0812 ašayurlar : bökünki küntä bo nomluɣ orondaqï qamaɣ uluɣ

0813   quvraɣ öŋin öŋin yaraɣïnča uvutluɣ ïyatlïɣ köŋülin

0814   ät'özüg köŋülüg yup arïtïp : öŋdünki qïlïnčlarïɣ

0815   ökünü ötünüp [äs]ki qïlïnčïɣ ärtürüp : yaŋï qïlïnč-

0816   ïɣ qïl(ma)sarlar : alqu burh[anlar]qa öggülük külägülük bolɣay-

0817   lar : bökünki küntä [ïnaru bir i]kintiškä birök qayu ärsär

0818   kišiniŋ ädgülüg[in kördü]ktä anïŋ bütgüsin bütmägüsin

0819   kečin t(ä)rkin ymä söz[läšmädi]n : t(ä)k ančaq bir kšanda

0820   bir käzdä bir[q]oluda : bir muhrutta bir küntä

0821   bir ayta yarïm yïlta : bir yïlta qïlmïš olar-

0822   nïŋ buyanlarïn tutsar täŋläsär : olar k(ä)ntü özläri adïn

0823   buyan ädgü qïlïnč qïlmadačïlarda üküš uɣurlar üzä

0824   utar yegädür tep bilmiš k(ä)rgäk : anïn vaphwaki tegmä

0825   s(a)d(a)rmapunḍarik sudurta šlokta sözläyür : birök kim qayu

0826   kišilär sačoq yaŋloq köŋülin ärsär ymä : stupqa

0827   v(i)rharqa kirip yükünürm(ä)n burhanqa tep bir aɣïz-

0828   q(ï)ya sözläsär : ola[r barča] oḍɣuraq burhan qutïn bulurlar

0829   tep : : taqï [n]ä[ayïtmïš k(ä)rgä]k kim qayu kišilärniŋ

0830   muntaɣ ulu[ɣ kö]ŋül[in] b[uy]an ädgü qïl[ï]nčta qatïɣlanmïš-

0831   larïn kö[rü]p eyin [ögirmäd]äčilärniŋ : tözünlärkä

0832   erinčkägü[lü]k tsuyurqaɣuluq bolmaqlarïn amtï

0833   m(ä)n šabi ata tutuŋ boltï t(ä)ŋrim k(ä)ntü özümüz

0834   yinčürü s[a]qïnu täginürbiz : bo ilkisiz uzun sansardïnbärü ötgürü

0835   bökünki künkätägi ülgüsüz üküš yavïz köŋülin kišilärniŋ

0836   yeg adroq ädgüsiŋä [tï]dïɣ ada qïlu tägintim ärki

0837   nä üčün tesär : birök b[o sav y]oq ärdi ärsär nätägin bökünki

0838   küntä alqu ädgü [nomlard]a munï täg üküš tïdïɣlïɣ

0839   tutuɣluɣ bolu[rlar : dyan]ïɣ ögrätinü umadïn : bilgä

0840　biligig bïšrunu um[a]d[ïn a]zq(ï)ya üdtä yükünč yükünmäkig

0841　uluɣ ämgäk üzä[sözlädim : no]m bitigig a[nč]aq(ï)ya eligdä

0842　tutduqta yänä [artoqra]q arïp ärmäg[ü]rüp taŋda kešginčä

0843　busuš ämgäk üzä al[qu ayïɣ] qïlïnčlarïɣ oq öritip kim

0844　bo ät'öz üzä [qutru]lmaqqa täggäli umaɣay ärdim :

0845　inčä q(a)ltï bïntadu [qur]ṭ[ï] özintin bolmïš yipiŋä

0846　özi yörgälip balmïš tä[g az]uča ymä käläpi kälip

0847　ootqa tüšüp uzun [üdün]örtänmiš köymiš täg : :

0848　munt[a]da u[la]tï t[ïdïɣla]rïm ü[lgüsü]z üküš učsuz qïdïɣsïz

0849　täginür : tuyunmaqlïɣ köŋü[lüg tïd]dačï : tuyunmaqlïɣ yorïqïɣ

0850　tïdtačï qïlïnč[larïm] bolar barča yavïz köŋülin

0851　adïnlarnïŋ ä[dgüsin]ermäk ayïɣlamaq uɣrïnta

0852　tetir : amtï temin y[aŋïrtï] tuyunup odunup : uluɣ uvut ïyat

0853　köŋülüg turɣurup [yinčürü t]öpön yükünüp küsä[y]ü yalvaru bo

0854　ayïɣ qïlïnčïmïn k[šanti ötün]ü täginürm(ä)n : küsüšüm täginür

0855　alqu burhanlar : qamaɣ u[luɣ b]odis(a)t(a)vlar ädgü ögli y(a)rlïqančučï

0856　köŋülläri üzä[: artoqraq]b[i]r täg küü kälig ädrämlig

0857　küčläri üzä [kim m](ä)n šabi ata tutun<nuŋ>kšanti

0858　qïlmïš qïlïnčlarïm öčüp[alqïnï]p : ökünmiš qïlïnčïmïn arïɣu

0859　[üčü]n [　　]Q//[ ]/[　L'R qayu näč]ä tïdïɣlïɣ köšiklig

0860　ülgüsüz ü[küš ayïɣ qïlïnčlarïm]bar[är]m[i]š ärsär : amtïqï

0861　kšanti ötüg[ümin alï y(a)rlïqap al]quɣun barča qalïsïz öčz-

0862　ünlär [arïzunlar : yä]nä ymä özin özin

0863　bir ikintiš[kä bir täg ä]mgäklig sïqïɣlïɣlar birlä

0864　beš tilgänim(i)[zni yerkä tägürüp yertinčünü]ŋ uluɣ ädgü

0865　ögli y(a)rlïqanč[učï köŋüllüg qaŋlarïɣa u]m[u]nu ïnanu yükünür-

0866　m(ä)n ädgü ädräm[lig atl(ï)ɣ t(ä)ŋri burhan qut]ïŋa : yükünürbiz

0867　busušsuz ädräm[lig atl(ï)ɣ t(ä)ŋri burhan qutïŋ]a：：yükünürbiz

0868　čintanqa [oɣšatï ädrämlig atl](ï)ɣ t(ä)ŋri burhan qutïŋa

0869　yükünürbiz [ärdini berdäči] atl(ï)ɣ t(ä)ŋri burhan qutïŋa

0870　yükünürbiz ü[lgüsüz y(a)ruqluɣ<atl(ï)ɣ>t](ä)ŋri burhan qutïŋa yükünü–

rbiz

0871　hw[a]čäč[äk ädrämlig atl(ï)ɣ t(ä)ŋri b]urh[an qu]tïŋa：：

0872　yükünürbiz l[akšan ädrämlig atl](ï)ɣ t(ä)ŋ[ri] burhan qutïŋa yükün–

0873　ürbiz üč [kölüŋülärtä yorïda]čï atl(ï)ɣ t(ä)ŋri burhan qutïŋa

0874　yükünürbiz [keŋ quvraɣ]ädrämlig atl(ï)ɣ t(ä)ŋri burhan

0875　qutïŋa：[yükünürbiz y(a)ru]q ädrämlig atl(ï)ɣ t(ä)ŋri burhan

0876　qutïŋa：：[yükünürbiz šakimuni atl(ï)ɣ t(ä)ŋri] burhan qutïŋa

0877　yükünürb[iz maitri atl(ï)ɣ t(ä)ŋri burhan qutïŋ]a：：yükün[ürbi]z

0878　arslan [ilinčüsin ilinčülädäči bodis(a)t(a)v qut]ïŋa：yük[ünür]b[i]z

0879　arslan [silkinmäkin silkindäči bodis(a)t(a)v qutï]ŋa：yükün[ür]b[i]z

0880　qolusuz [ät'öz] bodis(a)t(a)v qutïŋa：yükünürbiz

0881　körgäli [ärklig kuanš]i im bodis(a)t(a)v qutïŋa：：

0882　yänä y[mä munčulayu ontun sï]ŋarqï tolp kök qalïq

0883　uɣušïn[taqï alqu qama]ɣ üč ärdinilär

0884　[qutïŋa umunup ïnanïp：bir ikinti]kä tizimin č[ökitip]

0885　[ayamïznï qavšurup öŋin öŋin]atïm(ï)znï atayu：köŋül[in saqïnu]

0886　[tilin sözläyü ötünü täginür]b[i]z：amtï biz šabi ata [tutuŋ]

0887　[boltï t(ä)ŋrim birlä ilkisiz]u[z]un sansartïnbärü ö[tgürü]

0888　[bökünki künkätägi：qutqa täggäli u]madïn bo tüš ät[öz]

0889　[　　　　　　　yevi]glig tört [savlar　　　]

0890　[öŋi üdrülgäli bulmadïn] üč aɣum ör[tänü：　　　　]

0891　[　　　　qïzɣaq köŋülin]alqu ayïɣ qïl[ïnčlar öritip]

0892　[　　　kišilärniŋ]bušï bermišlärin kördü[kdä]

0893 [kišilärniŋ č(a)hša]p(a)t tutmïšlarïn kördü[kdä]

0894 [k(ä)ntü özümüz bo   ]umadïn olarqa ey[in ögirgäli]

0895 [umadïn   kišilärni]ŋ saqïnmïšlarïn[kördükdä]

0896 [kišilärniŋ qatïɣlanmïšlar]ïn körtükdä[k(ä)ntü özümüz]

0897 [yorïɣalï umadïn]: olarqa eyin ög[irgäli umadïn]

0898 [kišilärniŋ dyan]olurmïšlarïn: bï[šrunmïšlarïn bilgä]

0899 [biliglig išlär]in kördüktä: [k(ä)ntü özümüz yorïɣalï]

0900 [umadïn olarq]a eyin ög[irgäli umadïn: muntada ulatï ayïɣ]

0901 [qïlïnčlarïmïz ülgüsüz üküš]učsuz qïdïɣsï[z   ]

0902 [bökünki kün ü]zä ökünü bilin[ü täginürbiz arïzun alqïn]–

0903 [zun qop törlüg] uɣrïn ḍeži[t kšanti bolzun   ]

0904 [yänä ymä i]lk[i]siz uzun sans[ardïnbärü ötgürü]

0905 [bökünki] künkätägi: antaɣ ym[ä kišilärniŋ ädgü qïlïnč]

0906 [qïlmïšlarïn kör]üp buyan ädgü qïlïn[čta bïšrunmïšlarïn]

0907 [körüp eyin ögirgäli umad]ïn yorïmaq turm[aq olurmaq]

0908 ⋯ küvänč yoqay] q[ï]lïqïɣ[⋯

0909 ⋯ titd]ükdä ärtdük[dä⋯

0910 ⋯ adïn ki]šilärniŋ ätö[zintä⋯

0911 ⋯ adroq adroq ayïɣ]qïlïnčlarïɣ örit[–⋯

0912 ⋯ terin q]uvraɣ üč[ärdinilär ⋯

0913 ⋯]T' turmaqlarïŋa[⋯

0914 ⋯]alqu buyan ädgü qïl[ïnč⋯

0915 ⋯]NK' tïdïɣ ad[a⋯

0916 ⋯ ülgüsüz üküš]učsuz qïdïɣsï[z ⋯

0917 ⋯]bökünk[i küntä kšanti ötünü täginürm(ä)n⋯

0918 [kišilärniŋ särinmäkin tïdïp: kišilärniŋ qa]tïɣlanmaqïn

0919 tïdïp: kišilärniŋ dyan olurmaqïn tïdïp: kiṭilšrni]ŋ nom söz–

0920 [lämäkin tïdïp：kišilärniŋ nom bitimäkin tïdïp：]kišilär–

0921 [niŋ　　　　　　　　tïdïp：kišilärni]ŋ čay

0922 [　　　　　tïdïp：kiäilärniŋ tapïɣ u]duɣ qïlmaqïn

0923 [tïdïp：kišilärniŋ ämgäklig yorïqïn tïdïp särgü]rüp：kiši–

0924 [lärniŋ čankramit qïlu yorïmaqïn tïdïp：adïn kišilär ula]tï

0925 [　　　　　–matïn bir ävin sač tüü täŋinčä]k(i)yä

0926 [ärsär ymä　　　　　ävdi]n barqdïn

0927 [ünmäkniŋ　　　　ïraq öŋi üdrü]ldükin kertgün–

0928 [mädin：　　　　särinmäkniŋ enč mäŋ]i yorïq–

0929 [ïn kertgünmädin　　　　burhan]qutïŋa：

0930 [tägmiš ärdükin bilmädin　　　　öŋi] ketmäk

0931 [　　　　　　　]L'R NYNK

0932 üküš tïdïɣ /[　　　　ülgüsüz üküš učsuz]

0933 qïdïɣsïz tïdïɣ–[　　　　　　　]

0934 bil/[...

0935 bilü kö[r– ···

0936 L'R'[···

0937 YN[···

0938 '/[···

0939 L[···

0940 b[ökünki küntä ïnaru nomluɣ oronta olurɣïnčaqa]–

0941 t[ägi···

0942 tava[r···

0943 üküš t[älim···

0944 qïlmïš//[···

0945 L'R [···

0946 [　　　　bir ikintikä bir u]čluɣ köŋülin

0947　[beš tilgänimizni yerkä tägürüp qut qolunu küsüš ö]ritü täginürbiz

0948　[ontun sïŋarqï qamaɣ burhanlar uluɣ orontaq]ï bodis(a)t(a)vlar

0949　[alqu qamaɣ tözünlär ïdoqlar ädgü ö]gli y(a)rlïqančučï

0950　[köŋülläri üzä artoqraq bir täg küü kälig ädrämlig] küčläri uɣrïnta

0951　[　　　　　　　altï yolta]qï alqu qamaɣ

0952　[tïnl(ï)ɣlar amtï kšanti qïlɣuluq nom biti]gniŋ küčintä

0953　[alqu ämgäklärig barčanï ketärip tarq]arïp tätrülmäklig

0954　[tïltaɣlardïn öŋi üdrülüp ayïɣ saq]ïnčlarïɣ turɣurmadïn

0955　[　　　　　　　　]'eltdäči

0956　[　　　　　　bilgä biliglig tuɣumuɣ bul]up : armaqsïz–

0957　[ïn sönmäksizin　　　　　　　]'LY küsüš

0958　ämgäkkä YW/[　　　　　　]/ köŋülüg öritmädin öz

0959　köŋülnüŋ ya[raɣïnč]a tavranïp qïlmïš ayïɣ qïlïnč–

0960　larïɣ kšanti [qïlïp　　　　]öčürgäli alqɣalï küsägü–

0961　lük ol : : [　　　　　inčä q(a)ltï bo sav tïltaɣ–

0962　ïnta sud[urta sözläyür　　　　]/ayïɣ qïlïnčlar tïltaɣ–

0963　tïn tuɣup [yänä tïltaɣtïn] öčärlär tep : :　　　: :

0964　kimlär prt[agčan tïnl(ï)ɣlar] qutrulmasarlar : olarqa

0965　yaŋïlma[q　　　　] kšanti qïlmaqlïɣ yeväk

0966　üzä[　　　　]/N ozɣuluq üngülük

0967　tïltaɣï [　　　　] amtï bökünki kün üzä

0968　bir ikintikä [ayančaŋ] köŋülüg turɣurup kšanti qïlɣu–

0969　luq savlarïɣ [öritz]ünlär : nä üčün tesär bo

0970　L'R K'ïnanɣumuznï saqïnu y(a)rlïqap : manočap küü kälig ä[dram üzä]

0971　oḍɣur[a]q [　]/ biz[i]nä : umuɣ ïnaɣ bolmaq üzä enčgü m[äŋi]

0972　berü y(a)[r]l[ï]qadačïlar üčün : anïn amt[ï biz töp]ön yinčürü yükünü

0973　[t]äg[inü]rbiz : : atïn atïqmïšïɣ äšidtük[tä]ök adada

0974 umuɣ bolu y(a)rlïqadačïlarqa anïn [a]mtï b[i]z munt[aɣ yaŋïn]

0975 yumqï umunup ïnanïp∶yertinčünüŋ ädgü ögli y(a)rl[ïqančučï köŋ[üllüg]

0976 qaŋlarïŋa∶∶yükünürbiz v(a)žir täg b(ä)k qatïɣ är[tinčiz t(ä)ŋri]

0977 burhan qutïŋa∶∶yükünürbiz ärdini y(a)ruqluɣ t(ä)ŋri [burhan qutïŋa∶]

0978 yükünürbiz luularnïŋ ayaɣuluq eligi t(ä)ŋri bu[rhan q]utïŋ[a∶]

0979 yükünürbiz qatïɣlanmaqlïɣlarnïŋ[uru]ŋutï t(ä)ŋri b[urhan]

0980 [q]u[tï]ŋa∶yükünürbiz qatïɣlanmaqda ögirdäči t(ä)ŋri

0981 [b]urhan qutïŋa∶yükünürbiz ärdinilig o[otluɣ] t(ä)ŋri burhan qutïŋa∶

0982 yükünürb[iz är]din[il]ig ay t(ä)ŋri y(a)ruqluɣ t(ä)ŋri bu[rhan]qutïŋa∶∶

[∶∶]

0983 yükünürbiz y[ügär]ü yaŋïlmaqsïz t(ä)ŋri burhan qutïŋa∶∶y[ükünürbiz]

0984 [ärdinilig a]y t(ä)ŋri atl(ï)ɣ t(ä)ŋri burhan

0985 [qutïŋa∶yükünürbiz kirsi]z arïɣ atl(ï)ɣ t(ä)ŋri burhan

0986 [qutïŋa∶yükünürbiz kirdin]öŋi üdrülmiš atl(ï)ɣ t(ä)ŋri

0987 [burhan qutïŋa∶yükünürbiz šakimun]i t(ä)ŋri [b]urhan

0988 [qutïŋa∶yükünürbiz maitri t(ä)ŋri bur]han qutïŋa∶∶

0989 [yükünürbiz arslan   atl](ï)ɣ bo[di]s(a)t(a)v qutïŋa∶∶∶∶

0990 [yükünürbiz arslan uɣušluɣ atl(ï)ɣ] b[o]dis(a)t(a)v qutïŋa∶∶∶

0991 [yükünürbiz alqïnčsïz ätö]z atl(ï)ɣ bodis(a)t(a)v qutïŋa∶∶

0992 [yükünürbiz körgäli ärklig kuan]ši im bodis(a)t(a)v qutïŋa∶∶

0993 [yänä ymä munčulayu ontun sïŋarqï] tolp kök q[alï]q uɣ[uš]–

0994 ïntaqï alq[u qamaɣ üč ärdinilär qutïŋa umunup ïnanïp qut]

0995 qolunu tägi[nürbiz   bizni erinč]–

0996 käyü y(a)r[l]ïq[azunlar∶   üč aɣu]

0997 [niz]vanilïɣ [ämgäki   ]

0998 [   ]/’/[ ]//[   ]

0999 [   ]/Q [t]ör[t tuɣumlardaqï ayïɣ qïlï]nčl(ï)ɣlar[   ]T/[ ]

1000 [　　　　ola]r ymä bir täg arïnmaqqa tägini[p üzäliksiz]

1001 [yeg üstünki] köni tüz tuyunmaq burhan qutïl[ï]ɣ：：birtämlik

1002 [　　　qutrulmaqq]a tükällig bolzunlar：：amtï biz bir

1003 [ikintikä bir u]č[lu]ɣ köŋülin bir täg bir ämgäklig sïqïɣlïɣlar

1004 [beš tilgänimizni]yerkä tägürüp：：köŋülin saqï[n]u：：tilin söz–

1005 [läyü munčulayu ötünü täg]inürbiz：：är bört totoq yazï [hatun t(ä)ŋri]m

1006 [ilkisiz uzun] sans[ardïn ötgürü] bökünki [künkätägi]

1007 [　　　　　　　　　]/D[ ]P [　　]

1008 [ü]rtülüp：az nizvaniq[a···

1009 [　]K yaŋïlmaqlïɣ t[oorda···

1010 [　]/ yapïp[···ämgäklig]

1011 [tal]oyta[···

1012 tašɣarɣalï'W[···

1013 L'R[　]//[···

1014 k(ä)ntü özüm on ayïɣ qïlïnčlarta yorïp adïnlarïɣ üṭläp ärigl[ä]p

1015 on ayïɣ qïlïnčlarta yorïtïp on törlüg ayïɣ nomlarïɣ ögüp

1016 küläp on törlüg ayïɣ nomlarta yorïdačïlarïɣ ymä ögüp

1017 yïvïp munčulayu bir kšan üdtä qïrq törlüg ayïɣ nomlarïɣ

1018 öritdim ärsär：muntada ulatï ülgüsüz sansïz učsuz qïd[ïɣsïz] ayï[ɣ]

1019 qïlïnčlarïɣ qïltïm quvratdïm ärsär：bökünki küntä o[l qïlmïš]

1020 qïlïnčïmïn kšanti ötünü täginürm(ä)n arïzun alqïnzun [qop törlüg]

1021 uɣrïn ḍežit kšanti bolzun：m(ä)n yegän qaya：i[kiläyü yänä]

1022 čïn kertü köŋülin beš tilgänimin yerkä tägürüp

1023 yükünü ötünü täginürm(ä)n：yänä ymä ilkisiz uzun

1024 sansartïnbärü ätgürü bökünki künkätägi altï ärkliglärkä

1025 tayaqlïɣïn altï biliglärdä yorïyu：altï adqanɣularïɣ alqu

1026 [säkiz tümän] tört miŋ nizvani[la]r qapïɣïn ačtïm ärsär：：bö

1027   [munč]ulayu ülgüsüz sansïz učs[uz q]ïdïɣsïz ayïɣ qïlïnčlarïm

1028   [ärsär]꞉꞉bökünki küntä[kšanti]ötünü täginür[m](ä)n

1029   [arï]zun alqïnzun [qop törl]üg uɣrïn ḍežit

1030   [kšan]ti bolzun꞉꞉elïmɣan t(ä)ŋ[rim   ]M birlä

1031   [ikiläy]ü yänä čïn kertü kö[ŋülin beš tilgänimiz ye]rkä

1032   [tägürü]p yükünü ötünü tägin[ürbiz꞉yänä ymä ilkisiz uz]un

1033   [sansa]rdïnbärü ötgürü bökünki [künkätägi ät'özdä]ki꞉tildäki

1034   [kö]ŋüldäki tüzsüz yo[rïqï]mqa tayanɣuluqïn t(ä)k

1035   [män]iŋ ök ät'özüm[bar tep]bilip꞉adïnlar[nï]ŋ

1036   [   ]ät'özi bar tep bilmäd[in]꞉t(ä)k m(ä)n<iŋ>ök äm{'}gäklär–

1037   [im bar] tep bilip꞉adïnlar ym[ä   ]ämgäklig

1038   b[ar tep bilmädin]täk m(ä)n ök enčgü mäŋ[ig tiläyürm(ä)n]

1039   tep [bilip adïnlar]ymä enčgü mäŋig tiläyür[lär tep bilmädin]

1040   täk m(ä)[n o]zmaq qutrulmaqïɣ tiläyürm(ä)n[tep]

1041   bilip a[dïn]lar ymä ozmaq qutrulmaqïɣ[tiläyürlär tep]

1042   bilmädin [täk] m(ä)niŋ ök ävim barqïm bar꞉꞉꞉꞉m[äniŋ]

1043   ök terin quvraɣïm bar tep bilip꞉adïnlar[nïŋ ymä]

1044   ävi barqï bar [ter]ini quvraɣï ymä bar tep bilmädin[täk öz]

1045   ät'özüm /[   ] birk(i)yä kičikimin꞉birk(i)yä äm[gäk]–

1046   imin b[ilip] särgäli tïḍïnɣalï umadïn yänä [a]d[ïn]–

1047   larnïŋ[ä]tözin toqïp toŋlap qïnap[   ]

1048   alp [   ] ačïɣ ämgäkin ayï käd ämgä[n–   ]

1049   tep [öz ät]özüm yänä [t]äk közün[ür   ]

1050   qor[qïnčïɣ bilmädin   ät'öz]–

1051   üg t[i]tdük[tä   ä]mg[äk   ]/L[   ]

1052   t[üštü]kümüzkä[   ]/꞉ulatï pret y[olïndaqï]

1053   yïlqï yolïnd[a]qï꞉[asur]e yolïntaqï꞉yalŋoq y[o]l[ïnta]q[ï]

1054　t(ä)ŋri yolïntaqï: adroq adroq ämgäklärniŋ barïn ymä

1055　bilmädin bo munt[aɣ] täŋsiz tüẓsüz qïlïq ärig üzä m(ä)n mäniŋlig

1056　köŋülüg turɣur[u]p: : a[yïɣ] ögli ädgü ögli saqïnčïɣ tuɣurup: : muntaɣ-

1057　ïn tolp altï yolt[aq]ïlarqa üz boz yaɣï boltumuz ärsär: : : :

1058　muntad[a u]latï [ül]güsüz sansïz u[lsu]z tüpsüz učsuz qïdïɣsïz ayïɣ

1059　qïlïnčlarïɣ qïltïm(ï)z quvratdïm(ï)z ärsär: : amtï bökü[n]ki kün-

1060　tä ol qïlmïš ayïɣ q[ïl]ïnčlarïm(ï)znï: kšanti ötünü tä[gi]n[ürbiz]

1061　ar[ïzu]n[alqïnzun: qop] törlüg uɣrïn ḍež[it kšanti]

1062　bol[z]un: y[m]ä [är bört totoq yaz]ï hat[un t(ä)ŋrim birlä i]-

1063　kil[äyü yänä čïn kertü köŋülin beš tilgänim(iz)ni yerkä tägürüp]

1064　[　　　　yänä ymä ilkisiz uzun sansardïn]bärü ö[tgürü]

1065　[bökünki künkätägi　　　　　　　]üzä/[　　　]

1066　[　　　　　　　ädgü öglilärdin]öŋi bolup[ayïɣ]

1067　[öglilärkä yaqïn barïp: säkiz törlü]g tözün köni yolqa

1068　[arqa berip: säkiz törlüg tärs y]olta y[or]ïyu: nom ärmäz

1069　[nom tep: nom nom ärmäz te]p tedim(i)z [ärsä]r: : ayïɣ

1070　[ädgü tep: ädgü ädgü ärmäz tep]tedim(i)z ärsär: :

1071　[　　　　　biligsiz biliglig] b[aɣ]ïɣ bintävirig

1072　[　　　　　　　]: tuɣm[aqlïɣ]ölmäk-

1073　[lig taloyqa kirdimiz ärsär: antaɣ tör]lüg: : a[yïɣ] qïlïnčlarïɣ

1074　[　　　　　ülgüs]üz sansïz učsuz qïdïɣsïz

1075　[　　　　amtï bökünki kü]ntä kšanti[ötünü]

1076　[täginürbiz: arïzun alqïnzun: qop tör]lüg[uɣrïn dežit]

1077　alp uɣuluq körmägülük äšidmägülük ülgüsüz üküš ämgäk

1078　tüšlüg tïltaɣlarïɣ qïltïm ärsär: bo munčulayu ülgüsüz sansïz

1079　učsuz qïdïɣsïz aɣïr ayïɣ qïlïnčlarïɣ qïltïm quvr(a)tdïm

1080　ärsär: amtï bökünki küntä ol qïlmïš ayïɣ qïlïnč-

1081   larïmïn kšanti ötünü täginürm(ä)n arïzun alqïnzun

1082   qop t[örlüg u]ɣrïn dežit kšanti bolzun：：m(ä)n

1083   qumaru[   ] birlä taqï ymä ämgäkkä sïqïɣqa

1084   tägip beš tilgänim(i)zni yerkä tägürüp äŋitü yükünü erinčkätü

1085   tsuyurqatu ökünü bilinü täginürbiz：yänä ymä bo

1086   ilkisiz uzun sansardïnbärü ötgürü bökünki künkä-

1087   ṭägi üč aɣu nizvanilïɣ töz yïltïz üzä üč törlüg

1088   bolmaqlarda turup：q(a)ltï tört diviplar üč y(a)vlaq yol：

1089   asure ažunï：altï qat amranmaq uɣuš [t](ä)ŋri yerläri：br(a)h-

1090   maloq äzrua yertinčüsi：asanyik saq[ïnmaq]sïz t(ä)ŋri yeri：

1091   šuḍavazlar：tört öŋlüg dyanlar tört öŋsüz

1092   dyanlar：birlä qamaɣ beš otuz törlüg bolmaqlar-

1093   ïɣ käzä yorïp oron o[ro]n sayu alqu ayïɣ qïlïnčlarïɣ

1094   öritip：qïlïnčlïɣɣeel [eyi]n yedärü k(ä)ntü özüm tuymadïn

1095   bilmädin：antaɣ ymä kiš[ilä]rniŋ   č(a)hšap(a)t tutmaq dyan-

1096   ta bïšrunmaqïn bilgä bi[lig]dä ögrätinmäkin tïḍḍïm ärsär：

1097   <antaɣ>ymä kišilärniŋ alqu buyan ädgü qïlïnčlarda

1098   bïšrunmaqlarïn qamaɣ küü kälig ädrämlärdä ögrätin-

1099   mäklärin tïḍḍïm ärsär：munï munčulayu [tuyun]m[a]qlïɣ köŋül-

1100   kä tïdïɣ ada qïltačï：tuyunmaqïɣ k[üsüš]kä tïdïɣ

1101   ···beš tilgänim(i)zni] yerkä[tägürüp ···

1102   ···]biz：yänä ymä biz[···

1103   ··· ilkisiz uzun sansardïn]bärü ötgürü bökünki k[ünkätägi···

1104   ···]üzä altï biliglärim(i)z[ni···

1105   ···eyi]n eḍärü üküš tälim [ayïɣ qïlïnčlar···

1106   ···anta]ɣ ymä tïnl(ï)ɣlardïn[···

1107   ···antaɣ ymä]/ TYN öritdim(i)z[ärsär···

1108 ···aqïɣsïz yalŋoqla]rda öritdim(i)z ärsä[r ···

1109 ···aqïɣsïz nomla]rtïn öritdim(i)z ärsär [munčulayu ···

1110 ···]tuɣmïš alqu ayïɣ q[ïlïnčlar···

1111 ···amt]ï bökünki küntä o[l qïlmïš ayïɣ qïlïnčïm(ï)znï]

1112 [kšanti ötünü tägi]nürbiz [arïzun alqïnzun∶]

1113 qïlmayuq ayïɣ qïlïnčlarïɣ ikiläyü t[aqï qïlɣalï tetinü]

1114 täginmäzm(ä)n∶qut qolunu küsüš[öritü täginürm(ä)n ontun]

1115 sïŋarqï alqu qamaɣ bu[rhanlar   uluɣ ädgü]

1116 ögli köŋülläri üzä∶/[amtï]

1117 bökünki kša[nt]imin alï y(a)rlïq[azunlar∶uluɣ y(a)rlïqančučï]

1118 köŋüllüg [suv]larï üzä biz[   ]

1119 tïdïɣ ada q[ïltačï]∶alqu ayïɣ qïl[ïnčlïɣ kirlärim(i)znï]

1120 yuyu y(a)rlïqap [nom]luɣ oronqa tä[gürü birtämlik]

1121 arïnmaqïɣ bulturu y(a)r[lïqazunlar∶yänä qut]

1122 qolunu täginürm(ä)n alqu ont[un sïŋarqï bilgä bilig]–

1123 lig burhanlarnïŋ saqïnu söz[läyü yetinčsiz küčläriŋä]

1124 öŋräki qut qolunmaqlïɣ küč[läriŋä∶tïnl(ï)ɣ]–

1125 larïɣ ozɣurmaq [qutɣarmaqlïɣ küčläri]ŋä∶tïnl(ï)ɣlarqa]

1126 umuɣ ïnaɣ bolm[aq]l[ï]ɣ küč[läri]ŋä tayanïp[∶šabi]

1127 ata tutuŋ boltï birlä bökünki küntä[yeg]

1128 üstünki burhan qutïŋa küsüš örit[ip   ]

1129 ötünü täginürbiz∶amtïta ïnaru ulatï bodi[mantda]

1130 olurup bo küsüšümüz birtämlik bütgü qan[ɣu   ]

1131 tägginčäkätägi ikiläyü aɣmaqsïz täg[šilmäksiz bolalïm∶]

1132 qayu qut qolunmaq küsüš küsämäkim bodis(a)t(a)vlar   ]

1133 yorïqïntaqï qut q[o]lunmaq küsüš[   ]

1134 L'RY birlä alqu uɣr[ïn] birikzün ya[qzun∶qut qolunu]

1135　küsüš öritü [täginü]rbiz:o[ntu]n[sïŋa]rqï alq[u bilgä]

1136　biliglig burh[anlar uluɣ orontaqï bod]is(a)t(a)[vlar ädgü ögli]

1137　y(a)rl[ïq]an[čučï köŋülläri üzä artoqraq bir täg tuta ičgärü]

1138　y(a)rlïqamaq[la]rï[　　　　küsämiš küsüšüm]–

1139　čä bütz[ün qanzun:　　　　tuyunmaq]–

1140　[lï]ɣ küsüšüm[　　　　　　　]

1141　[　]öŋin ö[ŋ]in　　　　　　]

1142　[　]qop uɣr[ïn　　　　　　　]

1143　[　　]qutluɣ ül[üglüg　　　　　]

1144　[tai]šeŋ ša[s]t(a)rl[ar　　　　　　]

1145　[　]/qamaɣ[　　　　　　　]

1146　/// NYNK [　　　　　　　]

1147　nomlarda [　　　　　　　]

1148　ymä PW[　　　　　　　　]

卷　二

1149　basa ö[r]itip:adičit köŋülnüŋ ulaɣïn sapïɣïn üzmägülü[k]

1150　ol:anïn[taiš]eŋ sudurta kimlär bo üdtä adičit köŋül–

1151　üg örit[sär]lär:olarnï asanke nay[ut sanïnča] gaŋ ügüz–

1152　täki qumlarnïŋ[　　　　　]/ yeg uluɣ

1153　ädgü tüš[üg]örit[–　　　　]Y::munï üzä

1154　adičit [köŋül　　　　] ülgüsüz

1155　üküš[　　　　yänä adičit köŋülüg]öritdäči–

1156　lär t(ä)k ädg[ü ögli]lärk[ä soquššarlar ötrü　　　kö]ŋülüg

1157　öritgäli bulurlar[:] /[　　　　　　] yertinčü–

1158　dä b(ä)lgür[miš]in ök tusulayu k(ä)rgäkläyü ärmäz：nä üčün

1159　tesär：q(a)[ltï] m[an]čuširi bodis(a)t(a)v äŋ bašlayu adičit köŋülkä

1160　yöläntüktä bir qunčuylar tïltaïɣnta yölänmiš üčün：adičit

1161　YN saqïnïp.yänä tamuluɣlarïɣ：pretlarïɣ

1162　yïlqïlarïɣ saqïnïp.yänä qam(a)ɣ t(ä)ŋrilärig.alqu

1163　aržilarïɣ.qut w(a)hšik naivazikelarïɣ saqïnïp

1164　yänä yalŋoq ažun<ï>ntaqï alqu yalŋoqlarta

1165　nä ämgäk tägintäčilär((kä))nätäg umuɣ bolɣuluq((ol)) tep

1166　saqïnïp.muntaɣ saqïnu körü tükäṭṭükdä((.))yalŋuz

1167　uluŋ(y(a)rlïqančučï))köŋül ök olarnï ämgäktin tartda ï ärür tep

1168　bilip.bir učluɣ köŋülin bir ikintiškä.bo {.}

1169　birärig saqïnu tükäṭṭükdä ikirärig saqïnɣu ol.

1170　iki saqïnčï bütä tükäṭsär.üčärig saqïnɣu ol.

1171　üč{///}saqïnčï bütä tükäṭṭükdä bir ävtä

1172　toluɣ saqïnɣu ol.bir ävdä tolu saqïnčï bütä

1173　tükäṭsär.bir yočanda toluɣ saqïnɣu ol.bir

1174　yočanta tolu saqïnčï bütä tükäṭsär bo

1175　čambudivipta toluɣ saqïnɣu ol.čambudivipta

1176　tolu saqïnčï bütä tükäṭsär.üč miŋ uluɣ

1177　(miŋ)yertinčütä toluɣ saqïnɣu ol.munčulayu ančan ančan

1178　keŋürü.tolp ontïn sïŋar yertinčülärtä toluɣ

1179　saqïnïp.öŋtün yïŋaqdaqï tïnl(ï)ɣ(larïɣ)barča atalarïm

1180　ol tep körüp.kedin yïŋ{ʾ}aqdaqï tïnl(ï)ɣlarïɣ(barča)analar[ïm]

1181　ol tep körüp.küntin yïŋaqdïnqï tïnl(ï)ɣlarïɣ

1182　barča ečilärim ol tep körüp.taɣtïn yïŋaqtïnqï

1183　tïnl(ï)ɣlarïɣ barča inilärim ol tep körüp：altïn

1184　yïŋaqdïnqï tïnl(ï)ɣlarïɣ barča äkälärim siŋillärim ol

1185   tep körüp.üstün yïŋaqtïnqï tïnl(ï)ɣlarïɣ barča

1186   bahšïlarïm uluɣlarïm ol tep körüp.olarta adïn

1187   tört yïŋaqdïnqïlarïɣ.barča toyïnlar bramanlar–

1188   ta ulatïlar ol tep körüp. muntaɣ körü saqïnu

1189   tükạ̈ttükdä birök olar ämgäk täginmiš üdtä känt[ü]

1190   özläri.öz saqïnčïn ol kišilärkä barïp tägip

1191   ät'özlärin tüzä suvïp sïqap.olarnï ämgäktin

1192   tartɣalï qut qolunup.olarnï ozɣuru tükạ̈ttükdä

1193   olarqa nom nomlap burhanïɣ ögüp nomuɣ ögüp

1194   bodis(a)t(a)vlar quvraɣïn ögüp.muntaɣ ögä küläyü

1195   tükạ̈ttükdä ögrünč sävinč köŋüllärin tuɣurup

1196   olarnï k(ä)ntü özintä adïnsïɣsïz amramïš

1197   körmiš k(ä)rgäk.bökünki küntä bo nomluɣ oron–

1198   taqï bir išḍäš qam(a)ɣ uluɣ quvraɣ adičit

1199   köŋülüg öritsärlär.muntaɣ yaŋ üzä

1200   [öri]tip ämgäkligin titmädin tïnl(ï)ɣlarïɣ qutɣar–

1201   [ɣalï küsägü] ol∶amtï k(ä)ntü käntü bir ikintiškä

1202   [bir täg ämgäkli]g s[ïqïɣ](lïɣ)[la]r birlä beš tilgäni[min]

1203   yerkä tägürüp∶köŋülin saqï[nu tilin sözläyü]

1204   muntaɣ qut qolunu täginürm(ä)n∶m(ä)n bar[čuq yaŋa tutuŋ   ]

1205   t(ä)ŋrim hatun birlä bök[üntä] ïnar[u] ula[tï nomluɣ oronta ol]–

1206   uɣrïn aqatägi anïŋ ikin aras[ïnta]qayu oron[ta tuɣsar]–

1207   lar elt[ä ä]d[g]ü ögl[ilär]kä tušup[   ]

1208   qutïn bulɣuluq ärsä[r ymä   ]

1209   köni tüz tu[ɣ]maq burhan [qutïn   qut qolunu küsüš]

1210   öritü tägin[ürbiz∶ontun sïŋarqï alqu qamaɣ]

1211   burhanlar uluɣ or[ontaqï bodis(a)t(a)vlar alqu]

1212 tözünlär ïdoqlar ymä maŋa [yügärü tanuq bolu y(a)rlïqamaq]

1213 [ü]zä m(ä)n barčuq yaŋa tutuŋ T[t(ä)ŋrim hatun birlä alqu]

1214 [yo]rïqlarqa küsüšlarkä alqu q[amaɣ tükällig bolalïm:]

1215 bökünki küntä bo nomluɣ oron[taqï bir išdäš qamaɣ uluɣ]

1216 quvraɣ äšidü y(a)rlïqaz[unlar:käzä kälmiš k(a)lp üdlärtä üküš]

1217 törlüg ädgü [   ]

1218 yänä hwa täŋinčä   yalŋo[q   t(ä)ŋridäm hwa čäčäk]–

1219 lig tüškä tägip yer[tinčüdin ünmäk   ]

1220 –imin čök[i]ṭü ayamïn qavšurup köni köŋülüg ker[tü sa]qïnč[ïɣ]

1221 ayančaŋ köŋülüg:sïmtaɣsïz köŋülüg:enčin or[nanmïš köŋülüg]

1222 ädgüg sävdäči köŋülüg:alqunï ozɣurdačï köŋ[ülüg:alquqa]

1223 umuɣ [ï]n[a]ɣ boltačï köŋülüg [öritip:alqu burhanlarnïŋ]

1224 köŋüli [birlä] täŋikip:adičit köŋülüg[öritip   ]

1225 ''T/[ ]Z NY [ ]//// MYZ:[ ]/ upase //[   ]

1226 /////[   ]MYš:el ///[bökünki küntä]

1227 ïnaru [ulat]ï burhan qutïn bulup bod[imantda olurɣïn]–

1228 čaqaṭ[ägi] [yalŋo]qlar t(ä)ŋrilärniŋ köŋ[üliŋä yapšïnmadïn:]

1229 šra[va]klarnïŋ köŋülin öritmädin:p[ratikabut]–

1230 larnïŋ köŋülintä turmadïn:yalŋuz m(a)hayan uluɣ kölüŋü[lüg]

1231 köŋülüg öritip:tükäl törlüg b[i]lgä biliglig köŋülüg üz[äliksiz]

1232 yeg üstünki köni tüz tuyunmaqqa tükällig[bolmaqlïɣ köŋülüg]

1233 öritip:::küsäyü qut qolunu täginürm(ä)n[:yalŋuz ontun sïŋarqï]

1234 tolp kök qalïq uɣušïntaqï a[lqu qamaɣ burhanlar]

1235 uluɣ orondaqï bodis(a)t(a)vlar:[alqu tözünlär]

1236 öŋräki qut qolunmaqlïɣ küčlä[ri üzä yügärü maŋa]

1237 tanuq bolu y(a)rlïqap:ädgü ögl[i y(a)rlïqančučï köŋüllüg küčläri]

1238 üzä artoqraq art basut bolup [tuta ičgärü y(a)rlïqazunlar:qayu]

1239   oronta tuɣsarm(ä)n bökünki bo a[dičit köŋül   b(ä)k]

1240   qatïɣ turdačï bolu täginäyin : [antaɣ ymä üč yavlaq yollar]–

1241   ta ärip : ulatï säkiz törlü[g täginčsiz oronlarta]

1242   tüšüp : üč uɣuš yertinčülärtä öŋi öŋ[i ät'özlärig]

1243   täginip : alp uɣuluq alp särgülük adroq adr[oq ämgäk]–

1244   lärig täginsär biz : qut [qolunu···

1245   ···]/ bökünki bo uluɣ adičit [köŋül ···

1246   ···]/Y aviš t[amutaqï···

1247   yükünürm(ä)n yipün öŋl[ü]g yalïn y(a)ruqluɣ sïruq[luɣ elig atl(ï)ɣ]

1248   t(ä)ŋri burhan qut[ï]ŋa : yükünürm(ä)n ädgü ä[drämtä yorïdačï]

1249   maŋdačï atl(ï)ɣ t(ä)ŋri burhan qu[tïŋa : yükünürm(ä)n]

1250   ärdini lenhwa čäčäk üzä yorïdačï[maŋdačï atl(ï)ɣ t(ä)ŋri]

1251   burhan qutïŋa : yükünürm(ä)n ärdini lenhwa [čäčäk üzä uz tur]–

1252   mïš šala sögütlär eligi atl(ï)ɣ t(ä)ŋ[ri burhan qutïŋa :]

1253   yükünürm(ä)n süŋüštä čär[i]gtä utmïš [yegädmiš atl(ï)ɣ t(ä)ŋri]

1254   burhan qutïŋa : yükü[n]ürm(ä)n uz yorïda[čï maŋdačï atl(ï)ɣ t(ä)ŋri]

1255   burhan qutïŋ[a :] yükünürm(ä)n täg[irmiläyü quršayu ädgü]

1256   ädrämlär üzä et[i]glig yaratïɣlïɣ at[l(ï)ɣ t(ä)ŋri burhan]

1257   qutïŋa : : : yükünürm(ä)n šakimuni atl(ï)ɣ t(ä)ŋri [burhan qutïŋa :]

1258   yükünürm(ä)n maitri atl(ï)ɣ t(ä)ŋri burhan qutïŋa : [yükünür]–

1259   sïŋa[r]y(a)rutdačï atl(ï)ɣ t(ä)ŋri burhan qutïŋa : yükünürm(ä)n uluɣ

1260   küčlüg alp tetimligin qatïɣlandačï atl(ï)ɣ<t(ä)ŋri>burhan qutïŋa :

1261   yükünürm(ä)n uluɣ y(a)rlïqančučï y(a)ruqluɣ atl(ï)ɣ t(ä)ŋri

1262   burhan qutïŋa : yükünürm(ä)n ädgü ögli köŋüllüg

1263   küčlär eligi atl(ï)ɣ t(ä)ŋri burhan qutïŋa : yükünürm(ä)n

1264   ädgü ögli köŋüllüg aɣïlïq atl(ï)ɣ[t(ä)ŋri bu]rhan qutïŋa[:]

1265   yükünürm(ä)n šakimuni atl(ï)ɣ t(ä)ŋri burhan q[utïŋ]a : yükünürm(ä)n

1266 maitri atl(ï)ɣ t(ä)ŋri burhan qutïŋa : yükünürm(ä)n bilgä bili[g]

1267 baštïnqï atl(ï)ɣ bodis(a)t(a)v qutïŋa [:] yük[ü]nürm(ä)n uz–

1268 atï yertinčütin öŋi bolmadačï atl(ï)ɣ bodis(a)t(a)v

1269 qutïŋa : yükünürm(ä)n alqïnčsïz ät'öz atl(ï)ɣ bodis(a)t(a)v qutïŋa :

1270 yükünü[rm](ä)n körgäli ärklig kuanši im bodis(a)t(a)v qutïŋa :

1271 töpön yükünü[p   ]

1272 oɣul yïɣmïš P[   ]/[   ]/M'K qut

1273 qolunmaql[ïɣ   ] üzä

1274 ülgüsüz ü[küš   ]/L'KWRWP

1275 qatnayu yänä bir u[čluɣ köŋülin beš tilgänimin] yerkä

1276 tägürüp aɣïr ayaɣïn [el uluš i(y)äsi eliglär] hanlar

1277 üčün : ög qaŋ[üčün : bahšïlar uluɣlar üčün : käzä kälmiš k](a)lp üd–

1278 lärtä bärüki qaqadaš[üčün : alqu terinlär quvraɣlar]üčün

1279 ädgü ogli a[yïɣ oglilär üčün : qamaɣ t](ä)ŋrilär

1280 qamaɣ aržila[r üčün : yertinčü küzätdäči tört] m(a)harač–

1281 lar üčün : : äd[güg küzätdäči ayïɣïɣ qïnadačï ä]rkliglär

1282 üčün : darn[i arvïš tutdačïlar üčün :   ]

1283 üküš t[äli]m š(i)mnularïɣ ürkitdäči qorqutdačï

1284 üč üdki savlarïɣ ötgürü y(a)ruq yašuq biltäči aqlu t(ä)rs

1285 nomluɣ tirtelarïɣ adaq asra qïlïp yašurdačï : uṭun yavïz–

1286 larïɣ körtükdä oḍɣuraq umuɣ boltačï : ämgäk–

1287 liglärig ozɣurup ädgülüg asïɣ bertäči : tuɣmaq

1288 ölmäk sansarlïɣ taloy ügüzüg käčtäčilärkä yorïɣuluq

1289 barɣuluq kemi köprüg boltačïlar üčün : anïn ančulayu

1290 kälmiš ayaɣqa tägimlig köni tüz tuyuɣlï : bilgä bilig :

1291 č(a)hšap(a)tqa tükällig ädgün barmïš yertinčüg uqmïš üzäliksiz

1292 är : tosïn äränlärig turulturdačï t(ä)ŋrilärniŋ

1293 yalŋoqlarnïŋ bahšïsï burhan atï kötrülmiš tep

1294 atanu y(a)rlïqamaqï üzä ülgüsüz üküš yaŋloqlarïɣ sansar–

1295 taqï ämgäklärintin tartïp ozɣuru y(a)rlïqadačï ärürlär:amtï

1296 ···]kök qalïq u[ɣušïntaqï···

1297 ··· inčä q(a)ltï alqïn]čsïz ät'öz bodis(a)t(a)[v ···

1298 ··· t]ükällig bolzunlar i[nčä q(a)ltï···

1299 ···ädrämlig] elig hanlar[···

1300 ··· i]nčä q(a)ltï[···

1301 ··· a]lp tertimlig[···

1302 ···]küčkä//[···

1303 ···u]pase sambodi[···

1304 ···bahšïlar uluɣlar]bošɣutdašlar ter[inlär quvraɣlar ···

1305 ···bašta otra adaqta]olurdačï alqu bilig[liglär ···

1306 ···bökünki küntä ïnaru]burhan qutïn[bulɣïnčaqatägi ···

1307 ···qorqïnč]sïz köŋüllüg[···

1308 [qïnadačï]lar:darni arvïš tutdačïlarïɣ kü[gči küzätčilär]

1309 beš yïŋaqlartaqï luu hanlarï:t(ä)ŋrilig [luuluɣ säkiz]

1310 [b]ölök quvraɣ közünmäz közünür:kök q[alïq yüzintäkilär]

1311 [ya]ɣïz yer arqasïntaqïlar:öŋin [öŋin   ulatï terin]–

1312 läri quvraɣlarï birlä:bökünki küntä ïnaru [nomluɣ oronta olurɣïn]–

1313 čaqatägi uluɣ ädgü ögl[i köŋül üzä tüzük[ä umuɣ ïnaɣ]

1314 bolzunlar : inčä q(a)ltï a[it]e toyïn täg:qatï[ɣlanïp tavranïp]

1315 [n]omuɣ küzätdäči bolzunlar:inčä q(a)ltï tïnmaq[sïz sönmäksiz]

1316 [bo]dis(a)t(a)v täg ïraqtïn tanuqlap nom oqï[tdačï sözlädäči]

1317 b[o]lzunlar:inčä q(a)ltï samantab(a)dre puik[en bodis(a)t(a)v täg]

1318 [n]om üčün ät'özlärin köyürdäči bolzunlar:inčä[q(a)ltï otlar]

1319 [eli]gi [bodis](a)t(a)v täg.qut qolunu täg[inürm(ä)n   ]

1320 hanlarï täg：saqïnu sözläyü yeti[nčsiz bolzunlar：inčä]

1321 q(a)ltï vimalakrit külüg arïɣ bod[is(a)t(a)v täg：alqu ädgü]

1322 ädrämlärkä öŋin öŋin [tükällig bolzunlar：ülgüsüz]

1323 üküš burhanlar [ulušlarïn barča etdäči]

1324 yaratdači bolzunlar：qut qolun[u küsüš öritü täginürbiz]

1325 ontun sïŋarqï<tolp>kök qalïq uɣu[šïntaqï ülgüsüz sansïz učsuz]

1326 qïdïɣsïz qamaɣ uluɣ bodis(a)t(a)vlar [alqu tözünlär ïdoqlar y(a)rlïqančučï]

1327 maitri ädgü ögli köŋülläri [üzä artoqraq bir täg tuta]

1328 ičgärü y(a)rlïqap u[muɣ ïnaɣ bolup tuta ičgärü]

1329 y(a)rlïqazunlar：küsämiš[küsüšümüz bützün qanzun：]

1330 kertgünč köŋülümüz b(ä)k qatïɣ bol[zun：ädgü qïlïnč kün]

1331 t(ä)ŋri täg ïraq yaltrïzun：tö[rt tuɣumlartaqï ulatïlarïɣ]

1332 [inčä]q(a)ltï yalŋuz birk(i)yä öztä tuɣmïš oɣuluɣ amrayur

1333 [täg äd]gü ögli köŋülin igitdäči bolalïm：alqu qamaɣ

1334 [tïnl(ï)ɣla]r birlä tört törlüg ülgüsüz köŋüllärig

1335 [altï törlüg para]mitlarïɣ：on törlüg tägingülük bïšrunɣuluq

1336 [dyanlar]ïɣ：üč törlüg qut qolunmaqlarqa keŋürü tägip

1337 [ ]saqïntuqta burhanïɣ körtä i bolalïm：inčä

1338 [q(a)ltï maliki hatun täg：alqu yorïqlarqa küsüšlärkä

1339 [birtämli]k tükällig bolup：kertüdin kälmišlär birlä täŋ

1340 [tüz yu]mqï köni tüz tuyunmaqqa tägmäkim(i)z bolzun：

1341 [：：]   ：：

1342 [qut]luɣ uluɣ tavɣač elintä alqu taišeŋ seušeŋ šast(a)r：

1343 ävirmiš ädgü ögli y(a)rlïqančučï köŋ[ü]ll[üg   qïl]−

1344 mïš ayïɣ qïlïnčlarïɣ kšanti q[ï]lɣuluq [nom bitig   burhan]

1345 q[utï]ŋa adičit köŋül [   ]

1346 [buya]n ävirmäk tegl[i   ]

1347 [   ] ülüš nom [sözläy]ü oqït[–   ]

1348 [   ] tamu [   ]

卷　三

1349 [bökünki küntä ïn]aru birtämläṭi yänä üč y(a)vlaq yolta

1350 [tüšmädin ät]öztäki tildäki <köŋüldäki>qïlïnčlarï arïp süzülüp

1351 [kišilärniŋ] ayïɣïn yavïzïn saqïnmadïn alqu qïlïnč–

1352 [lïɣ tïdïɣlar]tïn öŋi üdrülüp alqu arïɣ süzök qïlïnč–

1353 [larïɣ bulup alqu qama]ɣ tätrü /[ ]/[ ] täprämädin uzatï

1354 [   ]/

1355 [   ]/

1356 [ül]g[ü]süz ü[küš   ät'özüg] tit[d]üktä ät'öz–

1357 [üg täginip] turqaru buyanlïɣ oronlarta oq tuɣup üč

1358 [yavlaq yoltaqï] ačïɣ ämgäklärig saqïnïp burhan qutïŋa

1359 [köŋülüg öritip tïn]maqsïz sönmäksizin bodis(a)t(a)vlar yorïqïn–

1360 [ta yorïp altï törlüg]p(a)ramitlarïɣ tört törlüg ülgüsüz

1361 [bökünki küntä bo nom]l[u]ɣ

1362 [oron]daqï bir išḍäš qamaɣ

1363 uluɣ quvraɣ ol bitigdäki söz–

1364 lägüči sav[lar] täŋläsär[lär]

1365 n[ä]tägin öŋin öŋin u[luɣ]

1366 qorqïnč äyinč köŋül[lü]g [ärsär]

1367 m(ä)n : m(ä)n amtï// /[   ]

1368 K'/[   ]/SYZ[   ]

1369 yolta odɣuraq tägin[ürm(ä)n]

1370 anïŋ ämgäkin bökünki

1371 [k]üntä bir[učlu]ɣ köŋülin

1372 [bi]r täg bir[ä]mgäklig sïq[ïɣ]–

1373 [lïɣ]l[a]r birlä beš tilgän–

1374 [imin ye]rkä tägürüp tolp

1375 [   ]D'□Y [   ]//K

1376 [qa]l[ï]q[uɣušintaqï alqu qamaɣ üč ärdini]–

1377 lär qutïŋa [umunup ïnanïp qut qolunu]

1378 täginürbiz：ulu[ɣ ädgü ögli y(a)rlïqančučï]

1379 köŋülläri üzä[ontun sïŋarqï]

1380 alqu qamaɣ tïn[l(ï)ɣlar   ]

1381 tarqarïp umuɣ [ïnaɣ bolu y(a)rlïqamaq]–

1382 larï üzä//[yügärü]

1383 ämgäk tägint[äči   ]

1384 qutrulmaqqa [   ]

1385 üdtä ämgäk [tägintäči   ]

1386 ämgäkin birtäml[ik ketärip tarqarïp]

1387 apamuqatägi ik[iläyü taqï y(a)vlaq yollar]–

1388 ta tuɣuru y(a)r[lïqamazunlar：   ]

1389 [buyan ävir]ip yumqïqa

1390 [köni tüz tuymaqï]ɣ biltürü y(a)rlïqaz–

1391 [unlar：   bökünki] küntä bo

1392 [nomluɣ orondaqï bir] išdäš qamaɣ

1393 [uluɣ quvraɣ ikiläyü y]änä artoq–

1394 [raq üstünki kertg]ün in bir

1395 [učluɣ köŋülin tetrü]tïŋlayu y(a)rlïqaz–

1396 [unlar：ötrü ol üdün]širaḍalakšane

1397   bodis(a)t(a)v t(ä)ŋri burha]nqa inča

1398   [tep tedi： atï] kötrülmiš

1399   [tïnl(ï)ɣ]l[a]r antaɣ ig

1400   [eyin edär]ü yorïyu ärmädäči：

卷　四

1401   tüšin utlïsïn [   ]

1402   tetir：bökünki kü[ntä bo nomluï orontaqï bir išdäš qamaɣ uluɣ]

1403   quvraɣ taqï [artoqraq čïn kertü köŋülin bir učluɣ köŋülin]

1404   tetürü tïŋlayu y(a)rlïqa[zunlar：   ]

1405   atï kötrülmiš ayaɣqa [tägimlig   t(ä)ŋri]

1406   t(ä)ŋrisi burhan račgr(a)h[   ]

1407   kalanḍakanivape atl(ï)ɣ saɣïz[ɣan   ]

1408   säŋrämtä y(a)rlïqayur ärk[än   ol üdün]

1409   moḍgalayane [a]rhant [dyantïn örü turup   gaŋ]

1410   ügüznüŋ[qï]d[ïɣïnta   ]

1411   öŋi ayïɣ qïlïnč[körür]

1412   ärkän：ol üd[ün   ]

1413   [   ] m(ä)n：m(ä)n bo bir ažu[nï]mdïnbärü uzatï qïza[rtmïš]

1414   [tämir yumɣaq]sïŋürürm(ä)n qayu a[yïɣ] qïlïnčïm üzä muntaɣ bo[lmïš]

1415   [ärür] m(ä)n tep ay[tïɣ]öt[üntü]kdä moḍgalayane arh[ant]

1416   [keginč berdi：s(ä)n]öŋrä yalŋoq ärkänk[i ü]dtä šarmire q[ïlïnč]

1417   [qïlïp a]rïɣ süzök s[u]v alïp šäk[är] suvsuš q[ïlur]ärkän qatïɣ/[ ]

1418   [   ]/ YK s(ä)n oɣrï köŋül öritip azq(ï)ya täŋinč[ä] soqup alt[ïŋ]

1419   [ ] uluɣ quvraɣ ol suvsušuɣ ičmäzkän s(ï)n bir [aɣï]zčaq(ï)ya [oɣ]–

1420 [urladï]ŋ ol avant tïl[t]aɣ üzä m[unč]a ayïɣ qï[lïnč] tüšin bulmïš

1421 [s(ä)n   ]saŋa hwa täŋinčäk(i)y[ä u]tlïsï ärür tamu[   ]

1422 [   ]tep keginč b[er]ü y(a)rl[ïqad]ï bökünki künt[ä bo nom]–

1423 [luɣ oronta]qï bir išḍäš qamaɣ[u][u]ɣ quvraɣ tïŋlayu y(a)rlï[qazunlar]

1424 [q(a)ltï modgala]yane arhant körgit[mi]š savlar artoqraq qo[rqïnčïɣ]

1425 ···]R ː[   ]üd[tä ···

1426 ···]   'Y ː anïn[bökünki küntä bo nomluɣ]

1427 [orontaqï]bir išḍäš qam[aɣ uluɣ quvraɣ···

1428 ···y(a)rlïlazunla]rː bo ädgüli ayïɣl[ï···

1429 ···bir ikintikä] art basut bolt[uqda···

1430 ··· inčä q(a)ltï köligäli yaŋqu]lï täg ärdüki üz[ä···

1431 ···oro]nluɣ üčün ː öŋ[rä···

1432 ···öŋin]öŋin ögrünč[···

1433 ···]ikirčgü sezik[köŋül ···

1434 ···]ol ː nätägin t[amu ···

1435 ···]aŋa sud[urta sözläyür ···

1436 ···üč] m[i]ŋ[ul]uɣ m[iŋ yertinčü yer suv···

1437 [   ]TYP erip[tüšlärig]

1438 [tïltaɣlar]ïɣ bilmädin [   ]

1439 [üzüp] käṣ ip ː[ontïn sïŋarqï]

1440 [   ]/burh[anlar ayïɣlap burhan nomïlïɣ äd t(a)varïn]

1441 [oɣur]l[a]p ː alqu M/[   ]/[   ]

1442 [   ]/// LY   yorïqla[r   ]

1443 [qaqa]dašïɣ tutap'W/[   ]

1444 [   ] bo kišilärni[ŋ   ]

1445 [   ]WK'[   ]

1446 [   ] ünüš Y'/[   ]

1447　[　] kiši täg aroq[lap yat–　　　　　　　]

1448　[　] qal tältök [　　　　　　　]

1449　[soɣ]ïq suvluɣ[köllä]r b(ä)lgürüp : antaqï o[otlarïɣ]

1450　altun yalpïrɣaq[lïɣ lenh]wa čäčäklär b(ä)lgürt[üp alqu] qam[aɣ]

1451　tä[mi]r tumšuq[luɣ] qurtlarïɣ barča ö[rdä]klär qazlar

1452　[b](ä)lgür[tü]p : [t]amudaqï ulïmaq sïɣ[ta]m[a]qlïɣ ämgäk–

1453　lig ünlärig barča ïr taqšut ünlär[i]g äšidtürür–

1454　lär : ol[y]az[o]q[l]uɣ kiši[　] : muntaɣ ädgü b(ä)lgülärig savlarïɣ

1455　körü ä[š]idü [tü]kättükdä : köŋülintä[b]o nä ymä muŋadïnčïɣ

1456　taŋlančïɣ ädgü oronlar közünür : köŋülüg ögirtdürtäči

1457　[　]' adroq ünlär äšidilür : amt[ï m](ä)n ol oron–

1458　larqa [bar]ïp ilinčüläyin mäŋil[äyin ä]rti tep

1459　saqïnurlar : munča [saqï]nu tükättükdä : T[　　]/Y

1460　ölüp ol oot[lar lenh]wa čäčäklärtä[　　　]

1461　[　　　　　　]/ [ ]// //[ ]

1462　[　　　　　　]/Y [ ]YQ //Q

1463　[　　　　　　]/ ikiläyü taqï

1464　[　　　　　qïlu]tükäṭmiš ayïɣ

1465　[qïlïnčlarïm(ï)z arïzun alqïnzun : qop törlüg] uɣrïn ḍežit

1466　[kšanti bolzun : qïlmaduq ay]ïɣ qïlïnčlarïɣ

1467　[ikiläyü qïlɣalï tetinü täginmäzbiz qut q]olunu täginürbiz :

1468　[ontun sïŋarqï alqu qamaɣ burhanlar saqïn]u sözläyü

1469　[yetinčsiz　　　　　　ärk]sinmäklig

1470　[küü käliglig küčläri üzä artoqraq bir täg u]muɣ ïnaɣ

1471　[bolup erinčkäp tsuyurqap tuta]ič[gärü]

1472　[y(a)rlïqazunlar　　　　　　]/[ ]

1473　uluɣ ädgü ögli y(a)rliqanč[učï köŋüllüg qaŋlarïŋa]

1474 qut qolunu : yükünürbiz [hwa čäčäklig kün t(ä)ŋri]

1475 atl(ï)ɣ t(ä)ŋri burh[an qutïŋa : yükünürbiz küčlüg]

1476 küsünlüg [süülüg atl(ï)ɣ t(ä)ŋri burhan]

1477 qutïŋa : yükünürbiz h[wa čäčäk y(a)ruqluɣ atl(ï)ɣ t(ä)ŋri]

1478 burhan qutïŋa : yükü[nürbiz   atl(ï)ɣ t(ä)ŋri]

1479 burhan qutïŋa : yükünürbi[z uluɣ čoɣluɣ ädgülüg ädräm]–

1480 lig atl(ï)ɣ t(ä)ŋri burhan[qutïŋa : yükünürbiz äzrua]

1481 t(ä)ŋrilär eli[gi atl(ï)ɣ t(ä)ŋri burhan qutïŋa :]

1482 yükünürbiz ül[güsüz y(a)ruqluɣ atl(ï)ɣ t(ä)ŋri burhan]

1483 qutïŋa : yükünürbiz l[uu ädrämlig atl(ï)ɣ t(ä)ŋri burhan]

1484 qutïŋa : yükünürbiz b(ä)k [qatïɣ maŋlïɣ atl(ï)ɣ t(ä)ŋri]

卷　五

1485 [yükünür]b[i]z ay t(ä)ŋri [b(ä)lgülüg t(ä)ŋri burhan]

1486 [qutïŋa yükünür]biz ul[uɣ a]tl(ï)ɣ küülüg t(ä)ŋri [burhan qutïŋa]

1487 [yükünürbiz yinčü] toqïrlïɣ t(ä)ŋri burhan qutï[ŋa yükünürbiz]

1488 [čoɣluɣ] yalïnlïɣ t(ä)ŋri burhan [qutïŋa yükünürbiz]

1489 [köŋül]lüg t(ä)ŋri burhan qut[ïŋa yükünürbiz]

1490 [aŋgada t(ä)ŋri burha]n qutïŋa yükünürbiz ülgü[süz köŋüllüg]

1491 [t(ä)ŋri burhan qutïŋa yü]künürbiz [su]qančïɣ öŋlüg t(ä)ŋ[ri burhan]

1492 [qutïŋa yükünürbiz   t(ä)ŋri] burhan qutïŋ[a   ]

1493 üčün tesär : ög qaŋlar[   ]

1494 inč[ip] üč y(a)vlaq yollar[d]ïn ö[ŋi üdrültürü umadïn bahšïlar uluɣ]–

1495 lar uluɣ y(a)rlïq[ančučï köŋül   ]

1496 L'R// [   ]L'R YQ[ävdin barqtïn]

1497　üntürüp tükäl　č(a)hšap(a)tïɣ [tägintürürlär:　　　　　]

1498　arhant qutïlïɣ umay//[　　　　　　arhant qutï]–

1499　lïɣ tüšin tuɣurup:t[uɣmaqlïɣ ölmäklig ämgäk　　　]

1500　nirvanlïɣ mäŋikä tägür[üp bahšïlar uluɣlarnïŋ　　　]

1501　bo munï täg yert[inčülügdä yeg　　　kim uɣay　]

1502　yeg üstünki utlï[　　　　　:birök bir až]–

1503　unta nomča töröčä yorïsa[rlar　　　öz ät'özläriŋä ök]

1504　asïɣ tusu qïlmïš bolur[lar　　　　　　　]

1505　k(ä)ntü özlärin arïtɣu üčün öz köŋüllärin yaraɣïnča üṭ–

1506　lägülük ol amtï m(ä)n bökünki küntä nä üčün qutrulmaqlïɣ ädgüg

1507　bulmazm(ä)n adruyu barïp burhanlarta yüz yügärü

1508　vyakrit alqïš almadïn esilip yorïp bir aɣïzq(ï)ya

1509　nomluɣ y(a)rlïɣlarïn äšidmäzm(ä)n tep saqïnu y(a)rlïqasarlar::::

1510　uɣrayu anta ayïɣ qïlïnčlarnïŋ ärtiŋü b(ä)k qatïɣ::

1511　öč käk köŋülnüŋ uɣrïnta muntaɣ bolu y(a)rlïqayurlar:amtï

1512　yalŋuz öŋdünki burhanlarïɣ kenki burhanlarïɣ bodis(a)t(a)v–

1513　larïɣ:tözünlärig ïdoqlarïɣ barča körmädim(i)z tep

1514　ök öküngü ärmäz:uɣrayu yänä ol ïdoqlarnïŋ y(a)rlïɣ–

1515　larï äšid(i)lgü ünläri ulalɣuta biziŋ köŋüllüg yolumuz

1516　birtäm tïdïlïp üč y(a)vlaq yollardaqï öčlüg käkliglär utru

1517　[tolp] ta[itso]ki uluɣ aɣïlïq [n]omlarda ävdip alïp bü[türmiš]

1518　[yänä] el ävirmiš alp qutluɣ arslan ata ügä bäg q[adïr baš]–

1519　nïŋ üklit t(ä)ŋrimniŋ:üčünč oɣlï oɣu[l küdägü]

1520　qut[admïš] baš öz ïnanč totoq bägniŋ ögi q[aŋï bo]

1521　iki qutluɣl[a]r üčün ävirtgäli ötünmiš ötügiŋä[:bo beš]

1522　čöpik kälyük b[u]lɣanyuq y(a)vlaq üdtä qoluda [kenki bošɣutluɣ]

1523　beš balïqlïɣ küntsün šäli tutuŋ[tav]ɣ[a]č ti[lintin türk tilin]–

1524　čä yaŋïrtï [ä]virmiš ädgü ögli y(a)rlïqančučï köŋüllüg [nomluɣ]

1525　oron[ta qïl]mïš ayiɣ qilinïlariɣ kšanti qïlɣuluq nom bit[igdä]

1526　üz b[oz öč] käk köŋülüg šäšmäk yörmäk ketärmäk t[arqarmaq]

1527　[ïdo]q [n]omnuŋ tözin uqïtdačï bešinč ülüš nom tük[ädi ：]

1528　[namo] but：：namo d(a)rm：：na[mo saŋ：]

1529　[ärtmi]š käčmiš amraq oɣulumuz TW[ ]/ D[　　　]

1530　/[ ]ävdip alïp bütürmiš：ädgü ög[li　　　　]

1531　ärdinig biz šazïn //[　　　　　]

1532　quḍïqï asïraqï ya[vïz y(a)vlaqlar　　　　]

1533　ulušïnta altun öŋlüg lenhwa ičintä [　　　　]

卷　六

1534　t(ä)ŋri burhan qutïŋa：yükünürbiz v(a)žir

1535　täg b(ä)k qatïɣ sü<n>güšči atl(ï)ɣ t(ä)ŋri burhan

1536　[qutï]ŋa：yükünürbiz uluɣ ädgülüg [ä]dräm−

1537　[lig atl(ï)ɣ t(ä)ŋr]i bur[han qutï]ŋa：[yü]kün[ür]bi[z]

1538　[öčmiš amrï]lmïš köŋüllüg atl(ï)ɣ t(ä)ŋri b[urhan]<qutïŋa：>

1539　[yü]künürbiz ganḍahast yaŋa atl(ï)ɣ t(ä)ŋri burhan

1540　qutïŋa：yükünürbiz narayan atl(ï)ɣ t(ä)ŋri burhan

1541　qutïŋa<：>(yükünürbiz)uz ornanmïš atl(ï)ɣ

1542　t(ä)ŋri burhan qutïŋa：

1543　[yükünü]rbiz šakimuni atl(ï)ɣ t(ä)ŋri

1544　[burhan qutï]ŋa[：yükünürbiz] maitri atl(ï)ɣ

1545　[t(ä)ŋri burhan qutïŋa：yükünürbiz tïnm]a[q]−

1546　s[öz sänmäks]iz [atl(ï)ɣ] bodis(a)t(a)v qutïŋa：]

1547 [yü]k[ü]nürbiz suq[an]čïɣ [ünlü]g atl(ï)ɣ bodis(a)t(a)v

1548 qutïŋa : yükünürbiz alqïnčsïz ät'öz

1549 bodis(a)t(a)v qutïŋa : y[ü]künürbiz körgäli ärk–

1550 lig kuanši im bodis(a)t(a)v qutïŋa : yänä

1551 ymä munčulayu ontïn sïŋarqï[t]o[l]p kök

1552 [qalï]q [uɣuš]ïntaqï alqu üč[är]dinilär

1553 q[utï]ŋa : umunup ïnanïp qut qolunu

1554 [tä]gi[nü]rm(ä)n bö[künki künt]ä burhanlarnïŋ

1555 küčintä : nom ärdininiŋ küčintä

1556 bodis(a)t(a)vlarnïŋ küčintä : tözünlär–

1557 niŋ ïdoqlarnïŋ küčintä : tört

1558 tuɣumlardaqï altï yollartaqï alqu

1559 qamaɣ tïnl(ï)ɣlar ikiläyü tuyunup odunup

1560 bir täg bo ïdoq nomluɣ oronqa tägzün–

1561 lär : qayu antaɣ ät'özlüg yiviglär ärip :

1562 köŋülläri biliglä[ri tï]dïlïp tutulup

1563 munta täggäli umadačïlar bar ärsärlär : :

1564 küsäyü täginürm(ä)n burhanlarnïŋ [k]ü[č]i[ntä :]

1565 nom ärdininiŋ küčintä : tözünl[är]–

1566 [ni]ŋ ïdoqlarnïŋ küčintä : [   ]/

1567 [   ]//k[üü] kälig ä[drämlär   ]

1568 alqunï bir täg munta t[ä]gürü y(a)rlïqazun–

1569 lar : olar yänä tiltäki ayïɣ qïlïnčïɣ

1570 kšanti qïlu ötünmiš ötügümin alzun–

1571 lar : ilkisizdinbärü biligsiz

1572 biligniŋ turɣuluq oronïn–

1573 tïnbärü ulatï bökünki künkä–

1574 ṭägi bo tildäki ayïɣ qïlïnčnïŋ tïl–

1575 taɣïnta atlï [y]o[llarta   tükäl]

1576 [törlüg öč käk köŋülüg öritürlä:qut]

1577 [qolunu täginür]m(ä)[n üč ärd]inilärniŋ

1578 [küü] kälig ädrämlig küčläri üzä:ol

1579 tört tuɣumlartaqï altï yollardaqï üč

1580 üdki öčlüg käkliglärniŋ ymä kšanti

1581 [qï]lɣuluq qïlïnčlarï ketzün tarïqzun:

1582 öküngülük qïlïnčlarï birtäm öčzün

1583 amrïlzun [:yän]ä ymä biz ilkisi[z] u[zu]n

1584 sansartïnbärü ö[tgürü bökünki künkätägi]

1585 azu ymä övkä qaqïɣ üzä:azu

1586 ymä az amranmaq üzä:azu ymä biligsiz

1587 bilig üzä:üč aɣu nizvanilïɣ töz

1588 yïltïztïn on ayïɣ qïlïnčlarïɣ qïltïm(ï)z

1589 ärsär:tildäki tört [tö]rlüg ayïɣ qïlïnč–

1590 lar üzä ülgüsüz üküš ayïɣ qïlïnč

1591 öritdim(i)z ärsär:azu ymä äyrig sarsïɣ

1592 savïn ögüg q[a]ŋ[ï]ɣ ulatï alqu terin–

1593 ig quvraɣïɣ örlätdim bulɣatdïm ärsär:

1594 kim ol tö[r]t tuɣumlardaqï altï yollardaqï üč üdki

1595 q[a]maɣ öčlüg käkliglär alqu öčlüg[kä]klig savlartïn

1596 [bir]täm ozup qutrulup alqu qama[ɣ] ayïɣ qïlïnčlarï alqu–

1597 ɣ[un] barča [ke]tip tarïqïp birtämläti yänä alqu öčüg

1598 käk[i]g öritip i[kiläy]ü üč y(a)vlaq yolqa kirmäzünlär:birtämläti

1599 [yänä] altï yollarta ačïɣ tarqa ämgäklär üzä ämgäṭišmäzün–

1600 [lär] toqïšmazunlar:bökünki küntä ïnaru alqu öč käklär–

1601 i[g] tiṭip ïdal[ap a]yïɣ ögli ädgü ögli saqïnčlarïɣ yoqadtur–

1602 up alquɣun b[a]rča suvlï sütli täg tüz baz bolup alqu–

1603 ɣu[n] barča baštïnqï orondaqï täg ögrünčlüg sävinč–

1604 l[i]g bolup: apamuluɣ nomluɣ qaqadaš üzä [ä]d[gü] ögli y(a)rlïqančučï

1605 köŋüllüg terinlig quvraɣlïɣ bolup: amtïta ï[nar]u ulatï burhan

1606 tildäki ayïɣ qïlïnčï[mun]–

1607 ta basa köŋüldä[ki qïlïnč   alqu qamaɣ]

1608 [tïnl(ï)ɣ]larnïŋ s[ansarta tilinmäk tägzinmäklärin oz]–

1609 [ɣalï] qutrulɣalï[   ]

1610 NYNK /////// ////[   ]

1611 ///YQ Y[   ]

1612 oq bolu[az amranmaq]

1613 övkä qaqïɣ bilig[siz bilig   tamu]–

1614 ta tüšüp ///[   ]

1615 bolmaz tep /[   ]

1616 täŋläsär: bökünki [küntä   bir ikinti]–

1617 kä birgärü köŋül /[   ]

1618 burhan[qutïŋa: yükünürbiz   atl(ï)ɣ t(ä)ŋri burhan qut]–

1619 ïŋa: y[ükünürbiz   atl(ï)ɣ t(ä)ŋri burhan qutïŋa:]

1620 [y]ükünürbiz [atl(ï)ɣ t(ä)ŋri burhan qutïŋa:]

1621 yükünürbiz [atl(ï)ɣ t(ä)ŋri burhan]

1622 qutïŋa: yükünür[biz šakimuni atl(ï)ɣ t(ä)ŋri burhan qutïŋa:]

1623 yükünürbiz maitri a[tl(ï)ɣ t(ä)ŋri burhan qutïŋa: yükünürbiz]

1624 arslan ilinčüsin i[linčülädäči bodis(a)t(a)v qutïŋa:]

1625 yükünürbiz arslan[silkinmäkin silkindäči bodis(a)t(a)v qutïŋa :]

1626 yükünürbiz [alqïnčsïz ät'öz bodis(a)t(a)v qutïŋa :]

1627 yükünürbiz [körgäli ärklig kuanši im bodis(a)t(a)v]

1628 qutïŋa [∶yänä ymä munčulayu ontun sïŋarqï tolp]

1629 kök [qalïq uɣušïntaqï alqu qamaɣ üč ärdinilär qutïŋa]

1630 [kšanti ötünü täginür]biz arïzun alqïnzun ḍežit kšanti [bol]–

1631 [zun∶m(ä)n basa] qurtqa ilkisiz uzun sansartïnbärü ötgü[rü]

1632 b[ökünki] künkätägi ät'özdäki qïlïnčï[ɣ] ayïɣ qïlïp

1633 tiltäki qïlïnčïɣ ayïɣ qï[lï]p∶köŋüldäki q[ï]l[ï]nčïɣ ayïɣ

1634 q[ï]l[ï]p∶bo muntaɣ ayïɣ qïlïnčlar üzä bügü biliglig burhan–

1635 lardïn alqu ayïɣ qïlïnčlïɣ tïḍïɣlarïɣ öritdim ärsär nom

1636 ärdinitin alqu ayïɣ qïlïnčlïɣ tïḍïɣlarïɣ öritdim ärsär∶

1637 [al]qu bodis(a)t(a)vlardïn adïn tözünlärdin ïdoqlartïn alqu ayïɣ

1638 qïlïnčlïɣ tïḍïɣlarïɣ öritdim [är]sär∶munčulayu ülgüsüz

1639 [sansïz učsuz] qïdïɣsïz ayïɣ qïlïnčlïɣ tïḍïɣl[ar]ïmnï

1640 [bökünki küntä]čïn kertü köŋülin yalvaru küs[ä]yü kšant[i]

1641 [ötünü täginürm(ä)n∶a]rïzun alqïnzun qop törlüg

1642 [y(a)rlïqančučï] köŋül[lüg kü]č[lä]ri üzä∶uluɣ bügü [biliglig]

1643 [küčläri ü]zä nomča t[ör]öčä alqu qamaɣ tïnl(ï)[ɣlarïɣ yavaltur]–

1644 [maqlïɣ küč]läri üzä biz basa qurtqa YYS/[bökünki]

1645 [künt]ä kšanti qïlmïš alqu üzlüg [bozluɣ öčlüg käklig]

1646 [köŋülümüz]ni ketärü tarqaru öčürü amïrtɣuru y(a)rlïq[azunlar∶]

1647 [altï yollarta]qï tö[rt tu]ɣumlartaqï bökünki kün[tä   ]

1648 [   ]/ üz[üg] bozuɣ yügärü täginü tükät[däčilärig üzüg]

1649 [bozuɣ tägi]nmädüklärig küsäyü täginürbiz alqu [burhanlar]

1650 [uluɣ orontaq]ï bodis(a)t(a)vlar∶alqu tözünl[ä]r [ïdoqlar]

1651 [uluɣ ädgü ögli] y(a)rlïqančučï köŋüllüg küč[äri üzä bo]

1652 [üzlüg tïnl](ï)ɣlarïɣ birtäm [o]zɣuru qutɣaru y(a)rlïq[azunlar]

1653 [bököntä ïnaru] ulatï [burhan] qutïn bulɣïnčaqatäg[i   ]

1654 pret yolïntaqï ärgürmiš qïzïl baqïrïɣ aɣïzqa quḍup∶ič

1655 ič<ä>gü siẓïlmaq bïšmaqlïɣ ämgäklärkä tägmälim<:>yïlqï yolïnta-

1656 qï soyulmaq yïrtïlmaqlïɣ ämgäklärkä yoluqmalïm:birök

1657 yalŋoq ažunïnta ärsär m(ä)n tört yüz tört törlüg iglär

1658 ät'öziŋä bür<t>ülmäklig ämgäklärkä tägmälim:uluɣ isig uluɣ

1659 tumlïɣ tözlüg alp säringülük ämgäklärkä yoluqmayïn:bï

1660 bïčɣu üzä:aɣuluɣ ot üzä artoqraq aḍaq{a}maqlïɣ ämgäklärkä

1661 tägmäyin(:)ačmaq suvsamaq üzä:sïqïlmaq taŋïlmaqlïɣ ämgäklär-

1662 kä yoluqmayïn <:>yänä qut qolunu täginürbiz:bo uluɣ

1663 quvraɣ böküntä ïnaru č(a)hšap(a)tïɣ arïɣïn süzökin ayayu

1664 küẓätip kirsiz tapčasïz köŋülin uzatï tözün yavaš ayančaŋ

1665 törötä bïšrunup:utlï<sävinč>tägürgülük köŋültä öyü saqïnu

1666 učsuz qïḍ[ï]ɣsïz alqu qamaɣ tïnlï(ɣ)larïɣ oẓɣurɣu q[u]tɣarɣu üčün

1667 ančulayu kälmišlär birlä bir täg yumqï köni tüz tuy[maq] burhan

1668 qutïn bulayïn:yänä bökünki küntä bo nomluɣ orontaqï

1669 köẓünür:köẓünmäz qamaɣ uluɣ quvraɣ tanuq bolu y(a)rlïqazun-

1670 lar:bökün asra<köŋülin>qut qolurbïz miha šäli tutuŋ:tölök

1671 t(ä)ŋrim birlä uɣrayu küsäyü täginürbiz<:>tözün ïdoq kišilärniŋ

1672 ärgülüg ornïnta tuɣup:uzatï munï täg tavčo nomluɣ oronuɣ

1673 turɣurup:üküš tälim tapïɣ uḍuɣ qïlïp:alqu qamaɣ tïnl(ï)ɣlarqa

1674 uluɣ asïɣ tusu qïlïp uzatï üč ärdinilärniŋ

1675 ädgü ogli y(a)rlïqančučï köŋül üzä tutmaq ičgärmäk-

1676 lärin täginip turqaru uluɣ küčlüg küsünlügin uḍuẓup

1677 yerčiläp asïɣ tusu [qïl]maqlïɣ yorïqta yorïp uzatï

1678 [qatïɣlanïp] bïšrunup

1679 [yertinčülüg] mäŋilärkä

1680 [yapšïnmaḍïn] alqu nomlar-

1681 [nïŋ quruɣïn] bilip:

1682　[　　ayïɣ] öglilärkä

1683　[　ädgü öglilä]r bir täg

1684　[　　körü]p asïɣ tuṣ‒

1685　[u qïlïp] b[ur]han qutïn

1686　[bulɣïnčaqatä]gi : :

1687　[köŋültä tä]gšilmäk‒

1688　[sizi]n bolup

1689　[bökünt]ä ïnaru QY

1690　[　bir ävin sa]č̣ tüü

卷　七

1691　köŋülin köküzin amïrtɣurup t[u]rulturup dyanqa ki[rdäčilär]‒

1692　ig körüp k(ä)ntü özüm ymä eyin ögirärbiz : bökün[ki küntä]

1693　bo nomluɣ orontaqï bir išḍäš qamaɣ uluɣ [quvraɣ　　]

1694　mäniŋ bo munčulayu ülgüsüz sansïz üküš tö[rlüg k(ä)ntü]

1695　özkä ögirgülük savïmïn : näŋ küčsüz yavïz sa[vlar　tüzü]

1696　tükäṭi uqïtɣuluq ärmäz : nä ärsär kiši bo yertinčüdä [　]

1697　birk(i)yä sävinsär : ol kišig taqï o[l ey]in ögir[däči]

1698　sävin{mä}däčilärkä tüzgärgäli bulmaz : nä ayïtmïš k(ä)r[gäk]

1699　amtï mäniŋ bo üküš tälim ögrünč üzä t[ïdïɣsïz]

1700　bolmaqlïɣ ädgümin : bo munï tïdïɣsïz ädgükä[tägmäk]‒

1701　im barča ontun sïŋarqï üč ärdinilärniŋ ök čoɣ[luɣ]

1702　yalïnlïɣ küčläri üčün : amtï biz öŋin öŋ[in bir učluɣ]

卷　八

1703　[namo bu]t：：　　[namo] d(a)rm：：　[namo saŋ：：]

1704　[ädgü ö]gli y(a)rlïqančučï köŋül[lü]g nomluɣ oronta q[amaɣ ayïɣ]

1705　[qïlïnč]larïɣ kšanti qï[l]ɣuluq nom bitig säkiz[inč ülüš]

1706　[　　ye]ti y(e)g(i)rmi[nč aɣï]r ayaɣïn asure [yolïntaqï]

1707　[alqu qut w]ahšik[lar] ü[čün burhan]larqa yükün[mäk bölök：：]

1708　[säkiz y(e)g(i)rminč luu hanlarï ü]čün bu[rhanlarqa yükünmäk]

1709　[bölök：：toquz y(e)g(i)rminč š(i)mnu] hanlarï [üčün burhan]–

1710　[larqa yü]künmäk [bölök：：]y(e)g(i)rminč yïl[　　　　]

1711　[üčü]n burhanla[rqa] yükünmäk böl[ök：：]

1712　[bir o]tuzunč eliglär hanlar oɣlanï tegit[lär üčün]

1713　[burhan]larqa yükünmäk bölök：：iki otuzunč kö[zünür üdki]

1714　[ög q]aŋ üčün burhan[larq]a yükünmäk [bölök：：]

1715　üč otuzunč ärtmiš üdki ög qaŋ üčün [burha]nlarqa

1716　yükünmäk bölök：：tört otuzunč bahšïlar uluɣlar üčün

1717　burhanlarqa yükünmäk bölök：：beš otuzunč ontun

1718　[s]ï[ŋar]q[ï] közünür üdki toyïnlar š(a)mnančlar üčün

1719　[burhanlarqa yü]künmäk bölök：：altï otuzunč ontun

1720　[sïŋarqï ärtmiš] üdk[i toyïnlar š(a)mnančlar üč]ün [bu]rh[anlarq]a

1721　[yükünmäk bölök：]M///[yeti y(e)g(i)r]mi[nč] a[ɣïr]

1722　[ayaɣïn asure] yolïntaqï alqu qut w(a)hšiklar üčün burh[a]nlar–

1723　[q]a [yükünmäk] bölök bo ärür：：bökünki küntä bo nomluɣ

1724　orontaqï bir išḍäš qamaɣ uluɣ quvraɣ ikiläyü yänä

1725　čïn kertü köŋülin beš tilgänim(i)zni yerkä tägürüp aɣïr ayaɣ–

1726　ïn ontun sïŋarqï tolp kök qalïq uγušïnt[aqï alq]u asurelar han—

1727　[la]rï：yänä alqu qamaγ asu[r]elar üčün：ul(a)tï olarnïŋ

1728　öz öz terinläri quvraγlarï üčün yänä ymä aγïr ayaγïn

1729　ontïn sïŋarqï tolp kök qalïq uγušïntaqï alqu tetik

1730　bilgä köni kertü köŋüllüglär üčün t(ä)ŋritäki yerdä—

1731　ki kök qalïq yüüzint[ä]ki：ädgüg küzäṭṭäči ayïγïγ qïnatači

1732　ärklig[lä]r d[arni arvïš tut]d[ačïl]arïγ kügči küzäṭčilär：s[äkiz]

1733　bölök t(ä)ŋ[ri hanlarï üčün säkiz] bölök t(ä)ŋri uruŋutlarï üč[ün]

1734　ap ymä ičtin sïŋarqï ap ymä taštïn sïŋarqï：ap ymä yaqïn—

1735　taqï：ap ymä ïraqtaqï：öŋdü〈n〉ki kedinki küntünki taγ—

1736　tïnqï tört buluŋlartaqï：üstünki altïnqï tolp kök

1737　qalïq uγušïntaqï nom uγušïntaqï uluγ küü kälig adaqlïγ küč—

1738　[lü]g küsünlüglär：uluγ čoγluγ yalïnlïγ：ädgülüg ädrämlig

1739　[küčlü]g küs[ünlüglär üčün] bo munčulayu ontun sïŋar[qï säkiz]

1740　bölök t(ä)ŋ[ri hanlarï säkiz bö]lök t(ä)ŋri u[ru]ŋ[u]tlarï [ulatï]

1741　olarnïŋ [öz öz te]rinläri quvr[ag]larï üčün al[qu qamaγ]

1742　[yerti]nčünüŋ u[luγ ädgü ögli] y(a)rlïqančučï köŋüllüg qaŋla[rïŋa]

1743　[umunu]p ïnanïp [yü]künmäkin yük[ünü]rbiz ärdini [atl(ï)γ]

1744　[t(ä)ŋri bur]han qut[ïŋa：yükünürbiz] alqusï [arï]γ süzök y(a)[ruqluγ t(ä)
ŋri]

1745　[burhan] qutïŋa [：yükünürbiz učsu]z qïdïγs[ïz a]tl(ï)γ t(ä)ŋri [burhan
qutïŋa：]

1746　[yükünür]biz äzügs[üz y(a)ruq]l[uγ] 〈atl(ï)γ〉 t(ä)ŋri burhan qutïŋa 〈：〉
yük[ünürbiz]

1747　ïdoq[lar t(ä)ŋri]si atl(ï)γ t(ä)ŋri burhan qut[ïŋa：]

1748　[yü]künürbiz [bilgä bilig üz]ä ärksindäči[lä]r eligi a[tl(ï)γ]

1749　t(ä)ŋri burhan [qutïŋa：yükün]ürbiz v(a)žir t[äg] b(ä)k qatïγ [quvraγ]—

1750 [lïɣ a]tl(ï)ɣ t(ä)ŋri burhan qutïŋa]: yükünürbiz suzaqlïɣ at[l(ï)ɣ t(ä)ŋri]

1751 –larqa umuɣ ïnaɣ [bolup bodis(a)t(a)v yolïnta yorïp burhanlar]–

1752 nïŋ bilgä biligi[ŋä kirip]

1753 köni tüz [tuymaq burhan qutïn biltürü y(a)rlïqazunlar:]

1754 säkiz y(e)g(i)rminč [aɣïr ayaɣïn luu hanlarï üčün burhanlar]–

1755 qa yükünmäk bölö[k: bökünki küntä bo nomluɣ oron]–

1756 taqï bir išḏäš q[amaɣ uluɣ quvraɣ ikiläyü yänä čïn kertü köŋül]–

1757 in beš tilgänim(i)zni [yerkä tägürüp aɣïr ayaɣïn ontun sïŋarqï]

1758 tolp kök qalïq uɣ[ušïntaqï alqu qamaɣ saqïnu sözlayü yetinčsiz]

1759 luu hanlarï [:]

1760 TY atl(ï)ɣ b(ä)lgürmäk [luu hanlarï: beš yïŋaqlardaqï]

1761 luu hanlarï: kök [t(ä)ŋri][däki luu hanlarï yerdäki luu hanlarï]

1762 taɣtaqï luu hanï: [taloy ügüztäki luu hanï: kün t(ä)ŋri]

1763 [ordosïn]t[aqï luu hanlarï ay] t(ä)ŋri ordosïntaq[ï luu hanlarï yul]–

1764 [tuz ordos]ïntaqï l[uu h]anlarï: yašlïɣ üd[lüg luu hanlarï:]

1765 [] atl(ï)ɣ l[uu] hanï: [ät]özüg isig [özüg küzättäči atl(ï)ɣ luu]

1766 [han]ï: tïnl(ï)ɣlarïɣ küzä[tt]äči atl(ï)ɣ luu h[anï: ulatï]

1767 [ontun] sïŋarqï ap ymä ičtin sïŋarqï [ap ymä taštïn sïŋarqï]

1768 [ap y]mä [y]aq[ïn]taqï: ap ymä ïraq[taqï öŋdünki]

1769 [kedinki k]ünt[ün]ki taɣdïnqï: tört bulu[ŋlartaqï üstünki altïnqï]

1770 [tolp] kök qalïq uɣušïntaqï nom uɣuš[ïntaqï uluɣ küü kälig adaq]–

1771 [lïɣ] küčlüg küsünlüglär uluɣ čoɣluɣ yal[ïnlïɣ ädgülüg ädräm]–

1772 [li]g küčlüg kü[s]ünlüg[lär] üčün: munču[layu alqu qamaɣ luu]

1773 [hanï alqu] qamaɣ l[uu t](ä)ŋ[r]iläri ulatï olar[nïŋ öz öz terinläri]

1774 [quvraɣ]larï [üčün] alqu yertinčünü[ŋ uluɣ ädgü ögli y(a)rlïqančučï]

1775 aṭlïɣ küülü ärdini atl(ï)ɣ t(ä)ŋri burhan qutïŋa: : yükünür[m(ä)n]

1776　muŋadïnčïɣ taŋlančïɣ atl(ï)ɣ ⟨atl(ï)ɣ⟩t(ä)ŋri burhan qutïŋa::yükünürm

(ä)n

1777　baštïnqï yeg č(a)hšap(a)tl(ï)ɣ atl(ï)ɣ t(ä)ŋri burhan qutïŋa::yükü[nür]–

1778　m(ä)n qorqïnčsïz atl(ï)ɣ t(ä)ŋri burhan qutïŋa::yükünürm(ä)[n kün]

1779　t(ä)ŋri y(a)ruqluɣ atl(ï)ɣ t(ä)ŋri burhan quïŋa::yükünürm(ä)n arïɣ [yaš]–

1780　lïɣ atl(ï)ɣ t(ä)ŋri burhan qutïŋa::yükünürm(ä)n alqunuŋ [t(ä)ŋrisi]

1781　atl(ï)ɣ t(ä)ŋri burhan qutïŋa::yükünürm(ä)n bilgä biligig s[ävdäči]

1782　atl(ï)ɣ t(ä)ŋri burhan qutïŋa:yükünürm(ä)n ärdinilärniŋ t(ä)ŋrisi [atl(ï)ɣ]

1783　t(ä)ŋri burhan qutïŋa::yükünürm(ä)n ärdini yinčü aɣï[lïq]

1784　atl(ï)ɣ t(ä)ŋri burhan qutïŋa::yükünürm(ä)n ädgüsin ädrämin

1785　aqïlturdačï yadtačï atl(ï)ɣ t(ä)ŋri burhan qutïŋa::

1786　yükünürm(ä)n bilgä bil[i]g eligi atl(ï)ɣ t(ä)ŋri burhan qutïŋa [::]

1787　[yükünürm(ä)n baɣsïz] čuɣsuz atl(ï)ɣ ⟨t(ä)ŋri⟩ burhan qutïŋa:yükün

[ürm(ä)n b(ä)k]

1788　[qatïɣ nom]luɣ törölüg atl(ï)ɣ t(ä)ŋri burhan qut[ïŋa:yükün]–

1789　[ürm(ä)n] t(ä)ŋridäm ädrämlig atl(ï)ɣ t(ä)ŋri burhan [qutïŋa:]

1790　[yükünürm(ä)n ša]kimuni atl(ï)ɣ t(ä)ŋri burhan qutïŋa:yükünürm(ä)n

[maitri]

1791　[atl(ï)ɣ t(ä)ŋr]i burhan qutïŋa:yükünürm(ä)n alqïnčsïz ät'öz b[odis(a)t(a)v]

1792　qutïŋa:yükünürm(ä)n körgäli ärklig [kuanši im bodis(a)t(a)v qutïŋa:]

1793　qut qolunu täginürm(ä)n ädgü ögli y(a)[rlïqančučï köŋüllüg küčläri üzä

artoqraq]

1794　bir täg umuɣ ïnaɣ bolu y(a)rlïq[azunlar:yänä ymä munčulayu ontun

sïŋarqï tolp]

1795　kök qalïq uɣušïntaqï a[lqu qamaɣ üč ärdinilär qutïŋa]

1796　[umunu]p ïnanïp qut qolunu tägi[nürm(ä)n qamaɣ luu hanlarïnïŋ ulatï]

1797　ola]rnïŋ ⟨öz öz⟩ terinläriniŋ [quvraɣlarïnïŋ y(a)ruqlarï]

1798   [y(a)šu]qlarï yaruyu yašuyu ü[stälü küü kälig küčintä ärksinip]

1799   []/ tïḍdačï tïltaɣlarïɣ ket[ärip tarqarïp ayïɣ ažunlar]–

1800   tïn birtäm öŋi üdrül[üp uzatï arïɣ süzök burhanlar ulušïnda]

1801   tuɣup tört törlüg ülgüsü[z köŋüllärig altï paramit]–

1802   larïɣ uzatï yügärü qïlïp tört tö[rlüg tïdïɣsïz tïlaŋurmaq]

1803   ädrämlärtä : : altï törlüg b[ügülänmäk ädrämlig küčlärintä]

1804   tizigig biltäči atl(ï)ɣ t(ä)ŋri burhan qutïŋ[a : yükünürbiz tülüklüg]

1805   čoɣluɣ yalïnlïɣ ädgülüg ädrämlig atl(ï)ɣ t(ä)ŋ[ri burhan qutïŋa :]

1806   [yükünürbiz] kün [t(ä)ŋri y](a)ruql[uɣ atl(ï)ɣ t(ä)ŋri burhan]

1807   [amrï]lmïš [yorïqlï]ɣ atl(ï)[ɣ t(ä)ŋri burhan qutïŋa : yükünür]–

1808   biz täpränčsiz atl(ï)ɣ t(ä)ŋri burhan qutïŋ[a : yükünürbiz]

1809   oḍɣuraq sïlaɣuluq ötüngül[ük atl(ï)ɣ t(ä)ŋri burhan qutïŋa :]

1810   yük[ünürbiz] š[a]k[i]muni atl(ï)ɣ t(ä)ŋri burhan qut[ïŋa : yükünürbiz]

1811   maitri atl(ï)ɣ t(ä)ŋri burhan qutïŋa : yü[künürbiz alqïnčsïz]

1812   ät'öz atl(ï)ɣ bodis(a)t(a)v qutïŋa : y[ükünürbiz körgäli ärklig]

1813   kuanši im bod[i]s(a)t(a)v qutïŋa ⟨ : ⟩ q[ut qolunu täginürbiz]

1814   ädgü ögli y(a)rlïqanč[učï kö]ŋüllüg [küčläri üzä artoqraq]

1815   bir täg umuɣ ïnaɣ bo[lu y(a)rl]ïqazunla[r : yänä ymä munčulayu]

1816   ontun sïŋarqï tolp [kök] qalïq uɣu[šïntaqï alqu qamaɣ üč]

1817   ärdinilär qutïŋa u[munup] ïnanïp : [eliglär hanlar]

1818   oɣlï tegitlär ordotaqï q[ar]šï[taqï]

1819   bo arquqa yaqïnqï alqu eligl[är hanlar ulatï olar]–

1820   nïŋ öz öz terinläri quvraɣlarï birlä [ät'özläri köŋülläri]

1821   enč[gülüg] mäŋilig bolup yeg adroq sa[n saqïš]

1822   [bilg]ä biligl[ä]rig bulup : ädgü ö[gli]

1823   [ ]/L'RYN eṭilip yaratïlïp : kü[ü kälig küčintä ärksinip]

1824   ančulayu kälmišlärniŋ [ädgü ögli köŋülintä yorïp tört]

1825 tuɣumtaqï tïnl(ï)ɣlarïɣ [tuta ičgärü]

1826 bolzunlar：iki otuzunč ⟨közünür⟩ ü[dki ög qaŋ üčün burhan]–

1827 larqa yükünmäk bölök：bökün[ki küntä bo nomluɣ oron]–

1828 taqï bir išdäš qamaɣ uluɣ quvr[aɣ]

1829 köŋülin ögnüŋ qaŋnïŋ [ädgü]

1830 ögli köŋülin ögülük [saqïnɣuluq]

1831 ögnüŋ qaŋ[nïŋ   ]

1832 [ämi]g berip sävmäk amranmaqlïɣ []

1833 [äz] öt’özläriniŋ adaqquz⟨z⟩un [   ]

1834 [suqančïɣ ün]lüg atl(ï)ɣ t(ä)ŋri burhan qutïŋa [：yükünürbiz]

1835 [ädräm t](ä)ŋrisi atl(ï)ɣ t(ä)ŋri burhan qutïŋ[a：yükünürbiz]

1836 [v(a)žir quvraɣ]lïɣ atl(ï)ɣ t(ä)ŋri burhan [qutïŋa：yükünürbiz]

1837 [bilgä] bilig töpösi atl(ï)ɣ [t(ä)ŋri burhan qutïŋa：yükünür]–

1838 [biz ädgün t]urmïš atl(ï)[g t(ä)ŋri burhan qutïŋa：]

1839 [yükünürbiz ar]sl[a]n a[tl(ï)ɣ [t(ä)ŋri burhan qutïŋa：]

1840 [yükünürbiz] kükrägä ünlüg a[tl(ï)ɣ [t(ä)ŋri burhan]

1841 [qutïŋa]：yükünürbiz ötgürdäči [b(ä)lgülüg atl(ï)ɣ [t(ä)ŋri]

1842 [burha]n qutïŋa：yükünürbiz enčgülüg äsä[ngülüg atl(ï)ɣ]

1843 [t(ä)ŋri] burhan qutïŋa：yükünürbiz bilgä [bilig]

1844 yaratïɣlïɣ atl(ï)ɣ t(ä)ŋri burhan qutïŋa：yükünürm(ä)n etlinmäksiz

1845 baṭmaqsïz ünlüg atl(ï)ɣ t(ä)ŋri burhan qutïŋa：yükünürm(ä)n hwa

1846 čäčäk tutdačï atl(ï)ɣ ι(ä)ŋri burhan qutïŋa：yükünürm(ä)n

1847 nomluɣ ündin ädrämlig atl(ï)ɣ t(ä)ŋri burhan qutïŋa：

1848 yükünürm(ä)n kesari arslan atl(ï)ɣ t(ä)ŋri burhan qutïŋa：   ： ：：

1849 yükünürm(ä)n etiglig yaratïɣlïɣ nomluɣ y(a)rlïɣ⟨lïɣ⟩ atl(ï)ɣ t(ä)ŋri burhan

1850 qutïŋa：：yükünürm(ä)n alp teṭimlig bilgä biliglig atl(ï)ɣ

1851 t(ä)ŋri burhan qutïŋa：： ：：yükünürm(ä)n hwa čäčäk

1852　yügmäk atl(ï)ɣ t(ä)ŋri burhan qutïŋa : yükünürm(ä)n

1853　ačïlmïš lenhwa čäčäk atl(ï)ɣ t(ä)ŋri burhan qutïŋa :

1854　yükünürm(ä)n uluɣ küčin yorïtačï atl(ï)ɣ t(ä)ŋri burhan qutïŋa :

1855　yükünürm(ä)n nomluɣ ügmäkkä tägmiš atl(ï)ɣ t(ä)ŋri burhan

1856　[y]ükünürbiz yeg [ät'özlüg] atl(ï)ɣ t(ä)ŋri [burhan] qutïŋa [:]

1857　[yükü]nürbiz y(a)ruqï [atl(ï)ɣ t(ä)ŋri] burhan qutïŋ[a :]

1858　[yükünü]rbiz ay t(ä)ŋri [yulasï atl(ï)ɣ t(ä)ŋri burhan qutïŋa :]

1859　[t]ört o[tuzunč aɣïr ayaɣïn bahšïlar uluɣlar üčün burhanlarqa]

1860　yükünmäk [bölök : bökünki küntä bo nomluɣ orontaqï bir išdäš qamaɣ]

1861　uluɣ quvraɣ [bir ikintikä　ög qaŋ qaqadaš]

1862　üčün [burhanlarqa yükünmäk tükätmiš boltï : munta basa]

1863　bahšïl[a]r [uluɣlar]

1864　saqïnmïš k(ä)[rgäk　　　　　ögümüz qaŋïmïz bizni]

1865　tuɣursar i[gitsär ymä bizni ayïɣ ažunlardïn t(ä)rk]

1866　öŋi üd[rültürü umadïn]

1867　qïlmïš 'W[　　　　　　　　　　]

1868　nätägin tep [tesär　　　　　　ärig]–

1869　läp ütläp [ ]

1870　[ ]/Y sansar[tïn ünüp]

1871　asqarïp burhanlarïɣ kör[–]

1872　birtäm etigsiz oronta orna[nïp　　　　tüš]–

1873　läriŋä kim uɣay 'W[　　　　　　　　　]

1874　bir ažunta nomča tö[röčä öz　　　　　　]

1875　ät'özläriŋä ök asïɣ tus[u qïl–　　　　　]

1876　utlï sävinč tägürmiš bolmaz[:　　　　　]

1877　ymä bo yertinčüdäki näčä ä[dgü öglilär ärsär bahšïlar uluɣlar]–

1878　ta ärtmäz : nä üčün tesär [　　　　　　　　]

1879 adïn kišilärig ym[ä   ]

1880 y(a)rlïqamïš üčün [ävdin barq]–

1881 tïn ünüp tükäl č(a)hšap(a)t [   ]

1882 barča bahšïlardïn uluɣlard[ïn   ]

1883 altï paramitlarïɣ uzatï [yü]gärü qïlïp tört tö[rlüg tïdïɣsïz]

1884 bilgä biliglärdä ꞉ altï törlüg bügülänmäk ädr[ämlig küčlärtä]

1885 köŋülčä tapča ärksinip šur[aŋ]gasamap(a)ti dyanta [turup]

1886 v(a)čir ⟨täg⟩ b(ä)k qatïɣ ät'özüg bulup öŋräki q[ut qolunmaqïɣ]

1887 [tit]m[ä]din yanturu tïnl(ï)ɣlarqa umuɣ ïnaɣ [bolu y(a)rlïqazunlar]

1888 [beš] otuzunč ontun sïŋarqï t[oyïn]lar š(a)mn[ančlar üčün burhan]–

1889 [larqa] yükünmäk bölök ꞉꞉   ꞉꞉ bökünki küntä [bo nomluɣ orontaqï]

1890 [bir i]šḏäš qamaɣ uluɣ quvraɣ bo yükünč yükünmä[k üzä]

1891 [munta] basa ikiläyü yänä [ar]toqraq üs[tünki kertgünč]

1892 köŋülin beš tilgänimin yerkä tägürüp [tüzü ontun]

1893 sïŋarqï tolp kök qalïq uɣuš[ï]ndaqï közünür üd[ki ken käligmä]

1894 üdki alqu qamaɣ toyïn[lar š](a)mnančlar ꞉ šikšamane[lar šarmirelar]

1895 š(a)rmirančlar üčün ulatï olar[nïŋ] öz öz terinläri ꞉꞉ quvr[aɣlarï]

1896 üčün ꞉ yänä ymä ontun sïŋar[q]ï tolp kök qalïq uɣuši[ntaqï]

1897 alqu qamaɣ upase upasa[nč]lar üčün ꞉ ulatï ola[rnïŋ]

1898 öz öz terinläri quvraɣl[arï] üčün ꞉ yänä [ymä olar]–

1899 [nï]ŋ eyin käldäči kertgünčlüg buší i(y)äsi [upase upasančlar]

1900 [a]p ymä tïltaɣlïɣ ⟨ap⟩ ymä [tï]ltaɣ[s]ïz ädgü ög[li ayïɣ ögli]–

1901 [lä]r üčün ꞉ ulatï olar[nïŋ] öz öz terinlär[i quvraɣlarï üčün]

1902 munčulayu yalŋoq yolïntaqï qamaɣ yalŋoq[lar üčün ulatï]

1903 olarnïŋ öz öz terinlä[r]i quvraɣlarï üčü[n anïn m(ä)n]

1904 qumaru ꞉ bökünki küntä ädgü ögli y(a)rlïqančučï [köŋül]

1905 üzä tolp yertinčünüŋ uluɣ äd[g]ü ögli y(a)rlïqančučï köŋül[lüg]

1906 qaŋlarïŋa umunup ïnanïp : y[ükünür]biz yulalar eligi atl(ï)ɣ [t(ä)ŋri]

1907 burhan qutïŋa : yükünürbiz bil[gä] bilig töpösi atl(ï)ɣ t(ä)ŋri burha[n]

1908 qutïŋa ⟨ : ⟩ yükünürbiz üstün kök t(ä)ŋriniŋ baštïnqïsï atl(ï)ɣ

1909 t(ä)ŋri burhan qutïŋa : y[ükü]nürbiz altïn yaɣïz yerniŋ

1910 ärkligi atl(ï)ɣ t(ä)ŋri burhan qutïŋa : yükünürbiz qutrulmaq–

1911 [l]ïɣ ädgükä tägmiš atl(ï)ɣ t(ä)ŋri burhan qutïŋa : yükünürbiz altun

1912 [t]oqïrlïɣ atl(ï)ɣ t(ä)ŋri burhan qutïŋa : yükünürbiz rahule–

1913 [s]urya atl(ï)ɣ t(ä)ŋri burhan qutïŋa : : yükünürbiz utunčsuz

1914 yegädinčsiz atl(ï)ɣ t(ä)ŋri burhan qutïŋa : yükünürbiz arïɣ arži

1915 atl(ï)ɣ t(ä)ŋri burhan qutïŋa : yükünürbiz ädgü y(a)ruq–

1916 luɣ atl(ï)ɣ t(ä)ŋri burhan qutïŋa ⟨ : ⟩ yükünürbiz altun

1917 ärdini birlä täŋ tüz atl(ï)ɣ [t](ä)ŋri burhan qutïŋa : yükünürbi[z]

1918 üküš ädrämlig t(ä)ŋrilär eli[g]i atl(ï)ɣ t(ä)ŋri burhan : : : [:]

1919 qutïŋa : yükünürbiz nomluɣ ku[šat]re atl(ï)ɣ t(ä)ŋri burhan q[utïŋa :]

1920 yükünürbiz ädräm eliglig atl(ï)ɣ t(ä)[ŋ]ri burhan qutïŋa⟨ : ⟩yükünürb[iz]

1921 aŋgaḍa atl(ï)ɣ t(ä)ŋri b[urh]an qutïŋa : yükünürbiz yeg ä[d]g[ü]

1922 bilgä biliglig atl(ï)ɣ t(ä)ŋri burhan qutïŋa : yükünürbiz

1923 inčgädä barmïš köŋüllüg atl(ï)ɣ t(ä)ŋri burhan qutïŋa : yükünür–

1924 [bi]z qamaɣ čoɣqa yalïnqa ädgü ädrämkä tükällig atl(ï)ɣ t(ä)ŋri

1925 [bu]rhan qutïŋa : yükünürbiz kesari arslan čarlïɣ atl(ï)ɣ t(ä)ŋri bu[rha]n

1926 [q]utïŋa : yükünürbiz ozmïš qutrulmïš b(ä)lgülüg atl(ï)ɣ t(ä)ŋri burhan

1927 [q]utïŋa : yükünürbiz čoɣ yalïn b(ä)lgülüg atl(ï)ɣ

1928 t(ä)ŋri burhan qutïŋa : [yü]künürbiz sansarlïɣ kälginig

1929 üzmiš atl(ï)ɣ t(ä)ŋri burhan qu[tï]ŋa : yükünürbiz bilgä b[i]l[iglig]

1930 aɣïlïq atl(ï)ɣ t(ä)ŋri burhan q[utï]ŋa : : yükü[nürbiz]

1931 bilgä bilig tergini atl(ï)ɣ t(ä)ŋ[ri] burhan qutïŋa : : yükünürbiz

1932 tïdïɣsïz ögdilig atl(ï)ɣ t(ä)ŋri [bu]rhan qutïŋa : : yükünürbiz

1933 [ša]kimuni atl(ï)ɣ t(ä)ŋri burhan [qu]tïŋa∶yükünürbiz maitri 〈atl(ï)ɣ〉t(ä)

ŋri

1934 [bur]han qutïŋa 〈∶〉 yükünürbiz alqïnčsïz ät'öz bodis(a)t(a)v qutïŋa∶∶

1935 [yü]künürbiz körgäli ä[r]klig kuanši im bodis(a)t(a)v qutïŋa∶qut qolunu

1936 [t]äginürbiz ädgü ögli y(a)rlïqančučï köŋüllüg küčläri üzä

1937 [ar]toqraq bir täg umuɣ ïnaɣ bolu y(a)rlïqazunlar∶yänä ymä

1938 [munč]ulayu ontun sïŋarqï tolp kök qalïq uɣušïndaqï alqu

1939 [qa]maɣ üč ärdinilär qutïŋa umunup ïnanïp qut qolunu

1940 [tä]ginürbiz ontun sïŋarqï tolp kök qalïq uɣušïndaqï alqu

1941 qamaɣ toyïnlar šamnančlar šikš[a]mane šarmire šarmarančlar ulatï

1942 olarnïŋ öz öz terinläri q[uv]raɣlarï birlä∶yänä qut qolun[u]

1943 [tägin]ü[r]biz ontun sïŋarqï alqu q[a]maɣ upase upasančlar ulatï

1944 [olarnïŋ] öz öz terinläri quvraɣla[r]ï birlä∶yänä qut qolunu

1945 [tä]ginürbiz olarnïŋ eyin kält[äč]i kertgünčlüg bušï i(y)ä–

1946 [si] upase upasančlar∶ap ymä tïltaɣlïɣ ap ymä

1947 [tïl]taɣsïz ädgü ögli∶ayïɣ ögli ulatï olarnïŋ öz öz

1948 [teri]nläri quvraɣlarï birlä∶ulatï alqu yalŋoq ažunïndaqï q[amaɣ]

1949 [yal]ŋ[o]qlar ymä ilkisiz uzun sansardïnbärü ötgürü bökünki

1950 [kü]nkätägi alqu nizvanilarïn barčanï ketärip tarqarïp qamaɣ

1951 [tï]dtačï tïltaɣlarïn barčanï arïtïp süzüp alqu ayïɣ qïlïnč–

1952 [la]rïn alqunï sïzɣurup ö[ču]rüp qamaɣ ämgäklärdin barčada

1953 [ozu]p qutrulup üč törlüg ada[r]tdačï qïlïnčlardïn öŋi

1954 üdrü]lüp beš törlüg qorqïnč[lar]ï yoqadïp tört törlüg ülgüsüz

1955 köŋü]llärig∶altï paramitl[arï]ɣ uzatï yügärü qïlïp tört

1956 [tör]lüg tïdïɣsïz bilgä biliglärdä∶altï törlüg bügülänmäk

1957 [ädrä]mlig küčlärdä köŋülčä tapča ärksinip bodis(a)t(a)vlar yorïqïnta

1958 [yorïɣ]u bir kölüŋülüg ïdoq yolqa kirip∶učsuz qïdïɣsïz

1959　[alq]u qamaɣ tïnl(ï)ɣlarïɣ ozɣurzunlar：：altï otuzunč ontun sïŋarqï

1960　[är]tmiš üdki toyïnlar š(a)mnančlar üčün burhanlarqa yükünmäk bölök

1961　[bö]künki küntä bo nomluɣ orondaqï bir išḍäš qamaɣ uluɣ quv[ra]ɣ

1962　[birl]ä ikiläyü yänä čïn kertü köŋülin beš tilgänimin yerkä

1963　[tägü]rüp：yänä ontïn sïŋarqï tolp kök qalïq uɣušïndaqï alqu

1964　[qa]m[a]ɣ ärtmiš üdki toyïn[la]r šamnančlar šikšamanelar：š(a)rmire–

1965　[lar] šarmirančlar｛：｝üčün：ärtmi[š] üdki upase upasančlar üčün

1966　[ke]ŋürü ulatï o〈n〉tun sïŋarqï al[q]u yalŋoq yolïntaqï qamaɣ yalŋ[o]q–

1967　[lar är]tmiš isig özlüglär üčün：[u]latï olarnïŋ öz öz terin[läri]

1968　[quvra]ɣlarï üčün anïn biz qïrɣïz t(ä)ŋrim qumaru birlä bökün–

1969　[ki k]üntä ädgü ögli y(a)rl[ï]qančučï köŋül üzä burhan–

1970　[lar] b[i]rlä tä〈n〉k köŋülin bu[r]hanlar 〈birlä〉 tüz küsüšin

1971　[yer]tinčünüŋ uluɣ ädgü ögli y(a)rlïqančučï köŋüllüg qaŋlar–

1972　[ïŋ]a tüzükä umunup ïnanïp yükünürbiz ärdini yügmäk atl(ï)ɣ t(ä)ŋri
burhan

1973　〈qutïŋa〉 [yü]k[ü]nürbiz ädgü ün｛g｝lüg atl(ï)ɣ t(ä)ŋri burhan qutïŋa 〈：〉
yükünürbiz taɣ–

1974　[lar] hanï b(ä)lgülüg atl(ï)ɣ t(ä)ŋri burhan qutïŋa：yükünürbiz alqu nom–
larn–

1975　[ïŋ] töpösi atl(ï)ɣ t(ä)ŋri burhan qutïŋa：yükünürbiz qutrulmaq

1976　[ädrä]mlig atl(ï)ɣ t(ä)ŋri burh[an] qutïŋa：yükünürbiz ädgü

1977　[aɣïrl]ïɣ körklä atl(ï)ɣ t(ä)ŋri burhan qutïŋa：yükünürbiz aṭ maŋal

1978　[ät]özlüg atl(ï)ɣ t(ä)ŋri burhan qutïŋa [：yü]künürbiz säviglig y(a)rlïɣlïɣ
atl(ï)[ɣ]

1979　t(ä)ŋri burhan qutïŋa：yükü[n]ürbiz kesari arslan aẓïɣlïɣ atl(ï)ɣ t(ä)[ŋri]

1980　burhan qutïŋa：yükünürbiz hwa luu na atl(ï)ɣ t(ä)ŋri burhan qutïŋa [：]

1981　yükünürbiz kesari arslan törölüg atl(ï)ɣ t(ä)ŋri burhan qutïŋa [：]

1982　yükünürbiz nom küčlüg atl(ï)ɣ t(ä)ŋri burhan qutïŋa : yük[ünür]–

1983　biz sävgülük taplaɣuluq atl(ï)ɣ t(ä)ŋri burhan qutïŋa : yükün[ürbiz]

1984　ögdikä täpränčsiz atl(ï)ɣ t(ä)ŋri burhan qutïŋa : yükünü[rbi]z alq[u y(a)

ruqlarnïŋ]

1985　eligi atl(ï)ɣ t(ä)ŋri burhan qutïŋa : y[ü]kü[nürbiz tuyunmïš odunmïš]

1986　atl(ï)ɣ t(ä)ŋri burhan qutïŋa : yükünürbiz suqančïɣ körklä kö[zlüg]

1987　atl(ï)ɣ t(ä)ŋri burhan qutïŋa : yükünürbiz köŋülin turulmïš [sav]–

1988　lïɣ atl(ï)ɣ t(ä)ŋri burhan qutïŋa : yükünürbiz y(a)ruqï üzä yarut[dačï]

1989　atl(ï)ɣ t(ä)ŋri burhan qutïŋa : y[ü]künürbiz yïdyïpar täg ädrämlig atl(ï)[ɣ]

1990　t(ä)ŋri burhan qutïŋa : yükünürbiz ögirtürdäči atl(ï)ɣ t(ä)ŋri burhan

qutïŋa [:]

1991　⟨yükünürbiz⟩ äzügsüz yorïqlïɣ atl(ï)ɣ t(ä)ŋri burhan qutïŋa : yükünü –

rbiz [öčmiš]

1992　övkä{n}lig atl(ï)ɣ t(ä)ŋri burhan qutïŋa : yükünürbiz baštïnqï ö[ŋlüg]

1993　atl(ï)ɣ t(ä)ŋri burhan qu[t]ïŋa : yükünürbiz uz maŋlïɣ atl(ï)ɣ t(ä)ŋ[ri]

1994　burhan qutïŋa : yükünürbiz šakimuni t(ä)ŋri burhan qutïŋa ⟨ : ⟩ y[ükünür]–

1995　biz maitri t(ä)ŋri burhan qutïŋa : yükünürbiz alqïnčsïz ät'öz bodi[s(a)t(a)v]

1996　qutïŋa : yükünürbiz körgäli ärklig kuanši im bodis(a)t(a)[v qutïŋa : qut]

1997　qolunu täginürbiz : ädgü ögli y(a)rlïqančučï köŋ[üllüg küčläri üzä um–uɣ]

1998　ïnaɣ bolup tuta ičgärü y(a)rlïqazunlar : yänä ymä munčulayu [ontun]

1999　sïŋarqï tolp kök qalïq uɣušïndaqï alqu qamaɣ üč ärdi[nilär]

2000　qutïŋa umunup ïnanïp qut qol⟨u⟩nu täginürbiz : ärtmiš üdki al[qu]

2001　qamaɣ toyïnlarnïŋ šamnančlarnïŋ šikšamanelarnïŋ šarmarelarnï[ŋ]

2002　š(a)rmarančlarnïŋ yänä ymä küsäyü täginürbiz ärtmiš üd[ki]

2003　[alqu qamaɣ upa]selarnïŋ upasančlarnïŋ ulatï olarnïŋ öz öz

2004　[terinläriniŋ] quvraɣlarïnïŋ ymä qayu näčä tamu yolïndaqï ämgäk–

2005　[läri bar ärsär :] bökünki küntä [o]lartïn inčip ozẓunlar { : }

2006   [qutrulzun]lar: qayu näcä yïlqï yolïndaqï ämgäkläri bar ärsär

2007   [bökünki küntä o]lartïn inčip ozẓunlar qutrulzunlar: qayu näčä pret

2008   [yolïndaqï ämgäkl]äri bar ärsär bökünki küntä olartïn inčip ozẓun-

2009   [lar qutrulzunlar]: säkiz törlüg täginčsiz oronlardïn öŋi üdrül[üp]

2010   [säkiz törlüg] täginčlig buyanlïɣ tuɣumlarïɣ täginip üč yavlaq

2011   [yollarïɣ birtäm] titip ïdalap arïɣ süzök burhanlar ulušïnta

2012   [tuɣup b(ä)lgürüp] äd t(a)var bušïlarï: nom bušïlarï alqïnmadïn

2013   [ ] buyan ädgü qïlïnčlarï alqïnmadïn: enčgüläri mäŋi-

2014   [läri tü]kämädin: özläri yašlarï alqïnmadïn bilgä biligläri

2015   tükämädin

2016   tört törlüg ülgüsüz köŋül-

2017   lärig altï p(a)ramitlarïɣ uzatï

2018   yügärü qïlïp tört törlüg tïdïɣ-

2019   sïz ⟨bilgä⟩ biligdä altï törlüg

2020   bügülänmäk ädrämlig ⟨küč⟩lärdä köŋül-

2021   čä tapča ärksinip uzatï

2022   burhanlarïɣ körüp nomïn äšidip

2023   bodis(a)t(a)vlar yorïqïnta yorïp

2024   alp tetimligin tïnmadïn

2025   sönmädin qatïɣlanïp t(a)vranïp

2026   ulatï qatïɣlanu bïšrunu üz-

2027   äliksiz yeg üstünki köni

2028   tüz tuymaq burhan qutïn

2029   bulup alqu qamaɣ tïnl(ï)ɣlarïɣ

2030   [ ] keŋürü ozɣurdačï qutɣardačï [bolu y(a)rlïqazunlar]

2031   [öŋ]dün uluɣ t(a)vɣač elintä alqu taiše[ŋ šastarlarïɣ qamaɣ nomlarïɣ]

2032   ötgürmiš: qamaɣ bodis(a)t(a)v

2033　uɣušluɣ bilgä bahšïlar lovudi

2034　atl(ï)ɣ tavɣač hannïŋ ötügiŋä

2035　tolp taitsoki uluɣ aɣïlïq nom—

2036　larda ävdip alïp bütürmiš：

2037　yänä el ävirmiš alp qutluɣ

2038　arslan ata ügä bäg qadïr

2039　bašnïŋ üklit t(ä)ŋrimniŋ

2040　üčünč oɣulï oɣul küdägü

2041　qutadmïš baš öz ïnanč totoq

2042　bägniŋ bo iki ögi qaŋï

2043　qutluɣlar üčün ävirtgäli

2044　ötünmiš ötügiŋä：bo beš

2045　čöpik kälyük bulɣanyuq y(a)vlaq

2046　üdtä qoluta kenki bošɣut—

2047　luɣ beš balïqlïɣ küntsün

2048　yükünm[ä]k bölökdin ulatï：

2049　altï otuzunč ärtmiš üdki

2050　toyïnlar šamnančlar üčün

2051　burhanlarqa yükünmäk

2052　bölökkätägi on bölök

2053　nomlarnïŋ tözlärin

2054　uqïtdačï säkizinč ülüš

2055　nom bitiyü tükädi：：　　：：

2056　namo but：：namo d(a)rm：：namo saŋ：：

2057　：：　　：：sadu sadu：：　　：：

卷 九

2058 [amtï munta bo ädgü ög]li y(a)rlïqančučï köŋü[l]l[üg nom]-

2059 [luɣ oronta k]šanti qïlɣuluq nom bitigig keŋürü

2060 [ača yada o]qïtɣu üčün : bir učluɣ süz-

2061 [ök kö]ŋülin qamaɣ üč üdki burha[n]-

2062 [larqa u]munup [ï]nanïp : biz qudaš eš

2063 [   ]/[]//// [   ]D// yük[ünürbiz]

2064 vipaši atl(ï)ɣ t(ä)ŋri burhan

2065 qutïŋa : : yükünürbiz šiki

2066 atl(ï)ɣ t(ä)ŋri burhan qutïŋa :

2067 yükünürbiz višvabu atl(ï)ɣ t(ä)ŋri

2068 burhan qutïŋa : yükünürbiz

2069 kr(a)kašunḍe atl(ï)ɣ t(ä)ŋri burhan

2070 qutïŋa : yükünürbiz kanakamuni

2071 atl(ï)ɣ t(ä)ŋri burhan qutïŋa :

2072 yükünürbiz kašip atl(ï)ɣ t(ä)ŋri

2073 burhan qutïŋa : yükünürbiz

2074 töz bahšïm(ï)z šakimuni atl(ï)ɣ

2075 t(ä)ŋri burhan qutïŋa : :

2076 yükünürbiz ken käligmä üdki

2077 maitri atl(ï)ɣ t(ä)ŋri burhan qutïŋa ⟨ : ⟩

2078 ilkisiz uzun sansardïn ötgürü

2079 bökünki künkätägi ät'özin

2080 tilin köŋülin qïlmïš quvratmïš

2081 namo but : : namo d(a)rm : : [n]amo saŋ

2082 ädgü ögli y(a)rlïqančučï köŋüllüg

2083 nomluɣ oronta yükünč yükünü

2084 qïlmïš ayïɣ qïlïnčlarïɣ

2085 kšanti qïlɣuluq nom bitig toquz–

2086 unč tägzinč : :   : :

2087 yalŋoq yolïntaqïlar üčün

2088 yükünč yükünü tükäṭmiš boltï

2089 munta basa üč y(a)vlaq yol–

2090 daqïlar üčün burhanlarqa

2091 yükünč yüküngülük ol : yeti otuz–

2092 unč aviš tamuta ulatï

2093 tamudaqïlar üčün burhan–

2094 larqa yükünmäk bölök :

2095 säkiz otuzunč čadïrlïɣ ügüz

2096 [ula]tï tamudaqïlar üčün

2097 burhanlarqa yükünmäk bölök

2098 bir qïrqïnč ootluɣ balïqlïɣ

2099 bï bïčɣuluɣ taɣlïɣta ulatï

2100 tamudaqïlar üčün burhanlar–

2101 qa yükünmäk bölök : :

2102 iki qïrqïnč pret yolïntaqï–

2103 lar üčün burhanlarqa yükünmäk

2104 bölök : üč qïrqïnč yïlqï

2105 yolïntaqïlar üčün burhan–

2106 larqa yükünmäk bölök : :

2107 tört qïrqïnč altï yoldaqï–

2108   lar üčün qut qolunmaq bölök：

2109   beš qïrqïnč oduɣ saq köŋülin

2110   ürlüksüzdä ulatï nomlarïɣ

2111   saqïnmaq bölök：altï qïrqïnč

2112   qatïɣlandačï ämgändäči küč

2113   öŋ[rä]dinbärüki üč ärdini–

2114   lärkä ïnanɣalïrdïnbärü bo äŋ

2115   kenki p(a)dikkä tägiki sav–

2116   larda isḍäm sözlädi：：

2117   tümän tümän törlüg nomlar

2118   adïrt öŋi ärsärlär ymä

2119   išläri küdökläri bir ärmäz

2120   qačan y(a)ruqlï qaraŋɣulïqa

2121   tägdüktä yalŋuz ädgüli ayïɣ–

2122   lï iki törlüg qïlïnčlar

2123   körüšürlär ädgü qïlïnč ärsär：

2124   q(a)ltï yalŋoqlï t(ä)ŋriliniŋ

2125   yeg adroq yolï yïŋaqï ärür

2126   ayïɣ qïlïnč ärsär q(a)ltï tamu

2127   pret yïlqïlarnïŋ öŋi

2128   öŋi izi oruqï tetir：tözün

2129   yavaš törölüg ädgülüg sav

2130   –l[ä]rig täginürlär：bo savlar näŋ

2131   öz köŋülčä qarïšmaq yar(ï)šmalaš–

2132   maqlïɣ üzä išlägülük bulɣuluq

2133   ärmäz：ol qudïqï asraqï yavïz

2134   yollarda tüšdäčilär：oot–

2135　luɣ balïqdaqï tämirlig toor—

2136　da turup：qïzartmïš tämir

2137　yumɣaqlïɣ ašïɣ yep ärgürmiš

2138　qayïna turur qïzïl baqïrlïɣ

2139　ičgüg ičip yïl sanï üzä

2140　qïlmïš b(ä)lgürtmiš b(ä)lgürtmälär—

2141　tä artoq üküč k(a)lp saqïšï

2142　üzä ärtinčsiz tükäṭinčsizlär

2143　birlä täŋ tüz üdün ämgänürlär

2144　ymä bo tamudaqï ämgäklär tolɣaq—

2145　lar yaqïn barɣuluqsuz ärip inčip

2146　anta oɣlaɣu ät'özlüg bolurlar：

2147　unamadïn ärtiŋü uzun yïl yaš

2148　üzä ämgäk täginürlär：birök

2149　yänä ol tamuluɣ orontïn

2150　ozɣalï bulsarlar：yänä pret

2151　ažunïnta tüštüklärintä

2152　aɣïzlarïnta oot yalïn ünüp

2153　isig özlärin tükäl ilgünü

2154　umazlar：qačan munta ölü

2155　tükäṭip yänä yïlqï ažunïnta

2156　tüštüklärintä ädgü yezgü

2157　üzä ačïnčïp toḍɣurup ätin

2158　yinin üklitip sämirtip yašaɣu—

2159　luq isig öziniŋ sanïn

2160　saqïšïn ärtürgäli ïḍmatïn

2161　olarnï ölürüp irkliklär—

2162　ig ešičlärig bölä yada

2163　tikip bïšurtup : tergilärig

2164　–i tolɣaqï [čïn kertü] ärip uzun üdün

2165　tägingülük : täginčsiz oronlar–

2166　nïŋ erinčkänčigi ärür : inčip bo

2167　munï täg yeg quḍïqï bolɣuluq sav–

2168　larqa ertäkän ïčanïp saqlanïp

2169　umunɣuluq taplaɣuluq ädgülärkä

2170　kertgüngäli umadïn : m(ä)n mäniŋ–

2171　lig köŋül üzä ikirčgü sezikig

2172　öritgäli sävip ol ikirčgü sez–

2173　ikläri tïltaɣïnta üküši ädgü

2174　yolqa barmazlar : anï üčün t(ä)ŋri

2175　t(ä)ŋrisi burhan ⟨sözlädi : ⟩ bo yertinčüdä

2176　on törlüg savlar ol : öltük–

2177　dä üč y(a)vlaq yollarqa

2178　kigürdäči : qayular ol on tep

2179　tesär : inčä q(a)ltï äŋilki köŋül–

2180　üg ädgü savda bir učluɣ

2181　T' [ö]g[r]ätinip : kišilärniŋ ädgü

2182　üṭin ärigin al(ï)nmamaq : altïnč

2183　öz tapï eyin küčänip alqu

2184　yavïz išlärig išlämäk

2185　bütürmäk : yetinč tïnl(ï)ɣlarïɣ

2186　ölürgäli sävip yalŋuz yalïntïq

2187　yalŋoq kägšäklärig učuzlamaq

2188　satɣamaq ⟨ : ⟩ säkizinč uzatï ⟨ayïɣ⟩ kiši–

2189   lär birlä eš tuš bolup adïn

2190   balïq uɣušluɣlarïɣ

2191   basïnmaq y(a)vlaqlanmaq : :

2192   toquzunč qayu sözlägülük sav-

2193   larda čïnsïz kertüsüz savlïɣ bol-

2194   maq : onunč alqu tïnl(ï)ɣlarqa

2195   y(a)rlïqančučï köŋülsüzin qamaɣ

2196   ayïɣ qïlïnčlarïɣ öritmäk

2197   ärür : birök kim qayu kiši

2198   [i]nčä täŋläsär qolulasar [ ] bo

2199   t(ä)ŋri burhan y(a)rlïqaɣučï y(a)rl(ï)ɣïlar-

2200   tïn kim ozɣalï qutrulɣalï uɣay :

2201   ozɣalï qurtulɣalï umayu tükät-

2202   sär : tamuta barčaqa bo

2203   ayïɣ qïlïnčlïɣ ülüš anuq

2204   bar ärür : amtï uluɣ quvraɣ

2205   öŋin öŋin bo yörügüg

2206   tuya oŋaru y(a)rlïqasarlar

2207   küsüšüm täginür uluɣ quvraɣ

2208   bo ädgü üdkä qoluqa

2209   yar(ï)šmalašu bodis(a)t(a)vlar {: :}

2210   yolïnta yorïyu qatïɣlanïp

2211   t(a)vranïp : qamaɣ ädgü nomlar-

2212   ïɣ küsäyü tiläyü tïnl(ï)ɣ asïɣ-

2213   ïn qïlu y(a)rlïqazunlar :   : :

2214   nä üčün tesär : äŋ-

2215   alp [teti]ml[i]g köŋülüg öritip

2216   b(ä)k qatïɣ köŋülüg turɣurup

2217   ädgü ögli y(a)rlïqančučï köŋülüg

2218   alqunï ozɣurmaqlïɣ köŋül–

2219   üg : tïnl(ï)ɣ uɣušïŋa umuɣ

2220   bolmaqlïɣ köŋülüg öritip

2221   burhan qutïn bulɣuluq nomluɣ

2222   oronta olurɣïnčaqatägi bo küsüš–

2223   üg saqïnčïɣ unïtu ïratu

2224   y(a)rlïqamazunlar : küsäyü täginürbiz

2225   ontun sïŋarqï tolp kök qalïq

2226   uɣušïntaqï alqu burhanlar–

2227   nïŋ qamaɣ uluɣ bodis(a)t(a)vlar–

2228   nïŋ uluɣ küü kälig ädrämlig

2229   küčläri : uluɣ ädgü ögli

2230   y(a)rlïqančučï köŋüllüg küč–

2231   läri : tamuluɣlarïɣ ozɣurmaq

2232   [el kälmiš t(ä)ŋri]m birlä : : biz[i]ŋ

2233   ymä bo muntaɣ tïnl(ï)ɣ asïɣïn

2234   qïlɣuluq küsüšümüz qanzun {: :}

2235   bützün ⟨: :⟩ anïn yänä bo bir

2236   sïqïɣlïɣ ämgäkliglär birlä

2237   beš tilgänim(i)zni yerkä

2238   tägürüp aviš tamudaqï ämgäk–

2239   lärig tägindäči tïnl(ï)ɣlardïn

2240   ulatï säkiz y(e)g(i)rmi buzluɣ tamular–

2241   daqï : qar(a)ŋɣu qararïɣ tamular–

2242   daqï säkiz y(e)g(i)rmi bï bïčɣu č(a)k(i)r–

2243　lïɣ tamulardaqï∶säkiz y(e)g(i)rmi

2244　örtlüg tamulardaqï asipaṭravan

2245　arïɣlïɣ tamudaqï∶ootluɣ

2246　qaŋlïlïɣ tamudaqï bïrïɣlïɣ

2247　tamudaqï qayïnar ešičlig

2248　tamudaqï bo muntaɣ tamularnïŋ

2249　ik[iläy]ü olarnï ü[čün yertinčü]–

2250　nüŋ uluŋ ädgü ögli y(a)rlïqančučï

2251　köŋüllüg qaŋlar[ïŋ]a

2252　umunup ïnanïp∶yükünürbiz uluɣ

2253　ün üzä ögdäči atl(ï)ɣ t(ä)ŋri

2254　burhan qutïŋa∶∶yükünürbiz

2255　arïɣ küsüšlüg atl(ï)ɣ t(ä)ŋri

2256　burhan qutïŋa∶∶yükünürbiz

2257　kün t(ä)ŋri atl(ï)ɣ t(ä)ŋri burhan

2258　qutïŋa∶yükünürbiz bilgä

2259　biligig sävdäči atl(ï)ɣ t(ä)ŋri

2260　burhan qutïŋa∶∶yükünürbiz

2261　yïɣïnmïš ät'özlüg atl(ï)ɣ t(ä)ŋri

2262　burhan qutïŋa∶∶yükünürbiz

2263　čoɣluɣ yalïnlïɣ ädgülüg

2264　ädrämlig küčlüg küsünlüg

2265　atl(ï)ɣ t(ä)ŋri burhan qutïŋa∶∶

2266　turulmïš yorïqlïɣ atl(ï)ɣ t(ä)ŋri

2267　burhan qutïŋa∶∶yükünürbiz

2268　küvänč yoqay köŋülüg titmiš

2269　ïdalamïš atl(ï)ɣ t(ä)ŋri burhan

2270   qutïŋa：yükünürbiz bilgä

2271   bilig aɣïlïq atl(ï)ɣ t(ä)ŋri burhan

2272   qutïŋa：yükünürbiz arïɣ yorïq‒

2273   lïɣ atl(ï)ɣ t(ä)ŋri burhan qutïŋa：

2274   yükünürbiz čanḍana atl(ï)ɣ t(ä)ŋri

2275   burhan qutïŋa：yükünürbiz

2276   busan⟨ma⟩dačï ⟨atl(ï)ɣ⟩ atl(ï)ɣ t(ä)ŋri burhan

2277   qutïŋa：yükünürbiz tïqïlïɣ

2278   körklä ät'özlüg atl(ï)ɣ t(ä)ŋri

2279   burhan qutïŋa：yükünürbiz

2280   lakšanapur atl(ï)ɣ t(ä)ŋri burhan

2281   qutïŋa：：yükünürbiz lenhwa

2282   qut[ïŋa：yükünürbiz]L[ ]

2283   bilgä biligin bay atl(ï)ɣ t(ä)ŋri burhan

2284   qutïŋa：：yükünürbiz šakimuni

2285   atl(ï)ɣ t(ä)ŋri burhan qutïŋa⟨：⟩

2286   yükünürbiz maitri atl(ï)ɣ t(ä)ŋri

2287   burhan qutïŋa：：yükünürbiz

2288   arslan ilinčüsin ilinčülädäči ⟨atl(ï)ɣ⟩

2289   bodis(a)t(a)v qutïŋa：yükünürbiz

2290   arslan silkinmäkin silkindäči

2291   atl(ï)ɣ bodis(a)t(a)v qutïŋa：：

2292   yükünürbiz alqïnčsïz ät'öz

2293   bodis(a)t(a)v qutïŋa：：yükünürbiz

2294   körgäli ärklig kuanši im bodis(a)t(a)v

2295   qutïŋa：： ：：qut

2296   qolunu täginürbiz：：ädgü ögli

2297　y(a)rlïqančučï köŋüllüg küčläri

2298　üzä tutup ičgärip umuɣ ïnaɣ

2299　[ootluɣ qaŋ]l[ïlïɣ bïrï]ɣl[ïɣ] tamu-

2300　daqï bolarnïŋ terinintä quvraɣïn-

2301　ta ulatï tamulardaqï ämgäk tägin-

2302　däči tïnl(ï)ɣlar：bo burhanlarnïŋ

2303　küčintä：nom ärdininiŋ küčintä

2304　qamaɣ bodis(a)t(a)vlar küčintä alqu

2305　tözünlärniŋ ïdoqlarnïŋ

2306　küčintä ämgäk täginmäzünlär：

2307　bökünki küntä ämgäk täginü

2308　tükätmiš tïnl(ï)ɣlar ymä inčip

2309　ozup qutrulup birtämläti ikiläyü

2310　tamuda tüšmädin alqu ayïɣ

2311　qïlïnčlïɣ tïdïɣlarï barča sïz-

2312　ïp öčüp birtämläti ikiläyü

2313　tamuta tuɣurdačï qïlïnčlarïɣ

2314　qïlmadïn tamudaqï tuɣumuɣ titip

2315　burhanlar ulušïnta tuɣmaqïɣ

2316　örit[ip tört törlüg ülgüsüz]

2317　köŋüllärig altï p(a)ramitlar-

2318　ïɣ uzatï yügärü qïlïp tört

2319　törlüg tïdïɣsïz bilgä bilig-

2320　lärtä ulatï：altï törlüg

2321　bügülänmäk ädrämlig küč-

2322　lärdä köŋülčä tapča

2323　ärksinip bilgä biligkä

2324 tükälligin bodis(a)t(a)vlar yolïnta

2325 yorïyu tïnmaqsïzïn sönmäksiz–

2326 in qatïɣlanu t(a)vranu ulatï

2327 qatïɣlanïp bïšrunup on oron–

2328 luɣ yorïqlarïɣ tošɣurup v(a)čraupam

2329 dyanlïɣ köŋülkä kirip:köni

2330 tüz tuymaq burhan qutïn bulzun–

2331 lar::säkiz otuzunč čadïrlïɣ

2332 ügüzlüg tämir yumɣaq–

2333 [arïɣlïɣ tamu]t[a:ša]l[mali arïɣ]l[ï]ɣ tamu–

2334 ta:tuč tirgöklüg tamuda

2335 tuč ornuɣluɣ tamuda tämir

2336 yantirlïɣ tamuda:tämir toor–

2337 luɣ tamuda:tämir üŋürlüg

2338 tamuda:tämir yumɣaqlïɣ tamu–

2339 ta:süvri tašlïɣ tamuda

2340 munčulayu ontun sïŋarqï tolp

2341 kök qalïq uɣušïntaqï alqu

2342 tamulardaqï bökünki küntä

2343 〈yügärü〉 ämgäk tägintäči:alqu qamaɣ tïnl(ï)ɣ–

2344 lar üčün:m(ä)n el kälmiš t(ä)ŋrim:

2345 tuyunmaq köŋül üzä yertinčünüŋ

2346 uluɣ ädgü ögli y(a)rlïqančučï köŋül–

2347 lüg qaŋlarïŋa tüzükä

2348 umunup ïnanïp:yükünürbiz arïɣ

2349 äd t(a)varlïɣ 〈atl(ï)ɣ〉 t(ä)ŋri burhan

2350 burh[an qutïŋa:yükünürbiz]

2351　pušya atl(ï)ɣ t(ä)ŋri burhan

2352　qutïŋa：yükünürbiz tišy⟨a⟩ atl(ï)ɣ

2353　t(ä)ŋri burhan qutïŋa：　：

2354　yükünürbiz bilgä biliglig kün

2355　t(ä)ŋrilig atl(ï)ɣ t(ä)ŋri burhan

2356　qutïŋa：：yükünürbiz sansarlïɣ

2357　čantïɣ titigdin ünmiš atl(ï)ɣ

2358　t(ä)ŋri burhan qutïŋa：：　：：

2359　yükünürbiz bilgä biligkä

2360　tägmiš atl(ï)ɣ t(ä)ŋri burhan

2361　qutïŋa：yükünürbiz mora

2362　atl(ï)ɣ t(ä)ŋri burhan qutïŋa：

2363　yükünürbiz baštïnqï qutluɣ buyan–

2364　lïɣ atl(ï)ɣ t(ä)ŋri burhan qutïŋa ⟨：⟩

2365　yükünürbiz nomluɣ mäŋilig atl(ï)ɣ

2366　t(ä)ŋri burhan qutïŋa：：　：：

2367　[yükünürbiz vaidurilïɣ aɣïlïq at]l(ï)ɣ

2368　t(ä)ŋri burhan qutïŋa：：　：

2369　yükünürbiz atï küüsi čavïqmïš

2370　atl(ï)ɣ t(ä)ŋri burhan qutïŋa：

2371　yükünürbiz y(i)ti sikiz amrïlmïš

2372　atl(ï)ɣ t(ä)ŋri burhan qutïŋa：

2373　yükünürbiz üṭläp ärigläp asïɣ

2374　tusu qïltačï atl(ï)ɣ t(ä)ŋri burhan

2375　qutïŋa：：yükünürbiz kün t(ä)ŋri

2376　y(a)ruqluɣ atl(ï)ɣ t(ä)ŋri burhan

2377　qutïŋa：：yükünürbiz ädgü y(a)ruq–

2378 luɣ atl(ï)ɣ t(ä)ŋri burhan qutïŋa 〈∶〉

2379 yükünürbiz üküš ädrämlig yeg

2380 üstünki y(a)ruqluɣ atl(ï)ɣ t(ä)ŋri

2381 burhan qutïŋa∶yükünürbiz

2382 ädrämlig ärdini atl(ï)ɣ t(ä)ŋri

2383 burhan qutïŋa ∶∶   ∶∶

2384 ··· yü]kü[nü]rbiz [a]rslan [···

2385 ··· yükünür]biz arsl[an u]ɣušl[uɣ bodis(a)t(a)v ···

2386 [alqïnčs]ïz ät'öz bodis(a)t(a)v q[utïŋa∶···

2387 yükü[nürbiz körgäli ärklig kuanši]

2388 im bodis(a)t(a)v qutïŋa∶∶   ∶∶

2389 qut qolunu täginürbiz ädgü ögli

2390 y(a)rlïqančučï köŋüllüg küčlär–

2391 i üzä artoqraq bir täg

2392 umuɣ ïnaɣ bolup tarta ozɣuru

2393 y(a)rlïqazunlar∶yänä ymä

2394 munčulayu ontun sïŋarqï tolp

2395 kök qalïq uɣušïndaqï

2396 alqu qamaɣ üč ärdinilär

2397 qutïŋa∶umunup ïnanïp qut

2398 qolunu täginürbiz∶bökünki kün–

2399 tä čadïrlïɣ ügüzlügdä

2400 ulatï tamularda yügärü ämgäk

2401 tägindäči alqu qamaɣ tïnl(ï)ɣlar

2402 alquɣun barča ozup qutrulup

2403 alqu ämgäklig tüšläri∶

2404   [uzun sansa]r–

2405　lïɣ ootluɣ ävdin tašɣaru

2406　ünüp nomluɣ oronqa tägip

2407　alqu qamaɣ bodis(a)t(a)vlar birlä

2408　yumqï köni tüz tuymaq burhan

2409　qutïn bulzunlar：toquz otuz–

2410　unč ärgürmiš qïzïl baqïr

2411　ičürmäklig kömürlüg qarïm–

2412　lïɣta ulatï tamudaqïlar

2413　üčün burhanlarqa yükünmäk

2414　bölök：：bökünki küntä

2415　bo nomluɣ orondaqï bir išḍäš

2416　qamaɣ uluɣ quvraɣ ikiläyü yänä

2417　bir učluɣ köŋülin：beš tilgänim(i)z–

2418　ni yerkä tägürüp：tüzü ontun

2419　sïŋarqï tolp kök qalïq uɣušïn–

2420　taqï alqu tamularda

2421　–sïz [učsuz qïdïɣsïz terinlär]–

2422　intä quvraɣlarïnta ulatï

2423　tamularda：bökün yügärü ämgäk

2424　tägindäči tïnl(ï)ɣlar üčün m(ä)n

2425　el kälmiš t(ä)ŋrim tuyunmaq köŋül–

2426　in ikiläyü yertinčünüŋ

2427　uluɣ ädgü ögli y(a)rlïqančučï

2428　köŋüllüg qaŋlarïŋa：　：

2429　umunup ïnanïp：yükünürbiz

2430　yalŋoqlarnïŋ {：} ay t(ä)ŋri–

2431　si atl(ï)ɣ t(ä)ŋri burhan qutïŋa ⟨：⟩

2432　yükünürbiz rahu atl(ï)ɣ t(ä)ŋri

2433　burhan qutïŋa：：yükünür–

2434　biz rasayan tözlüg bilgä

2435　biliglig atl(ï)ɣ t(ä)ŋri burhan

2436　qutïŋa：：yükünürbiz suqančïɣ

2437　ünlüg atl(ï)ɣ t(ä)ŋri

2438　t(ä)ŋri burhan qutïŋa：yükünürbiz

2439　küčlüg küsünlüg ädgülüg ädräm–

2440　lig yügmäk atl(ï)ɣ t(ä)ŋri

2441　burhan qutïŋa：：yükünürbiz

2442　t(ä)ŋrilär eligi atl(ï)ɣ t(ä)ŋri

2443　burhan qutïŋa：yükünürbiz

2444　suqančïɣ ünlüg ägziglig

2445　atl(ï)ɣ t(ä)ŋri burhan qutïŋa：

2446　yükünürbiz suqančïɣ hwa čäčäk

2447　atl(ï)ɣ t(ä)ŋri burhan qutïŋa 〈：〉

2448　yükünürbiz turulmïš asïɣlïɣ

2449　atl(ï)ɣ t(ä)ŋri burhan qutïŋa：

2450　yükünürbiz ädgülüg ädrämlig čoɣluɣ

2451　yalïnlïɣnïŋ tergini atl(ï)ɣ t(ä)ŋri

2452　burhan qutïŋa：yükünürbiz bilgä

2453　biligi tüzgärgülüksüz atl(ï)ɣ t(ä)ŋri

2454　[ ]／[　　　　　　　　　　]

2455　yükünürbiz ün ägzig üzä

2456　yegädmiš atl(ï)ɣ t(ä)ŋri burhan

2457　qutïŋa：yükünürbiz di äki

2458　atl(ï)ɣ t(ä)ŋri burhan qutïŋa：

2459　yükünürbiz ädgü asïɣlïɣ atl(ï)ɣ

2460　t(ä)ŋri burhan qutïŋa : yükünür–

2461　biz münsüz qadaɣsïz atl(ï)ɣ t(ä)ŋri

2462　burhan qutïŋa : yükünürbiz ädgü

2463　nomta yorïdačï atl(ï)ɣ t(ä)ŋri

2462　burhan qutïŋa : yükünürbiz šaki–

2465　muni atl(ï)ɣ t(ä)ŋri burhan qutïŋa :

2466　yükünürbiz maitri atl(ï)ɣ t(ä)ŋri burhan

2467　qutïŋa : yükünürbiz b(ä)k qatïɣ alp

2468　tetimligin qatïɣlandačï bodis(a)t(a)v

2469　qutïŋa : yükünürbiz v(a)žir bilgä

2470　biliglig bodis(a)t(a)v qutïŋa : :　: :

2471　qamaɣ üč ärdinilär qutïŋa :

2472　umunup ïnanïp qut qolunu täginür–

2473　biz : ärgürmiš qïzïl baqïrïɣ

2474　ičürdäči ulatï tamularda amtï

2475　yügärü ämgäk tägindäči tïnl(ï)ɣlar– {:}

2476　nïŋ alqu ayïɣ qïlïnčlïɣ tïdïɣ–

2477　larï alquɣun barča öčüp amrïl–

2478　ïp : alqu qamaɣ ämgäklärdin

2479　barča ozup qutrulup böküntä

2480　ïnaru birtämläṭi ikiläyü tamuda

2481　tüšmädin tamudaqï tuɣumuɣ titip

2482　burhanlar ulušïnta tuɣmaqïn

2483　bulup tamudaqï isig özüg

2484　titip : bilgä biliglig isig öz–

2485　üg bulup : tört törlüg ülgüsüz

2486　köŋüllärig：altï p(a)ramitlarïɣ

2487　bïčɣuluɣ tämir irklikdä ulatï

2488　tamudaqïlar üčün burhanlarqa

2489　yükünmäk bölök：bökünki küntä

2490　bo nomluɣ orontaqï bir išḍäš qamaɣ

2491　uluɣ quvraɣ birlä ikiläyü yänä

2492　čïn kertü köŋülin tüzü ontun

2493　sïŋarqï tolp kök qalïq uɣuš–

2494　ïntaqï alqu tamudaqïlar

2495　üčün sančiv tamutaqï qara

2496　qumluɣ tamudaqï：ät'özüg

2497　talɣoqladačï tamudaqï：oot–

2498　luɣ quduɣluɣ tamudaqï：taš

2499　uɣaqlïɣ tamudaqï：čoqrayu

2500　turur isig qumluɣ tamudaqï

2501　bï bïčɣuluɣ tamudaqï ačurdačï

2502　tamudaqï：qïzïl baqïr ešičlig

2503　atl(ï)ɣ t(ä)ŋri burhan qutïŋa：

2504　yükünürbiz suqančïɣ y(a)ruqluɣ

2505　atl(ï)ɣ t(ä)ŋri burhan qutïŋa：

2506　yükünürbiz nomlaɣalï säviglig

2507　atl(ï)ɣ t(ä)ŋri burhan qutïŋa：

2508　yükünürbiz umuɣ ïnaɣ bolmaqda

2509　uzanmaqlïɣ atl(ï)ɣ t(ä)ŋri burhan

2510　qutïŋa：yükünürbiz alqu ügnüŋ

2511　eli hanï atl(ï)ɣ t(ä)ŋri burhan

2512　qutïŋa：yükünürbiz qorqïnčtïn

2513　öŋi üdrülmiš atl(ï)ɣ t(ä)ŋri

2514　burhan qutïŋa：yükünürbiz tïlaŋur–

2515　maqlïɣ kün t(ä)ŋri atl(ï)ɣ t(ä)ŋri

2516　burhan qutïŋa：yükünürbiz atï

2517　küüsi čavïqmïš atl(ï)ɣ t(ä)ŋri

2518　.burhan qutïŋa：　　：

2519　yükünürbiz ädgü ünlüg atl(ï)ɣ t(ä)ŋri

2520　burhan qutïŋa：yükünürbiz bilgä

2521　bilig üzä umuɣ boldačï atl(ï)ɣ

2522　t(ä)ŋri burhan qutïŋa：yükünürbiz

2523　tüzgärgülüksüz köŋüllüg atl(ï)ɣ

2524　t(ä)ŋri burhan qutïŋa：yükünürbiz

2525　v(a)žir täg b(ä)g qatïɣ süülüg

2526　atl(ï)ɣ t(ä)ŋri burhan qutïŋa：

2527　yükünürbiz tuyunmaq köŋüllüg

2528　atl(ï)ɣ t(ä)ŋri burhan qutïŋa：

2529　yükünürbiz sögütlär eligi

2530　atl(ï)ɣ t(ä)ŋri burhan qutïŋa：

2531　yükünürbiz p(a)nḍihsv(a)re atl(i)g t(ä)ŋri

2532　burhan qutïŋa：yükünürbiz buyan

2533　ädgü qïlïnč küčlüg atl(ï)ɣ t(ä)ŋri

2534　burhan qutïŋa：yükünürbiz tülüklüg

2535　bu[rhan qutïŋa：yükünürbiz]

2536　atl(ï)ɣ t(ä)ŋri burhan qutïŋa：：

2537　yükünürbiz ürtügüg köšiküg {：}

2538　kämišmiš atl(ï)ɣ bodis(a)t(a)v qutïŋa：

2539　yükünürbiz amrïlmïš ärikliglig

2540   atl(ï)ɣ bodis(a)t(a)v qutïŋa∶yükünür–

2541   biz alqïnčsïz ät'öz bodis(a)t(a)v

2542   qutïŋa∶∶yükünürbiz körgäli

2543   ärklig kuanši im bodis(a)t(a)v qutïŋa∶

2544   qut qolunu täginürbiz ädgü

2545   ögli y(a)rlïqančučï köŋüllüg

2546   küčläri üzä artoqraq bir täg

2547   umuɣ ïnaɣ bolu y(a)rlïqazunlar∶

2548   yänä ymä munčulayu ontun sïŋar–

2549   qï tolp kök qalïq uɣušïn–

2550   taqï alqu qamaɣ üč ärdinilär

2551   qutïŋa umunup ïnanïp qut

2552   /[   ]/

2553   bilgä biliglig tuɣumuɣ bulup

2554   tamudaqï ämgäklärig öyü saqïnu

2555   burhan qutïŋa köŋül öritip

2556   tïnmadïn sönmädin bodis(a)t(a)vlar

2557   yolïnta yorïyu bir kölüŋü töz–

2558   lüg yolqa kirip on oronluɣ

2559   yorïqlarïɣ tošɣurup alquɣun

2560   barča küü käliglig küčläri üzä

2561   yanturu alqunï tutup ičgärip

2562   bir täg nomluɣ oronta olurup

2563   yumqï köni tüz tuyunmaqqa

2564   irkläzünlär∶bir qïrqïnč oot–

2565   luɣ balïqlïɣ bï bïčɣuluɣ taɣlar–

2566   ta ulatï∶tamudaqïlar üčün burhan–

2567 larqa yükünmäk bölök : bökünki

2568 küntä bo nomluɣ orontaqï bir išḍäš

2569 −da : isig yeellig tamuda

2570 ot qusdačï tamuda : muntada

2571 ulatï ülgüsüz sansïz učsuz qïdïɣ−

2572 sïz terin quvraɣta ulatï tamular

2573 bökün yügärü ämgäk tägindäči

2574 tïnl(ï)ɣlar üčün biz qalïmdu totoq

2575 el kälmiš t(ä)ŋrim birlä : bökünki kün−

2576 tä tuyunmaq köŋülnüŋ küči üzä

2577 tolp yertinčünüŋ ädgü ögli y(a)rlï−

2578 qančučï köŋüllüg qaŋlarïŋa

2579 umunup ïnanïp : yükünürbiz kükrägä

2580 bulït ünlüg atl(ï)ɣ t(ä)ŋri burhan

2581 qutïŋa : yükünürbiz säviglig

2582 kün t(ä)ŋri atl(ï)ɣ t(ä)ŋri burhan

2583 qutïŋa : yükünürbiz ädgü bilig−

2584 lig atl(ï)ɣ t(ä)ŋri burhan : :

2585 yükünürbiz kök qalïq täg ilinčsiz

2586 atl(ï)ɣ t(ä)ŋri burhan qutïŋa :

2587 yükünürbiz yaɣïš yaɣaɣuluq ünlüg

2588 atl(ï)ɣ t(ä)ŋri burhan qutïŋa :

2589 yükünürbiz bilgä biliglig üni

2590 üzä adrumïš atl(ï)ɣ t(ä)ŋri burhan

2591 qutïŋa : yükünürbiz ädgü ädräm

2592 y(a)ruqluɣ atl(ï)ɣ t(ä)ŋri burhan qutïŋa :

2593 yükünürbiz ïdoqlarnïŋ eligi

2594　atl(ï)ɣ t(ä)ŋri burhan qutïŋa :

2595　yükünürbiz köŋülgärdäči

2596　atl(ï)ɣ t(ä)ŋri burhan qutïŋa ⟨ : ⟩ yükünür–

2597　biz tïlaŋurmaq ädräm tilgänlig

2598　atl(ï)ɣ t(ä)ŋri burhan qutïŋa ⟨ : ⟩ yükünürbiz

2599　uz amrïlmïš atl(ï)ɣ t(ä)ŋri burhan

2600　qutïŋa : yükünürbiz ay t(ä)ŋri yüz–

2601　[at]l[ï]ɣ t(ä)[ŋri burhan]

2602　qutïŋa : : yükünürbiz tïlaŋ[urma]q

2603　ädrämliglärniŋ ärgülüg balïqï

2604　atl(ï)ɣ t(ä)ŋri burhan qutïŋa :

2605　yükünürbiz ärdini berdäči atl(ï)ɣ t(ä)ŋri

2606　burhan qutïŋa : : yükünürbiz sävig–

2607　lig ay t(ä)ŋri atl(ï)ɣ t(ä)ŋri burhan

2608　qutïŋa : yükünürbiz yoqaylanmaqsïz

2609　atl(ï)ɣ t(ä)ŋri burhan qutïŋa : :

2610　yükünürbiz šakimuni atl(ï)ɣ t(ä)ŋri burhan

2611　qutïŋa : : yükünürbiz maitri atl(ï)ɣ

2612　t(ä)ŋri burhan qutïŋa : : yükünürbiz

2613　bilgä bilig baštïnqï atl(ï)ɣ bodis(a)t(a)v

2614　qutïŋa : yükünürbiz uzatï yertinčü–

2615　din öŋi bolmadačï bodis(a)t(a)v

2616　qutïŋa : yükünürbiz alqïnčsïz ⟨ät'öz⟩

2617　bodis(a)t(a)v qutïŋa : : yükünürbiz

2618　körgäli ärklig kuanši im

2619　[üč ärdinilär qutï]ŋa [umunup ïnanïp]

2620　qut [q]olunu täginürbiz : bï bïčɣuluɣ

2621   taɣlïɣta ulatï tamularda bökün

2622   yügärü ämgäk tägindäči tïnl(ï)ɣlar

2623   inčip ozẓunlar qutrulzunlar：

2624   ulatï adïn ontun sïŋarqï saqïnu

2625   sözläyü yetinčsiz alqu tamular–

2626   da közünürdä ämgäk tägindäči

2627   ken ymä ämgäk tägindäči alqu

2628   qamaɣ tïnl(ï)ɣlarïɣ küsüšüm täginür ⟨：⟩

2629   burhanlarnïŋ küčintä nom ärdini–

2630   niŋ küčintä bodis(a)t(a)vlarnïŋ

2631   küčintä：tözünlärniŋ ïdoq–

2632   larnïŋ küčintä：ol alqu qamaɣ tïnl(ï)ɣ–

2633   lar：bir täg ozup qutrulup ontun

2634   sïŋarqï tamularqa eltdäči

2635   qïlïnčlarï birtäm keṭip tarïqïp

2636   amtïta ïnaru burhan

2637   küčlüg[in küsünlügin] qat[ïɣlanïp]

2638   t(a)vranïp ulatï qatïɣlanu t(a)vranu [o]n

2639   oronluɣ yorïqlarïɣ tošɣurup

2640   v(a)čraupam dyanlïɣ köŋülkä irkläp

2641   sarvatayan tükäl bilgä biliglig

2642   tüškä kirip：burhanlar–

2643   nïŋ küü kälig küči üzä

2644   köŋül eyin ärksindäči bolzunlar：

2645   iki qïrqïnč pret yolïntaqï–

2646   lar üčün burhanlarqa yükünmäk

2647   bölök：bökünki küntä bo nomluɣ

2648   orontaqï bir išďäš qamaɣ uluɣ

2649   quvraɣ birlä ikiläyü yänä čïn kertü

2650   köŋül üzä beš tilgänim(i)zni yerkä

2651   tägürüp tüzü ontun sïŋarqï tolp

2652   kök qalïq uɣušïntaqï alqu prêt

2653   yolïntaqï pretlarnïŋ ärkligintä

2654   ulatï alqu pretlar üčün : ulatï

2655   [qaŋlarïŋa u]m[un]up ï[nanïp yükünürbi]z

2656   kesari arslan küčlüg atl(ï)ɣ

2657   t(ä)ŋri burhan qutïŋa : yükünürbiz

2658   ärksindäčilär eligi atl(ï)ɣ t(ä)ŋri

2659   burhan qutïŋa : yükünürbiz ülgü–

2660   süz üküš arïɣ atl(ï)ɣ t(ä)ŋri

2661   burhan qutïŋa : yükünürbiz tüp

2662   tüz amrïlmïš atl(ï)ɣ t(ä)ŋri burhan

2663   qutïŋa : yükünürbiz artančsïz

2664   atl(ï)ɣ t(ä)ŋri burhan qutïŋa :

2665   yükünürbiz kirig tapčaɣ öčürmiš

2666   atl(ï)ɣ t(ä)ŋri burhan qutïŋa :   : :

2667   yükünürbiz ädgü buluŋuɣ yïŋaqïɣ

2668   eṭürmädäči atl(ï)ɣ t(ä)ŋri burhan

2669   qutïŋa : yükünürbiz bulɣalmaqsïz

2670   atl(ï)ɣ t(ä)ŋri burhan qutïŋa ⟨ : ⟩ yükünür–

2671   biz suqančïɣ yüüzlüg atl(ï)ɣ t(ä)ŋri

2672   burhan qutïŋa : yükünürbiz tïďïlmïš

2673   [yükünürbiz ülgüsüz] atl(ï)ɣ [t(ä)ŋri burhan]

2674   qutïŋa : yükünürbiz nom [küčlü]g

2675 atl(ï)ɣ t(ä)ŋri burhan qutïŋa ⟨ : ⟩

2676 yükünürbiz yertinčünüŋ tapïnɣuluqï

2677 udunɣuluqï atl(ï)ɣ t(ä)ŋri burhan qut–

2678 ïŋa : : yükünürbiz hwa čäčäk y(a)ruqluɣ

2679 atl(ï)ɣ t(ä)ŋri burhan qutïŋa : yükünürbiz

2680 üč uɣuš yertinčünüŋ tapïnɣuluqï

2681 atl(ï)ɣ t(ä)ŋri burhan qutïŋa :   :

2682 yükünürbiz kün t(ä)ŋri aɣïlïq ayaɣ–

2683 qa tägimlig atl(ï)ɣ t(ä)ŋri burhan

2684 qutïŋa : yükünürbiz t(ä)ŋrilärniŋ

2685 tapïnɣuluqï udunɣuluqï atl(ï)ɣ t(ä)ŋri

2686 burhan qutïŋa : yükünürbiz yeg

2687 baštïnqï bilgä biliglig är atl(ï)ɣ

2688 t(ä)ŋri burhan qutïŋa : yükünürbiz

2689 čïn kertü toqïrlïɣ atl(ï)ɣ t(ä)ŋri burhan

2690 qutïŋa : : yükünürbiz kertgünč

2691 [ ] baštïnq[ï bodis(a)t(a)v qutïŋa :]

2692 ⟨yükünürbiz⟩ alqï[nčsïz ät]öz atl(ï)ɣ bodis(a)t(a)v qutï–

2693 ŋa : yükünürbiz körgäli ärklig

2694 kuanši im bodis(a)t(a)v qutïŋa ⟨ : ⟩ qut

2695 qolunu täginürbiz ädgü ögli y(a)rlïqanču–

2696 čï köŋüllüg küč{lär}läri üzä

2697 artoqraq bir täg tuta ičgärü

2698 y(a)rlïqazunlar : yänä ymä munčulayu

2699 ontun sïŋarqï tolp kök qalïq

2700 uɣušïntaqï alqu üč ärdinilär

2701 qutïŋa umunup ïnanïp qut qolunu

2702 täginürbiz öŋdünki kedinki küntün–

2703 ki taɣtïnqï tört buluɣlardaqï

2704 üstünki altïnqï tolp ontun

2705 sïŋar yertinčülärdäki qamaɣ

2706 pretlar yolïntaqï

2707 alqu qamaɣ pretlar ärklig–

2708 lärinïŋ ulatï : : :

2709 [isi]g čulm[a]ql[arï ke]t–

2710 ip barïr : ät ʼözläri köŋüll[äri] toḍ–

2711 up qanïp ačmaqlarï uṣmaqlar–

2712 ï ymä [yi]tip yoqadïp nomluɣ

2713 rasayan tatïɣïɣ bulup : bilgä

2714 biliglig közläri ačïlïp : tört

2715 törlüg ülgüsüz köŋüllärig altï

2716 p(a)ramitlarïɣ uzatï yügärü qïlïp

2717 tört törlüg tïdïɣsïz bilgä

2718 biliglärdä altï törlüg bügülänmäk

2719 ädrämlig küčlärdä köŋülčä

2720 tapča ärksinip pret yolïn–

2721 tïn öŋi üdrülüp nirvanlïɣ

2722 yolqa kirip : qamaɣ burhanlar

2723 birlä täŋ tüz yumqï köni tüz

2724 tuymaqïɣ bulzunlar : üč

2725 qïrqïnč yïlqï yolïntaqïlar

2726 üčün burhanlarqa yükünmäk

2727 [ontun sï]ŋarqï tolp [kök qalïq]

2728 uɣuš[ïn]taqï alqu qamaɣ yïlqï

2729　yolïntaqï tört tuɣumluɣ tïnl(ï)ɣ–

2730　lar üčün olarta ap ymä uluɣ

2731　ap ymä kičig suvdaqï qurqaɣdaqï

2732　kök qalïq uɣušïntaqï alqu

2733　qamaɣ tïnl(ï)ɣlar ulatï olarnïŋ

2734　öz öz terinläri quvraɣlarï

2735　üčün ymä biz qalïmdu totoq

2736　el kälmiš t(ä)ŋrim [birlä] yertinčünüŋ

2737　uluɣ ädgü ögli y(a)rlïqančučï

2738　köŋüllüg qaŋlarïŋa umunup

2739　ïnanïp yükünürbiz ärdinilig yeel–

2740　pigü y(a)ruqluɣ atl(ï)ɣ t(ä)ŋri burhan

2741　qutïŋa：yükünürbiz ritamuk

2742　atl(ï)ɣ t(ä)ŋri burhan qutïŋa：

2743　yükünürbiz eyin yarašï kün t(ä)ŋri

2744　atl(ï)ɣ t(ä)ŋri burhan qutïŋa：：

2745　[yükünürbiz arslan y]orïqlïɣ [atl(ï)ɣ]

2746　t(ä)ŋri burhan qutïŋa：：yükü[nü]rbiz

2747　ediz ädrämi üzä säčilmiš

2748　atl(ï)ɣ t(ä)ŋri burhan qutïŋa：

2749　yükünürbiz hwa čäčäk berdäči {：}

2750　atl(ï)ɣ t(ä)ŋri burhan qutïŋa：

2751　yükünürbiz ärdini molčuq y(a)ruqluɣ

2752　atl(ï)ɣ t(ä)ŋri burhan qutïŋa：

2753　yükünürbiz lenhwa čäčäk atl(ï)ɣ

2754　t(ä)ŋri burhan qutïŋa ⟨：⟩ yükünürbiz

2755　amraɣuluq bilgä biliglig atl(ï)ɣ

2756   t(ä)ŋri burhan qutïŋa：   ：

2757   yükünürbiz banda‒alaŋk(a)r atl(ï)ɣ

2758   t(ä)ŋri burhan qutïŋa：yükünürbiz

2759   äzügsüz yorïqlïɣ atl(ï)ɣ t(ä)ŋri

2760   burhan qutïŋa：yükünürbiz

2761   nomuɣ turɣurdačï atl(ï)ɣ t(ä)ŋri burhan

2762   qutïŋa：yükünürbiz l(a)kšanlïɣ

2763   nayraɣlïɣ atl(ï)ɣ t(ä)ŋri burhan

2764   yükün[ürbiz] š[a]kimuni [atl](ï)ɣ [t(ä)ŋri]

2765   burha[n] qutïŋa：yükünü[r]biz maitri

2766   atl(ï)ɣ t(ä)ŋri burhan qutïŋa：   ：：

2767   yükünürbiz uzatï qatïɣlandačï atl(ï)ɣ

2768   bodis(a)t(a)v qutïŋa：yükünürbiz tïnmaq‒

2769   sïz sönmäksiz bodis(a)t(a)v qutïŋa：

2770   yükünürbiz alqïnčsïz ät'öz bodis(a)t(a)v

2771   qutïŋa：yükünürbiz körgäli ärklig

2772   kuanši im bodis(a)t(a)v qutïŋa：：

2773   qut qolunu täginürbiz：ädgü ogli

2774   y(a)rlïqančučï köŋüllüg küčläri

2775   üzä umuɣ ïnaɣ bolup：tuta

2776   ičgärü y(a)rlïqazunlar：yänä ymä

2777   munčulayu ontun sïŋarqï tolp

2778   kök qalïq uɣušïntaqï alqu

2779   qamaɣ üč ärdinilär qutïŋa

2780   umunup ïnanïp qut qolunu

2781   täginürbiz öŋdünki ⟨kedinki⟩

2782   küntünki taɣtïnqï

2783 [öčüp amrïlïp :] alqu q[amaɣ ämgäk]–

2784 [lä]rd(i)n barčatïn birtäm ozup qutrulup

2785 bir täg ayïɣ ažunuɣ tiṭip ïd(a)lap

2786 yumqï qutrulmaqlïɣ tüškä tägip

2787 üčünč dyantaqï täg ät'özläri

2788 köŋülläri enč mäŋilig bolup

2789 tört törlüg ülgüsüz köŋüllärig

2790 altï paramitlarïɣ uzatï yügärü

2791 qïlïp tört törlüg tïdïɣsïz bilgä

2792 biliglärdä altï törlüg bügülänmäk

2793 ädrämlärdä köŋülčä tapča

2794 ärksinip : yïlqï yolïntïn öŋi

2795 üdrülüp : nirvanlïɣ yolqa kirip

2796 v(a)čraupam dyanlïɣ köŋülkä irkläp

2797 köni tüz tuymaq burhan qutïn

2798 bulzunlar : tört qïrqïnč altï

2799 yoldaqïlar üčün qut

2800 qolunmaq bölök : :   : : biz

2801 [kö]k [qalïq] uɣušïnt[aqï tört tuɣum]–

2802 lardaqï altï yollardaqï kälmädük

2803 üdnüŋ učï qïdïɣï tükäginčäkätägi–

2804 ki : alqu qamaɣ tïnl(ï)ɣlar bökünki

2805 küntä ïnaru ulatï burhan qutïn

2806 bulɣïnčaqatägi ikiläyü taqï qal

2807 tältök bolup yaŋïlïp : kövdüŋ

2808 ät'özin alqu ačïɣ tarqa ämgäk–

2809 lärig täginmäzünlär : ikiläyü

2810 taqï on ayïɣ qïlïnčlarïɣ beš

2811 anant(a)ršlarïɣ qïlmaq üzä ikiläyü

2812 üč y(a)vlaq yollarqa kirmäzünlär 〈 : 〉

2813 amtïqï bo burhanlarqa yükünmiš

2814 buyan ädgü qïlinčlarnïŋ tïltaɣ-

2815 ïnta olar öŋin öŋin bodis(a)t(a)v-

2816 lar m(a)has(a)t(a)vlarnïŋ arïɣ süzök

2817 ät'özdäki tildäki qïlïnč-

2818 lar[ïn] bulup öŋin öŋin

2819 burhan qutïnta ornatdačï čintamani

2820 ärdini täg köŋüllärin nizvanilar-

2821 tïn öŋi uḍrültürdäči v(a)žir täg

2822 b(ä)k qatïɣ köŋüllärin alqu nomlar-

2823 ïɣ oḍɣuraq biltäči b(ä)k qatïɣ

2824 köŋüllärin alqu š(i)mnularqa t(ä)rs

2825 azaɣ nomluɣ tirtelarqa buzɣalï

2826 artatɣalï umaɣuluq lenhwa čäčäk

2827 täg köŋüllärin qamaɣ yertinčülüg

2828 nomlarqa kirikmägülük arïɣ yürüŋ

2829 köŋüllärin alqu biligsiz biliglig

2830 tïdïɣ üzä tïḍïlmïš qaraŋɣu qararïɣ-

2831 ta ulatïlarïɣ ketärdäči tarqardačï

2832 köŋüllärintä ulatï alqu qamaɣ

2833 tïnl(ï)ɣlarqa ülgülägäli täŋlägäli

2834 umaɣuluq köŋüllärin tägingäli

2835 tutɣalï udačï bolzunlar :

2836 qïlïp köŋüllärin köŋül üzä

2837 alp tetimlig qïlïp turïtmaqsïz

2838 turqïɣlanmaqsïz köŋülin qïlmïš buyan

2839 ädgü qïlïnčlarïn alqu tïnl(ï)ɣlarqa

2840 barčaqa berip t(ä)rs yolqa yanma-

2841 ḍin bir yinṭäm bir učluɣ köŋülin ädgü

2842 nomlarïɣ yelvi kömän täg körüp

2843 ayïɣ nomlarïɣ tül täg körüp tuɣmaq

2844 ölmäk sansarïɣ titip ïdalap

2845 üč uɣuš yertinčüdin t(ä)rk

2846 ozup ünüp täriŋdä täriŋ

2847 yeg suqančïɣ nomlarïɣ körüp

2848 adïrtlap öŋin öŋin alqu

2849 qamaɣ burhanlarqa tapïnɣuluq

2850 udunɣuluq alqu tapïɣ uduɣlarnïŋ

2851 yeväkiŋä alquqa barča tükäl-

2852 lig bolup : öŋin öŋin

2853 alqu qamaɣ tözünlärkä ïdoq-

2854 larqa tapïnɣuluq udunɣuluq alqu

2855 tapïɣ uduɣ yeväkiŋä alquqa

2856 bar[č]a tükällig bolzunlar :   : :

2857 birök taqï ymä kim qayu munta

2858 ken yadïltačï alqu qamaɣ tïnl(ï)ɣlar-

2859 ta : biz qalïmdu totoq el kälmiš

2860 t(ä)ŋrim älik birlä : : bökünki bo

2861 qut qolunmaqlïɣ uɣušumda

2862 öŋi boldačïlar bar ärsärlär alqu-

2863 ɣun barča uluɣ qut qolunmaq-

2864   lïγ taloy ügüzkä kirip inčip

2865   buyanlïγ bilgä biliglig iki

2866   törlüg yeväklärkä tükäl–

2867   lig bolup : burhanlarnïŋ

2868   küü kälig ädrämlig küč⟨lär⟩ üzä

2869   köŋül eyin ärksinip

2870   DYM munta basa yertinčünüŋ

2871   ürlüksüzin bilmiš uqmïš k(ä)rgäk :

2872   ymä bo ayïγ qïlïnčlï buyanlï–

2873   nïŋ avantïnïŋ tüšiniŋ {:}

2874   tuγrušmaqlarï üzä busanγuluq

2875   taplaγuluq iki törlüg savlar

2876   ikigü birlä köŋültä ärip : saqïnč

2877   eyin bolup : tïtïlmaz① täg ilmäz

2878   ürlüklüg tegüči adïn savlar

2879   köligäli yaŋqulï täg tayanïšmaq–

2880   larï üzä : olartïn učuzq(ï)ya

2881   ärtgäli bulur ärip : ädgüli ayïγ–

2882   lï qïlïnčlarnïŋ tüšläri

2883   täggüdä näŋ olartïn ozγalï

2884   adrïlγalï bulmaz : anïn küsäyü

2885   k(ä)rg⟨äk⟩läyü täginürbiz uluγ quvraγ bo

2886   ürlüksüz nomuγ tuyup bilip

2887   [miŋ] yïllar ärtginčä beš törlüg

2888   küsänčig mäŋilärig täginsärlär

---

① 根据上下文义,此处 tïtïlmaz 一词应写为 titilmäz。

2889 ymä üč y(a)vlaq yollardïn

2890 arïtï ozɣalï qutrulɣalï bulmaz

2891 taqï nä ayïtmïš k(ä)rgäk : : bizni

2892 täg yüz yašlïɣq(ï)yalarïɣ : biz

2893 yänä ol uzun yašnïŋ yarïmta

2894 yarïmq(ï)yasïn ymä bulmadïn

2895 bo qïsɣaq(ï)ya yašta išläšip

2896 nätägin k(ä)ntü özüm keŋätgäli

2897 bošunɣalï uɣay biz : yänä bo yertinčü

2898 yer suv yelvi kömän täg äz—

2899 üg igid ärdüki üzä üzlünčü—

2900 dä alqïndačï artadačï ärür{ : }lär :   : :

2901 mäŋ{g}ü m(ä)n tedäčilär barča artar—

2902 lar : yoqadurlar : näčä ediz sumer

2903 taɣta ulatï etiglär

2904 kišilär ymä inčip öz yaš

2905 tiṭilmiš üdtä qoluda ara

2906 kirišgäli umazlar : asïɣ tusu

2907 čoɣ yalïn bay ayaɣlïɣ tegüči

2908 at küü baqïr yartmaq ärdinilig

2909 äd t(a)var bolar ymä ök yalŋoq—

2910 larnïŋ özlärin yašlarïn

2911 uzatɣalï umazlar : ädgü sav

2912 söz tatïɣlïɣ süčiglig aš ičgü—

2913 lär üzä ymä meni ozɣurɣïl

2914 qutɣarɣïl tep kimkä ärsär küsä—

2915 gäli tutuzɣalï bulmaz : bodsuz

2916   b(ä)lgüsüz ölümlüg madar uturu

2917   kältükdä kim bulɣay anï tïdɣalï

2918   särgürgäli utačï﹕anï üčün

2919   sudurta ⟨sözläyür﹕⟩ ölmäk ärsär alqïnmaq

2920   ärür﹕tïnï üzülüp ögi köŋüli

2921   —taqï qaqadaš [ä]dgü öglilär﹕

2922   tägirmiläyü quršayu yïɣlaštuqda

2923   sïɣtaštuqda ol öldäči kiši

2924   ürküp qorqup﹕qayuqa ärsär

2925   t{a}ayanɣusïn tüšgüsin arïtï bilinm⟨ä⟩z

2926   uqunmaz﹕ät'özläri artap tanlar—

2927   ï tum(ï)lïp tïnï üzülgäli bartuqta

2928   öŋdün qïlmïš ädgüli ayïɣlï

2929   qïlïnčlarïnïŋ tüšin adïrtlïɣ

2930   körürlär﹕ädgü qïlïnč qïlmïšlar—

2931   qa t(ä)ŋrilär naivazikelar yöläyü

2932   quršayu turmïšlarï közünür﹕ayïɣ

2933   qïlïnč qïlmïšlarqa ud bašlïɣ

2934   yäklär yerintä tuɣup narakapalake—

2935   larnïŋ rakšazlarnïŋ bošumadïn

2936   keŋürü ïḍmadïn turmïšlarï közünür﹕

2937   ančada ädgü ögli köŋüllüg﹕

2938   tsun [t]sun yarïlïp yïrtïlïp

2939   ülgüsüz üküš ämgäki tolɣaqï

2940   bir üdtä birgärü yïɣïlïp ögi

2941   biligi alvïrïp bušup qal tältök

2942   äsrök täg bolup oḍɣuraq bir kšan

2943 üdtä ädgü saqïnč öritäyin tep

2944 bir evin sač tüü täŋinčäk(i)yä

2945 ärsär ymä buyanq(ï)ya qïlɣalï küsä–

2946 särlär : käk birlä qatïɣlïɣ savlar

2947 köŋülintä ärmiškä näŋ bo savlarïɣ

2948 bulɣalï umazlar : muntaɣ ämgäkin

2949 tolɣaqïn kim ärsär kiši ara

2950 kirip : tägindäči bolmaz : anïn tirpanki

2951 atl(ï)ɣ parinirvan sudurta ol

2952 öldäčilärniŋ alp adalïɣ oron–

2953 ta ašï azuqï bultuqmaz 〈 : 〉 barɣuluq

2954 oronï ʼärtä ïraq ʼärip

2955 [buyan bï]š[run]ulmasarlar ölt[ükdä]

2956 ämgäklig oronlarqa barïp ačïɣ

2957 tarqa ämgäkin busušïn arïtï

2958 ämlägäli bultuqmaz : muntïn bolmïš

2959 körksüz yavïz öŋlär kišilärig

2960 qorqïtur ürkitür tep y(a)rlïqamïš ärür :

2961 bökünki küntä bo nomluɣ oron–

2962 taqï bir išḍäš qamaɣ uluɣ quvraɣ

2963 tïŋlayu y(a)rlïqazunlar : bo tuɣmaq–

2964 lï öčmäkli ikigü inčä q(a)ltï

2965 üzük bilärzök täg alqïnmadïn

2966 artamadïn tï tägzinü tururlar

2967 üčün : anïn yalïntïq körkdäšin

2968 yalŋuzïn bartuqda kördäči

2969 kiši bultuqmaz : tilägäli istägäli

2970   ymä bulmaz : anta k(ä)rgäk bolɣay

2971   tep : ädig t(a)varïɣ ymä

2972   urunčaq urɣalï bulmaz : täk

2973   [kü]čäyü tïɣranu äri[p inčip]

2974   enč sïmtaɣ qïlɣuluq ärmäz : anïn

2975   amtï öŋin öŋin bir učluɣ

2976   köŋülin bir täg bir ämgäklig

2977   sïqïɣlïɣlar birlä beš tilgänim(i)z‒

2978   ni yerkä tägürüp : biz qalïmdu ïnal

2979   el kälmiš t(ä)ŋrim birlä : : bökünki

2980   kün üzä yertinčünüŋ

2981   uluɣ ädgü ögli y(a)rlïqančučï

2982   köŋüllüg qaŋlarïŋa umunup

2983   ïnanïp yükünürbiz taloy ügüz suvï

2984   täg : üküš äšidmiš atl(ï)ɣ t(ä)ŋri

2985   burhan qutïŋa : yükünürbiz hwa

2986   čäčäk tutdačï atl(ï)ɣ t(ä)ŋri burhan

2987   qutïŋa : yükünürbiz eyin

2988   bolmadačï atl(ï)ɣ t(ä)ŋri burhan

2989   qutïŋa : yükünürbiz quvraɣqa

2990   säviglig atl(ï)ɣ t(ä)ŋri burhan qutïŋa :

2991   [t(ä)ŋr]ilärkä nomluɣ y(a)rlïɣïn keŋürü

2992   yaḍdačï atl(ï)ɣ t(ä)ŋri burhan qutïŋa ⟨ : ⟩

2993   yükünürbiz ärdini maŋlïɣ atl(ï)ɣ t(ä)ŋri

2994   burhan qutïŋa : yükünürbiz hwa

2995   čäčäk eliglig atl(ï)ɣ t(ä)ŋri burhan

2996   qutïŋa : yükünürbiz čoɣluɣ yalïn{a}lïɣ

2997 ädgülüg ädrämlig atl(ï)ɣ t(ä)ŋri burhan

2998 qutïŋa:yükünürbiz nizvanilïɣ

2999 yaɣïɣ sïdačï buzdačï atl(ï)ɣ t(ä)ŋri

3000 burhan qutïŋa:yükünürbiz üküš

3001 äšidmäklig ädgükä bay atl(ï)ɣ t(ä)ŋri

3002 burhan qutïŋa:yükünürbiz suqančïɣ

3003 balïq ulušluɣ atl(ï)ɣ t(ä)ŋri burhan

3004 qutïŋa:yükünürbiz hwa čäčäk

3005 y(a)ruqluɣ atl(ï)ɣ t(ä)ŋri burhan qutïŋa ⟨:⟩

3006 yükünürbiz bilgä biliglig kesari

3007 arslan atl(ï)ɣ t(ä)ŋri burhan qutïŋa:

3008 yükünürbiz arslan ilinčü[sin] ilin[čü]–

3009 lädäči atl(ï)ɣ bodis(a)t(a)v qutïŋa:

3010 yükünürbiz arslan silkinigin silkindä–

3011 či atl(ï)ɣ bodis(a)t(a)v qutïŋa:yükünür–

3012 biz alqïnčsïz ät'öz atl(ï)ɣ bodis(a)t(a)v

3013 qutïŋa:yükünürbiz körgäli ärklig

3014 kuanši im bodis(a)t(a)v qutïŋa ⟨:⟩ qut

3015 qolunu täginürbiz:ädgü ögli y(a)rlïqan–

3016 čučï köŋüllüg küčläri üzä

3017 artoqraq bir täg umuɣ ïnaɣ bolu

3018 y(a)rlïqazunlar::yänä ymä munčulayu

3019 tolp ontun sïŋarqï kök qalïq①

3020 uɣušïntaqï alqu qamaɣ üč ärdini–

3021 lär qutïŋa umunup ïnanïp qut

_____

① 此句中 tolp 一词与其他同义句中 tolp 一词所书写的位置有所不同，其他同义句语序均为：ontun sïŋarqï tolp kök qalïq。

3022   qolunu täginürbiz∶bökünki küntä

3023   bo nomluɣ orontaqï bir täg kšanti

3024   qïlturdačïlarnïŋ∶böküntä

3025   –l[arnï]ŋ yor[ïqïn]ta yorïp tuɣum täginmäk–

3026   din ärksinip∶tört törlüg

3027   ülgüsüz köŋüllärdä altï p(a)ramit–

3028   larda nomdaqï y(a)rlïɣča bïšrunu

3029   yorïp∶tört törlüg tïdïɣsïz

3030   tïlaŋurmaq ädrämlärkä altï törlüg

3031   bügülänmäk ädrämlärkä ägsüksüz

3032   tolu tükäl⟨lig⟩ bolup yüz ⟨miŋ⟩ törlüg

3033   samadi dyanlarïɣ qayuta ösär

3034   saqïnsar∶anta yügärü qïlïp qamaɣ

3035   yumdaru tutdačï darni tegmä nom

3036   qapïɣïŋa barčaqa kirgäli up

3037   ertäkän nomluɣ oronqa irkläp

3038   köni tüz tuymaq burhan qutïn

3039   bulzunlar∶altï qïrqïnč ämgändäči

3040   qatïɣlandačï ädgülüg išlärkä

3041   eyin ögirdäci∶küč berdäčilär∶

3042   [ ]L[tägšil]–

3043   ginčäkätägi{ki} qïlɣuluq išimniŋ

3044   bütgüsiŋä bïšɣusïŋa qatïɣlanïp

3045   ämgänip eyin ögirdäčilär∶

3046   qïlmïš išimkä küč berdäči–

3047   lär∶buyan ädgü qïlïnčqa art

3048   basut boldačï üčün ulatï olar–

3049　nïŋ ⟨öz öz⟩ terinläri quvraɣlarï üčün

3050　yänä ymä bo oq ažunta b(ä)k

3051　buqaɣuluqtaqï busušluɣ qadɣuluɣ

3052　ämgäklig sïqïɣlïɣlar üčün :

3053　ulatï qïy(ï)nlïqta b(ä)klig solaɣlïɣ

3054　alqu qïnïɣ qïzɣutuɣ tägindäčilär

3055　ärip : ol yavïz oronuɣ üdig

3056　saqïnu yalŋoq ažunïn bulsar ymä

3057　mäŋisi az : ämgäki üküš kišän

3058　buqaɣu čiu töŋörkä ät'özintä

3059　arïtï öŋi ketmädäčilär

3060　[biz] qalïmdu totoq el kälmiš

3061　kumari birlä : ädgü ögli y(a)rlïqanču-

3062　čï köŋül üzä tolp alqu yertinčü-

3063　nüŋ uluɣ ädgü ögli y(a)rlïqančučï

3064　köŋüllüg qaŋlarïŋa umunup

3065　ïnanïp : yükünürbiz käzigčä tizigčä

3066　yorïdačï ⟨atl(ï)ɣ⟩ t(ä)ŋri burhan qutïŋa :

3067　yükünürbiz buyanlïɣ yula atl(ï)ɣ

3068　t(ä)ŋri burhan qutïŋa : :

3069　yükünürbiz üni ägzigi üzä

3070　yürüntäg boldačï atl(ï)ɣ t(ä)ŋri burhan

3071　qutïŋa : yükünürbiz gauṭame atl(ï)ɣ

3072　t(ä)ŋri burhan qutïŋa : :

3073　yükünürbiz türklüg küčlüg atl(ï)ɣ

3074　t(ä)ŋri burhan qutïŋa : yükünürbiz

3075　ät'özi köŋül turulmïš atl(ï)ɣ

3076 t(ä)ŋri burhan qutïŋa::

3077 bilgä biliglig küč[lüg ä]dr[ämlig]

3078 atl(ï)ɣ t(ä)ŋri burhan qutïŋa:

3079 yükünürbiz ädgü yula atl(ï)ɣ t(ä)ŋri

3080 burhan qutïŋa: yükünürbiz b(ä)k qatïɣ

3081 yorïqlïɣ atl(ï)ɣ t(ä)ŋri burhan qutïŋa:

3082 yükünürbiz t(ä)ŋri ünlüg atl(ï)ɣ t(ä)ŋri

3083 burhan qutïŋa: yükünürbiz enčgü-

3084 lüg mäŋilig atl(ï)ɣ t(ä)ŋri burhan

3085 qutïŋa: yükünürbiz kün t(ä)ŋri

3086 yüzlüg atl(ï)ɣ t(ä)ŋri burhan

3087 qutïŋa: yükünürbiz ozmaq

3088 qutrulmaqïɣ sävdäči atl(ï)ɣ t(ä)ŋri

3089 burhan qutïŋa: yükünürbiz č(a)hšap(a)t

3090 y(a)ruqluɣ atl(ï)ɣ t(ä)ŋri burhan

3091 qutïŋa: yükünürbiz č(a)hšap(a)tta

3092 turdačï atl(ï)ɣ t(ä)ŋri burhan qutïŋa:

3093 yükünürbiz kirsiz arïɣ

3094 [körgäli ärklig] kuanši im bodi-

3095 s(a)t(a)v qutïŋa: qut qolunu täginür-

3096 biz: ädgü ögli y(a)rliqančučï köŋül-

3097 lüg küčläri üzä artoqraq ⟨bir täg⟩

3098 umuɣ ïnaɣ bolu y(a)rlïqazunlar ⟨:⟩

3099 yänä ymä munčulayu ontun sïŋarqï

3100 tolp kök qalïq uɣušïntaqï alqu

3101 qamaɣ üč ärdinilär qutïŋa {:}

3102 umunup ïnanïp qut qolunu täginürbiz:

3103 bökünki küntä ämgänip qatïɣlanïp

3104 eyin ögirdäčilärniŋ ulatï

3105 olarnïŋ öz öz terinläri

3106 quvraɣlar⟨ï⟩nïŋ ymä böküntä

3107 ïnaru ulatï burhan qutïn

3108 bulɣïnčaqatägi alqu ayïɣ qïlïnč-

3109 lïɣ tïdïɣlarï barča öčüp

3110 alqïnïp alqu qamaɣ ämgäk-

3111 p(a)ramitlarqa tört törlüg

3112 ülgüsüz köŋüllärkä alquqa

3113 barča tükällig bolup sansardaqï

3114 ämgäklärig titip nirvantaqï

3115 mäŋilärig bulmaqlarï bolzun :

3116 yänä qut qolunu täginürbiz : qayu

3117 näčä öŋdünki kedinki iki

3118 yïŋaqlartaqï : qïy(ï)n qïzɣut

3119 äm yürüntägin tägindäčilär

3120 qamaɣ adïn b(ä)k buqaɣuluqta

3121 yazoqsuz b(ï)tadï : solalmïš

3122 b(ä)klälmiš busušluɣ qadɣuluɣ

3123 ämgäklig sïqïɣlïɣlar alqu näčä

3124 iglig kämlig ärksiz türksüzlär

3125 ulatï olarnïŋ öz öz terin-

3126 läri quvraɣlarï ymä : amtï bo

3127 burhanlarqa yükünmiš buyan ädgü

3128 [bilgä] b[ili]g-

3129 [l]ig küčläri alqïnmadïn ät'öz-

3130   läri köŋülläri üčünč dyan−

3131   taqï täg birtäm mäŋilig

3132   bolup:b(ä)k buqaɣuluqtaqï ämgäk−

3133   lärig öyü qamaɣ burhanlarnïŋ

3134   ädgülärin öyü saqïnu ayïɣlarïn

3135   tägšürüp:ädgülärdä bïšrunup

3136   barča m(a)hayan uluɣ kölüŋükä

3137   köŋül öritip bodis(a)t(a)vlar yorïqïn−

3138   ta yorïyu v(a)čraupam dyanlïɣ uč−

3139   qa tüpkä tägip:yanturu yänä

3140   alqu tïnl(ï)ɣlarïɣ ozɣuru qutɣaru

3141   bir täg köni tüz tuymaqïɣ

3142   tanuqlap:küü kälig küčintä

3143   ärksindäči bolzunlar:kšanti

3144   qïlu burhan qutïŋa köŋül öritü

3145   tükätmiš boltï:amtï munta

3146   /[   ]

3147   tükätmiš boltï::   ::amtï

3148   munta basa öŋdünki buyan

3149   ädgü qïlïnčlarïɣ öŋin öŋin

3150   adïnlarqa ävirmäklig köŋülüg

3151   öritmiš k(ä)rgäk:nä üčün

3152   antaɣ qïlɣuluq ol tep tesär: ::

3153   bo alqu qamaɣ tïnl(ï)ɣlarnïŋ oz−

3154   maq qutrulmaqïɣ bulɣalï umamaq−

3155   larï barča tüškä utlïqa

3156   yapšïnïp titgäli öŋi

3157   üḍrülgäli umamaqlarï

3158   uɣrïnta ärür∶kimniŋ

3159   birök azq(ï)ya täŋinčä buyanï bir

3160   evin sač tüü täŋinčä ärsär ymä

3161   ädgü qïlïnčï bar ärip∶adïn-

3162   larqa ävirgäli usar∶ötrü

3163   olar anïŋ tüšiŋä ikiläyü

3164   -mäklig köŋülüg öritip∶yänä

3165   adïnlarïɣ ymä barča üṭläp

3166   ärigläp∶tüškä utlïqa

3167   yapšïnmaɣuluq ol∶amtï bir

3168   ikintikä öŋräčä bir učluɣ

3169   köŋülin beš tilgänim(i)zni yerkä

3170   tägürüp yertinčünüŋ uluɣ ädgü

3171   ögli y(a)rlïqančučï köŋüllüg

3172   qaŋlarïŋa aɣïr ayaɣïn yükün-

3173   mäkin umunup ïnanïp∶

3174   yükünürbiz b(ä)ki qatïɣï üzä

3175   säčilmiš ünmiš atl(ï)ɣ t(ä)ŋri burhan

3176   qutïŋa∶yükünürbiz anačan

3177   atl(ï)ɣ t(ä)ŋri burhan qutïŋa∶

3178   yükünürbiz üklimiš asïlmïš atl(ï)ɣ

3179   t(ä)ŋri burhan qutïŋa∶yükünürbiz

3180   yïpar y(a)ruqluɣ ⟨atl(ï)ɣ⟩ t(ä)ŋri burhan

3181   atl(ï)ɣ t(ä)ŋri burhan qutïŋa∶yükünür-

3182   biz yeg tözün yolqa tägmiš

3183   atl(ï)ɣ t(ä)ŋri burhan qutïŋa∶yükünür-

3184 biz čïnïɣ kertüg sävdäči atl(ï)ɣ t(ä)ŋri

3185 burhan qutïŋa：yükünürbiz ⟨nomï⟩ y(a)ruq

3186 yašuq boldačï atl(ï)ɣ t(ä)ŋri burhan

3187 qutïŋa：yükünürbiz čoɣ yalïn ädgü

3188 ädrämkä tükällig atl(ï)ɣ t(ä)ŋri burhan

3189 qutïŋa ⟨：⟩ yükünürbiz öčmäk amrïlmaq-

3190 qa tägmiš atl(ï)ɣ t(ä)ŋri burhan qutïŋa：

3191 yükünürbiz yeg üstünki ädgü ögli

3192 köŋüllüg atl(ï)ɣ t(ä)ŋri burhan qut-

3193 ïŋa：yükünürbiz uluɣ ädgü ögli

3194 köŋüllüg atl(ï)ɣ t(ä)ŋri burhan qut-

3195 ïŋa：yükünürbiz nirvan-

3196 lïɣ oron i(y)äsi atl(ï)ɣ t(ä)ŋri

3197 burhan qutïŋa：   ：

3198 [qutïŋa：yükünürbiz] mančuši[ri atl](ï)ɣ

3199 bodis(a)t(a)v qutïŋa：yükünürbiz samanta-

3200 badre puiken bodis(a)t(a)v qutïŋa：：

3201 yükünürbiz alqïnčsïz ät’öz atl(ï)ɣ bodis(a)t(a)v

3202 qutïŋa：yükünürbiz {：} körgäli ärk-

3203 lig kuanši im bodis(a)t(a)v qutïŋa：

3204 qut qolunu täginürbiz：ädgü ögli

3205 y(a)rlïqančučï köŋüllüg küčläri

3206 üzä artoqraq bir täg umuɣ

3207 ïnaɣ bolu y(a)rlïqazunlar：bo

3208 quvraɣ alqu yorïqlarqa küsüš-

3209 lärkä küsäyür biz tüzü tükällig

3210 bolzunlar：yänä ymä munčulayu ontun

3211 sïŋarqï tolp kök qalïq uɣušïntaqï

3212 alqu qamaɣ üč ärdinilär qutïŋa

3213 umunup ïnanïp qut qolunu täginürbiz

3214 bökünki küntä bo nomluɣ orondaqï

3215 bir išḍäš qamaɣ uluɣ quvraɣ bökünki

3216 /[   ]/[   ] ančulay[u]

3217 särilip tursarlar：kim bo qut

3218 qolunmaqlarïnïŋ küčintä bo uluɣ

3219 quvraɣ qayu oron⟨ta⟩ tuɣsarlar：   : :

3220 ät'öztäki tildäki köŋüldäki

3221 qïlïnčlarï turqaru k(ä)ntün ök

3222 arïp süzülüp：   : uzatï

3223 yïlïɣ yumšaq köŋülüg：yavalmïš

3224 tüzülmiš köŋülüg ⟨ : ⟩ sïmtaɣsïz

3225 köŋülüg öčmiš amrïlmïš köŋülüg ⟨ : ⟩

3226 čïn kertü köŋülüg ⟨ : ⟩ qatïlïšmaqsïz

3227 bulɣašmaqsïz köŋülüg ⟨ : ⟩ azsïz

3228 äsirkänčsiz köŋülüg ⟨ : ⟩ uluɣ köŋülüg ⟨ : ⟩

3229 uluɣ ädgü ögli y(a)rlïqančučï köŋül–

3230 üg：enčin ornanmïš köŋülüg：

3231 ögrünč sävinč köŋülüg：alqu–

3232 nï ozɣurmaqlïɣ köŋül–

3233 üg：alqunï küyü

3234 [   ] öŋi ü[drül]–

3235 gülük dyanïɣ bïšrunup alqu qamaɣ

3236 tïnl(ï)ɣlarïɣ asïɣlïɣ tusuluɣ enčgü–

3237 lüg mäŋilig qïlïp：burhan qutïlïɣ

3238   küsüšlärin titmädin ïḍalamadïn

3239   bir täg köni tüz tuymaq

3240   burhan qutïn bulzunlar：buyan

3241   ävirmäkig sözlägülük nom bo tetir：

3242   bökünki küntä bo nomluɣ oron–

3243   taqï bir išḍäš qamaɣ uluɣ

3244   quvraɣ bir ikintiškä tizlär–

3245   in čökiṭip：ayalarïn

3246   qavšurup köŋülin saqïnu tilin

3247   sözläyü amtï mäniŋ eyin söz–

3248   läyü y(a)rlïqazunlar：ontun sïŋar–①

3249   qï t(ä)ŋrilärniŋ uluɣ ïḍoq

3250   aržilarnïŋ ymä qayu näčä

3251   bar ärsär buyan ädgü qïlïnč

3252   b[iz a]mt[ï o]larnï [üčün buyan]

3253   ävirä täginürbiz：olar bir täg

3254   yumqïɣun bir kölüŋü⟨lüg⟩ yolqa

3255   barzunlar：ontun sïŋarqï alqu

3256   qamaɣ kiši yalŋoq hanlarïnïŋ

3257   qayu näčä bar ärsär：tuyunmaqta

3258   bïšrunmaq išläri biz amtï

3259   olarnï üčün buyan ävirä

3260   täginürbiz：olar bir täg üzä–

3261   liksiz burhan qutïŋa barzunlar：

3262   altï yoldaqï tïnl(ï)ɣlarnïŋ

---

① 此处连字符"–"为笔者后加，原集校本之转写中未写这一符号。

3263 bar ärsär azq(ï)ya ärsär ymä

3264 ädgü qïlïnčlarï ፡ biz amtï olar—

3265 nï üčün buyan ävirä täginürbiz ⟨ ፡ ⟩

3266 olar bir täg üzäliksiz

3267 burhan qutïŋa {፡፡} barzunlar ⟨ ፡፡ ⟩

3268 ontun sïŋarqï burhanlarnïŋ

3269 tetsilarï kälmiš yeg ädgü törümiš

3270 [   ]/ L/[   ]/[   ]

3271 [   ] L' R Y ፡ munčulayu olarnï

3272 bar[ča] buyan ävirä täginürbiz ፡   ፡፡

3273 olar bir täg yumqïɣun burhan

3274 qutïŋa {፡፡} yaɣuzunlar ፡ ontun

3275 sïŋarqï bodis(a)t(a)vlarnïŋ sudur—

3276 larïɣ oqïtdačï sözlädäči

3277 ulatï tägindäči tutdačï dyanqa

3278 kirdäči dyantïn ündäči yumqï—

3279 nï üṭläp ' ärigläp ädgü qïlïnč—

3280 ta yorïdačïlarnïŋ muntada

3281 ulatï ፡ üč kölüŋülüglärniŋ

3282 qayu näčä bar ärsär ädgü qïlïnčlïɣ

3283 tözläri ፡ biz amtï olarnï barča

3284 buyan{ta} ävirä täginürbiz ፡ bir täg

3285 burhan qutïŋa barzunlar ፡ t(ä)ŋri

3286 yerintäki ulatï yalŋoq ažunïndaqï—

3287 larnïŋ tözün yol birlä qatïɣ—

3288 [   ]lärig [   ]

3289 NYNK tüünüŋ täŋinčä azq(ï)ya

3290 ärsär ymä buyanïm(ï)z boltï ärsär：

3291 bolarnï barča birgärü tïnl(ï)ɤ uɤuš–

3292 ïŋa ävirä täginürbiz：tïnl(ï)ɤlar

3293 burhan qutïn bulmaɤïnčaqatägi

3294 tuyunmaqlïɤ küsüšümin titä täginmäz–

3295 biz：olar burhan qutïn bulup

3296 ärtmištä basa anta ken biz k(ä)ntü

3297 özümüz köni tüz tuyunmaqqa

3298 irkläyü täginäyin ⟨：⟩ qut qolunu

3299 küsüš küsäyü täginürbiz：qamaɤ

3300 bodis(a)t(a)vlar aqïɤsïz ädgükä tägmiš

3301 alqu arhantlar：bo ažunta ulatï

3302 ken ažunta ymä küsüšümčä

3303 körüp tuta ičgärü y(a)rlïqazunlar：

3304 amtï bir ikintiškä bir učluɤ

3305 köŋülin beš tilgänim(i)zni yerkä

3306 [upasanč]lar：ädgü ögli ayïɤ [ög]li–

3307 [lär] üčün buyan ävirä täginürbiz

3308 [aɤ]ïr ayaɤïn yertinčü küzätči

3309 tört m(a)haračlar üčün buyan

3310 ävirä täginürbiz：yänä ymä ontun

3311 sïŋarqï š(i)mnu hanlarï üčün

3312 buyan ävirä täginürbiz：yänä ymä

3313 tetik bilgä köni kertü köŋüllüg–

3314 lär üčün：t(ä)ŋridäki yerdäki

3315 kök qalïq yüzintäkilär ädgüg

3316 küzätdäči ayïɤïɤ qïn⟨a⟩tačïlar

3317   darni arvïš tutdačïlarïɣ kügči küz–

3318   ätčilär：beš yïŋaqlardaqï luu

3319   hanlarï：t(ä)ŋrilig luuluɣ säkiz

3320   bölök quvraɣlarqatägikilär üčün

3321   buyan ävirä täginürbiz：közünm(ä)z köz–

3322   ünür ät'özlüg üstün kök

3323   quvraɣ[larqa]tägiki alq[u]

3324   qamaɣ tïnl(ï)ɣlar bökünki küntä

3325   ïnaru ötgürü burhan qutïn

3326   bulɣïnčaqatägi turqaru b(ä)lgüsüz nom–

3327   nuŋ tözin bilip uqup ikiläyü

3328   taqï nägükä azlanmaqsïz

3329   yapšïnmaqsïz bolzunlar： ：

3330   ymä qutluɣ öŋdün uluɣ t(a)vɣač

3331   elintä taišeŋ sev{t}šeŋ š(a)star–

3332   larïɣ qamaɣ nomlarïɣ ötgürmiš

3333   bodis(a)t(a)v uɣušluɣ qamaɣ bilgä

3334   bahšïlar：lovudi atl(ï)ɣ tavɣač han

卷　　十

3335   [yükünürbiz kašip atl(ï) t](ä)ŋri burhan

3336   [qutïŋa：yükünürbiz töz] bahšïm(ï)z šakimuni

3337   [atl(ï)ɣ t(ä)ŋri burhan qutïŋ]a：：yükün–

3338   [ürbiz ken käligmä üdki] maitri

3339   [atl(ï)ɣ t(ä)ŋri burhan qutïŋa]：'ilkisiz

3340   [uzun sansardïnbärü ötgürü bökünki]

3341   [künkätägi ät'özin tilin] köŋülin

3342   quvratmïš aɣïr ayïɣ qïlïnč–

3343   [lar bar ärsär] ökünü bilinü kšanti

3344   [ötünü]LYM M

3345   [   ] üzä

3346   buyan ävirmäkl[ig nom bölök :]

3347   toquz qïrqïnč altï [ärkliglär]

3348   üčün qut [qolunmaq bölök :]

3349   qïrqïnč t[utuzmaq   ]

3350   bölök nom [   ]

3351   [   ]

3352   nomïn uqït[–]

3353   bökünki küntä bo nomluɣ oront[a]–

3354   qï:bir išḍäš qamaɣ [uluɣ quvraɣ birlä]

3355   amtï biz bi[r ikintikä]

3356   YQ sönmä[ksizin]

3357   [or]onïntaqï

3358   [är]klig han

3359   [   ]::ṭaqï

3360   [ülgüsüz üküš äm]gäkläri tolɣaq–

3361   [larï alqu barča ketzü]n tarïqzun

3362   [bo kšanti qïlɣuluq n]omumuz üzä

3363   [qamaɣ tïnl(ï)ɣlarqa üčün] uluɣ äv

3364   [qïlïp olarnïŋ ämgäklig] yapïɣlarïn

3365   [öčürüp uluɣ] umuɣ bolup

3366   [n]izvanilardïn qutɣardačï bolayïn:uluɣ

3367 [umu]ɣ bolup: qorqïnč ayïnčtïn öŋi

3368 üḍrülṭürtäči bolayïn: uluɣ barɣuluq

3369 [š]ük ornaɣ bolup: bilgä bilig

3370 −taqï bir [išdäš qamaɣ uluɣ quvraɣ]

3371 äšidü y(a)rlïqaz[unlar: bo nomlarqa]

3372 osuɣluɣ qa[maɣ bodis(a)t(a)vlar]

3373 m(a)has(a)t(a)vlarnïŋ ayï[ɣ ögli ädgü ög]−

3374 li {:} uɣrïnta al[qu ädgülüg yïltïz]−

3375 larïn adïn[larqa yumqï]

3376 bir täg buyan [ävirzünlär :]

3377 nä üčün tesä[r: tüp tüz adïrtsïz]

3378 köŋülin täŋ [tüz dyan saqïnč]−

3379 qa kirip ayïɣ ögli ädgü ögli

3380 saqïnčs{'}ïzïn uzatï säviglig közi[n]

3381 alqu tïnl(ï)ɣlarïɣ körürlär: birök yänä

3382 tïnl(ï)ɣlar ööč käk köŋülin bodis(a)t(a)v

3383 [bodis(a)t(a)vlarnïŋ qutrulmaqlï]ɣ ädgü

3384 [köŋüllärin] täprätgäli

3385 [bulɣatɣalï umazlar :] nätäg bilgä

3386 [biliglig kün t(ä)ŋri] tïnl(ï)ɣ uɣušïn

3387 [tüzü y(a)ruturča] täglök tïnl(ï)ɣ−

3388 [larqa y(a)ruq yašuq] k[i]zlämäz ärsär:

3389 [bodis(a)t(a)v]larnïŋ qutrulmaqlïɣ ädgü

3390 [köŋül]läri ymä [ančulayu] oq ärür::

3391 [ayïɣ qïlïnč qïlda]čïlarqa inčip

3392 [aɣmadïn] čökmädin ol tïnl(ï)ɣlarnïŋ

3393 [alp yaval]ɣuluqï uɣrïnta ymä ädgülüg

3394　yïltïzlarïn esmäzlär titmäzlär：：

3395　bodis(a)t(a)vlarnïŋ m(a)has(a)t(a)vlarnïŋ

3396　qïlmaqlïɣ [köŋülüg enč mäŋi]–

3397　lig qïlmaql[ïɣ köŋülüg üstünki]

3398　yeg köŋülüg [öritip alqu ädgülüg]

3399　yïltïzlïɣ buyan [ävirmäkläri üzä]

3400　ävirürlär：bod[is(a)t(a)v m(a)has(a)t(a)vlar]

3401　nätäg muntaɣ [ädgülüg yïltïzlarïn örit]–

3402　ip buyanïn olarqa ävirür[lär：]

3403　bökünki küntä [ ] antaɣ u[ɣurï biz]–

3404　niŋ muntaɣ buya[n ävirgülük]

3405　köŋülin saqïnu tilin sözläyü [birök]

3406　qayu näčä ävirgülük buyan[ïmïz bar ärsär]

3407　ävirmiš buyanlarïm(ï)znïŋ uɣrïnta

3408　arïɣ süzök ažunlarïɣ bulup arïɣ

3409　üdrülüp：ol nomlarïɣ öyü tutup unïtmadïn ät'özdäki tiltäki qïlïnč–

3410　larï arïp：köŋüllärin turqaru yeg suqančïɣ ädgü yïltïzlarta turɣurup

3411　[o]rnatïp：[erinč] čïɣay bolmaqdïn birtäm ketip yeti törlüg

3412　[no]mluɣ äd t(a)varlarqa tükällig bolup alqu bodis(a)t(a)vlarnïŋ

3413　[ögr]ätiglärintä bïšrunup ögrätinip qamaɣ ädgü yïltïzlarïɣ bulup

3414　[tü]zülmäkkä tükällig bolup yeg üstünki qutrulmaqlïɣ ädgükä

3415　[tä]gip：tükäl törlüg bilgä bilig üzä alqu qamaɣ tïnl(ï)ɣlarda ädgü

3416　[ög]li säviglig bo közüg bulup ät'öz b(ä)güläri arïp süzülüp

3417　[tïla]ŋurmaqlïɣ bilgä bilig üzä sav sözlädäči bolup qamaɣ

3418　[ä]dgülärig öritip turɣurup ilinmäksiz yapšïnmaqsïz

3419　köŋülin täriŋdä täriŋ nomqa kirip alqunï ičgärip tutup：qamaɣ

3420　burhanlarnïŋ turɣuluqï birlä bir täg ilinčsiz oronta turup：qayu näčä

3421 bolzunl[ar   ]

3422 küsäyürbiz [   ]

3423 küsüšümüz [qanmaqï bolzun :]

3424 tuyunmaqlïɣ küsüš[ümüz täginür : tört]

3425 tuɣumtaqï altï y[oltaqï   ]

3426 ymä bir täg []

3427 ikiläyü yänä artoqraq kertgün[čkä]

3428 tägip yertin[čünüŋ] uluɣ ädgü [ögli]

3429 y(a)rlïqančučï köŋüllüg [qaŋlarïŋa]

3430 umunup ïnanïp : yükünürbiz čoɣl[uɣ yalïn]–

3431 lïɣ ädgülüg ädrämlig atl(ï)ɣ t(ä)ŋ[ri burhan]

3432 qutïŋa : yükünürbiz körmäki y(a)ruq

3433 yašuq atl(ï)ɣ [t(ä)ŋri burhan qutïŋa :]

3434 [yükünürbiz š(i)mnuɣ yo]qaḍdurmïš

3435 [atl(ï)ɣ t(ä)ŋri burhan qutïŋ]a : yükünürbiz

3436 [qurulmaqlïɣ yol]dïn ärtmiš atl(ï)ɣ

3437 [t(ä)ŋri burha]n qutïŋa : yükünürbiz

3438 [artančsïz] köŋüllüg atl(ï)ɣ t(ä)ŋri burhan

3439 [qutïŋa : yü]kü[nü]rbiz suvlar hanï

3440 [atl(ï)ɣ t(ä)ŋ]ri burhan qutïŋa : yükünürbiz

3441 [š(i)mnuɣ] arïtmïš atl(ï)ɣ [t(ä)ŋ]ri burhan qut–

3442 [ïŋa : yükünür]biz quvraɣnïŋ yeg

3443 [üstünki] eli hanï atl(ï)ɣ t(ä)ŋri burhan

3444 [qu]tïŋa : yükünürbiz säviglig y(a)ruq–

3445 luɣ atl(ï)ɣ t(ä)ŋri burhan qutïŋa :

3446 yükünürbiz tuyunmaq b(ä)lgülüg atl(ï)ɣ [t(ä)ŋri

3447 ärklig kuanši im bodis(a)t(a)v qutïŋa : qut qolunu täginürbiz ädgü

3448 ögli [y(a)r]lïqančučï köŋüllüg küčläri üzä artoqraq bir täg

3449 tuta ičgärü y(a)rlïqap buyan ä[vir]gülük köŋ[ülümüzn]i tükäl bütü-

3450 rü y(a)rlïqazunlar∶yänä ymä munčulayu ontun sïŋarqï

3451 tolp [k]ök [qalïq uɣušï]ndaq[ï] alqu qamaɣ üč ärdinilär qutïŋ[a]

3452 umun[up ïnanïp ötünü tä]ginürbiz∶biz basa qur[t]qa [   ]

3453 birl[ä ülgüsüz sansï]z učuz qïdïɣ[sï]z ačï[ɣ tarqa ämgäk]–

3454 lärig [tä]g[inip üč y(a)v]laq [y]ollartïn özin tartïlɣalï oz[ɣalï]

3455 umaɣuluq bökünki ⟨küntä⟩ bo tuyunmaqlïɣ köŋülüg öritmäkimkä

3456 qarištačï tuyunmaqlïɣ yorïqïmq[a] qarištačï [tuyun]m[a]qlïɣ küsüš–

3457 ümkä q[a]rišdačï ülgüsüz sansïz uluɣ aɣ[ï]r ayïɣ qïlïnčlarïm tükäl

3458 bar ärmiš ärsär qut qolunu täginürbiz∶ontun sïŋarqï uluɣ orondaqï

3459 [   ] bo yörüglüg

3460 [tur]ɣurɣuluq

3461 [   ]/ üčün anïn altï ärklig–

3462 [lär   ] öritmiš k(ä)rgäk∶

3463 [qut qolunu täginürb]iz bökünki ⟨küntä bo⟩ nomluɣ

3464 [orontaqï bir išdäš] qamaɣ uluɣ

3465 [quvraɣ ula]tï keŋürü ontun sïŋarqï

3466 [tört tuɣu]mlardaqï altï yollardaqï

3467 [alqu qamaɣ] tïnl(ï)ɣlar barča ymä bökünki

3468 küntä ïnaru ulatï burhan qutïn

3469 b[u]lɣïnčaqatägi közin uzatï körmäyin

3470 –lärin [uzatï kärmälim∶···

3471 estäči [···

3472 ČY artat[dačï ···

3473 tömkä kertgünčs[üz seziklig]–

3474 lär özi[   ]

3475 öŋlärin körmälim：'äzüg [ayaɣ]–

3476 sïz küvänč [yoqay köŋüllüglärniŋ]

3477 öŋlärin körmälim [：altï örki]

3478 törlüg {：} t(ä)rs [azaɣ nomluɣ]

3479 tirtelarnïŋ öŋlä[rin]

3480 uzatï körmälim：muntaɣ [yaŋïn]

3481 alqu qamaɣ ayïɣ yavïz [öŋ]–

3482 lärig qut qolunu täginürbiz köz–

3483 in uzatï kör⟨m⟩älim：

3484 turdačï [···

3485 uzatï [···

3486 YK /W/[···

3487 ··· öŋläri]n：uzatï k[örälim：···

3488 ··· ö]ŋlärin：uzatï [körälim ···

3489 ···]L'R NYNK ärdini KWY[···

3490 ···]/ sačmïš öŋ[lärin uzatï körälim ···

3491 ··· b]eš törlüg T[···

3492 [ya]lŋoqlar–

3493 [nïŋ öŋlärin] uzatï

3494 [körälim：olarnïŋ] ät'özlärin ätlärin

3495 [t]olp ontun sïŋarta

3496 [ ] yaḍmïš öŋlärin uzatï

3497 [körälim：qamaɣ] burhanlarnïŋ ušnir

3498 [lakšanïntïn y](a)ruq ïdïp ol y(a)ruqlar–

3499 [ïɣ kör]üp avantlïɣ tïltaɣlïɣ tïnl(ï)ɣ–

3500 [larnïŋ kälmiš] yïɣïlmïš öŋlär–

3501 [in yänä ym]ä qut qolunu täginürbiz

3502 [közin üzä u]zatï körälim：ontun

3503 sïŋarqï bodis(a)t(a)vlarnïŋ arhantlar–

3504 [nïŋ qamaɣ tö]zünlärniŋ

3505 qamaɣ uluɣ [quvraɣnïŋ ögrünčülügin]

3506 sävinčligin [　　　　　nomluɣ]

3507 y(a)rl(ï)ɣïɣ töpölärintä [tägin]–

3508 miš öŋlärin uzatï [körälim：]

3509 tört törlüg terin quvr[aɣnïŋ]

3510 tägirmiläyü quršayu olu[rmïš küsäyü]

3511 k(ä)rgäkläyü nom äšidmiš ö[ŋlärin]

3512 uzatï körälim 〈：〉 alqu bušï bert[äči]

3513 č(a)hšap(a)t tutdačï：säri[ndäči qatïɣ]–

3514 landačïlarnïŋ öŋlärin [uzatï]

3515 körälim 〈：〉 amrïlïp ünsüzin [alqu dyan]

3516 saqïnč saqïndačïlarnïŋ：bilgä

3517 bilig bïšrundačïlarnïŋ [öŋlärin]

3518 [　　　　] boltï：：

3519 [amtï bir ikintiškä] bir uč–

3520 [luɣ köŋülin] beš tilgänim(i)zni

3521 [yerkä tägürü]p：yertinčünüŋ

3522 [uluɣ ädgü] ögli y(a)rlïqančučï köŋül–

3523 [lüg qaŋlarïŋa] umunup ïnanïp

3524 [yükünürbiz] u{u}z öčmiš amrïlmïš

3525 [atl(ï)ɣ t(ä)ŋri burh]an qutïŋa：：

3526 [yükünürbiz brahmalïɣ] öz eltinmäklig

3527 atl(ï)ɣ t(ä)ŋri burhan qutïŋa：yükünürbiz

3528 [bilgä bili]gdä ögirdäči atl(ï)ɣ

3529   [t(ä)ŋri] burhan qutïŋa : yükünürbiz

3530   [   ] alqunuŋ eligi

3531   buyan ädgü [qïlïnč y(a)ruqluɣ atl(ï)ɣ]

3532   t(ä)ŋri burhan [qutïŋa : yükünürbiz]

3533   ögrünč y(a)ruqluɣ at[l(ï)ɣ t(ä)ŋri]

3534   burhan qutïŋa : : yü[künürbiz ädgü]

3535   ünlüg atl(ï)ɣ t(ä)ŋri burh[an]

3536   qutïŋa : [yükünürbiz nomda]

3537   ärksindäči atl(ï)ɣ t(ä)ŋri burhan [qutï]–

3538   ŋa : yükünürbiz br(a)h[m]a[lïɣ]

3539   ünlüg atl(ï)ɣ t(ä)ŋri burh[an qutïŋa :]

3540   yükünürbiz šakimuni atl(ï)ɣ t(ä)ŋri

3541   burhan qutïŋa : yük[ünürbiz]

3542   maitri atl(ï)ɣ t(ä)ŋri burhan qutï[ŋa :]

3543   yükünürbiz suqančïɣ ün[lüg]

3544   atl(ï)ɣ bodis(a)t(a)v qutïŋa [: yükünürbiz uluɣ]

3545   tülüklüg küčlüg kü[sün]l[üg atl(ï)ɣ bodis(a)t(a)v qutïŋa :]

3546   yükünürbiz alqïnčsïz [ät'öz atl(ï)ɣ bodis(a)t(a)v qutïŋa : yükünür]–

3547   biz körgäli ärklig kuanši im [atl(ï)ɣ bodis(a)t(a)v qutïŋa : yänä ymä]

3548   munčulayu ontun sïŋarqï ṭolp [kök qalïq uɣušïntaqï alqu qamaɣ]

3549   üč ärdinilär qutïŋa : um[unup ïnanïp qut qolunu täginürbiz]

3550   ädgü ögli y(a)rlïqančučï köŋül[lüg küčläri üzä artoqraq bir]

3551   täg tuta ičgärü y(a)rlï[qazunlar : biz basa qurtqa   ]

3552   birlä {küsämiš} ⟨tuyunmaqlïɣ⟩ küsüšüm–{KWY[ ]/[ ]}[tägičä küsämiš

küsüš]–

3553   üm qanmaqï bolzun : munta basa qul[qaq ärkligig]

3554   tuta qut qolunmïš k(ä)rgäk : yänä qut [   ]

3555   qolunu täg[i]nürbiz bökünki

3556   [künta bo nomlu]ɣ orondaqï bir išḍäš

3557   qamaɣ uluɣ quvraɣ birlä ulatï

3558   keŋürü o[nt]un s[ï]ŋarqï tört

3559   tuɣumlardaqï altï yollardaqï

3560   alqu q[a]maɣ tïnl(ï)ɣlar birlä

3561   bökün[tä ïnaru burhan] q[utïn bu]lɣï–

3562   ünlärig [äšidmälim : säkiz y(e)g(i)rmi]

3563   tamulardaqï [   ]Y [   ]

3564   kičig tamulard[a]qï ü[lgüsüz]

3565   ämgäkliglärniŋ ün[lärin äšidmälim :]

3566   yänä qut qolunu tägi[nürbiz : bökünki kün]–

3567   tä ïnaru q[u]lqaqïn uzatï äš[idmälim :]

3568   pretlarnïŋ ačmaq uṣmaq[   ]

3569   üzä čulup bušr[u]lup aš[ïɣ ičgüg]

3570   küsäp bulmamïš ünlärin äš[idmä]li[m :]

3571   pretlar yo[r]ïp täpräp yüz yüz–

3572   ägüläri arasïnta oot

3573   yalïnap beš ⟨yüz⟩ ootluɣ qaŋlï

3574   tartmïš oot[   ] '

3575   [   ]YN adrïl–

3576   [   ]tägiki

3577   [ulatï säkiz] ačïɣ tarqa ämgäklär–

3578   [niŋ ünlär]in qulqaqïn uzatï

3579   [äšidmälim : tör]t yüz tört törlüg

3580   [ ] ämgäk[   ]WK ig–

3581   [ünlärig] qulqaqïn uzatï äšidmälim :

3582 [alqu] ayïɣ yavïz ünlärig

3583 [q]ulq[aqïn] uzatï äšidmälim∶čuŋ

3584 [qo]ŋraɣu [l]abay kövrüg kim sïr

3585 huŋk(a)w lim loo atl(ï)ɣ qaš oyun

3586 [g]uk bay atl(ï)ɣ qaš oyun üzä

3587 kišilärig yaŋïlturdačï ünlärig

3588 [   ]L//[   ]

3589 oqïtdačï [ünlärig uzatï äšidäyin ∶]

3590 qamaɣ burhan[larnïŋ bir aɣïzq(ï)ya]

3591 nom nomlap öŋin öŋin [   ]

3592 ünlärin uzatï äšidä[yin∶   ]

3593 alqu qamaɣ tïnl(ï)ɣlarda [   ]

3594 burhan töz[i]

3595 mäŋün turup∶öčmäz alqïnmaz

3596 nom ünlär[i]n uzatï äšid[äyin ∶]

3597 on oronlardaqï bodis(a)t(a)v[la]rnïŋ

3598 särinmäk qatïɣlanmaqta bïšrunmïš

3599 ünlärin uzatï äšidäyin 〈∶〉 tuɣmaq−

3600 sïz nom taplaɣïɣ bulup burhanlarnïŋ

3601 bilgä biligiŋä uz kirip üč

3602 ⋯ nom]uɣ nomlamïš [⋯

3603 ⋯ äšidäli]m∶tümän [⋯

3604 ⋯]LYQ ün[lärig uzatï äšidälim∶⋯

3605 ⋯] qamaɣ burh[anlar ⋯

3606 ⋯] tïnl(ï)ɣl[ar ⋯

3607 ⋯ yükünü]rbiz atï ögü[tmiš ⋯

3608 ⋯] qutïŋa [∶ ⋯

3609　[　　　　　　　　qutïŋ]a

3610　[yükünürbiz　　　a]qïlturmïš

3611　[atl(ï)ɣ t(ä)ŋri burhan qutï]ŋa:[　　]

3612　[　　　　　atl(ï)ɣ t](ä)ŋri burhan

3613　[qutïŋa:yükünürbiz ša]kimuni atl(ï)ɣ

3614　[t(ä)ŋri burhan] qutïŋa:yükünürbiz

3615　[maitri atl(ï)ɣ] t(ä)ŋri burhan qutïŋa:

3616　[yükünürbiz] alqïnčsïz ät'öz atl(ï)ɣ t(ä)ŋri

3617　[bodis(a)t(a)v qutïŋ]a:yükünürbiz körgäli

3618　[ärklig] kuanši im b[od]is(a)t(a)v qutïŋa:

3619　[yänä ymä] m[u]nčulayu ontun sïŋarqï

3620　[tolp kök qalïq] uɣušïntaqï alqu

3621　qamaɣ üč ärdinilär qutïŋa {:}

3622　umunup ïnanïp qut qolunu täginür–

3623　biz:ädgü ögli y(a)rlïqančučï köŋül–

3624　[lü]g küčläri üzä artoqraq

3625　[　]//// burh[an qutïn bulɣïnčaqatägi]

3626　yïdlamalïm ⟨:⟩ öz[lüg ölürmäkniŋ]

3627　tatïɣïŋa tatɣanïp ät[lärin]

3628　yemiš ičmiš yïdlarïɣ [burunïn uz]–

3629　atï yïdlamalïm ⟨:⟩ avčï käyik[čilär]–

3630　niŋ oot ïdïp tïnl(ï)ɣl[arïɣ　　]

3631　ölürmiš yïdl[arï]ɣ yïdlamalïm [: tïnl(ï)ɣ]–

3632　larïɣ čiŋlämiš bïšɣurmiš [　　　]

3633　sögülmiš yïdlarïɣ yïd[lamalïm :]

3634　altï qïrq törlüg ädlär üzä

3635　bütmiš bo ät'özlüg qoɣuš qap–

3636　nïŋ yïdïɣ sasïɣ oronluɣ

3637　yïdïn yïdlamalïm：

3638　[　　alp yaq]ïn barɣul[uq]

3639　[yïdlarïɣ yï]dlamalïm 〈：〉 öŋdür–

3640　[ti uluɣ kičig] aqmïš aqïɣlarnïŋ

3641　[yïdïɣ sasïɣ] yïdlarïn yïdlamalïm：

3642　[　　k]övdüŋlärniŋ ürüšüp

3643　[　　　　　] yip yirümiš artamïš

3644　[yïdlarï]n 〈yïdlamalïm〉：yänä q[ut] qolunu täginürbiz

3645　[uluɣ quvr]aɣlar birlä ulatï

3646　[altï] yol[larta]qï tïnl(ï)ɣlar birlä

3647　böküntä ïnaru uzatï yïdlalïm：

3648　ontun sïŋarqï yertinčülärdäki

3649　gavsar čintan ulatï satïɣsïz äd–

3650　lär yïdlarïn uzatï yïdlalïm：

3651　[kar]m(a)p(a)tta al[tï　　　]

3652　[yorï]mïštaqï y[ïdlarïn uzatï]

3653　yïdlayïn：alqu qamaɣ ye[ti törlüg]

3654　ädgü al altaɣlïɣ kišilär[niŋ]

3655　altï y(e)g(i)rmi {'}aqar uɣurluɣ yï[dlar]–

3656　ïn uzatï yïdlalïm [：] ont[un sïŋarqï]

3657　pratikabutlarnïŋ bošɣutlu[ɣ]

3658　bošɣutsuz toy[ïn]larnïŋ [ädgü]–

3659　lüg ädrämlig yïdlarï[n] uzat[ï]

3660　yïdlalïm：tört törlüg qutlarqa

3661　tägmiš tört törlüg qutlarqa

3662　qatïɣlandačï aqïɣsïz ädgükä

3663 tägmišlärniŋ yïdlarïn uzatï

3664 [yïd]larïn

3665 [uzatï yïdlalïm∶] b[u]rhanl[ar]

3666 [bodis(a)t(a)v]larnïŋ yïdlarïn

3667 [uzatï yïdlal]ïm∶yeti qïrq törlüg

3668 [bodipakši]k tuyunmaq bölöklüg nomluɣ

3669 [iki y(e)g(i)rmi] pratityasanmutp(a)t tïltaɣ-

3670 [lïɣ kör]miš nomluɣ altï p(a)ramitlïɣ

3671 [yïdlarïn] uzatï yïdlalïm ⟨∶⟩

3672 [   ]// u[luɣ y](a)rlïqančučï köŋüllüg

3673 üč törlüg ürüg ornanmïš ög

3674 turuɣluɣ∶∶   ∶∶on küčlüg

3675 tört törlüg qorqïnčsïz bilgä

3676 biliglig bo säkiz y(e)g(i)rmi

3677 umunup ïna[nïp yükünürbiz]

3678 atl(ï)ɣ t(ä)ŋri bu[rhan qutïŋa ∶]

3679 yükünürbiz uzatï tapïnɣul[uq udunɣuluq]

3680 atl(ï)ɣ t(ä)ŋri burhan qutï[ŋa ∶]

3681 yükünürbiz busuštïn ärtmiš [atl(ï)ɣ]

3682 t(ä)ŋri burhan qutïŋa [∶ yükünürbiz]

3683 enčig sävdäči atl(ï)ɣ t(ä)ŋ[ri burhan]

3684 qutïŋa∶∶yükünürbiz y[ertinčülüg]

3685 keŋ köŋüllüg atl(ï)ɣ t(ä)[ŋri] burh[an]

3686 qutïŋa∶∶yükünürbiz säviglig

3687 ät'özlüg atl(ï)ɣ t(ä)ŋri burhan

3688 qutïŋa∶∶yükünürbiz suqančïɣ adaqlïɣ

3689 atl(ï)ɣ t(ä)ŋri burhan qutïŋa∶yükünür-

3690　[yükünürbiz v(a)žir aɣ]ïlïq atl(ï)ɣ

3691　[bodis(a)t(a)v qutïŋa∶yükünü]rbiz alqïnčsïz

3692　[ät'öz atl(ï)ɣ bodi]s(a)t(a)v qutïŋa∶∶yükünür–

3693　[biz körgäl]i ärklig kuanši im atl(ï)ɣ

3694　[bodis(a)t(a)v] qutïŋa∶yänä ymä munču–

3695　[layu ontun sï]ŋarqï tolp kök qalïq

3696　[uɣušïntaqï] alqu qamaɣ üč ärdini–

3697　[lär qut]ïŋa umunup ïnanïp qut

3698　[qolun]u tägi[nürbiz]∶bo {köŋülümdäki}

3699　küsüšüm köŋülümtägičä bolup tuyun–

3700　maqlïɣ küsüšüm qanmaqï bolzun munta

3701　basa til ärklig tuta qut qolunmïš

3702　k(ä)rgäk∶yänä qut qolunu täginürbiz

3703　alqu özin ölmišlärniŋ tatïɣïn ymä tatmayïn 〈∶〉 tïnl(ï)ɣ uɣušï–

3704　nïŋ yilikiniŋ [qanïnïŋ] tatïɣïn tatmayïn 〈∶〉 utru tušušmïš üz boz

3705　köŋüllüglärniŋ aɣuluɣ yavïz otlarïnïŋ tatïɣïn

3706　tatmayïn 〈∶〉 alqu qamaɣ nizvanig tuɣurdačï üküš tatïɣlar–

3707　nïŋ tatïɣïn 〈tatmayïn∶〉 qut qolunu täginürm(ä)n tilin turqaru tatayïn

〈∶〉 yüz törlüg

3708　ras(a)yanlïɣ ädgü tatïɣlarïɣ turqaru tatayïn 〈∶〉 qamaɣ t(ä)ŋrilärniŋ

k(ä)ntün b(ä)lgürmiš

3709　sut maḍum(a)ntik ašlarnïŋ ičgülärniŋ tatïɣïn turqaru

3710　tatayïn 〈∶〉 yïd yïpar yügmäklig yïdlïɣ yïparlïɣ ašlarnïŋ

3711　tatïɣïn turqaru tatayïn 〈∶〉 qamaɣ burhanlarnïŋ aš(a)nu

3712　y(a)rlïqamïš ašlarïnïŋ tatïɣïn turqaru tatayïn 〈∶〉 d(a)rmaš(a)rir

3713　nomluɣ ät'öznüŋ č(a)hšap(a)tlïta dyanlïta bïšrunmaqlïɣ tüšüt

3714　ögrätigintin b(ä)lgürmiš ädgülüg aš ičgüsiniŋ tatïɣïn

3715 [turqaru tatayïn : nom] ögrünčüsiniŋ dyan [ö]gr[ü]n[čüsiniŋ] tatïɣlarïn

3716 [turqaru tatayïn :] ülgüsüz üküš ädgülüg [ä]drämlig [ ]K ädgü

3717 [ ] tatïɣlïɣ tatïɣlarïn turqaru tat[a]yïn ⟨ : ⟩ bir tatïɣ–

3718 [lïɣ qutrulmaq]nïŋ täŋ tüz ädgülär⟨n⟩in⟨g tatïɣïn⟩ turqaru tatayïn ⟨ : ⟩

3719 [ ] burhanlarnïŋ nirvanqatägi y(a)rlïqamïš [nom]ïntaqï

3720 [ögrünč]lüg yeg üstünki ädgülüg tatïɣlarï–

3721 [nïŋ ⟨tatïɣlarïn⟩ turqaru tatayïn :] til ärkligig tuta qut qolunu tükätmiš b

[ol]tï :

3722 [amtï bir ikin]tiškä bir učluɣ köŋülin beš tilgänim[i]n

3723 [yerkä] tägürüp yertinčün[ü]ŋ uluɣ ädgü ögli y(a)rlïqanču–

3724 [čï köŋüllüg] qaŋlarïŋa umunup ïnanïp yükünürm(ä)n čïn

3725 [kertü atl(ï)ɣ t(ä)ŋri] burhan qutïŋa ⟨ : ⟩ yükün[ü]rm(ä)n t(ä)ŋri[lä]r [i]

disi

3726 [atl(ï)ɣ t(ä)ŋri burhan] qutïŋa ⟨ : ⟩ yükünürm(ä)n [ä]dg[ü ünü]g

3727 ägzigig

3728 sävdäci atl(ï)ɣ t(ä)ŋri burhan qutïŋa ⟨ : ⟩

3729 [y]ükünürbiz arïɣ kertgünčlüg

3730 t[ä]p[ränčsiz atl(ï)ɣ t(ä)ŋri burhan qutïŋa :]

3731 yükünürbiz kertg[ünči arïɣ süzök]

3732 atl(ï)ɣ t(ä)ŋri bur[ha]n [qutïŋa :]

3733 yükünürbiz šakimuni atl(ï)ɣ t(ä)ŋ[ri burhan]

3734 qutïŋa : : yükünürbiz maitri [atl(ï)ɣ]

3735 t(ä)ŋri burhan qutïŋ[a : yükünürbiz]

3736 kök qalïq ⟨aɣïlïqï⟩ atl(ï)ɣ bodis(a)t(a)v [qutïŋa :]

3737 yükünürbiz uzatï yirägürdä[či atl(ï)ɣ]

3738 bodis(a)t(a)v qutïŋa : yükün[ürbi]z alqï[nčsïz]

3739 ät'öz atl(ï)ɣ bodis(a)t(a)v qutïŋa : yükünürbi[z]

3740   körgäli ärklig kuanši im atl(ï)ɣ

3741   bodis(a)t(a)v qutïŋa : : yänä ymä

3742   munčulayu ontun sïŋarqï tolp

3743   [bir išdäš qamaɣ uluɣ quv]raɣ birlä

3744   [keŋürü ulatï ontun sï]ŋarqï alqu

3745   [tïnl(ï)ɣla]r birlä bököntä ïnaru

3746   [burhan] qutïn bulɣïnčaqatägi

3747   [ät'özin uzatï] bürtmälim ⟨:⟩ beš

3748   [törlüg küsän]čig mäŋilig t(ä)rs tätrü

3749   [   ]/ L'R NYNK bürtmäkin

3750   [bürtmäli]m [: isi]g otčuqluɣ

3751   kömürlüg tamuluɣ buzluɣ–

3752   ta ulatï tamulartaqï

3753   bü[r]tmäklärig

3754   bürtmälim : pretlar

3755   NYNK bitni[ŋ   ]

3756   qamaɣ qurtlar[nïŋ bürtüglär]–

3757   in bürtmälim : bï bïčɣ[u aɣuluɣ yavïz]

3758   ot üzä artoqraq ämgätdä[čilär]–

3759   niŋ bürtüglärin bürt[mälim : ač]–

3760   maq ušmaq ämgänmäk sïqï[lmaq alqu]

3761   qamaɣ bürtüglärig {:} [bürtmälim : qut]

3762   qolunu täginürbiz ät'özin u[zatï]

3763   bürt{m}älim : qamaɣ t(ä)ŋrilärniŋ

3764   suqančïɣ ädgü ton kädimlär[ini]ŋ

3765   bürtüglärin uzatï bürtälim :   : :

3766   k(ä)ntün b(ä)lgürmiš rasayan tatïɣnïŋ

3767 [arïɣ oron]lardaqï

3768 [ät]özüg toqïmaq-

3769 [lïɣ bürtüglärin u]zatï bürtälim 〈 : 〉

3770 [ontun sïŋarqï] alqu burhanlar- { : }

3771 [nïŋ arïɣ el ulušlarïnta yeti] ärdinilig

3772 [köl]lärdä ät'özüg köŋül-

3773 [üg yumaq] arïtmaqlïɣ bürtmäk-

3774 [lärig] özin uzatï bürtäyin 〈 : 〉

3775 [qarï]m[aq] iglämäk ölmäktä ulatï

3776 [ämgäk]siz bürtmäkig uzatï

3777 bürtälim 〈 : 〉 ärkčä tapča uča

3778 [y]orïp : qamaɣ bodis(a)t(a)vlar birlä

3779 [nomuɣ tï]ŋlamaqlïɣ bürtmäk-

3780 [lärig uzatï bürtälim : alqu] b[ur]hanlarnïŋ ni[rvan]qa

3781 [   ] yeg adroq ärksinmäk-

3782 [lig bürtmäklärin uzatï bürtälim :] qut qolunu

3783 [täginürbiz bir ikintikä bir učluɣ köŋ]ülin beš

3784 [tilgänimizni yerkä tägürüp yertinčünüŋ uluɣ ä]dgü [ögli]

3785 [y(a)rlïqančučï köŋüllüg qaŋlarïŋa umunup ïnanïp]

3786 [yükünürbiz   ] atl(ï)ɣ t(ä)ŋri

3787 burhan qutï[ŋa : yükünürbiz]

3788 yaŋalar eligi [ünlüg atl(ï)ɣ]

3789 t(ä)ŋri burhan qutïŋ[a : yükünürbiz]

3790 č(a)k(ï)r tutdačïlarnïŋ [ayaɣuluqï]

3791 atl(ï)ɣ t(ä)ŋri [b]urhan [qutïŋa :]

3792 yükünürbiz nomluɣ äd t(a)[varqa]

3793 tükällig atl(ï)ɣ t(ä)ŋri [burhan]

3794 qutïŋa：yükünürbiz y[e]rtinčü[däki]−

3795 lärniŋ s[äv]gülüki atl(ï)ɣ t(ä)ŋr[i]

3796 burhan qutïŋa：yükünürbiz [   ]

3797 atl(ï)ɣ t(ä)ŋri burhan qutïŋa：

3798 yükünürbiz ülgüsüz ärdini atl(ï)ɣ

3799 [atl(ï)ɣ t(ä)ŋri bur]han qutïŋa：yükünürbiz []

3800 [atl(ï)ɣ t(ä)ŋr]i burhan qutïŋa：yükünürbiz bil[gä biliglig yorïq]−

3801 [lïɣ atl(ï)ɣ t](ä)ŋ[r]i burhan qutïŋa：yükünürbiz suq[ančïɣ yïdlïɣ]

3802 [atl(ï)ɣ t(ä)ŋ]ri burhan qutïŋa：yükünürbiz k[ök qalïq ünlüg]

3803 [atl(ï)ɣ t(ä)ŋri bur]han qutïŋa：yükünürbiz kö[k qalïɣ atl(ï)ɣ]

3804 [t(ä)ŋri bur]han qutïŋa：yükünürbiz š[akimuni atl(ï)ɣ]

3805 [t(ä)ŋri bur]han qutïŋa：yükünürb[iz maitri atl(ï)ɣ]

3806 [t(ä)ŋri burha]n qutïŋa：yükünürbiz üč uɣ[uš yertinčü]−

3807 [din ün]miš bodis(a)t(a)v qutïŋa：yükünürbiz

3808 [badrapa]le atl(ï)ɣ bodis(a)t(a)v

3809 [qutïŋa：yü]künürbiz alqïnčsïz

3810 [ät'öz atl(ï)ɣ bodis(a)t(a)v] q[utï]ŋa：：

3811 [yükünürbiz] körgäli ärklig

3812 [kuanši im atl(ï)ɣ] bodis(a)t(a)v qutïŋa：

3813 [：：]   ：：yänä ymä munčulayu

3814 [ontun] sïŋarqï tolp kök qalïq

3815 [uɣuš]ïntaqï alqu qamaɣ üč

3816 ärdinilär qutïŋa：：   ：：

3817 umunup ïnanïp qut qolunu täginür− {：}

3818 biz [ädgü ögli y(a)rlï]−

3819 qančučï köŋül[lüg kü]čläri üzä umuɣ ïnaɣ b[olu]

3820 y(a)rlïqazun[lar]：m(ä)n basa qurtqanïŋ [küsüšüm]

3821 köŋül⟨üm⟩t̬[ägičä] bolup tuyunmaqlïɣ kü[süšüm qanmaqï]

3822 bolzun [: munta] basa köŋül ärkligig [tuta qut]

3823 q[o]lunm[ïš k(ä)rgäk : yänä qu]t q[olun]u [täginürbiz bökünki]

3824 k[ü]ntä [nomluɣ orontaq]ï bir išḏäš qa[maɣ uluɣ quvraɣ]

3825 keŋürü [ulatï ontun sï]ŋarqï alqu qamaɣ tïnl(ï)[ɣlar bökün]–

3826 tä ïnaru [ulat]ï burhan qutïn bulɣïnč[aqatägi köŋülin]

3827 uzatï bil[äli]m [az] amranmaq övkä qaqïɣ b[iligsiz bilig]–

3828 niŋ adalïɣ[ïn] qadaɣïn köŋülin uza[tï bilälim : öz]

3829 ät'özin öz[lüg ölü]rmäk : oɣrï oɣurl[ama]q

3830 adïn amraqïn amranmaq tilin

3831 äzüg sözlämäk :　　　　[:]

3832 taɣon sözlämäk :　　　　[:]

3833 čašut čašurmaq　　　　　:

3834 [　　　　　]/// köŋül[in]

3835 [　　　　] nomïn

3836 [　　uzatï bilä]l[i]m : ayïɣ ögli–

3837 [　　] ädgü öglilärkä

3838 [　　　yaqïn] barmaqïɣ uzatï

3839 [bilälim : altï örk]i törlüg

3840 [tärs tätrü] bahšïlarnïŋ

3841 [　　]/TWRWP täginmäkniŋ

3842 [　　]/ ärmäzin uzatï bilälim ⟨:⟩

3843 [üč] t[ö]rlüg aqïɣlarnïŋ

3844 [beš] törlüg ürtüglärniŋ

3845 on törlüg ägriglärniŋ

3846 tïdïɣ ant(i)ray ärtüklärin uzatï

3847 –l[ä]r elig[alqu]

3848   tözünlär [ïdoqlar   ]

3849   ämgäktä umuɣ [   ]

3850   ärdükin : qut qolunu [täginürbiz]

3851   köŋülin uzatï bilä[lim : üč]

3852   ärdinilärkä : [umunmaqlïɣ beš]

3853   č(a)hšap(a)tïɣ täginmäkl[ig on]

3854   törlüg ädgü nomlarta [eyin]

3855   käzigčä yorïmaqlïɣ muntada

3856   ulatï ädgülärniŋ : üstü[n t(ä)ŋri]

3857   yerintäki altïn yalŋoq y[ertinčü]–

3858   sintäki yeg adroq tüšlär–

3859   ig tartdačïsïn uzatï

3860   [   ]/ tegmä

3861   [tört tör]lüg tüš–

3862   [lärig bütür]m[ä]kig uzatï

3863   [biltäči bolalï]m : alqu törlüg

3864   [nomlarnïŋ q]amaɣlïɣ b(ä)lgüsin

3865   [äŋäyü b(ä)]lgüsin] ymä uzatï

3866   [biltäči bolalïm : iki] y(e)g(i)rmi

3867   [prati]tyasanb[u]tpat tïltaɣtïn

3868   [   ] L' R NYNK üč üd–

3869   [lärniŋ] : avantlarnïŋ tüšlär–

3870   [ni]ŋ tïnmaqsïz sönmäksiz tï

3871   tilinmäk tägzinmäklärin ⟨uzatï⟩

3872   biltäči bolalïm : : altï p(a)ramit–

3873   b(ä)[k qatïɣ köŋül üzä biligsiz]

3874   biliglig qarar[ïɣïɣ tarqarïp]

3875　üzäliksiz tüškä [tägmäkig]

3876　uzatï bildäči bolal[ïm : važir täg]

3877　b(ä)k qatïɣ köŋül üzä b[iligsiz biliglig]

3878　qararïɣïɣ tarqarïp [üzäliksiz tüš]–

3879　kä tägmäkig [bildäči bolalïm :]

3880　ät'özüm artoqraq birk(i)yä y(a)ru[maq]

3881　yašumaq üzä tümän tö[rlüg]

3882　ädgü ädrämlärkä tüzü [tükäl]–

3883　lig bolup ilišlig tïltaɣ[ïɣ]

3884　münüg qadaɣïɣ birtäm

3885　alqïp

3886　[　　　　　]//KM'K

3887　[　　　uluɣ äd]gü ögli

3888　[y(a)rlïqančučï] köŋüllüg qaŋlarïŋa

3889　[umunup ïnanïp yü]künürbiz t(ä)ŋrilär

3890　[eligi atl(ï)ɣ t](ä)ŋri burhan qutïŋa ⟨ : ⟩

3891　[yükünürbiz arï]ɣ yinčü mončuq atl(ï)ɣ

3892　[t(ä)ŋri burha]n qutïŋa : :　　: :

3893　[yükünür]biz ädgü t(a)varlïɣ atl(ï)ɣ t(ä)ŋri

3894　[burhan qutï]ŋa : : yükünürbiz

3895　[yula ya]lïnlïɣ atl(ï)ɣ t(ä)ŋri

3896　[burhan] qutïŋa : : yükünürbiz ärdini

3897　ünlüg atl(ï)ɣ t(ä)ŋri burhan

3898　[q]utïŋa : :　　　yükünürbiz

3899　burhan qutïŋ[a : yükünürbiz šakimuni]

3900　atl(ï)ɣ t(ä)ŋri burhan [qutïŋa yükünürbiz]

3901　maitri atl(ï)ɣ t(ä)ŋri burhan [qutïŋa :]

3902　yükünürbiz ašvagoše bodis(a)t(a)[v qutï]–

3903　ŋa ⟨:⟩ yükünürbiz nagarču[ne atl(ï)ɣ]

3904　bodis(a)t(a)v qutï[ŋa :]

3905　yükünürbiz alqïnčsïz ätö[z atl(ï)ɣ]

3906　bodis(a)t(a)v qutïŋa : :　　[: :]

3907　yükünürbiz körgäli ärkl[ig kuanši]

3908　im bodis(a)t(a)v qutïŋa : :　　　:[:]

3909　yänä ymä munčulayu ontun

3910　sïŋarqï tolp kök qalïq uɣuš–

3911　ïntaqï alqu qamaɣ üč ärdini–

3912　[y]änä qut

3913　[qolunu täginürbiz]: : bo uluɣ

3914　[quvraɣ] keŋürü ulatï ontun

3915　[sïŋarqï] alqu qamaɣ tïnl(ï)ɣlar

3916　[böküntä ï]naru ulatï burhan

3917　[qutïn bulɣïnčaqatägi] tilin uzatï

3918　[üč ärdinilä]rig ermälim

3919　[ayïɣ]lamalïm ⟨:⟩ tilin sudurlar

3920　[nomlar]ïɣ keŋ alqïɣ ötgürü

3921　[bilmi]šlärig ayïɣlayu olar–

3922　[nïŋ] münin qadaɣïn söz–

3923　[l]ämälim ⟨:⟩ ädgü qïlïnč qïlsar

3924　mäŋilig tüšüg

3925　qïlturɣal[ï　　kiši]–

3926　lärniŋ ay[ïɣ qïlïnčlarïn]

3927　čavlamalïm : : :[yertinčü]–

3928　lüg egillärniŋ yolsu[z　　　　]

3929   oynamaq külmäk[   ]

3930   LYK savlarïɣ [sözlämälim :]

3931   kišilärkä ayïp t[ärs tätrü]

3932   yäkkä ičkäkkä kertgüntü[rmälim]

3933   : : kišilärniŋ ädgü[sin]

3934   yavïzïn ülgüläp tä[ŋläp]

3935   sözlämälim : [:]

3936   ögkä qaŋqa bahšïlarqa

3937   uluɣlarqa ädgü öglilärkä

3938   ···]/ övkälig qa[qïɣlïɣ bolmalïm ···

3939   ···]/ ayïɣ qïlïnč/[···

3940   ···]//Q᾽ sözlämäli[m ···

3941   ···]/// üč ärdinilär[···

3942   ···keŋ a]lqïɣ ötgürü [···

3943   ···]/D[···

3944   [   ]///[   ]

3945   [   ]M᾽LYM ⟨ : ⟩ uzatï

3946   [   ] sözläp kiši–

3947   [lärkä asïɣ tu]su qïlalïm ⟨ : ⟩

3948   [   ] tïnɣuluq iki

3949   [y(e)g(i)rmi bölöklüg ädgün] barmïš nom

3950   [bitiglärin uzat]ï nomlalïm : :   : :

3951   [alqu] qamaɣ tïnl(ï)ɣlarta barča

3952   bir täg burhan tözi

3953   [uzatï] ayïp olarqa mäŋ{g}ü

3954   [mä]ŋi tözi arïɣ tegli nomuɣ

3955   [sözlälim :] uzatï kišilärig

3956   üṭläp ärigläp ögkä qaŋqa

3957   [qut] q[o]l[unu täginürbiz tilin]

3958   uzatï on oron[lardaqï]

3959   burhanlar ornïntaq[ï ülgüsüz]

3960   ädgülärig ädrä[mlärig nom]–

3961   lalïm∶uzatï [kišilärig]

3962   burhanlar [ulušïnta yorïmaq]–

3963   da bïšrunturup∶[artoqraq]

3964   tüš üzä eṭälim yaraṭalïm [∶]

3965   uzatï kišilärig üṭläp

3966   ärigläp [qatïɣlanturup t(a)vrant{'}urup üč] ärdinilärkä yükünt[ürälim]

3967   'äŋitdürälim∶∶   ∶∶ uzatï

3968   kišilärig ayï[p]

3969   burhanlarnïŋ

3970   [y]ertinčünüŋ

3971   [uluɣ ädgü ögli] y(a)rlïqančučï

3972   [köŋüllüg qaŋ]larïŋa umunup

3973   [ïnanïp yükünür]biz yertinčünüŋ hwa

3974   [čäčäki atl(ï)ɣ t(ä)ŋ]ri burhan qutïŋa ⟨∶⟩

3975   [yükünürbiz ediz] töpölüg atl(ï)ɣ

3976   [t(ä)ŋri] burhan qutïŋa∶∶

3977   [yükünür]biz tüzüdin tïlaŋurmaq–

3978   [lïɣ atl](ï)ɣ t(ä)ŋri burhan qutïŋa∶

3979   yük[ünür]biz bilmäki körmäki üzä

3980   [adrumïš a]tl(ï)ɣ t(ä)ŋri burhan

3981   [q]utïŋa∶∶yükünürbiz arslan

3982   [atl(ï)ɣ] t(ä)ŋri burhan qutïŋa∶yükünürm(ä)n tuyunmaql[ïɣ ädgüg säv–]

3983　[däči atl](ï)ɣ t(ä)ŋri burhan qutïŋa : yükünürm(ä)n šakimuni atl(ï)ɣ [t(ä)

ŋri burhan]

3984　[qutïŋ]a : : yükünürm(ä)n maitri atl(ï)ɣ t(ä)ŋri burhan [qutïŋa :]

3985　[yükünürm(ä)n] arslan ilinčüsin ilinčülädäči atl(ï)ɣ [bodis(a)t(a)v

3986　[qutïŋa : yü]künürm(ä)n arslan silkinigin silkin[däči atl(ï)ɣ]

3987　[bodis(a)t(a)v qutïŋ]a : yükünürm(ä)n alqïnčsïz ät'öz [atl(ï)ɣ bodis(a)t(a)v]

3988　[qutïŋa] : yükünürm(ä)n körgäli ärklig kua[nši im atl(ï)ɣ bodi]–

3989　[s(a)t(a)v qutïŋ]a : yänä ymä munčulayu ontun sïŋarq[ï tolp kök]

3990　[qalïq uɣuši]ndaqï alqu ⟨qamaɣ⟩ üč ärdinilär qutïŋ[a]

3991　[umunu]p ïnanïp : qut qolunu täginürm(ä)n : äd[gü ögli]

3992　[y(a)rlïqa]nčučï köŋüllüg küčläri üzä umuɣ ïnaɣ bolup [tuta]

3993　[ičgärü] y(a)rlïqazunlar : m(ä)n šïŋtsün tutuŋ[nuŋ] : /[　　]

3994　[qolunmïš k(ä)rgäk : alq]u yorïɣuluq

3995　[nom qapï]ɣïn tuta qut qolunmïš

3996　[k(ä)rgäk :] yänä qut qolunu

3997　[täginürbiz :] ontun sïŋarqï tolp

3998　[kök qalïk uɣuši]ntaqï tört

3999　[tuɣumlardaq]ï altï yollardaqï

4000　[alqu] qamaɣ tïnl(ï)ɣlar barča

4001　[amtï]qï bo q[u]t qolunmïš üd–

4002　tä basa öŋin öŋin

4003　[a]lqu yorïɣuluq nom qapïɣlar–

4004　ïŋa tükällig bolɣalï

4005　[u]dačï bolayïn ⟨ : ⟩ qayu nom

4006　arïtïp tilig küzätṃäk[lig nom]

4007　qapïɣï : üč törlüg [　　　]

4008　artaṭmatïn sïmadïn köŋü[lüg]

4009   küzätmäklig [nom qapïɣï :]

4010   tuyunmaqlïɣ küsüškä [tükällig]

4011   bolmaqlïɣ nom qapïɣï : yeg

4012   baštïnqï ämgätmäksiz y(a)rlïqančuč[ï]

4013   köŋüllüg nom qapïɣï ⟨ : ⟩ adïnlar‑

4014   qa asïɣ tusu qïlïp ädgü ädräm‑

4015   tä turɣurdačï : ädgü ögli köŋül‑

4016   lüg nom qapïɣï ⟨ ⟩ adïn kišilärig

4017   [   ]RM' LYQ nom qapïɣï

4018   [täŋ tüz] köni yarašï savlarïɣ

4019   [   ]K LYQ nom qapïɣïnta

4020   [   ]/// bo nom qapïɣlarï

4021   [tuta] qut qolunu täginürbiz :

4022   [alqu] qamaɣ tïnl(ï)ɣlar birlä munčulayu

4023   [ülg]üsüz üküš nom qapïɣlarïŋa

4024   tükällig bolayïn : :   : :

4025   köŋülnüŋ yolï antaɣ ol : :

4026   [n]om qapïɣïnta köŋülüg

4027   [y]elvi kömän täg köräyin ⟨ : ⟩

4028   [   ]Ц[   ]

4029   barïp yanmadačï [bolayïn : ömäk]‑

4030   lig küčlüg nom qapïɣ[ïnta qayu]

4031   ärsär nom[la]rïɣ unïtmadačï [titmädäčï]

4032   bolayïn : dyanlïɣ kü[člüg nom]

4033   qapïɣïnta alqu yaŋ[loq saqïnčlar]‑

4034   ïɣ öčürdäči bolayïn : [bilgä bilig]‑

4035   lig küčlüg nom qapïɣïnta tili[nmäk]

4036   tägzinmäktä ulatï bar käl qïl[maq]

4037   üzä∶∶   ∶∶ asïɣ

4038   tusu qïld[ač]ï bolayïn∶∶   [∶∶]

4039   qatïɣlanmaq tuyunmaqlïɣ nom

4040   qapïɣïnta burhan qutïn bulɣuluq

4041   [barčanï oz]ɣurdačï

4042   [bolup säkiz tö]rlüg täginčsiz

4043   [oronlarta] tïnl(ï)ɣlarïɣ

4044   [   ] kärištin tïḍdačï

4045   [bolz]unlar∶övkälig

4046   [qaqïɣlïɣ kiši]lärig alqu qamaɣ

4047   [   ] t(a)vratï yorïdačï

4048   [bolz]unlar∶∶ ärmägü toosïn

4049   [tï]nl(ï)ɣlarïɣ tutup ičgärip ädgü nom

4050   [ta qat]ïɣlanturdačï bolzunlar∶

4051   k[ö]ŋülüg amïrtɣurmaqlïɣ küü

4052   k[ä]lig ädräm üzä alqu yaŋloq

4053   [sa]qïnčlarïɣ t[ï]da tutdačï bolzun⟨lar⟩∶

4054   t(ä)ŋri burhan [qutïŋa∶]

4055   yükünürbiz bilgä [biliglig]

4056   čäčäk atl(ï)ɣ t(ä)ŋri b[urhan qutïŋa∶]

4057   yükü⟨nü⟩rbiz b(ä)k qatïŋ ünlü[g atl(ï)ɣ]

4058   t(ä)ŋri burhan qutïŋa [∶ yükünürbiz]

4059   enčgülüg mäŋilig atl(ï)ɣ [t(ä)ŋri]

4060   burhan qutïŋa∶∶[yükünürbiz]

4061   suqančïɣ asïɣlïɣ atl(ï)ɣ t(ä)ŋri bu[rhan]

4062   qutïŋa∶∶yükünürbiz säviglig

4063   arïɣ atl(ï)ɣ t(ä)ŋri burhan qut[ïŋa ꞉]

4064   yükünürbiz uvut ïyat qïrtïš‒

4065   lïɣ atl(ï)ɣ t(ä)ŋri burhan qutïŋa [꞉]

4066   yükünürbiz suqančïɣ [toqïrlïɣ]

4067   [qutïŋa꞉ yükünürbiz] körgäli

4068   [ärklig kuanši i]m atl(ï)ɣ bodis(a)t(a)v

4069   [qutïŋa꞉ yänä] ymä munčulayu

4070   [ontun sï]ŋarqï ([tolp k]ök qal[ï]q u[ɣu]šïntaqï) alqu qamaɣ üč

4071   [ärdinilär qu]tïŋa꞉꞉ umunup ïnanïp

4072   [qut qolunu] täginürbiz ꞉꞉   ꞉꞉

4073   [ädgü ögli y(a)rlï]qančučï köŋül⟨l⟩üg

4074   [küčl]äri üzä umuɣ ïnaɣ bolup

4075   [tuta] ičgärü y(a)rlïqazunlar꞉   ꞉꞉

4076   [üč] uɣušlartaqï altï

4077   [yol]lardaqï tört

4078   tuɣumlartaqï tïnl(ï)ɣlar

4079   [a]mtïqï bo ädgü ögli

4080   bo nomluɣ oron[taqï bir išdäš qamaɣ]

4081   uluɣ quvraɣ bir ikint[ikä altï yol]‒

4082   lartaqï tört [tuɣumlartaqï]

4083   tïnl(ï)ɣlar üčün qut qol[unu tükätmiš]

4084   boltï꞉꞉ amtï muntada bas[a tïnl(ï)ɣlar]

4085   alqu qamaɣ uluɣ bodis(a)t(a)[vlarqa]

4086   tutuzu qut qolunu [täginürbiz꞉ ädgü]

4087   ögli y(a)rlïqančučï köŋülläri [üzä]

4088   artoqraq bir täg tuta ičgä[rü]

4089   y(a)rlïqazunlar꞉꞉ amtï bo qut [qolunu]

4090   kšanti qïlmïš buyan ädgü qïlïnč–

4091   larnïŋ tïltaɣïnta yänä qut qolunu

4092   täginürbiz∶ädgü ögli y(a)rlïqančučï

4093   [qut qolunu tä]ginürbiz

4094   [q]amaɣ burhan

4095   [köŋül]lüg

4096   [   ] tükäl

4097   [   ] bolzun

4098   [yänä qut qolunu tä]ginürbiz

4099   [alqu qamaɣ tïnl(ï)ɣ]lar

4100   [buyanlïɣ] tarïɣ–

4101   [laɣ   ] išlämäk üzä

4102   [iki törl]üg kölöklüglär–

4103   [niŋ] küsüšintin öŋi üdrülüp

4104   [q]amaɣ kertütin {∶} kälmišniŋ

4105   [tï]d[ïɣsïz qut]rulmaq

4106   L'R∶∶yänä [qut qolunu täginür]–

4107   biz∶alqu [qamaɣ tïnl(ï)ɣlar]

4108   yorïɣuluq [   ]

4109   ärksinip qa[maɣ kertütin kälmišniŋ]

4110   alqu oronïn[   ]

4111   tïdïɣs[ïz küü käliglig küčlärig]

4112   bulzun[lar∶yänä qut qolunu]

4113   täginürbiz∶[alqu qamaɣ tïnl(ï)ɣlar]

4114   m(a)hayan uluɣ kölüŋüg tuta

4115   ičgärip ülgüsüz üküš tör[lüg]

4116   bilgä biliglig bolup täprän[čsiz]

4117 ïdoq oronta enč mäŋilig

4118 köŋülin olurz[unlar   ]

4119 [yänä qut qolun]u täginürbiz

4120 [   ]/

4121 [eti]glig

4122 [yaratïɣlïɣ nom uɣu]šïŋa

4123 [   ]/

4124 [   ]/

4125 [   ]/

4126 [yänä] qut

4127 [qolunu tägin]ürbiz : alqu qamaɣ tïnl(ï)ɣ–

4128 [lar] ät'özüg

4129 [   ] yer–

4130 [tinčü] barčaqa barɣalï

4131 [tïnmaqs]ïz sönmäk–

4132 [   ] T[   ]

4133 uluɣ qut [qolunmaq tükätmiš boltï]

4134 nom tözi [täg   kök]

4135 qalïq täg []

4136 qut q[olunu täginürbiz : alqu tïnl(ï)ɣlar]

4137 saqïnč [   ]

4138 tuyunma[qlïɣ küsüšläri qanmaqï]

4139 bolzun [:   : bir ikintikä]

4140 bir učluɣ köŋülin beš ti[lgänimizni]

4141 yerkä [tägürüp biz qalïmdu totoq]

4142 el kä[lmiš t(ä)ŋrim]

4143 ulatï bo qamaɣ

4144   quvraɣ birlä

4145   [   ]/

4146   [o]ntun

4147   [sïŋarqï tolp kök qalïq uɣu]šïn–

4148   [taqï   körgäl]i

4149   [ärklig kuanši i]m bodis(a)t(a)v–

4150   [qa : :] mančuširi bodis(a)t(a)vqa : :

4151   [oɣ]šatɣuluqsuz ïdoq ///[ ] : :

4152   [to]lp ontun sïŋarqï

4153   [bodis(a)t(a)vqa : :] arslan silkinigin

4154   [silkindäči bodis(a)t(a)v]qa arslan

4155   suqančïɣ [ädrämlig bodis(a)t(a)vqa :]

4156   ärdini [y(a)ruqluɣ bodis(a)t(a)vqa :]

4157   uza[tï yirägürdäči bodis(a)t(a)v]–

4158   qa : üč [uɣuš yertinčüdin ünmiš]

4159   bodis(a)t(a)vqa yänä ymä [munčulayu]

4160   ontun sïŋarqï tolp kök [qalïq]

4161   uɣušïntaqï alqu qamaɣ bodi[s(a)t(a)v]–

4162   larqa m(a)has(a)t(a)vlarqa umuɣ urunčaq

4163   tutuzu täginürbi[z]

4164   öŋräki qut qolunmaql[ïɣ küčläri üzä ···

4165   ··· tïnl(ï)ɣlarïɣ ozɣurɣalï qu[t] qolunmaqlïɣ küčl[är ···

4166   ··· alqïnčsï]z tükäti[nčsiz a]lqu qamaɣ tï[nl(ï)ɣlarïɣ tuta ičgärü]

4167   [y(a)rlïqazunlar :] yänä qut qolunu täginürbiz : bo [···

4168   ···] tïnl(ï)ɣlarïɣ ädgü ögli [···

4169   ···]/D'ČY saqïnčlarïn [···

4170   ···]/[ ]/[···

4171　[　　　　　　　　　　]/

4172　[　　　　　　　　] q[a]maɣ

4173　[tïnl(ï)ɣlar　　　　　　] köni

4174　[kertü köŋülin bodis(a)t(a)vlarï]ɣ eyin

4175　[edärü ï]raq öŋi bolmazunlar：：

4176　[qut qolunu täginürbiz：alqu] qamaɣ

4177　[tïnl(ï)ɣlar] bodis(a)t(a)vlarnïŋ y[a]rl(ï)ɣ–

4178　[ïnča eyi]n bolup adïnsïɣ qaršï

4179　[　　　　　　] b(ä)k qatïɣ

4180　L[　　　　　　　　]

4181　bodis(a)t(a)v [　　　　　]

4182　öz /[birtämlik arïnmaqqa]

4183　tägip：[küü kälig ädrämlärkä tükäl]–

4184　ligin k[öŋü]l[čä tapča ärksinip]

4185　m(a)hayan uluɣ kölüŋüg kö[lür–]

4186　ulatï [　　　　　]

4187　bilgä biligig bulɣïnčaqat[ägi　　]

4188　anïŋ ikin arasïnta [　　　　　]

4189　’ärmägürmädin /[　　　　　]

4190　[　　　　　　　yu]mqï

4191　[　　　　　　　] alqu

4192　[　　　　　　　t]üzü

4193　[tükätịmaitri a]tï kötrül–

4194　[miš yügär]ü biziŋä tanuq

4195　[bol]up：ontun sïŋarqï

4196　[burha]nlar erinčkäp tsuyurqap

4197　[umuɣ] ïnaɣ bolu y(a)rlïqamaqlarï

4198 [üzä] ökünčüm

4199 ayaɣqa [tägimlig köni tüz]

4200 tuyuɣlï [   ]

4201 bügü bi[liglig ülgü]–

4202 süz üküš [kišilärig ozɣurup]

4203 qutɣarïp tuɣmaq ölmäk [sansar]–

4204 taqï ämgäklärdin ta[rtdačï]

4205 tašɣardačï y(a)rlïqarlar： ：   [anï]

4206 üčün anïn biz yumqï aɣï[r]

4207 ayaɣïn beš [   ]

卷十未确定归属部分：

4208 ··· n]omlarda Y[···

4209 ···] ' [···

4210 ···] ayaɣ[···

4211 ···]LYK K' [···

4212 ···]YQ /[···

4213 ···]K P' □ 'NTY [···

4214 ··· bo nomluɣ oron]daqï bir [išdäš ···

4215 ···]WP ämgäk [···

4216 ···]YP tüzg[ärgülüksüz ···

4217 ··· t]ükälliglär [···

4218 ··· bili]gliglär [···

4219 ···]/ ' Q burhan [···

4220 ···] t(ä)ŋri bu[rhan ···

4221 ···]/// äzr[ua ···

4222 ··· t](ä)ŋri [···

4223 ··· č]ïn kertü [···

4224 ··· qutï]ŋa [···

4225 ···]–LWK [···

4226 ···]L[···

4227 ···] uluš[···

4228 ···]/ 'YL[···

4229 ···]–T' [···

4230 ···]/T [···

4231 ··· äv]irmäk bölök /[···

4232 ···]/KSWZ petk(ä)či /[···

4233 ···] burhan–larqa [···

4234 ···]TY YY[···

4235 ··· y]ertinčü [···

4236 ···]L[ ]Q qorq[ïnč ···

4237 ···] qabu[ŋ ···

4238 ··· qut qolunmaq]lïɤ küč[lär ···

4239 ···]WLM'Q [···

4240 ···]/W/KW[···

4241 ···]L P[···

4242 [   ]/[   ]////

4243 [   ]/Y/MYŠ ädgü

4244 [ögli y(a)rlïqančučï kö]ŋ[ü]llüg

4245 [   ] ayïɤ

4246 [ta]muluɤlar

4247 [   ]/ yükünmäk

4248 [   ]TY qïrqïnč

4249   [   ]: bir

4250   [   ]/ tözlär

4251   [toqu]zunč

4252   täŋ [   ]

4253   tutuŋ qï [   ]

4254   oqïdačï [   ]

全文未确定归属部分：

4255   ···]/: ’/[···

4256   ··· arïzun a]lqïnzun [···

4257   ···] elïmɣan t(ä)[ŋrim ···

4258   ···] čïn kertü köŋüli[n ···

4259   ···] oronlarta [···

4260   ···]/LWK tuta [···

4261   ···]Y TWY//[···

4262   [   ]/: bir uč[luɣ köŋülin ···

4263   [kö]ŋül közünür: [···

4264   [sö]zläyür: [···

4265   [   ]DWK [···

4266   [   ]/ birgärü tar[qarïp ···

4267   [   ]/ [···

4268   [išdä]š qamaɣ ulu[ɣ quvraɣ ···

4269   [   ] adïn [···

4270   [   ]’KW W[···

4271   [äri]glägäli //[···

4272   [ačïɣ] tarqa [···

4273   [yän]ä ymä munču–

4274   [layu ontun sïŋarqï tolp kök qalïq uɣušïndaq]ï alqu qamaɣ üč

4275   [ärdinilär qutïŋa umunup ïnanïp qut qolunu] täginür–

4276   [biz   al]qu

4277   [   ]/

4278   [yükünürbiz   ]Y t(ä)ŋri

4279   [burhan qutïŋa꞉yükünürbiz   t(ä)ŋri burhan qu]tïŋa꞉

4280   [yükünürbiz   t(ä)ŋri burhan qutï]ŋa꞉qut qolunu

4281   [täginürbiz꞉ädgü ögli y(a)rlïqančučï köŋüllüg küčlä]ri üzä

4282   ··· atl(ï)ɣ t(ä)ŋri burhan qut]ïŋa꞉yük[ü]nü[rbiz ···

4283   ··· atl(ï)ɣ t(ä)ŋri burha]n qut[ï]ŋa [꞉yükünürbiz ···

4284   ···]/LWK atl(ï)ɣ t(ä)ŋri burh[an qutïŋa꞉yükünürbiz ···

4285   ··· a]tl(ï)ɣ t(ä)ŋri burhan qut[ïŋa꞉yükünürbiz ···

4286   ··· a]tl(ï)ɣ t(ä)ŋri burhan qu[tïŋa꞉yükünürbiz ···

4287   ··· atl(ï)ɣ t(ä)ŋri] burhan qutïŋa [꞉ yükünürbiz ···

4288   ··· atl(ï)ɣ t(ä)ŋri] burhan qutïŋa [꞉ yükünürbiz ···

4289   ··· at]l(ï)ɣ t(ä)ŋri burhan qutïŋa [꞉ yükünürbiz ···

4290   ··· atl(ï)ɣ t(ä)ŋri] burhan qutïŋ[a꞉yükünürbiz ···

4291   ···]/ atl(ï)ɣ t(ä)ŋri [burhan ···

4292   ···] yolqa [···

4293   ···] tarqa [···

4294   ···]–L'R꞉bökünki küntä [···

4295   ···]/D//// ayïɣ ögli [ä]dgü ögli [···

4296   ··· alqu]ɣun barča suvlï sütli꞉[···

4297   ···]/Y orontaqï täg /[···

4298   ···] üzä [···

4299   ···] bolup꞉/[···

4300 ···]Q bašt[ïnqï ···

4301 ···]Y basaqï Y//[···

4302 ···] ayaɣuluq [···

4303 ···] alqïn[– ···

4304 ··· keŋürü ača] yada oqït[ɣu üčün ···

4305 ··· bir učluɣ süzö]k köŋülin qamaɣ [···

4306 ··· burha]nlarqa umunup ï[nanïp ···

4307 ···]/ čikui tutuŋ : el [···

4308 ··· ärtmiš ü]d[ki] vipaši atl(ï)ɣ t(ä)ŋr[i burhan ···

4309 ··· burhan qutï]ŋa : yükünürbiz vi[švabu atl(ï)ɣ ···

4310 ··· yükünürbiz] krakašunte atl(ï)ɣ t(ä)ŋr[i burhan ···

4311 ··· kanaka]muni atl(ï)ɣ t(ä)ŋri bu[rhan qutïŋa ···

4312 ··· kašip a]tl(ï)ɣ t(ä)ŋri burhan q[utïŋa ···

4313 ··· atl(ï)ɣ t(ä)ŋri burhan q[utïŋa ···

4314 ···] : : eliglär [···

4315 ···]/ bašlamïš [···

4316 ···] : : yeti P[···

4317 ···] : birök bo [···

4318 ···]/[···

4319 ···]/ YN bul[up ···

4320 ··· tïn]l(ï)ɣlarïn barča [···

4321 ···]W m(ä)n tözün [···

4322 ···] ažunlarda [···

4323 ···] asïɣ tusu [···

4324 ··· üzäli]ksiz üs[tünki tuyunmaq ···

4325 ···]YM : burhan [···

4326 ···] köŋüli ’ ’ /[···

4327　··· a]lqïš berür m(ä)n [···

4328　···]/ qatïɣlanïŋlar [···

4329　···]L'R ögrätig

4330　··· sa]qïnu sözläyü

4331　[yetinčsiz ···]/ öritsärlär

4332　···]/ oḍɣuraq

4333　··· ta]plarïnča artoqraq

4334　···]///Y yïqï bolup

4335　···]/Y ägsük bililmädin

4336　···]WN alquqa

4337　···]Z YNK [···

4338　···]WNM'K [

4339　··· qama]ɣ uluɣ q[uvraɣ ···

4340　··· sä]ŋirlärin t[aɣlarïn ···

4341　··· ayï]ɣ qïlïnč [···

4342　··· ayïɣ] qïlïnčlïɣ [···

4343　···]Š L'RYN [···

4344　···]/////[···

4345　···]/Ц[ ]/[···

4346　··· söz]läp PY/[···

4347　···sa]qïnčïŋïznï [···

4348　···] m[u]nča munï [···

4349　···] burhanlar [···

4350　···] kšanti qïl[– ···

4351　···] YNKYZ 'Y/[···

4352　···]/Č///[···

4353　[　　　　　üč ü]dki qamaɣ gaŋavaluq

4354   [qum sanïnča bü]gü biliglig burhanlar

4355   [   ]Ö töpölärin yerkä

4356   ]W y(a)rlïqam[ï]š aviš

4357   [tamu]S'R : uɣrayu [ü]č y(a)vlaq

4358   [yollar]/ umuɣsuz tïnl(ï)ɣlarïɣ [üč uɣuš]

4359   [yertinčüdin   öŋi ü]drültürüp üzäliksiz

4360   [   ]/ ärür tep //[ ]/ Y

4361   [kšanti qïl]ɣuluq nomlar[ï]n äšidü

4362   [   ]/ t(ä)ŋrim : adïn

4363   [   ] t(ä)ŋrimniŋ özüti

4364   [ä]dgü ögli

4365   ···] atl(ï)ɣ t(ä)ŋri burhan q[utïŋa ···

4366   ··· t](ä)ŋri burhan qutïŋa [: yükünürbiz ···

4367   ··· t(ä)ŋri] burhan qutïŋa ⟨ : ⟩ y[ükünürbiz ···

4368   ···]L[ ]Q[···

4369   ···]YLYQ atl(ï)ɣ t(ä)ŋri [burhan ···

4370   ···]MYŠ čoɣluɣ yalïnlïɣ /[···

4371   ···] atl(ï)ɣ t(ä)ŋri burhan qut[ïŋa ···

4372   ···] tuturqanu : ayïɣ yavïz [···

4373   ···]W : qaďïnïm /[···

4374   ···]/[···

4375   ··· t(ä)ŋr]i t(ä)ŋrisi burhan [···

4376   ··· ülgüläy]ü täŋläyü : tuɣmaq [···

4377   ···] sumuk ačari [···

4378   ···] nomlarta [···

4379   ···]/ qïlmïš [···

4380   ···]/RM'[···

4381   ···]/Y/[···

4382   ···] ḏežit /[···

4383   ··· t]utušu enip [···

4384   ···]L'ŠW bilišü bur[han ···

4385   ···]'YW täginürbiz alqu tïnl(ï)ɣlar üč[ün ···

4386   ··· qu]tïŋa adičit köŋül ö[ritü täginürbiz ···

4387   ··· adičit köŋü]lüm [···

4388   ···]M [···

4389   ···]//LMYŠ alqu vigne vi[nayikelar ···

4390   ··· ü]č ärdini qutïŋa yükünü t[äginürbiz ···

4391   ···]/YP：：

4392   ···]Z WMWZ

4393   ··· –l]arqa

4394   ···]M/[ ]//YK

4395   ···]/ savtïn [ ]

4396   ···]/[ ]Q NYNK birtäm

4397   ···]/ taplarï bolsar

4398   ··· äd]gü qïlïnčl[a]rta

4399   ···]/Z TWQY bolmaz [ ]

4400   ··· i]glig kämlig []

4401   ···]Q̈ [yar]sïɣ[u]luq

4402   ···]Y L'RK'

4403   ···] uqa

4404   ···]/

4405   ···]/：：yaŋïlm[a]q /[···

4406   ···]N bulup [···

4407   ··· o]l tep [···

4408   ···]/ ayïɣ [ol] tep [···

4409   ···]–L'R

4410   ··· ä]rtip：

4411   ···] :

4412   ··· bur]hanlar

4413   ··· nomlu]ɣ oron

4414   ···]W köŋül

4415   ··· sï]ŋarqï

4416   ··· ye]tinčsiz

4417   ···]：tï hwa

4418   ··· ta]ɣdïnqï

4419   ···]Y

4420   ···] ordo

4421   ···]/[···

4422   ···] küsämiš /[···

4423   ···] mäniŋ nätäg [···

4424   ···]S'R：alqu qam[aɣ ···

4425   ···]/ ök burhan[···

4426   ··· bütmäk]i qanmaqï bolz[un ···

4427   ··· uluɣ tav]ɣač elindäki [···

4428   ··· qamaɣ no]mlarïɣ ötgürm[iš ···

4429   ··· bilgä bahš]ïlar：：：：lo[vudi atl(ï)ɣ ···

4430   ··· to]lp taitsoki [···

4431   ···]/：：[···

4432   ···]：：   ：：[···

4433   [öŋdün uluɣ] tavɣač elintä alqu t[aišeŋ]

4434   [šasta]rlarïɣ qamaɣ nomlarïɣ [ötgürmiš bodis(a)t(a)v]

4435   [uɣuš]luɣ qamaɣ bilgä bahš[ïlar lovudi atl(ï)ɣ]

4436   [tavɣač han] ötügiŋä tolp tait[soki uluɣ aɣïlïq]

4437   [nomlarda ävdi]p alïp [bütürmiš :]

4438   amtï munta bo ädgü ögli y(a)rliqančučï köŋüllüg nomlu[ɣ oronta]

4439   kšanti qïlɣuluq nomuɣ keŋürü ača yada oqïtɣu ü[čün bir]

4440   učluɣ süzök [ker]tgünč köŋülin qamaɣ üč ü[dki bügü]

4441   [b]iliglig burhanlarqa umunup ïnanïp m(ä)n upas[e]

4442   [ ] turmïš birlä : yükünürm(ä)n ärtmiš üdk[i vi]paši atl(ï)ɣ t(ä)ŋri burhan]

4443   qutïŋa] : yükünür[m(ä)n] šiki [atl(ï)ɣ] t(ä)ŋri burhan qut]ïŋa [:]

第十三章 汉译文

卷 一

0001 南无尸弃佛,南无

0002 毗舍浮佛,南无拘留孙

0003 佛,南无

0004 拘那含牟尼佛,南无

0005 迦叶佛,南无本师

0006 释迦牟尼佛,南无

0007 后来时的弥勒佛,

0008 自无始漫长的轮回以来直至今日,

0009 我悔悟请求忏悔我以身、口、意所作的、所集起的严重

0010 罪行。

0011 请他们以怜悯赐予忏悔。

0012 (我们)以一切理由认罪忏悔。

0013 在慈悲道场中忏悔所作罪行的经

0014 书序义。

0015 今在此,在学习、执诵、

0016 聆听、抄写此法宝的善

0017 男善女、比丘比丘尼、优婆塞优婆夷

0018 四众的心中,

0019 若存在那样……的思想,是否有如是众生由于此法宝内的

0020 敬拜行忏之缘故而得到上

0021 善果报者? 若他们已得到,

0022 哪些人已得到? 今

0023 随此想,让我们教导由于此法宝之缘故而得到善

0024 果的众生。

0025 也请他们以完全虔诚的信心聆听。

0026 这个阐释行忏形式的神圣法

0027 宝,是名为梁武帝的中国皇帝为了将已去世的、

0028 喜爱的皇后郗氏夫人从恶世中

0029 解救出来,命人在全部《大藏

0030 经》中收集创作出来的。

0031 若说何故,当某时足智的

0032 天中天佛在这世界上出现,

0033 经过四十五年,向众生施益,

0034 将十五阿僧祇、那由他(那么多)的众生

0035 之子解救出来,进入涅槃

0036 之后,佛法在东方中国

0037 弘扬传播开来之后,那时在全中国,

0038 是强大的、有福德的、威猛的、

0039 有功德的梁武帝为帝。那位皇帝

0040 有一位爱如其命的名为郗氏的

0041 夫人。之后某时,那位夫人患了重病,

0042 去世了。后来那位皇帝因为特别爱她，

0043 直至（她）死后数月，他（都一直）经常

0044 悲伤地思念她，在白天忽忽不乐，

0045 在夜里又心神不安、不能成眠。

0046 一日，他在其皇宫中休

0047 憩时，听见从外面（传来）一阵窸窸窣窣的声音。

0048 ……发觉并查看……时，

0049 ……一条毒蛇向殿上爬来，

0050 将其身体盘成结，用其像闪电一样闪烁着的

0051 眼睛直视着，张开其口，立于皇帝

0052 对面。看见它，皇帝非常害怕，

0053 无所逃遁，不能将自己隐藏起来，

0054 就站起来向那条蛇问道："喂！我们这座

0055 宫殿有（很多）侍从，还有很多

0056 侍卫，守备森严。也

0057 并非像你这样的蛇类所生之

0058 处。你依靠什么力量

0059 进入这里？若你进来，一定在此作孽，

0060 你打算……吗？"

0061 听了皇帝那样的命令（言语），蛇用人语对皇帝说道："

0062 啊！陛下！是我，我是您从前名为郗氏的

0063 夫人。从前我与您在一起

0064 健康平安，这神圣的宫殿内

0065 外的眷属，远近的侍从，

0066 无论有谁，都对他们所有人起嫉妒、愤怒

0067 之心，因我恶毒的、使其痛苦之心，

0068 一旦发怒，就像各处燃烧的火焰一般、像射出的箭矢一般，

0069　伤害了很多人,并且

0070　使(他们)遭受死亡的灾难。由于惩罚我那罪行,

0071　我生成了像这样令人恐惧的具有毒蛇之身的

0072　生物。对于我(来说),没有那样一种饮食之物

0073　可以填满我口,也根本没有那样的

0074　窟穴可以容纳我全部身体,受饥饿之苦

0075　所迫,我没有一点儿支撑自己的力气。

0076　而由于在我这一赤裸的、有鳞甲的身体上,

0077　许多虫子蜂拥而至,吮咬我的皮肉,

0078　如同用锥刀刺

0079　戳一样,我感到更加痛苦。

0080　我也不是从前所生的平常蛇。

0081　我显现出化身来到此处。

0082　我也并非是为了在您所居住的这座宫殿

0083　做深重危险之事而来的。

0084　看到您,倚仗您从前对我的眷顾,

0085　因此,我(才敢)无所畏惧地将我这丑恶的身躯

0086　展示给您看。由于思念我,(您)始终压抑,

0087　(该)让您怎么做? 现在我有一个愿望,

0088　请您为我做一件最上功德善业,

0089　将我从我这痛苦中解救出来,

0090　您就会让我立刻得到善果之喜悦。”

0091　皇帝听到此话十分悲伤,(如)喉咙

0092　被堵住(般)哭泣(起来),当他考虑让它把它的愿望再讲(一次)时,

0093　那条蛇就不见了,

0094　消失而去。之后那梁武帝,很快对此相、

0095　此事感到惊奇,心腹镇定,

0096　许多……因信任可靠为自己带入……

0097　说了这些话，与他们一起商讨："要为郗氏夫人

0098　作怎样的功德善业？"必然不能（商讨）出结果。

0099　第二日黎明之后，

0100　中国的通晓意根的

0101　志公禅师，如同将全部《大藏经》

0102　诵读于口中一般有能力的、

0103　具足斋戒、禅定、智慧等长处的国

0104　师，让所有沙门聚集、到来，

0105　带入神圣的宫殿，将那蛇

0106　怎样出现，（它）自己的行为、

0107　话语、想法，请求对它（自己）作功德（之事）

0108　全部向他们讲述了，"啊！尊者们！

0109　生在此世，我们现在为它作什么最上

0110　功德善业，（能）让它从痛苦中解脱出来？"

0111　（这样）问道。所有僧众也全部一起

0112　商谈，"今日若让梁武帝

0113　领悟天王之福，除了敬拜、称呼智慧诸佛的

0114　名称，用以真诚、

0115　敬重、虔诚的信仰之心行忏的洁净

0116　之言，洗净罪业之垢之外，

0117　（还要请求他们）覆护，（否则）找不到从这痛苦中解脱的方法。

0118　若他这样做，马上就（能）让那郗氏夫人

0119　得到解脱。"他们这样请求道。皇帝

0120　聆听、赞同了他们的请求，又向他们

0121　再……

0122　……善……

0123 ……

0124 ……我显现了。……

0125 ……说:"你不要……!"……

0126 ……"……去……你不要悲伤!"……

0127 ……喜悦……

0128 ……将话……

0129 让人搜寻佛经,

0130 汇编《大藏经》的称为经录的名号,

0131 ……他自己非常喜悦,向饮此神圣经法之水

0132 的一切众生广撒,

0133 让通(晓)论法的、有能力的抄写者

0134 选取行忏的经书,将它们中的经法……

0135 ……让人制……五卷,然后又……

0136 ……让人集中(所有)……获得的经法,那以前就有……

0137 ……十八卷经中的世俗的……

0138 ……将其言清除,将剩下的此经法……

0139 ……让人制成了特别的十卷一帙。

0140 此法宝完好地完成时,之后……

0141 让人读……法宝,其中的佛……

0142 敬拜……忏悔不论是他自己、还是

0143 别人以其身、口、意所作的

0144 罪行,向三宝……

0145 以……供养敬奉,无尽多的……

0146 给了……之后不久,有一日,梁武帝

0147 听到……特别高兴,其虔诚的

0148 信仰之心更增,很快……

0149 ……在神圣宫殿中郗氏夫人以其蛇身

0150　显现过的地方,将诸佛诸菩萨的……

0151　容貌,所有大贤(圣)……

0152　请求带来……最上座的……

0153　……之增加皆是特别……

0154　……必然知晓,……

0155　……梁武帝将此法宝在其宫殿中……

0156　让人读……敬拜……所作的……

0157　是……当梁武帝自己也

0158　去了别的世界之时(去世之时),自那(时)以来此经……

0159　……一直锁在其宫殿里的宝藏中,现今(已)百年……

0160　……又得到此经本,……

0161　 ……按……的样子敬拜,所作的……

0162　忏悔……向此归依的……

0163　……希望(得到)善果。……

0164　……皆覆护……

0165　南无佛,南无法,南无僧。

0166　在慈悲道场中

0167　行忏之经书(第)一卷。

0168　在此法宝之首立(此)所谓"慈悲

0169　道场"四字是有原因

0170　的。并非没有原因。若说其缘由为何,

0171　名为梁武帝的中国皇帝让人集取创制此行忏之经

0172　以后,完成此经序。当现今思考对此

0173　如何立名之时,

0174　为了菩萨界的有福众生,夜里在其梦中

0175　有一神仙进入,天王对那法宝立了称为"慈

0176　悲道场"的名字。什么……

0177 ……

0178 ……后来的弥勒

0179 佛……增加

0180 完毕,……后劫……

0181 ……依……

0182 ……说……

0183 ……立了称为"……"的名字。怎样……

0184 ……念(力)……

0185 ……守护三宝……

0186 ……以……之力……

0187 ……傲慢……

0188 ……

0189 ……这样已种(下)的……现今

0190 使其增长,……向一切看见者,

0191 依恋之处……离开……

0192 ……将喜爱……者……

0193 ……将喜爱……者……

0194 ……这样的……

0195 又若是此慈悲心,一切……

0196 ……是一切众生

0197 应当归依之处。正如

0198 日……或者

0199 又(如)月……

0200 ……人……

0201 ……向善者……

0202 ……是……

0203 ……向……之果报……

0204 ……方向的……

0205 ……死去时……

0206 ……将祈求……

0207 ……我的……

0208 ……所作的功德……

0209 ……大蛇……

0210 ……三十三天……

0211 ……增加……

0212 ……我的长处……

0213 我始终……那样的……

0214 ……将忏悔……在今日

0215 此道场中的同业大众

0216 各自……

0217 ……此世界……

0218 ……不存在……必定

0219 令其衰减……

0220 ……之中的其他……

0221 ……有尘垢的……，万

0222 种事物……

0223 ……一切皆……

0224 ……（天）上天（下）……

0225 ……不论是……于事（有何）益处……

0226 ……他自己精进……

0227 ……其因缘……

0228 ……都督 basmïl，我们自己……

0229 ……以朝露……生命……

0230 ……如同……之光一般……

0231 ……以……那样出生……

0232 ……若说为何,智慧……

0233 ……神圣的大人之……

0234 ……若其以……(而)持,……

0235 ……宽广透彻深远之智……

0236 ……仁和之善事……

0237 ……其……之精进仅为快乐。我发愿,

0238 请此会众各秉其心,

0239 穿忍辱的坚固铠甲,

0240 进入甚深法门。在今日

0241 与道场同业大众一起

0242 各自按照适合的方法喜欢,以敬重

0243 之念,起勇猛心、不放逸心、安

0244 住心、大心、胜心、大

0245 慈悲心、乐善心、

0246 欢喜心、报恩

0247 心、度一切心、

0248 守护一切心、救护一切

0249 心、同菩萨心、

0250 等如来心,我们一心专注

0251 地思考,五体投地,奉为

0252 国主帝王、城

0253 国中的人民、父母师长、

0254 上中下座善恶

0255 知识、诸天诸仙、

0256 护世四王、守善

0257 罚恶者、守护持咒者、

0258 五方龙王、

0259 天龙八部众、

0260 广及无穷无尽

0261 上面蓝色天空表面下面褐色大地背面的、

0262 水中的、陆地上的、虚空界中的一切

0263 众生归依。向十

0264 方尽虚空界中一切

0265 诸佛归依。向十

0266 方尽虚空界中一切尊

0267 法宝归依。向十方

0268 圣贤归依。今日在此道

0269 场同业大众的心中,

0270 若思考他们为何

0271 应当归依三宝,需要这样理解,

0272 由于诸佛诸菩萨以不可衡量的大

0273 悲之心解救世间之人,

0274 以不可衡量的大慈之心

0275 安慰世间之人。

0276 念一切众生如同唯一的

0277 爱子,以大慈大悲之心

0278 常常不懈怠地、始终愿以善事

0279 利益一切,誓灭众生的三毒烦恼

0280 之火,教化(他们),

0281 以使其得到无上正等正觉①。

0282 由于他们(这样)发誓:"若众生

---

① 在回鹘文本中,译者将汉文原文中此处的"阿耨多罗三藐三菩提"意译为"无上正等正觉"。

0283 不得佛果,我亦不取正觉。"

0284 因此在这个意义上,

0285 智慧诸佛应当归依。

0286 又由于诸佛以慈心念众生

0287 比父母更多,

0288 因为此话在经中有言,

0289 父母念儿女的

0290 慈心就止于这一世,诸佛

0291 念众生的慈心(则)直至永恒

0292 不断无尽。而父母见到子女

0293 忘恩负义时,(则)存恚

0294 恨之心,其慈心

0295 少薄。诸佛诸菩萨之

0296 慈心绝非如此。

0297 他们见到此众生时,悲心更

0298 增。乃至为了应当进入无间地狱大火

0299 轮中之诸众生

0300 (而)自己进入,受无量辛酸

0301 苦楚。因此应当知道,诸佛诸大

0302 菩萨爱念众生

0303 比父母更多。而

0304 诸众生以无明覆慧,

0305 以烦恼覆心,

0306 不知归依诸佛诸菩萨,

0307 对他们的说法、教化、施益,

0308 也不信不受,乃至以粗

0309 言诋毁,忘记了完全未发应当念诸佛之恩

0310　之心……

0311　由于不信之心的缘故,生于称为"地狱、恶鬼、畜生"的

0312　诸恶道中,遍历三恶道,

0313　受无量辛酸苦楚。

0314　而罪业竭尽,从其中解脱而出,

0315　短暂地生于人世间,其身庄严不足

0316　六根,无禅定水、无智慧力。

0317　如是等障碍,皆是由于不信

0318　之心的缘故。在今日,

0319　请此道场同业大众聆听。

0320　……因不信之

0321　罪比众罪更重,

0322　使不信之行人长久

0323　不见智慧诸佛。因此在今日各

0324　自一起以真实的行为、

0325　顺从的意念,使其生增上心,

0326　起惭愧意,躬身顶礼,

0327　希望能忏悔往昔所犯之罪。

0328　这样做(可令其)业累完竭,内

0329　心外身二者俱净,

0330　然后立刻起善念,

0331　让其能轻易进入归信法门。若

0332　不起如是心,不想如是意,之后

0333　以业障阻断,难以通过解脱之处,

0334　而让他们真正怀疑提防。

0335　我一失去此世此处,

0336　则去往黑暗之处而无返,

0337 我们各自如同大山崩塌一般

0338 五体投地，一心归信，

0339 若我们不灭除疑想，会怎样？

0340 我们 šabi ata 都统与 boltï täŋrim 一起，也在今日

0341 以诸佛诸菩萨之慈

0342 悲力，重新觉悟，

0343 深生惭愧之心。无论我们有什么往昔

0344 已作之罪，我们发愿，让其灭

0345 尽。未作之罪我们不敢重新再作。

0346 从今以后直至得到无上

0347 菩提之时，让我们起坚固信

0348 心、不再退转。

0349 我们 šabi ata 都统、boltï täŋrim，也舍弃此身此命，

0350 或堕地狱道，或生人

0351 道，或生天道，在三界中，

0352 或受男身，或

0353 受女身，或受非男

0354 非女等身，或

0355 大或小，或升或

0356 降，不论我受多少难堪难忍之迫，

0357 我们又发愿，让我不因那些痛苦之故

0358 退失我今日这信心，

0359 我们宁于千劫万劫的时间中受种种

0360 苦。

0361 我们发愿，让我不因那些痛苦之故

0362 从我今日这信心退转。我们

0363 发愿，请诸佛诸大地菩萨

0364   同加救护、

0365   同加摄受。让我们 šabi ata 都统、

0366   boltï täŋrim 这坚固信心

0367   与诸佛之心等同,与诸佛

0368   之愿结合,让一切恶魔

0369   外道不能破坏我们此心。因此

0370   我以至心等一痛切

0371   五体投地,归依

0372   十方尽虚空界中

0373   一切诸佛。归依

0374   十方尽虚空界中一切

0375   尊法宝。归依

0376   十方尽虚空界中一切贤

0377   圣。在今日

0378   请此道场同业大众以善

0379   摄之心聆听。这

0380   天人身像幻觉一般

0381   虚假,人器世间也不真实。

0382   由于这样像幻觉一般不真实,

0383   (故)无实果。由于虚假

0384   危脆,(所以)迁变

0385   无穷。由于没有实果,因此众生

0386   久滞于生死洪流,由于以迁变之法

0387   改变,(所以)长久漂浮于贪欲烦恼痛苦之海中。

0388   如是众生,圣人应当怜

0389   悯。若说为何,因此话

0390   在《悲华经》中有言,

0391 诸菩萨成佛(过程)中,

0392 各有本愿。

0393 我师释迦牟尼佛也长

0394 年不现,缩短年寿,

0395 由于见此众生以俄顷变化

0396 在苦海中长久沉沦,不得舍

0397 离,(十分)怜悯,

0398 因此在此世间,

0399 救护诸弊恶,教化他们

0400 时,不论他们讲多少刚强苦切

0401 之言,也不舍弃那痛苦

0402 而度脱众生。

0403 绝不忍耐以善法方便广益众生

0404 解救(众生)之心。

0405 而名为《三昧经》的阐释禅定

0406 之经中也(这样)讲。诸佛

0407 之心,是大慈悲心。那

0408 慈悲心之所缘缘

0409 又是痛苦众生。若见到众生受苦

0410 时,如同自己被以毒箭击中之

0411 人一般,或者(如同)被以(尖)刀刺中其眼之

0412 人一般,看完时感到悲苦,

0413 也绝不安心,想要将他们从其痛苦中

0414 解救出来,使(他们)得到安乐。

0415 而诸佛之

0416 智相等,其施益相同。我师

0417 释迦牟尼得成天佛时,特被称为"勇猛释迦牟尼佛"。

0418 若说为何,由于忍一切苦、

0419 度脱众生,

0420 应当知道由于本师以慈心等同施益

0421 之恩真实甚重,(所以能)向苦

0422 恼众生说种种法,

0423 利益一切。

0424 我们在今日根本不能得到解脱之恩,

0425 在以往庄严之时,安住之

0426 时,(我们)未听(佛祖)亲口宣说一句法旨;

0427 现今在衰退之时,我们未见(佛祖)在名为"娑罗"的

0428 双树之间隐藏其美丽光环,

0429 皆特别是由于我们的业障之故,

0430 是由于我们的意念与佛祖之悲心

0431 相阻隔的缘故。因此在今日,由于以悲

0432 恋之心依附于如来佛师,

0433 因浓厚善心

0434 而在苦中结束,念如来之恩,

0435 悲痛恼乱,我们以惭愧之颜、痛苦之声,

0436 等一痛切五体

0437 投地,奉为国主帝王、

0438 城国中的百姓、父母

0439 师长、信施

0440 檀越以及善恶知识、

0441 诸天诸仙、聪明正

0442 直心、天地虚空

0443 表面者、护世四王、

0444 守善罚恶者、

0445 守护持咒者、

0446 五方龙王、天龙

0447 八部众、广及十方无穷

0448 无尽一切众生,

0449 我们重新再归依。向十方尽

0450 虚空界中一切诸佛

0451 归依,向十方尽虚空界中

0452 一切尊法宝归依,

0453 向十方尽虚空界中一切

0454 贤圣(归依)。现今我们以至心

0455 一起屈膝(下跪)合掌,

0456 心念口言,这样请求。

0457 由于全世间的尊者、智慧诸佛

0458 完全知晓觉法,

0459 天人等的无上师父,

0460 因此我现今归依佛

0461 宝,在一切法中永住,

0462 以清净之根,由于胜于一切

0463 的修多罗特别善妙,会除身、口、

0464 意中诸病,因此我们现今归依

0465 此法宝。由于位于大地之

0466 诸菩萨,具足四沙门果之

0467 尊者会救一切苦,

0468 因此我们现今归

0469 依贤圣、

0470 守护世间之三宝。

0471 我们现今躬身顶礼,为六道中同一

0472 本性之众生。现今全部一样(地)

0473 归依,由于以慈悲心

0474 爱护一切,因此令一切共同

0475 得安乐,以平等心

0476 怜悯众生者,现今我们

0477 归依敬拜(他们)。现今我们五体投地,

0478 一起心念口言,

0479 我们发愿,十方

0480 (一切)三宝,以慈悲

0481 力、以本愿力、

0482 以不思议力、以无量

0483 自在力、以度脱众生

0484 力、以覆护众生

0485 力、以安慰众生

0486 力,令一切众生

0487 皆悉醒悟。现今我们 šabï ata 都(统)与

0488 boltï täŋrim 一起,在今日归依此三宝,

0489 以功德力而令所有众生之

0490 愿随心圆满。

0491 若(有)在诸天诸仙中者,

0492 让他们尽竭诸漏。若(有)在阿修罗中者,

0493 让他们舍弃傲慢之习。

0494 若(有)在人道中者,让他们再

0495 不痛苦。若(有)在地狱、饿鬼、畜生

0496 道中者,让他们在那诸道中得解脱。

0497 而在今日也或听三宝之

0498 名、或不听,或

0499 以智慧诸佛之神力,

0500 让那所有众生皆得解脱,

0501 成就圆满无上菩提,

0502 与诸菩萨一起俱登正觉。

0503 这最后之言

0504 因行于发愿(而)庄严(其)身,

0505 第二,断疑部。一切

0506 众生未离疑惑。

0507 因此,在法中多受阻碍、多受覆蔽。因此

0508 现今需要永久断除此疑惑。在今日

0509 请此道场同业大众一

0510 心仔细聆听。

0511 由于此因果诸法如同影

0512 响一般,(所以有)怎样的

0513 因,就生那样的果。

0514 自行产生的法性必定完全不会退转,

0515 而由于此诸众生之业行

0516 并非同一,(所以)交替地作

0517 善与恶行。由于如此行为

0518 不是唯一的,因此其结果也有粗(有)精。

0519 由于或贵或贱,或善或

0520 恶之事并非一(样),(所以)其聚

0521 其散(也)有万(般)不同。由于已有聚

0522 有散,(所以)不能知晓那前世

0523 所作之行。由于那样

0524 不能知晓之缘故,

0525 (所以)其心因疑惑被搅乱。或言,精进

0526 奉戒者应长寿,而

0527 见其命短。邪恶

0528 屠杀之人应短寿,

0529 而见其命长。清廉

0530 之士应特别富有,而

0531 见其贫苦。贪盗

0532 之人应受困踬,而见其

0533 丰饶。"这(到底)是怎么回

0534 事?"这样(感到)疑惑之人

0535 因无知而说。若说为何,

0536 不论名为什么,(皆)是无智无心的人。不知从前所作

0537 之业、所种之物的果报。

0538 正如般若所言,在今世有善行

0539 得恶果,有恶行得善果,

0540 皆是前世行为的

0541 后果。前世行为之果报

0542 在今世得到,今世行为之果报在后世

0543 ……得到,根本不知道这样说。

0544 因此话在《金刚经》中

0545 佛祖有言,须菩提善

0546 男善女,持

0547 教读诵此法宝时,若受他人

0548 轻贱,此人因前世罪业,

0549 在此世放下身体。若有在三恶道所生

0550 之债,由于在今世受到轻贱,

0551 那前世之罪业

0552 会断除消灭。此后俱登胜于一切之

0553 无上正觉。

0554 而一切众生不能深信此经中之语、

0555 有如此疑惑者,皆是

0556 由于因愚痴(产生)误解之故。

0557 他们乱起颠倒,又不信在此三界

0558 是苦,出此三界

0559 是乐。

0560 他们说世间常存的尘垢皆是乐。

0561 若说它们是乐,因何故

0562 在那乐中又再生苦?

0563 若说生苦如何,正如

0564 过度吃喝食饮之物时,随即

0565 便出现疾病,气息喘迫、

0566 腹胀如鼓,病痛如线拉绳拽而行。

0567 又因衣物之故,显现许多愁苦。

0568 若说为何,如同在寒冷时节

0569 穿绨络等粗衣

0570 之后,那些衣物之恩微薄、(对其之)念

0571 也浅。而在炎热时节,

0572 穿重裘等厚衣时,由于其苦

0573 愁已深,若说这些是乐,

0574 因何故在其中生愁苦? 因此应当知道食

0575 饮之物、衣装不是真乐。

0576 若说眷属也是乐,

0577 应当与他们一起长久无尽地歌咏游戏

0578 愉快欢乐,为何其间

0579 俄而无常之法磨灭消失,

0580　适有今无,向

0581　在今灭。望天

0582　号哭,望地哀泣,如心肝

0583　寸断。又

0584　不知他们生时从哪儿来,死时

0585　往哪儿去。愁苦相送,

0586　直至锁住尸体的穷山,

0587　直到互相执手之时,会(一直)长久分离。

0588　互相说一句话之时,(又)会分离万劫。

0589　像这样的苦是无量的。

0590　众生自己迷惑,以为是乐。出世之

0591　乐因,皆说是苦。若见

0592　他人精进于梵行,食粗糙

0593　之蔬,度身准时进食,

0594　去除轻软衣物,

0595　习于穿粪扫衣,皆说他们

0596　如此费力于此,困苦自身是为何?

0597　他们完全不知此诸业将引领向解脱道。

0598　或在看见他人

0599　布施持戒、忍辱精进、经

0600　行礼拜、诵经习教、

0601　翘勤不懈时,皆说是苦,

0602　而不知他们(是)修出世心,

0603　自己从重病中得解脱。

0604　他们死去之日以后,又起疑心,

0605　直至那人死亡之日,

0606　(一直)困苦其身心,完全不停止。

0607 有何人之气力(足以)达到,能承受此中之苦? 若

0608 不如此勤劳,(岂)会让其

0609 受如此之苦? 这身体徒劳

0610 无益地死去。对此有何益处?

0611 或又各秉

0612 其言是真,据实不知,

0613 弃果寻因,错误地

0614 思考,如此误解怀疑。若他们

0615 遇到……善知识,那误解怀疑

0616 将会消除。若他们遇到恶知识,

0617 那误解则更增加。

0618 由于那怀疑误解之故,

0619 他们堕入三恶道。(处)于三恶道以后,

0620 千悔万悔,能得何益? 在今日,请此

0621 道场同业大众聆听,

0622 由于此疑问应有的因缘无量多,

0623 误解之习气

0624 乃至自此三界而出

0625 之尊者若尚未能尽,

0626 更何况在此具足烦恼的凡人身上(又)怎样

0627 要在一瞬间断除? 若在此世

0628 不断除,在后后世会更增加。

0629 大众现今共同

0630 行于生死漫长之路,他们自己

0631 行于苦行时,(应当)

0632 依照佛祖之旨、按照经中之语修行,

0633 不令他们起疑心,说"我感到劳累痛苦"。

0634　若说为何,由于诸佛、其他圣人

0635　从生死此岸而出,

0636　渡至涅槃彼岸,

0637　特别是由于积善之功德,

0638　(所以)得无碍大解脱、得自在

0639　力。若我今日

0640　不能脱离生死、自己知罪而行,

0641　为何让我贪住此浊恶世?

0642　现今此时

0643　我四大未衰、我因所谓"(长)寿、容

0644　貌、名誉、喜悦、威猛"五

0645　福完备欢喜地游行

0646　动转等事

0647　皆随心随意平安

0648　……若我们不努力,

0649　将来我们怎样守护? 在过去的一生中

0650　已不见四真谛,现在

0651　已生,又徒劳地放弃。若

0652　我们不证任何善法,在后来世让我们因何

0653　解脱? 若我们得到如此时机,语言

0654　回转,沉默不能言语,在胸中

0655　执言,用心表明所讲,有应当真正怜悯

0656　之苦,那么我们能怎样做?

0657　大众在今日唯应劝

0658　课,努力勤修,修习善法,

0659　让他们完全不再说"让我们停止吧"。

0660　由于圣道长远,

0661　（所以）难于一日得成。由于如此在一

0662　日过去时又是一日,何

0663　时能让我们完成应作的善业?

0664　现今或因诵经、读经书、

0665　坐禅、勤行于苦行,

0666　得一点儿小病

0667　以后,便说:"由于我如此勤苦诵经、

0668　修习之故,（所以就）成了这样。"而他们自己不知,

0669　不作此行,早已死去。

0670　……由于此行之故,（所以）得至今日。

0671　不让他们见……此四

0672　大或增或减,

0673　也是长久存在之法则。乃至

0674　根本不能自衰老死亡中逃离。此世间所生

0675　之人,最终会消失殆尽。若

0676　欲得道,应当

0677　依据佛祖之旨。若违背经法而欲得,这

0678　就是完全不对之事。一切众生,

0679　由于违背佛语,因此轮转于

0680　三恶道。由于万种痛苦

0681　……缠绕捆绑,因此

0682　完全不息止于诸佛语。正如欲灭头上之

0683　火焰一般,勤于诸法。

0684　在这一生徒劳地

0685　……不应使其无意义地度过。现今人

0686　人等一痛切,俱如

0687　大山崩塌般五体投地,

0688 奉为自无始漫长的轮回以来直至此身，

0689 经生之父母、历劫

0690 之亲属、师长、

0691 ……作证之尊者、

0692 ……上中下座

0693 信施檀越、善

0694 恶知识、诸天诸仙、

0695 护世四王、守善

0696 罚恶者、

0697 守护持咒者、五方

0698 龙王、天龙八部众、

0699 广及十方无穷

0700 无尽一切众生，归依世间

0701 大慈悲父，

0702 南无毗婆尸

0703 佛，南无尸弃佛，

0704 南无毗舍浮佛，

0705 南无拘留孙佛，南无

0706 拘那含牟尼佛，南无迦叶

0707 佛，南无释迦牟尼佛，

0708 南无无边身菩萨，

0709 ……南无

0710 观世音菩萨，归依

0711 十方尽虚空界中

0712 一切三宝，我发愿，

0713 请他们以慈悲力

0714 同加摄受，请他们以

0715　神通力……拯救。

0716　从今日以后

0717　直至得菩提之时,使四无量心、

0718　六波罗蜜常得现前,因四

0719　无碍智、六

0720　神通力如意自在,行于菩萨

0721　道,入诸佛之智慧,

0722　与所有十方显现的众生一起,俱

0723　登正觉。在今日,

0724　此道场同业大

0725　众,由于再以至诚善摄之

0726　心念一起进入了归信法

0727　门,(所以)唯

0728　应秉意,以趣向为期。

0729　对内外之法,

0730　请他们不再制造障碍。若

0731　不知本业,自己不能作功德,

0732　见他人作功德时,唯

0733　应善劝,弹指合掌,

0734　光照宣讲他们勤修的功德。

0735　绝不让他们起恶心,生诸妨碍

0736　之言,阻退行人之心。

0737　若自身对那功德、

0738　对勤修之人那样想,那人

0739　(则)有不退之心。

0740　由于勤修,那人没有任何减损,唯独自己

0741　受损。空构是非,对自身

0742 有何益？若不阻碍任何人之功德，

0743 即值得称为一位同道有力

0744 的大人。若此

0745 时制造障碍，在后来世

0746 又如何能得无上菩提？

0747 若就理而寻、若

0748 诋毁他人如实，那么

0749 破坏他人善根之罪

0750 亦真不轻。若说为何，因此话

0751 在《护口经》中有言，

0752 从前有一饿鬼，形貌丑恶，

0753 见（其）者汗毛竖立，

0754 无不畏惧。在他身上

0755 （喷）出猛烈的火焰，如同火焰聚集

0756 一般，在他口中有无尽（蛆）虫哗哗而出，

0757 以脓血诸衰自饰

0758 其身，由于其臭气远彻，

0759 不能接近，时而在其口中

0760 （有）火焰扑出，在其四肢上

0761 皆有火生，举声号哭，

0762 东西奔跑。后来那时满足罗汉

0763 游历三恶道时，忽然就

0764 遇见那饿鬼，这样问道："啊！你在前世

0765 由于犯下何罪，现今遭受此苦？"饿鬼

0766 这样答道："尊者，

0767 我在前世是沙门，

0768 恋着财物，不能舍弃贪婪吝啬之心，

0769　不能守护威仪,

0770　以口说出粗恶之言,若见

0771　持戒精进之人,随即

0772　辱骂他们,以邪恶斜视之

0773　眼看他们,倚仗自己优越有力,

0774　认为自己长生不死,

0775　作了无量罪恶之本。而今

0776　极为后悔我那些恶行,完全

0777　不能躲藏。若(谁)是明智之人,便以利刀将其舌

0778　亲手割去,从劫至劫,让其甘心

0779　遭受此苦。让其不辱骂一句

0780　他人之功德。现今

0781　若尊者返还阎浮提,

0782　以我此身此貌,劝诫比丘僧众以及

0783　佛之弟子。

0784　善护此口过,

0785　不使虚假之言自口中而出。若

0786　他们看见持戒者、

0787　不持戒者,让他们念宣那些人的功德。如此做,

0788　则让他们不遭受像我一样的痛苦。我这饿鬼形貌

0789　之身,直至经过千劫的时间,终日竟夜

0790　受尽所有痛苦,

0791　我这生命完竭之时,又

0792　将生于地狱。"随后饿鬼说完这些话时,

0793　又像刚才那样举声号哭,如

0794　同大山崩塌一般,将其身投于地,躬身

0795　顶礼敬拜,(而后)消失了。在今日,请此道

0796　场同业大众聆听，

0797　那经中之语(难道)不(令人)恐惧吗？

0798　若此口过(便)得到这样累劫

0799　之果，更何况除此

0800　以外的罪业之果。舍弃此身时，

0801　受苦皆因所造罪业之故。

0802　若不作因，如何得果？

0803　若已作因，其果完全不会

0804　消失。罪业功德不会远离，

0805　会跟随自身，如同影响一般，

0806　不得分离，此众生因无明之故而生，

0807　也因无明之故而死。在过去、未来、

0808　现在此三世中，若谁以放逸之心

0809　而行，(则)不见此人得解脱

0810　之果。若谁以此言

0811　守护，将受无尽福德。

0812　在今日，此道场大

0813　众各自若以惭愧之心

0814　洗净身心，

0815　忏谢从前之罪，结束故罪，

0816　不造新罪，称赞诸佛，

0817　从今日以后一起，若看见任何

0818　他人之善，不谈论其成与不成、

0819　久与不久。若仅权衡他们在一刹

0820　一顷、一时一刻、一日

0821　一月、半年一年所作

0822　的功德，应当知道他们自己

0823　已以比其他未作功德善业者更多的理由

0824　胜出。因此《法华经》

0825　偈颂中讲道,若任

0826　何人有散乱之心,(那么就)进入佛塔

0827　寺庙,说一句"南无佛",

0828　他们必定会皆得佛果。

0829　更何况看见任何人

0830　以如是大心勤于功德善业,

0831　不随之欢喜者,圣人

0832　悲悯。现今

0833　我 šabi ata 都统、boltï täŋrim 自己

0834　凝神思考。自此无始漫长之轮回以来

0835　直至今日,似以无量邪恶之心

0836　阻碍他人之胜善。

0837　若说为何,若无此事,为何今日

0838　在诸善法中有如此多的阻碍?

0839　禅定不能习,

0840　智慧不能修。礼拜很少时间

0841　便言以大苦。以手

0842　暂执经书时,又(生)倦怠,从早到晚

0843　因愁苦而起诸恶业,从而不能

0844　以此身得解脱。

0845　如蚕作茧,

0846　将自己缠捆住一般。如蛾

0847　赴火,长时间燃烧一般。

0848　我的如是等障碍,无量无边。

0849　我的障菩提心、障菩提行

0850　之罪,皆是由于以邪恶之心

0851　辱骂他人之善的缘故。

0852　现今开始觉悟,生大惭愧

0853　之心,躬身顶礼敬拜,我祈求

0854　忏悔此罪行。我发愿,

0855　请诸佛诸大菩萨,以慈悲

0856　心同加神

0857　力,为使我 šabi ata 都统

0858　所忏悔的罪行灭尽、所悔过的罪行清净……

0859　……无论我有多少障碍、覆蔽、

0860　无量之罪业,请接受我现今的

0861　忏悔之请,令它们全部无余灭

0862　净。人人又

0863　等一痛切

0864　五体投地,归依世间大慈

0865　悲父,南无

0866　善德佛,南无

0867　无忧德佛,南无

0868　旃檀德佛,

0869　南无宝施佛,

0870　南无无量明佛,南无

0871　华德佛,

0872　南无相德佛,南无

0873　三乘行佛,

0874　南无广众德佛,

0875　南无明德佛,

0876　南无释迦牟尼佛,

0877　南无弥勒佛,南无

0878　狮子游戏菩萨,南无

0879　狮子奋迅菩萨,南无

0880　无边身菩萨,南无

0881　观世音菩萨,

0882　又复归依如是十方尽虚空

0883　界中一切三宝,

0884　共同屈膝下跪,

0885　合起手掌,各自称名,心念

0886　口言。现今我们 šabi ata 都统与

0887　boltï täŋrim 一起,自无始漫长的轮回以来

0888　直至今日,未能得道,此报身

0889　……庄严四事……

0890　未能分离。三毒燃烧,……

0891　以……嫉妒之心,起诸恶业,

0892　……看见他人布施时,

0893　看见他人持戒时,

0894　我们自己不能……这……,不能随他们

0895　欢喜。……看见他人忍辱时,

0896　看见他人精进时,我们自己

0897　不能行,不能随他们欢喜。

0898　看见他人坐禅、修行、智

0899　慧之事时,我们自己

0900　不能行,不能随他们欢喜。我们的如是等罪

0901　业无量无边……

0902　在今日,我们知晓悔过。令其净竭。

0903　以一切理由认罪忏悔。……

0904　又复自无始漫长的轮回以来

0905　直至今日,或见他人作善行,

0906　见(他人)修于功德善业,

0907　不能随喜。行住坐(卧)……

0908　……将傲慢的行为……

0909　……舍弃……时,……

0910　……在他人身上……

0911　……起种种罪业……

0912　……众人三宝……

0913　……对其所立……

0914　……一切功德善业……

0915　……阻碍……

0916　……无量无边……

0917　……在今日我忏悔。……

0918　障人忍辱,障人精进,

0919　障人坐禅,障人

0920　诵经,障人写经,障人……

0921　……,障人斋……

0922　……,障人供养,

0923　障人苦行,障人

0924　行道,乃至他人……

0925　……不……虽仅有一毫……

0926　……不信出家

0927　之……远离……

0928　……不信忍辱之安乐行。

0929　……不知……是得菩提道。

0930　……离开……

0931 ……

0932 ……许多障碍……无量无边

0933 之(罪)障……

0934 ……知道……

0935 ……所知所见……

0936 ……

0937 ……

0938 ……

0939 ……

0940 从今日以后直至坐于道场之时，

0941 ……

0942 ……财物……

0943 ……许多的……

0944 ……所作的……

0945 ……

0946 ……我们共同以至心

0947 五体投地，我们发愿，

0948 因十方一切诸佛、大地菩萨、

0949 一切贤圣以慈悲

0950 心同加神力之故，

0951 ……六道之中一切

0952 众生，让他们现今以忏法之力，

0953 一切痛苦皆悉断除，

0954 离颠倒缘，不生恶念。

0955 ……引领……

0956 ……得智慧生，不倦

0957 不止地……愿望……

0958 对……苦……不起……心，

0959 按自己心意努力，忏悔所作之罪业，

0960 希望……能灭尽。

0961 ……正如因此话

0962 在经中有言……罪业从因缘

0963 而生，又从因缘而灭。

0964 若凡人不能解脱，(令)他们

0965 误解……资以忏悔，

0966 ……出逃之

0967 理由，……现在今日，

0968 令其共同生勇猛心、令其共同

0969 发忏悔意。若说为何，此……

0970 ……念……我们归依，以神通(力)

0971 必定……向我们，由于以覆护

0972 施安乐，因此现今我们顶礼敬拜

0973 听到呼唤其名时

0974 (便)救(人)于灾厄者，因此我们现今这样

0975 全部归依世间慈悲

0976 父，南无金刚不坏

0977 佛，南无宝光佛，

0978 南无龙尊王佛，

0979 南无精进军佛，

0980 南无精进喜

0981 佛，南无宝火佛，

0982 南无宝月光佛，

0983 南无现无愚佛，南无

0984 宝月佛，

0985　南无无垢佛，

0986　南无离垢

0987　佛，南无释迦牟尼佛，

0988　南无弥勒佛，

0989　南无狮子……菩萨，

0990　南无狮子作菩萨，

0991　南无无边身菩萨，

0992　南无观世音菩萨，

0993　又复归依如是十方尽虚空界

0994　中一切三宝，

0995　我们发愿，请他们……怜悯我们。

0996　……三毒

0997　烦恼之苦……

0998　……

0999　……四生中之罪业……

1000　……让他们也一同得清净，

1001　（成就）无上正等正觉，完全

1002　具足……解脱。现今我们

1003　共同以至心等一痛切

1004　五体投地，心念口言，

1005　这样请求，är bört 都督、yazï hatun täŋrim

1006　自无始漫长的轮回以来直至今日，

1007　……

1008　……被覆盖，对贪欲……

1009　……在愚网中……

1010　……遮盖……在苦

1011　海中……

1012 ……能自拔……

1013 ……

1014 我自己行于十恶业,(又)劝教他人,

1015 令其行于十恶业。称赞十恶法,

1016 亦称赞行于十恶法者。

1017 在这样一刹那间,我起四十种恶法,

1018 我作(并)集起如是等无量无边的罪

1019 行,在今日

1020 我请求忏悔那所作之罪。令其净竭。以一切

1021 理由认罪忏悔。我 yegän qaya 再

1022 以诚心五体投地,

1023 躬身敬拜。又复自无始漫长的

1024 轮回以来直至今日,依于六根,

1025 行于六识,(取于)六尘……

1026 ……我打开八万四千尘劳门,

1027 我有如此无量无边的罪行,

1028 在今日我请求忏悔。

1029 令其净竭。以一切理由认罪

1030 忏悔。elïmɣan täŋrim 与……一起,

1031 再以诚心五体投地,

1032 躬身敬拜。又复自无始漫长的

1033 轮回以来直至今日,我依身、口、

1034 意中的不平等之行,只知

1035 有我身,不知

1036 (亦)有他人……之身。只知

1037 有我苦,不知亦有他人

1038 ……之苦。只知我祈求安乐,

1039 不知他人亦祈求安乐。

1040 只知我祈求解脱，

1041 不知他人亦祈求解脱。

1042 只知有我家、有我

1043 眷属，不知他人亦

1044 有家、亦有眷属。只知自

1045 身……一痒一痛

1046 不能抑忍，(却)

1047 击打、鞭笞、惩罚他人之身，……

1048 ……难……苦楚……感到非常痛苦……

1049 ……又只显现自身……

1050 ……不知……之恐惧。……舍身

1051 之时,……痛苦……

1052 ……我们堕(入)……乃至不知饿鬼道、

1053 畜生道、阿修罗道、人道、

1054 天道中有种种苦。

1055 由于如此不平等的行为，

1056 令其生吾我心，令其生怨亲想，

1057 所以对所有六道之中者(而言)，我们成为仇敌。

1058 我们作(并)集起如是等无量无边的罪

1059 行，现在今日

1060 我们请求忏悔所作那罪行。

1061 令其净竭。以一切理由认罪忏悔。

1062 är bört 都督与 yazï hatun täŋrim 一起再

1063 以诚心五体投地，

1064 ……又复自无始漫长的轮回以来

1065 直至今日，由于……

1066　……离开善知识，

1067　接近恶知识。背离八正道，

1068　行于八邪道。我们非法

1069　说法，法说非法。我们不善

1070　说善，善说不善。

1071　……将愚痴之帆……

1072　……我们进入生死

1073　之海。这种罪恶……

1074　……无量无边……

1075　……现在今日我们请求忏悔……

1076　令其净竭。以一切理由认罪……

1077　……我作难可堪忍、不可看听、无量苦

1078　果之因缘。我作(并)集起如此无量

1079　无边的严重的罪行，

1080　现在今日我请求忏悔

1081　所作那罪行。令其净竭。

1082　以一切理由认罪忏悔。我

1083　qumaru 与……一起，又

1084　受苦迫，我们五体投地，躬身敬拜，祈求怜

1085　悯，悔过觉悟。又复

1086　自无始漫长的轮回以来直至今日，

1087　我因三毒烦恼之根，生于

1088　三有之中，如同遍历四洲、三恶道、

1089　阿修罗世、六欲天、

1090　梵世天、无想天、

1091　净居天、四色定四无色

1092　定全部二十五有，

1093 处处起诸恶业，

1094 追随业风，(而)我自己(却)不觉

1095 不知。我阻碍他人持戒、

1096 修定、习智。

1097 我阻碍他人修诸功德善业、

1098 习诸神通。

1099 这样将会阻障菩提心，

1100 ……阻障菩提愿……

1101 ……我们五体投地，……

1102 ……我们……，又复我们……

1103 ……自无始漫长的轮回以来直至今日……

1104 ……以……将我们的六智……

1105 ……追随……许多罪行……

1106 ……或从众生中……

1107 ……或我们起……

1108 ……我们起于无漏人……

1109 ……我们起自无漏法，这样……

1110 ……所生之诸罪行……

1111 ……现在今日我们请求忏悔

1112 所作那罪行。令其净竭。

1113 未作之罪行我不敢再作。

1114 我发愿，请十

1115 方诸佛……以大慈

1116 心接受我……现

1117 今之忏悔，以大悲

1118 心之水，请他们将我们……

1119 阻障……之一切罪行之垢

1120 洗净,令(我们)到达道场,令(我们)得到完全

1121 清净。我又

1122 发愿,依靠一切十方智慧

1123 诸佛的不可思议力、

1124 本誓愿力、

1125 度脱众生力、

1126 覆护众生力,šabi

1127 ata 都统与 boltï 一起,在今日

1128 发……菩提愿,

1129 我们请求……从今以后(直)至

1130 坐于道场之时,直至我们这愿望完全完成圆满……

1131 之时,让我们不再退转。……

1132 ……我的所有誓愿……诸菩萨……

1133 ……之行中的誓愿……

1134 与……一起,令其以一切理由联合接近。我们

1135 发愿,请十方一切智

1136 慧诸佛、大地菩萨,以慈

1137 悲心同加摄受,

1138 ……如我所愿

1139 令得圆满。……我的菩提

1140 愿……

1141 ……各各……

1142 ……以一切理由……

1143 ……庄严的……

1144 ……大乘论……

1145 ……一切……

1146 ……

1147 ……在……法中……

1148 ……又……

卷 二

1149 ……之后起……令菩提心相续不断。

1150 因此在大乘经中,无论谁在此时发菩提心,

1151 (都)将他们(于)阿僧祇、那由他那么多的恒河

1152 之沙的……起大

1153 善果……以此

1154 菩提心……无量

1155 多的……他们又发菩提心,

1156 若他们只遇见善知识,之后

1157 他们能发……心。……在世间

1158 显现,并非必要。若说为何,

1159 正如文殊师利菩萨始向菩提心

1160 时,是因一女子之故而向(菩提心)的。菩提……

1161 念……又念地狱、饿鬼、

1162 畜生,又念诸天诸

1163 仙、一切善神,

1164 又念在人世的一切人类中

1165 若有受苦者应当怎样救护。

1166 如此想见完成之时,(才)知晓唯有

1167 大悲心能将他们自痛苦中解救出来。

1168 以至心共想,此

1169 一想成时,应作二想。

1170　若二想成,应作三想。

1171　三想成时,应作

1172　满一室想。若满一室想

1173　已成,应作满一由旬想。

1174　若满一由旬想已成,应作此

1175　满阎浮提想。若满阎浮提

1176　想已成,应作满三千大

1177　千世界想。如此渐

1178　广,念满全部十方世界。

1179　东方众生皆视为我父,

1180　西方众生皆视为我母,

1181　南方众生

1182　皆视为我兄,北方

1183　众生皆视为我弟,下

1184　方众生皆视为我姊妹,

1185　上方众生皆

1186　视为我师长,除他们以外的

1187　四方者皆视为沙门婆罗门

1188　等,如此见想

1189　完成之时,若他们受苦之时,他们

1190　自己以自己之想法,去至他人(之处),

1191　协调、沐浴、按摩其身,发誓将他们自痛苦中

1192　解救出来。将他们解救出来时,

1193　向他们讲经说法,赞佛、赞法、

1194　赞菩萨众,如此赞美

1195　完时,令其生欢喜之心,

1196　应当喜爱看待他们如己无异。

1197　在今日,此道场

1198　同业大众若发菩提

1199　心,(应)这样

1200　发,不舍其苦,欲度众生,

1201　现今我与人人一起

1202　等一痛切五体

1203　投地,心念口言,

1204　我如此发愿,我 barčuq yaŋa 都统

1205　与 täŋrim hatun 一起,从今日以后直至坐于道场之时,

1206　在其二者之间,无论生于何处,

1207　即遇到善知识……

1208　……虽得(佛)果,(但)……

1209　……将正觉……我们发愿,

1210　请十方一切诸

1211　佛、大地菩萨、一切

1212　圣贤,现在为我作证,

1213　我 barčuq yaŋa 都统与……täŋrim hatun 一起,

1214　让我们皆悉具足一切行愿。

1215　在今日,请此道场同业大

1216　众聆听,在历劫之时,许多

1217　种善……

1218　如华一样,得到人……天华

1219　报,出世……

1220　……我屈(膝)下跪,合起手掌,起直心正念,

1221　发殷重心、不放逸心、安住心、

1222　乐善心、度一切心、

1223　覆护一切心,与诸佛之

1224　心等同,发菩提心……

1225　……优婆塞……

1226　……国……从今日

1227　以后直至得成菩提、坐于道场之时,

1228　不着人天之心,

1229　不起声闻之心,不生辟支佛之

1230　心,唯起大乘之

1231　心,发一切种智心、成就

1232　无上正等正觉①心。

1233　我发愿,唯愿十方

1234　尽虚空界中一切诸佛、

1235　大地菩萨、一切圣人,

1236　以本愿力,现在为我

1237　作证,请他们以慈悲力

1238　加助摄受。无论我生在何处,

1239　今日此菩提心……让我坚

1240　固(不退)。若(我们)在三恶道,

1241　及堕于八难处,

1242　若我们在三界中受种种身,

1243　受难堪难忍种种苦,

1244　(我们)发愿……

1245　……今日此大菩提心……

1246　……无间地狱中之……

1247　……南无红焰幢王

1248　佛,南无(善)游步功德

---

① 在回鹘文本中,译者将汉文原文中此处的"阿耨多罗三藐三菩提"意译为"无上正等正觉"。

1249 佛,南无

1250 宝华游步

1251 佛,南无宝莲华善住

1252 娑罗树王佛,

1253 南无斗战胜

1254 佛,南无善遊步

1255 佛,南无周匝

1256 庄严功德佛,

1257 南无释迦牟尼佛,

1258 南无弥勒佛,南无……

1259 ……(普)散金光佛,南无大

1260 力勇猛精进佛,

1261 南无大悲光

1262 佛,南无慈

1263 力王佛,南无

1264 慈藏佛,

1265 南无释迦牟尼佛,南无

1266 弥勒佛,南无慧

1267 上菩萨,南无常

1268 不离世菩萨,

1269 南无无边身菩萨,

1270 南无观世音菩萨……

1271 ……顶礼膜拜……

1272 ……oɣul yïɣmïš……发

1273 愿之……以……

1274 无量多的……

1275 ……我重又以至心五体投地,

1276 奉为国主帝王、

1277 父母、师长、历劫

1278 以来之亲缘、一切眷属、

1279 善恶知识、诸天

1280 诸仙、护世四王、

1281 守善罚恶者、

1282 （守护）持咒者……

1283 ……群魔畏惧……

1284 通晓明澈三世之事，令一切邪

1285 法异端屈服潜藏，

1286 见恶（者）时，必定拯救，

1287 度脱诸苦，布善施益，

1288 由于为渡生死之海者

1289 作行往之舟桥，因此

1290 被称为"如来、应供、等正觉①、明

1291 行足、善逝、世间解、无上

1292 士、调御丈夫、天

1293 人师、佛世尊"，

1294 将无量多人自轮回之

1295 诸苦中拯拔出来。现今

1296 ……虚空界中之……

1297 ……如同无边身菩萨……

1298 令他们具足……如同……

1299 ……（大）德之王……

1300 ……如同……

---

① 在回鹘文本中，译者将汉文原文中此处的"正遍知"意译为"等正觉"。

1301 ……勇猛之……

1302 ……（如同大）势至……

1303 ……优婆塞 sambodi……

1304 ……诸师长、同学、眷属……

1305 ……上中下座一切智者……

1306 ……从今日以后直至得菩提之时……

1307 ……无惧之心的……

1308 ……（守善）罚（恶）者、守护持咒者、

1309 五方龙王、天龙八

1310 部众、幽显之蓝色天空表面者（天神）

1311 褐色大地背面者（地神），以及他们各自的

1312 眷属，从今日以后直至坐于道场之时，

1313 让他们以大慈之心普为覆护

1314 如同阿逸多沙门一般，精进

1315 护法如同不休不息

1316 菩萨一般，远证诵经

1317 如同普贤菩萨一般，

1318 为法焚身如同药

1319 王菩萨一般。我发愿，让他们……

1320 如同……王一般，不可思议如

1321 同维摩诘菩萨一般，让他们各自具足一切功

1322 德。让他们将无量

1323 佛土全部庄严。

1324 我们发愿，

1325 请十方尽虚空界中无量无边之

1326 诸大菩萨、一切圣贤，

1327 以悲慈之心同加摄

1328　受、覆护摄受。

1329　令我们所许之愿圆满。

1330　令我们信心坚固。令善业如日

1331　一般远照。让我们将四生中一切关联者

1332　如同喜爱自己唯一所生之子

1333　一般以慈心养育。让我们与一切

1334　众生一起获得四无量心、

1335　六波罗蜜、十受修

1336　禅,广及三愿,

1337　念……之时得以见佛如

1338　同胜鬘夫人一般。让我们圆满具足一切行愿,

1339　与如来平等,

1340　俱登正觉。

1341　……

1342　在庄严的大中国,一切大乘小乘论……

1343　……回向……慈悲之心的……

1344　忏悔所作罪业的经书……

1345　……向佛果……菩提心……

1346　……所谓"回向"……

1347　……使其诵读……卷经……

1348　……地狱……

卷　三

1349　从今日以后,完全不再堕入三恶道之中,

1350　身、口、意中之诸业洁净,

1351　不念他人之恶。离开诸业

1352　障,得到清净业,

1353　一切邪……不动。常

1354　……

1355　……

1356　……无量多的……在舍身时受身,

1357　始终生于福地,念三

1358　恶道中诸苦,发菩提

1359　心,不休不息地行于菩萨之道,

1360　六波罗蜜、四无量……

1361　……在今日,此

1362　道场同业

1363　大众,若权衡那(经)书中

1364　所说之语,

1365　无论我有怎样的大

1366　怖畏心,

1367　我现今……

1368　……

1369　……在……道中,我必受

1370　其苦。在今日,

1371　我以至心

1372　等一痛切

1373　五体

1374　投地,全部

1375　……

1376　……归依……虚空界中一切三宝,

1377　我们发愿,

1378 请他们以大慈悲

1379 心……十方

1380 一切众生……

1381 拯拔救护……

1382 ……现在

1383 受苦者……

1384 ……解脱……

1385 ……在……时,受苦者……

1386 ……将其苦完全断除,

1387 直至永远,不再生于

1388 恶道。……

1389 ……回向,

1390 请他们向所有人宣讲正觉。

1391 ……在今日,请此

1392 道场同业

1393 大众再

1394 以至上信(心)、以至

1395 心仔细聆听,

1396 此后彼时信相

1397 菩萨向佛祖这样

1398 说道:"……世尊,

1399 ……众生那样的疾病……

1400 不随……而行。

卷 四

1401 ……将其果报……

1402 ……是……。在今日,请此道场同业大

1403 众以更加虔诚之心、以至心

1404 仔细聆听,……

1405 世尊、应供……天中

1406 天佛在王舍城……

1407 名为"迦兰陀"的鸟……

1408 寺庙中时……那时

1409 目犍连罗汉自禅定而起……在恒

1410 河岸边,看见……

1411 ……不同的罪……

1412 时,那时……

1413 ……提出"我……,我自此一生以来,常

1414 吞炽热铁丸。因何罪业

1415 我成为这样? "(的)问题时,目犍连罗汉

1416 给予了答复。"你在从前为人之时,行沙弥

1417 之举,取清净之水,作石蜜浆时,坚硬的……

1418 ……,你起贼心,打取了少许。……

1419 ……大众未喝那(石蜜)浆,你偷(喝)了

1420 一口。由于那因缘之故,你得到这样的罪业之果。

1421 ……对你是华报。地狱……

1422 ……。"他(这样)回答道。在今日,请此道

1423 场同业大众聆听,

1424 如同目犍连罗汉所示之言,非常恐惧……

1425 ……在……之时……

1426 ……因此在今日,请此道

1427 场同业大众……

1428 ……在此善恶……

1429 ……相互支持时……

1430 ……由于如同影响一般……

1431 ……由于……之处,从前……

1432 ……各各喜悦……

1433 ……是……疑惑之心……

1434 ……何(谓)地狱……

1435 ……对此经中有言……

1436 ……三千大千世界……

1437 ……诋毁……

1438 ……不知……之因果……

1439 断除……,……诋毁十方

1440 ……诸佛,盗取佛法之物,

1441 一切……

1442 ……(之)诸行……

1443 诋毁亲属……

1444 ……此人的……

1445 ……

1446 ……解脱……

1447 ……如……人一般卧躺……

1448 ……发狂的……

1449 ……化作……有清凉水的池塘,

1450 使那里的火焰化作金叶的莲花,使一切

1451 铁嘴之虫皆化作(野)鸭(大)雁,

1452 使地狱中号哭痛苦

1453 之声变为歌咏之声。

1454 那罪人……,看完听完如此善相善事

1455 时,在其心中显现此奇妙

1456 美好之处,使心(中)欢喜……

1457 ……听见不同的声音。"现今让我

1458 去往那些地方游乐。"他们(这样)想到。

1459 如此想完之时……

1460 ……死去,在那火莲花中……

1461 ……

1462 ……

1463 ……再……

1464 ……令我们已作之罪

1465 行净竭。以一切理由认罪

1466 忏悔。未作之罪

1467 我们不敢再作。我们发愿,

1468 请十方一切诸佛,以不可思议之

1469 ……自在

1470 神力同加救护

1471 怜悯摄受。……

1472 ……

1473 ……(我们)向……大慈悲父

1474 发愿,南无华日

1475 佛,南无力

1476 军佛,

1477 南无华光

1478 佛,南无……

1479 佛,南无大威德

1480 佛,南无梵王

1481 佛,

1482 南无无量明佛,

1483 南无龙德佛,

1484 南无坚步(佛)……

卷　五

1485 ……南无月相佛,

1486 南无大名佛,

1487 南无珠髻佛,南无

1488 威猛佛,南无……

1489 ……意佛,南无

1490 鸯伽陀佛,南无无量意

1491 佛,南无妙色佛,

1492 南无……佛,……

1493 ……若说为(何),父母……

1494 而不能使其离开三恶道。师长

1495 大悲心……

1496 ……使其从家中

1497 而出,受具足戒。……

1498 ……阿罗汉福胎……生阿罗汉福

1499 果,生死之苦……

1500 得涅槃乐,诸位师长的……

1501 如此胜于世间的……谁能……

1502 最上果报……，他们若一生

1503 依法而行，……就是对他们自己

1504 施益。……

1505 ……为使他们自己（得）洁净，应当劝诫自己，

1506 若他们（这样）想，"现今，我在今日为何不得解脱之善？

1507 进，我在诸佛面前不得

1508 授记。退，我不闻（诸佛）一句

1509 法旨。"

1510 就是因那（深厚的）罪业、极其牢固的

1511 怨结之心的缘故而成为这样。现今

1512 我们不仅不悔过未见前佛后佛、菩萨

1513 圣贤，

1514 而那诸圣人之语、

1515 所闻之声也被流传，我们的心路

1516 完全被阻隔，三恶道中的诸怨对……

1517 ……在全部《大藏经》中集取完毕。

1518 （应）el ävirmiš alp qutluɣ arslan ata ügä bäg qadïr baš、

1519 üklit täŋrim 的第三个儿子 oɣul küdägü

1520 qutadmïš baš öz ïnanč totoq bäg 为其

1521 父母、这两位有福之人而翻译之请，在此五

1522 浊到来的混乱的恶世，后来有学的

1523 别失八里人 küntsün šali 都统自中国语

1524 重新翻译至突厥语，在于慈悲道

1525 场中忏悔所作罪行的经书中，

1526 断除怨怼之心、

1527 阐明神圣法性的第五卷经完结了。

1528 南无佛,南无法,南无僧。

1529 我们逝去的爱子……

1530 ……集取完毕,慈……

1531 ……将……宝我们教法……

1532 ……诸弊恶者……

1533 ……在……之国中,在金色莲花里……

卷 六

1534 ……佛,南无金刚

1535 军佛,

1536 南无大德

1537 佛,南无

1538 灭寂意佛,

1539 南无香象佛,

1540 南无那罗延佛,

1541 南无善住

1542 佛,

1543 南无释迦牟尼

1544 佛,南无弥勒

1545 佛,南无不休

1546 不息菩萨,

1547 南无妙音菩萨,

1548 南无无边身

1549 菩萨,南无

1550 观世音菩萨,又

1551　复归依如是十方尽

1552　虚空界中一切三宝,

1553　我发愿,

1554　在今日,以诸佛之

1555　力、以法宝之力、

1556　以诸菩萨之力、以诸贤

1557　圣之力,令四

1558　生中、六道中之一切

1559　众生再次觉悟,

1560　一同到达此神圣道场。

1561　无论有何身形,

1562　其心其智(都)被阻碍。

1563　若有不能到此者,

1564　我发愿,以诸菩萨之力、

1565　以法宝之力、以诸贤

1566　圣之力……

1567　……神通……

1568　请……令……皆一同到达此处。

1569　请他们也接受我

1570　忏悔口中罪业的请求。

1571　自无始以来、自无明

1572　所住之处以来

1573　直至今日,

1574　因此口中的罪业之故,

1575　在六道中……

1576　他们起各种怨结心。我

1577　发愿,以三宝之

1578　神通力,令那

1579　四生中、六道中、三

1580　世之诸怨怼

1581　所忏悔的行为远离消除。

1582　所悔过的行为完全灭

1583　寂。我们自无始漫长的

1584　轮回以来直至今日,

1585　或以嗔恚,或

1586　以贪爱,或以愚痴,

1587　自三毒烦恼之根

1588　作十种罪行,

1589　以口中四种恶业

1590　起无量罪行,

1591　或以粗恶之

1592　语恼乱父母及一切眷

1593　属,

1594　这使那四生中、六道中、三世之

1595　一切怨怼者自诸怨结之事中

1596　完全解脱,一切罪业

1597　皆(得)断除,令他们完全不再起一切怨结、

1598　不再入三恶道。令他们完全

1599　不再于六道中以诸苦互相折磨、

1600　互相攻击。从今日以后,舍弃一切怨怼,

1601　令恶想善想消失,

1602　一切如水与乳一般融合,

1603　一切如在初地中一般欢喜。

1604　因永远的法亲成为慈悲的

1605　眷属，从今以后(直)至菩提……

1606　口中恶业……此

1607　后意中之业……一切

1608　众生于轮回中轮转，

1609　(不)得解脱……

1610　……

1611　……

1612　成为……,……贪欲、

1613　嗔恚、愚痴……

1614　堕入地狱,……

1615　不成……

1616　若其相等,在今日,……

1617　共同心……

1618　……佛,南无……佛,

1619　南无……佛,

1620　南无……佛,

1621　南无……佛,

1622　南无释迦牟尼佛,

1623　南无弥勒佛,南无

1624　狮子游戏菩萨,

1625　南无狮子奋迅菩萨,

1626　南无无边身菩萨,

1627　南无观世音菩萨,

1628　又复(归依)如是十方尽

1629　虚空界中一切三宝……

1630　……我们请求忏悔。令其净竭。认罪忏悔。

1631　我 basa qurtqa 从无始漫长的轮回以来

1632　直至今日，作身恶业，

1633　作口恶业，作心恶业，

1634　以如此恶业，自智慧诸佛

1635　起一切罪障，自法

1636　宝起一切罪障，

1637　自一切菩萨、其他贤圣起一切

1638　罪障，将我的如此无量

1639　无边之罪障

1640　在今日以诚心祈求忏悔。

1641　令其净竭。各种的……

1642　……以（大慈）悲力，以大智慧

1643　力，以依法令一切众生顺服

1644　之力，我们 basa qurtqa……在今日

1645　令我们所忏一切怨怼之

1646　心断除灭寂。

1647　六道中、四生中的在今日……

1648　……现在已受怨怼者、

1649　未受怨怼者，我们发愿，请诸佛、

1650　大地菩萨、一切贤圣，以

1651　大慈悲力，完全解救此

1652　怨怼众生。

1653　从今日以后直至得菩提之时，……

1654　令我们不受饿鬼道中将烊铜灌入口中、内

1655　脏被熔熟之苦。令我们不遇畜生道中

1656　被剥皮撕裂之苦。若我

1657　在人世，令我们不受四百四病

1658　触身之苦。令我不遇大热大

1659　寒之难耐之苦。令我不受以刀、

1660　以毒药加害之苦。

1661　令我不受因饥渴而被缠迫之苦。

1662　我们又发愿,(让)此大

1663　众从今日以后清净奉

1664　护戒律,以无垢之心,常修仁义,

1665　以报恩心,念……

1666　……为解救……无边一切众生,

1667　让我与如来一样俱

1668　登正觉。在今日请此道场中

1669　显幽大众作为证人。

1670　今日我们以卑微之心发愿,我们 miha šäli 都统与 töläk

1671　täŋrim 一起特别发愿,(让我们)生于贤圣之人的

1672　居住之处,常令如此道场

1673　建立起来,作许多供养,为一切众生

1674　作大利益,常因三宝之

1675　慈悲而得摄受,

1676　常常以大力引

1677　导,行于作利益之道,常

1678　精进修行,

1679　不着世间之乐,

1680　知晓一切法之

1681　空,

1682　……对恶知识……

1683　……善知识一同……

1684　……见……,作利益,

1685　直至

1686　得菩提之时，

1687　在心中

1688　不退转，

1689　从今日以后……

1690　……一毫……

卷　七

1691　……见到使其心胸平静、入定者，

1692　我自己也随之而喜。在今日

1693　此道场同业大众……

1694　将我的如此无量无边

1695　自庆之事，绝不是无力恶语……能

1696　全部说明的。无论何人在此世间……

1697　若少为欢喜，则不能

1698　使那人与随其喜悦者一致。更何况

1699　现今我这因众多喜悦

1700　而无碍之善，我得此无碍之善

1701　皆因十方三宝之威

1702　力。现今我们各各一（心）……

卷　八

1703　南无佛，南无法，南无僧。

1704　在慈悲道场

1705 忏悔一切罪行之经书第八卷

1706 ……第十七,奉为阿修罗道中

1707 一切善神礼佛部。

1708 第十八,为诸龙王礼佛

1709 部。第十九,为诸魔王礼佛

1710 部。第二十,为年……

1711 礼佛部。

1712 第二十一,为王子

1713 礼佛部。第二十二,为现世

1714 父母礼佛部。

1715 第二十三,为往世父母礼佛

1716 部。第二十四,为诸师长

1717 礼佛部。第二十五,为十

1718 方现世比丘比丘尼

1719 礼佛。第二十六,为十

1720 方往世比丘比丘尼礼佛

1721 部。……第十七,奉为

1722 阿修罗道一切善神

1723 礼佛部是此。在今日此道

1724 场同业大众,我们再

1725 以诚心五体投地,奉为

1726 十方尽虚空界中一切阿修罗王、

1727 一切阿修罗,以及他们

1728 各自的眷属,又奉为

1729 十方尽虚空界中一切有聪明

1730 正直之心的人,天上、地上、

1731 虚空表面上之守善罚恶

1732 者,守护持咒者,八

1733 部天王、八部天将,

1734 既内又外的、既近

1735 又远的、东西南北

1736 四方的、上下的、尽

1737 虚空界的、法界的有大神足

1738 力者,有大威德

1739 力者,如是十方八

1740 部天王、八部天将,以及

1741 他们各自的眷属,归依一切

1742 世间的大慈悲父,

1743 ……南无宝名

1744 佛,南无众清净明

1745 佛,南无无边名佛,

1746 南无不虚光佛,南无

1747 圣天佛,

1748 南无智自在王

1749 佛,南无金刚众

1750 佛,南无善障(佛)……

1751 ……救护……,行于菩萨道,

1752 入诸佛之智慧,……

1753 令知正觉菩提。

1754 第十八,奉为诸龙王礼佛

1755 部。在今日,此道场

1756 同业大众,我们再以诚心

1757 五体投地,奉为十方

1758 尽虚空界中一切不可思议

1759　龙王……

1760　……名为……的化……龙王,五方之

1761　龙王,天上龙王、地上龙王,

1762　山中龙王、海中龙王,日

1763　宫龙王、月宫龙王、星

1764　宫龙王,岁时龙王,……

1765　名为……的龙王,护身命龙

1766　王,护众生龙王,以及

1767　十方既内又外的、

1768　既近又远的、东

1769　西南北四方的、上下的、

1770　尽虚空界的、法界的有大神足

1771　力者,有威德

1772　力者,如是一切龙

1773　王、一切龙神,以及他们各自的眷属,

1774　(归依)一切世间的大慈悲(父)……

1775　……名为……的宝佛,南无

1776　希有名佛,南无

1777　上戒佛,南无

1778　无谓佛,南无日

1779　明佛,南无梵寿

1780　佛,南无一切天

1781　佛,南无乐智

1782　佛,南无宝天

1783　佛,南无宝珠藏

1784　佛,南无德

1785　流布佛,

1786 南无智王佛,

1787 南无无缚佛,南无

1788 坚法佛,南无

1789 天德佛,

1790 南无释迦牟尼佛,南无弥勒

1791 佛,南无无边身菩萨,

1792 南无观世音菩萨,

1793 我发愿,请他们以慈悲力

1794 同加救护。又复归依如是十方尽

1795 虚空界一切三宝,

1796 我发愿,(让)诸龙王以及

1797 他们各自的眷属之……

1798 光芒增照,因其神力而自在,

1799 ……断除……阻碍之因缘,……自恶世

1800 完全远离,常生于清净佛土,

1801 令四无量心、六波罗蜜

1802 常得现前,因四无障辩、

1803 六神通力……

1804 ……(南无)知次第佛,南无猛

1805 威德佛,

1806 南无日光曜佛,……

1807 ……(南无善)寂行佛,南无

1808 不动佛,南无

1809 大请赞佛,

1810 南无释迦牟尼佛,南无

1811 弥勒佛,南无无边

1812 身菩萨,南无

1813 观世音菩萨,我们发愿,

1814 请他们以慈悲力

1815 同加覆护。又复归依如是

1816 十方尽虚空界中一切三

1817 宝,……诸王

1818 子殿(下)……

1819 邻近此地的诸王,以及他们

1820 各自的眷属……身心

1821 安乐,妙算……

1822 得……智慧,善识……

1823 ……庄严,因其神力而自在,

1824 行于如来之慈,摄受四

1825 生中之众生……

1826 令他们……。第二十二,为现世父母

1827 礼佛部。在今日,此道场

1828 同业大众……

1829 ……之心,应当念父母的……

1830 慈心……

1831 父母的……

1832 哺乳,喜爱的……

1833 让其自身受苦……

1834 ……(南无)妙音佛,南无

1835 德天佛,南无

1836 金刚众佛,南无

1837 慧顶佛,南无

1838 善住佛,南无……

1839 南无狮子佛,

1840　南无雷音佛,

1841　南无通相

1842　佛,南无安隐

1843　佛,南无慧……

1844　……(南无庄)严佛,南无不

1845　没音佛,南无

1846　华持佛,南无

1847　法音德佛,

1848　南无狮子佛,

1849　南无庄严法旨佛,

1850　南无勇智

1851　佛,南无华

1852　积佛,南无

1853　华开佛,

1854　南无大力行佛,

1855　南无法积佛……

1856　南无上形(色)佛,

1857　南无明……佛,

1858　南无月灯佛。

1859　第二十四,奉为师长礼佛

1860　部。在今日此道场同业

1861　大众,共同……为父母亲属

1862　礼佛完毕。此后

1863　应念诸位

1864　师长……我们的父母

1865　虽然生养我们,……(但是)不能令我们

1866　自诸恶世脱离。……

1867　……所作的……

1868　……,若说为何,……

1869　……劝诫……

1870　……自生死轮回而出,……

1871　……带来好处,……看见诸佛……

1872　……完全处于无为之处,……

1873　……谁能得……之报? ……

1874　……于一生依法……

1875　……对其自身施益……

1876　……并非报恩。……

1877　此世间无论有多少善知识者,亦

1878　不能超越诸位师长。若说为何,……

1879　……由于亦将他人……

1880　……,出家,

1881　具足戒……

1882　……自一切师长……

1883　……六波罗蜜,常得现前,因四无碍

1884　智、因六神通力,

1885　如意自在,住于首楞严三昧禅定,

1886　得到如金刚般坚固之身,不舍弃

1887　本誓,重新令众生得救护。

1888　第二十五,为十方比丘比丘尼

1889　礼佛部。在今日,此道场

1890　同业大众,以此礼拜……

1891　此后,我再以更上信

1892　心五体投地,普为十

1893　方尽虚空界中现在世的、后来

1894　世的一切比丘比丘尼、式叉摩那、沙弥

1895　沙弥尼以及他们各自的眷属,

1896　又为十方尽虚空界中

1897　一切优婆塞优婆夷以及他们

1898　各自的眷属,又为随他们

1899　而来的信施檀越、

1900　既有缘又无缘的善知识恶知识

1901　以及他们各自的眷属,

1902　为如是人道中一切人类以及

1903　他们各自的眷属。因此我

1904　qumaru 在今日以慈悲心

1905　归依全世间之大慈悲

1906　父,南无灯王

1907　佛,南无智顶佛,

1908　南无上天

1909　佛,南无下方褐色大地

1910　之王佛,南无

1911　至解脱佛,南无金

1912　髻佛,南无罗睺日

1913　佛,南无莫能胜

1914　佛,南无净仙

1915　佛,南无善光

1916　佛,南无金

1917　宝齐佛,南无

1918　众德天王佛,……

1919　……,南无法盖佛,

1920　南无德臂佛,南无

1921　莺伽陀佛,南无美妙

1922　慧佛,南无

1923　微意佛,南无

1924　诸威德

1925　佛,南无狮子发髻佛,

1926　南无解脱相佛,

1927　南无威相

1928　佛,南无断生死之流

1929　佛,南无慧

1930　藏佛,南无

1931　智聚佛,南无

1932　无碍赞佛,南无

1933　释迦牟尼佛,南无弥勒

1934　佛,南无无边身菩萨,

1935　南无观世音菩萨,

1936　我们发愿,请他们以慈悲力

1937　同加覆护。又复

1938　归依如是十方尽虚空界中一切

1939　三宝,我们发愿,

1940　十方尽虚空界中一切

1941　比丘比丘尼、式叉摩那、沙弥沙弥尼以及

1942　他们各自的眷属,我们又发愿,

1943　十方一切优婆塞优婆夷以及

1944　他们各自的眷属,我们又发愿,

1945　随他们而来的信施

1946　檀越、既有缘又

1947　无缘的善知识恶知识以及他们各自的

1948 眷属,乃至一切人世中所有

1949 人类从无始漫长的轮回以来

1950 直至今日,使一切烦恼皆得断除,使一切

1951 障缘皆得清净,使一切罪业

1952 皆得消灭,自一切痛苦中

1953 皆得解脱,自三障业

1954 而离,五怖畏消失(而去),令四无量

1955 心、六波罗蜜常得现前,因四

1956 无障智、因六神

1957 通力如意自在,行于菩萨道,

1958 进入一乘圣道,解救无边

1959 一切众生。第二十六,为十方

1960 过去世比丘比丘尼礼佛部。

1961 在今日,与此道场同业大众

1962 一起,我(们)再以诚心五体投地,

1963 又为十方尽虚空界中一切

1964 过去世的比丘比丘尼、式叉摩那、沙弥

1965 沙弥尼,过去世的优婆塞优婆夷,

1966 广及十方一切人道中一切人类

1967 过命者以及他们各自的眷

1968 属,因此我们 qïrɣïz täŋrim 与 qumaru 一起,在今日

1969 以慈悲心,

1970 以与诸佛相等之心、与诸佛相等之愿,

1971 完全归依世间之大慈悲父,

1972 南无宝聚佛,

1973 南无善音佛,南无山

1974 王相佛,南无一切法

1975 顶佛,南无解脱

1976 德佛,南无善

1977 端严佛,南无吉

1978 身佛,南无爱语

1979 佛,南无狮子利

1980 佛,南无和楼那佛,

1981 南无狮子法佛,

1982 南无法力佛,南无

1983 爱乐佛,南无

1984 赞不动佛,南无众明

1985 王佛,南无觉悟

1986 佛,南无妙眼

1987 佛,南无意住义

1988 佛,南无光照

1989 佛,南无香德

1990 佛,南无令喜佛,

1991 南无不虚行佛,南无灭

1992 恚佛,南无上色

1993 佛,南无善步

1994 佛,南无释迦牟尼佛,南无

1995 弥勒佛,南无无边身菩萨,

1996 南无观世音菩萨,

1997 我们发愿,请他们以慈悲力救护

1998 摄受。又复归依如是十

1999 方尽虚空界中一切三宝,

2000 我们发愿,过去世的一切

2001 比丘比丘尼,式叉摩那,沙弥

2002 沙弥尼,我们又发愿,过去世的

2003 一切优婆塞优婆夷以及他们各自的

2004 眷属,不论有什么样的地狱道之苦,

2005 在今日即让他们从其中解

2006 脱。不论有什么样的畜生道之苦,

2007 在今日即让他们从其中解脱。不论有什么样的饿鬼

2008 道之苦,在今日即让他们从其中解

2009 脱。离八难地,

2010 受八福生,完全舍弃三恶

2011 道,生现于清净佛土,

2012 财施、法施无尽,

2013 ……福德无尽,安乐

2014 无尽,寿命无尽,智慧

2015 无尽。

2016 令四无量心、

2017 六波罗蜜常

2018 得现前,因四无障

2019 智、因六

2020 神通力

2021 如意自在,常

2022 看见诸佛、聆听其法,

2023 行菩萨道,

2024 勇猛地不休

2025 不息、精进努力,

2026 精进修行,

2027 得无上正

2028 等正觉,

2029 令一切众生

2030 ……广得解脱。

2031 ……在东方大中国,通晓一切大乘论、一切经法

2032 的,所有菩萨

2033 界的英明(大)师,应名为梁武帝的

2034 中国皇帝之请,

2035 在全部《大藏经》中

2036 集取完毕。

2037 (应)el ävirmiš alp qutluɣ

2038 arslan ata ügä bäg qadïr

2039 baš 的、üklit täŋrim 的

2040 第三个儿子 oɣul küdägü

2041 qutadmïš baš öz ïnanč totoq

2042 bäg 为其父母、这两位

2043 有福之人而翻译

2044 之请,在此五

2045 浊到来的混乱的恶

2046 世,后来有学的

2047 别失八里人 küntsün……

2048 ……从礼……部直至

2049 第二十六,为过去世的

2050 比丘比丘尼

2051 礼佛

2052 部为止,十部

2053 阐释法性的

2054 第八卷

2055 经写完了。

2056　南无佛,南无法,南无僧。

2057　善哉善哉。

卷　九

2058　现今为在此将此慈悲道

2059　场忏法弘

2060　扬开来,以虔诚

2061　之心归依三世诸佛,

2062　我们 qudaš eš

2063　……。南无

2064　毗婆尸佛,

2065　南无尸弃

2066　佛。

2067　南无毗舍浮

2068　佛,南无

2069　拘留孙佛,

2070　南无拘那含牟尼

2071　佛,

2072　南无迦叶

2073　佛,南无

2074　本师释迦牟尼

2075　佛,

2076　南无后来时的

2077　弥勒佛。

2078　自无始漫长的轮回以来

2079 直至今日,以身、

2080 口、意所作的、所集起的……

2081 南无佛,南无法,南无僧。

2082 在慈悲

2083 道场礼拜,

2084 忏悔所作罪行的

2085 经书第九

2086 卷。

2087 为人道中者

2088 礼拜完毕。

2089 此后应为三恶道中者

2090 礼佛。

2091 第二十七,

2092 为阿鼻地狱等

2093 地狱中者礼佛

2094 部。

2095 第二十八,(为)灰河……

2096 为……等地狱中者

2097 礼佛部。

2098 第三十一,为火城

2099 刀山等

2100 地狱中者礼佛

2101 部。

2102 第三十二,为饿鬼道中者

2103 礼佛

2104 部。第三十三,为畜生

2105 道中者礼佛

2106 部。

2107 第三十四,为六道中者

2108 发愿部。

2109 第三十五,以警觉心

2110 念无常等经法

2111 部。第三十六,

2112 精进辛劳之力……

2113 ……。自往昔以来,自归依三宝

2114 以来,直至此

2115 最后章句之言中,

2116 经常说道,

2117 虽然万种经法

2118 各有差异,

2119 诸事(亦)不一。

2120 当到达明与暗时,

2121 唯(有)善与恶

2122 两种行为

2123 相形。(所谓)善行,

2124 如同是人天之

2125 胜途。

2126 (所谓)恶行,如同是地狱、

2127 饿鬼、畜生之

2128 种种轨迹。仁

2129 义法善之言……

2130 ……得到……。由于此言

2131 违背自心、绝不符合自心,

2132 (因此)不应做、不应寻。

2133 那堕入弊恶

2134 诸道者,处于火

2135 城铁网之中,

2136 吃热铁

2137 丸之食,喝烊

2138 沸红铜之

2139 饮,因年数……

2140 ……以比造化之象

2141 更多的劫数,

2142 受与无穷者

2143 相等时间之苦。

2144 此地狱诸苦

2145 不应接近,而

2146 在那里具有柔弱之身。

2147 ……不能……。在相当漫长的年岁

2148 中受苦。

2149 自那地狱之处

2150 得到解脱,又在堕入饿鬼

2151 世中时,

2152 口中火焰(喷)出,

2153 不能完全维持他们的生命。

2154 当在此死

2155 去,又堕入畜生世

2156 时,以善食

2157 喂饱,令其肉

2158 其皮增加、变胖,令应活的

2159 寿命之数

2160 不会完竭。

2161 杀死他们,分散地支起鼎

2162 镬

2163 烹煮,将几案……

2164 ……之苦是真,是长期

2165 受苦(而)难到之处的

2166 怜悯。

2167 如此(应)及早地提防优劣之

2168 言,

2169 不能相信应当期求之善。

2170 因吾我

2171 心,好起疑惑,

2172 因那疑惑

2173 之故,大多未去往善

2174 途。因此天中

2175 天佛说道:"在此世间

2176 有十种事,在死时

2177 将(因其)带入三恶道。

2178 若说是哪十种,

2179 首先是将意

2180 在善事上一(心)……

2181 ……学习……,不接受他人之善

2182 劝。第六是

2183 按自己意愿使力,

2184 做完一切恶事。

2185 第七是

2186 好杀众生、讥讽、欺侮孤单

2187 之人、体弱之人。

2188 第八是始终与恶人

2189 结为同伙,进犯

2190 其他

2191 城界。

2192 第九是在任何当讲之言中

2193 没有实言。

2194 第十是

2195 以不慈之心对(待)一切众生,起诸

2196 恶业。"

2197 若有谁

2198 这样权衡思考,……谁就能自此

2199 佛祖所言中

2200 得到解脱。

2201 若已不能得到解脱,

2202 (则)在地狱中皆有此

2203 罪分。

2204 现今大众

2205 各各觉悟

2206 此意,

2207 我发愿,请大众

2208 与此善时

2209 竞争,

2210 行菩萨道,精进

2211 努力,希求一切善法,

2212 利益

2213 众生。

2214 若说为何,最……

2215 ……起勇猛心,

2216 生坚固心,

2217 起慈悲心、

2218 度一切心、

2219 救众生

2220 心,

2221 直至坐于菩提道

2222 场之时,

2223 请他们勿忘此愿此念。

2224 我们发愿,

2225 十方尽虚空

2226 界中一切诸佛、

2227 诸大菩萨之

2228 大神通

2229 力,大慈

2230 悲力,

2231 解脱地狱(力)……

2232 ……与 el kälmiš täŋrim 一起,让我们

2233 (为)如是众生施益

2234 的愿望(得以)圆满。

2235 因此我们又以这等一

2236 痛切

2237 五体投地,

2238 阿鼻地狱中的

2239 受苦众生

2240 乃至十八寒冰地狱、

2241　黑暗地狱、

2242　十八刀轮

2243　地狱、十八

2244　火焰地狱、剑林

2245　地狱、火

2246　车地狱、沸屎

2247　地狱、沸镬

2248　地狱，如是诸地狱的……

2249　……再为他们归依世间

2250　大慈悲

2251　父，

2252　南无大

2253　音赞

2254　佛，南无

2255　净愿

2256　佛，南无

2257　日天佛，

2258　南无

2259　乐慧

2260　佛，南无

2261　摄身

2262　佛，南无

2263　威

2264　德势

2265　佛，

2266　……住行

2267　佛，南无

2268　舍骄慢

2269　佛,

2270　南无智

2271　藏佛,

2272　南无梵行

2273　佛,

2274　南无旃檀

2275　佛,南无

2276　无忧名佛,

2277　南无端

2278　严身

2279　佛,南无

2280　相国佛,

2281　南无莲华……

2282　……,南无……

2283　智富佛,

2284　南无释迦牟尼

2285　佛,

2286　南无弥勒

2287　佛,南无

2288　狮子游戏

2289　菩萨,南无

2290　狮子奋迅

2291　菩萨,

2292　南无无边身

2293　菩萨,南无

2294　观世音菩萨,

2295　我们发愿，

2296　（请他们）以慈

2297　悲力

2298　摄受救护……

2299　火车沸屎地狱、

2300　这些人的眷属

2301　等地狱中的受苦

2302　众生，以诸佛中

2303　力，以法宝之力，

2304　以诸菩萨之力，以一切

2305　贤圣之

2306　力，不让他们受苦。

2307　在今日已受苦

2308　之众生即

2309　得解脱，完全再

2310　不堕入地狱，一切罪

2311　障皆得消

2312　灭，完全再

2313　不作将生于地狱之业，

2314　舍地狱之生，

2315　……（得）生于净土……

2316　……发……，令四无量

2317　心、六波罗蜜

2318　常得现前，于四

2319　无碍智

2320　乃至六

2321　神通力

2322 如意

2323 自在,以

2324 具足智慧,行于菩萨道,

2325 不休不息

2326 精进努力,乃至

2327 勤奋修行,

2328 满十地行,

2329 入金刚禅定之心,

2330 让他们得成正等(正)觉。

2331 第二十八,(为)灰

2332 河铁丸……

2333 ……为于(剑)林地狱、刺林地狱、

2334 铜柱地狱、

2335 铜床地狱、铁

2336 机地狱、铁网

2337 地狱、铁窟

2338 地狱、铁丸地狱、

2339 尖石地狱

2340 如是十方尽

2341 虚空界中一切

2342 地狱中在今日

2343 现在受苦的一切众生,

2344 我 el kälmiš täŋrim

2345 以菩提心,完全归依世间

2346 大慈悲

2347 父,

2348 南无梵

2349　财佛……

2350　……佛,南无

2351　弗沙佛,

2352　南无提沙

2353　佛,

2354　南无慧日

2355　佛,

2356　南无出生死

2357　之泥

2358　佛,

2359　南无得智

2360　佛,

2361　南无谟罗

2362　佛,

2363　南无上吉

2364　佛,

2365　南无法乐

2366　佛,

2367　南无琉璃藏

2368　佛,

2369　南无名闻

2370　佛,

2371　南无利寂

2372　佛,

2373　南无教

2374　化佛,

2375　南无日

2376　明佛，

2377　南无善明

2378　佛，

2379　南无众德

2380　上明

2381　佛,南无

2382　德宝

2383　佛，

2384　……,南无狮子……

2385　……,南无狮子作菩萨……

2386　……无边身菩萨,……

2387　南无观世

2388　音菩萨,

2389　我们发愿,请他们以慈

2390　悲力

2391　同加

2392　救护拯拔。

2393　又复

2394　归依如是十方尽

2395　虚空界中

2396　一切三宝,

2397　我们发愿,

2398　在今日,

2399　(让)在灰河

2400　等诸地狱中现在受苦

2401　之一切众生

2402　皆得解脱,

2403 一切苦果……

2404 ……自漫长轮回之

2405 火宅向外

2406 而出，到达道场，

2407 于一切菩萨一起

2408 俱得正觉。

2409 第二十九，

2410 为饮烊铜

2411 炭坑

2412 等地狱中者

2413 礼佛

2414 部。在今日

2415 此道场同业

2416 大众，我们再以

2417 至心五体

2418 投地，全部（为）十

2419 方尽虚空界中

2420 一切地狱中……

2421 ……为于无（量）无边眷

2422 属等

2423 地狱中，今日现在受苦

2424 之众生，我

2425 el kälmiš täŋrim 以菩提心

2426 再次归依世间

2427 大慈悲

2428 父，

2429 南无

2430　人月

2431　佛,

2432　南无罗睺

2433　佛,南无

2434　甘露明

2435　佛,

2436　南无妙

2437　音……

2438　……佛,南无

2439　力德

2440　聚

2441　佛,南无

2442　天王

2443　佛,南无

2444　妙音声

2445　佛,

2446　南无妙华

2447　佛,

2448　南无住义

2449　佛,

2450　南无功德威

2451　聚

2452　佛,南无智

2453　无等……

2454　……

2455　南无音

2456　胜佛,

2457 南无梨阿行

2458 佛,

2459 南无善义

2460 佛,南无

2461 无过

2462 佛,南无行于善

2463 法

2464 佛,南无释迦牟尼

2465 佛,

2466 南无弥勒佛,

2467 南无坚勇

2468 精进菩萨,

2469 南无金刚

2470 慧菩萨,……

2471 ……归依……一切三宝,

2472 我们发愿,

2473 (让)在饮烊铜

2474 等诸地狱中,现

2475 今受苦之众生的

2476 一切罪障

2477 皆得灭寂,

2478 自一切痛苦中

2479 全部解脱出来,从今日

2480 以后,完全再不

2481 堕入地狱,舍地狱之生,

2482 得生于净土,

2483 舍地狱之命,

2484 得智慧之命,

2485 将四无量

2486 心、六波罗蜜……

2487 ……为刀兵铁釜等

2488 地狱中者礼佛

2489 部。在今日

2490 与此道场同业

2491 大众一起,再以

2492 虔诚之心,全部为十

2493 方尽虚空界中

2494 一切地狱中者,

2495 想地狱、黑

2496 沙地狱、钉

2497 身地狱、火

2498 井地狱、石

2499 臼地狱、沸腾

2500 热沙地狱、

2501 刀兵地狱、饥饿

2502 地狱、铜釜……

2503 ……佛,

2504 南无妙光

2505 佛,

2506 南无乐说

2507 佛,

2508 南无善济

2509 佛,

2510 南无众

2511　王佛,

2512　南无

2513　离畏

2514　佛,南无辩才

2515　日

2516　佛,南无名

2517　闻

2518　佛,

2519　南无善音

2520　佛,南无慧

2521　济

2522　佛,南无

2523　无等意

2524　佛,南无

2525　金刚军

2526　佛,

2527　南无菩提意

2528　佛,

2529　南无树王

2530　佛,

2531　南无槃陀音

2532　佛,南无福

2533　德力

2534　佛,南无势……

2535　……佛,南无……

2536　佛,

2537　南无弃阴盖

2538 菩萨,

2539 南无寂根

2540 菩萨,南无

2541 无边身菩萨,

2542 南无

2543 观世音菩萨,

2544 我们发愿,请他们以慈

2545 悲

2546 力同加

2547 救护。

2548 又复归依如是十方

2549 尽虚空界中

2550 一切三宝,

2551 ……愿……

2552 ……

2553 ……得智慧生,

2554 忆地狱苦,

2555 发菩提心,

2556 不休不息,行于菩萨

2557 道,入一乘

2558 道,满十地

2559 行,皆

2560 以神力

2561 重新摄受一切,

2562 一同坐于道场,

2563 让他们俱登正觉。

2564 第三十一,为火

2565 城刀山

2566 等地狱

2567 礼佛部。在今日

2568 此道场同业……

2569 为在……、热风地狱、

2570 吐火地狱，如是

2571 等无量无边

2572 眷属等地狱，

2573 今日现在受苦

2574 众生，我们 qalïmdu 都督

2575 与 el kälmiš täŋrim 一起在今日

2576 以菩提心之力，

2577 全部归依世间（大）慈悲

2578 父，

2579 南无雷

2580 云音佛，

2581 南无爱

2582 日佛，

2583 南无善智

2584 佛，

2585 南无虚空无存

2586 佛，

2587 南无祠音

2588 佛，

2589 南无慧音

2590 差别佛，

2591 南无功德

2592 光佛,

2593 南无圣王

2594 佛,

2595 南无众意

2596 佛,南无

2597 辩才轮

2598 佛,南无

2599 善寂佛,

2600 南无月面……

2601 ……佛,

2602 南无辩

2603 才国

2604 佛,

2605 南无宝施

2606 佛,南无爱

2607 月佛,

2608 南无不高傲

2609 佛,

2610 南无释迦牟尼佛,

2611 南无弥勒

2612 佛,南无

2613 慧上菩萨,

2614 南无常不离世

2615 菩萨,

2616 南无无边身

2617 菩萨,南无

2618 观世音……

2619　……归依……三宝，

2620　我们发愿，让在刀

2621　山等地狱今日

2622　现在受苦众生

2623　即得解脱。

2624　乃至在其他十方

2625　不可思议之一切地狱中，

2626　现在受苦，

2627　以后也将受苦之一切

2628　众生，我发愿，

2629　以诸佛之力、法宝之

2630　力、诸菩萨之

2631　力、贤圣之

2632　力，令那一切众生，

2633　同得解脱，引入十

2634　方诸地狱之

2635　诸业完全断除，

2636　从今以后，佛……

2637　……以……之力精进

2638　努力，乃至进修，

2639　满十地行，

2640　登金刚禅定之心，

2641　入种智

2642　之果，以诸佛之

2643　神力，

2644　令他们随心自在。

2645　第三十二，为饿鬼道中者

2646 礼佛

2647 部。在今日与此道

2648 场同业大

2649 众一起,我们再以虔诚

2650 之心五体投地,

2651 全部为十方尽

2652 虚空界中一切饿鬼

2653 道诸饿鬼之神

2654 等,一切饿鬼,以及……

2655 ……归依……之父,南无

2656 狮子力

2657 佛,南无

2658 自在王

2659 佛,南无无量

2660 净

2661 佛,南无

2662 等定佛,

2663 南无不坏

2664 佛,

2665 南无灭垢

2666 佛,

2667 南无不失方便

2668 佛,

2669 南无无娆

2670 佛,南无

2671 妙面

2672 佛,南无碍……

2673 ……南无无量佛,

2674 南无法力

2675 佛,

2676 南无世供

2677 养佛,

2678 南无华光

2679 佛,南无

2680 三世供

2681 佛,

2682 南无应日藏

2683 佛,

2684 南无天

2685 供养

2686 佛,南无

2687 上智人

2688 佛,南无

2689 真髻佛,

2690 南无信……

2691 ……上菩萨,

2692 南无无边身菩萨,

2693 南无

2694 观世音菩萨,

2695 我们发愿,请他们以慈悲

2696 力

2697 同加摄受。

2698 又复归依如是

2699 十方尽虚空

2700　界中一切三宝，

2701　我们发愿，

2702　东西南

2703　北四维、

2704　上下尽十

2705　方世界中一切

2706　饿鬼道之

2707　一切饿鬼神

2708　以及……

2709　……热恼

2710　远离。身心饱

2711　满，饥渴

2712　也消失，得

2713　甘露之味，

2714　智慧之眼（张）开，四

2715　无量心、六

2716　波罗蜜常得现前，

2717　因四无碍

2718　智、六神

2719　通力，如意

2720　自在，离饿鬼道，

2721　入涅槃

2722　道，令他们与诸佛

2723　等同，俱得正

2724　觉。

2725　第三十三，为畜生道中者

2726　礼佛……

2727 ……为……十方尽虚空

2728 界中一切畜生

2729 道四生之众生,

2730 为其中或大

2731 或小,水、陆、

2732 空界中一切

2733 众生以及他们

2734 各自的眷属,

2735 我们 kalïmdu 都督

2736 与 el kälmiš täŋrim 一起又归依世间

2737 大慈悲

2738 父,

2739 南无宝肩

2740 明佛,

2741 南无梨陀步

2742 佛,

2743 南无随日

2744 佛,

2745 南无狮子行

2746 佛,南无

2747 高出

2748 佛,

2749 南无华施

2750 佛,

2751 南无宝珠明

2752 佛,

2753 南无莲花

2754　佛,南无

2755　爱智

2756　佛,

2757　南无槃陀严

2758　佛,南无

2759　不虚行

2760　佛,南无

2761　生法佛,

2762　南无相

2763　好佛……

2764　南无释迦牟尼

2765　佛,南无弥勒

2766　佛,

2767　南无常精进

2768　菩萨,南无不休

2769　不息菩萨,

2770　南无无边身菩萨,

2771　南无

2772　观世音菩萨,

2773　我们发愿,请他们以慈

2774　悲力

2775　覆护摄

2776　受。又复

2777　归依如是十方尽

2778　虚空界中一切

2779　三宝,

2780　我们发愿,

2781　东西

2782　南北……

2783　……灭寂,自一切痛苦中

2784　尽得解脱,

2785　一同舍弃恶趣,

2786　俱得解脱之果,

2787　如同第三禅,身

2788　心安乐,

2789　四无量心、

2790　六波罗蜜常得现前,

2791　因四无碍

2792　智、六神

2793　通(力),如意

2794　自在,离畜生道,

2795　入涅槃道,

2796　登金刚禅定之心,

2797　让他们得成正觉。

2798　第三十四,为六

2799　道中者

2800　发愿部。……。我们……

2801　……虚空界中、四生中、

2802　六道中、直至未来

2803　际完结之时的

2804　一切众生,从今日

2805　以后直至

2806　得菩提之时,让他们不再发狂、

2807　误解,不再身

2808　受一切楚毒。

2809　让他们不再

2810　因作十恶五

2811　逆而再

2812　入三恶道。

2813　现今因此礼佛之

2814　功德善业之故,

2815　他们各得诸菩萨、

2816　诸摩诃萨之清净

2817　身口业,

2818　各……

2819　……(安)住……菩提、如同摩尼

2820　宝之心,远离烦恼、

2821　如同金刚

2822　之坚固心,必知诸法

2823　之坚固

2824　心,令众魔

2825　外道不能

2826　毁坏。如同莲华

2827　之心,令一切世

2828　法不要污染。净白

2829　心、以一切愚痴

2830　之障所阻碍的黑暗

2831　等(皆得)断除

2832　之心等,令一切

2833　众生不能权衡,

2834　让他们能受持

2835　(如此)诸心。

2836　……作……，心心

2837　勇猛，以不坏

2838　不怯之心所作的功德

2839　善业，皆施予一切众生，

2840　不返还邪道。

2841　专心致志，

2842　见善法如幻，

2843　见恶法如梦，

2844　舍弃生死轮回，

2845　速出三界，

2846　区别甚深

2847　妙法，

2848　各应供养一切

2849　诸佛，

2850　一切供养之

2851　用具皆悉具

2852　足，各……

2853　……应供养一切贤圣，

2854　令其一切

2855　供养用具皆

2856　悉具足。

2857　若还有任何从此

2858　以后传播于一切众生者，

2859　我们 qalïmdu 都督与 el kälmiš

2860　täŋrim älik 一起，若有离开今日我这

2861　发愿之界者，

2862   皆

2863   悉进入大愿之

2864   海,随即

2865   具足功德智慧两

2866   种用具,

2867   以诸佛之

2868   神力,

2869   随心自在,……

2870   ……此后

2871   应当晓悟世间之无常。

2872   而由于此罪业与功德之

2873   因果

2874   相生,担忧、

2875   赞同两种事物

2876   俱在心中,

2877   跟随意念,不会弃绝变换。

2878   常谓由于其他事物

2879   如同影响相依,

2880   很容易从其

2881   越过,善行恶

2882   行之果

2883   所致,绝不能从其中脱

2884   离。因此我们发愿祈求,

2885   让大众觉悟此

2886   无常之法,

2887   如果直至度过千年,受五

2888   欲乐,

2889 完全不能从三恶道中

2890 得到解脱,

2891 (那么)更何况如同我们

2892 这样只有百岁寿命,我们

2893 也不得那漫长年岁的

2894 一半。

2895 在此短短年岁中行事,

2896 怎样能使我们得到自宽

2897 解脱? 而由于这

2898 世界如同幻化一般虚

2899 假,最终

2900 会磨灭消失。

2901 说"我会永存"者皆会消失

2902 殆尽。而当高(大如)须弥

2903 山等事物、

2904 人(类)舍弃寿命

2905 之时,他们

2906 不能相代。所谓重

2907 官厚禄,

2908 荣华豪贵,钱财宝

2909 物,也不能延长人们的

2910 寿命。

2911 又不能以好言、

2912 美味甘甜食饮之物

2913 希求命令任何人

2914 说:"请你解救我吧!"

2915 无身

2916 无形之死怪迎面

2917 而来时，谁能阻挡

2918 忍受它？因此(话)在

2919 经中有言，死亡就是完竭。

2920 气绝(则)神(逝)……

2921 ……中的亲属好友

2922 围绕着哭

2923 号时，那将死之人

2924 感到恐惧，

2925 完全不知依投何人。

2926 身虚体

2927 冷，气息将断绝之时，

2928 会清楚地看见以往所作的善恶

2929 诸业之果。

2930 对作过善行之人，

2931 天神帮助

2932 庇护。

2933 对作过恶行之人，(长有)牛头之

2934 鬼怪在侧，狱卒

2935 罗刹不会释放

2936 宽恕。

2937 之后慈心的……

2938 ……寸寸撕裂，

2939 无量苦楚

2940 一时同集，神

2941 识惶惧如同发狂

2942 酒醉一般，必定在一刹那

2943　之间说:"让我起善念吧!"

2944　虽希望能作一毫

2945　之功德,

2946　(然而)由于在心中怀有仇恨之事,

2947　根本不能兑现此言。

2948　如此苦

2949　楚任何人都不可

2950　代受。因此(话)在《涅槃经》

2951　中有言,那

2952　将死之人在险难之处

2953　不得食粮。要去之

2954　处极其遥远,……

2955　……若他们……不修福德,死时

2956　将去往痛苦之处,辛

2957　酸的苦愁完全

2958　不得治愈。如此

2959　丑恶之色令人

2960　恐惧。

2961　在今日请此道场

2962　同业大众

2963　聆听。由于此生

2964　死二者如同

2965　戒指手镯一般无穷

2966　无尽,持久循环,

2967　因此孤魂

2968　独逝之时,无看见之

2969　人,也不能寻觅。

2970 （虽然）之后需要，

2971 财物也

2972 不能委托寄存。仅仅……

2973 ……不要因强健而

2974 安逸。因此

2975 现在我们各以至

2976 心等一痛

2977 切五体

2978 投地，我们 qalïmdu ïnal 与

2979 el kälmiš täŋrim 一起，在今日

2980 归依世间之

2981 大慈悲

2982 父，

2983 南无

2984 多闻海

2985 佛，南无

2986 持华佛，

2987 南无不随（世）

2988 佛，

2989 南无喜众

2990 佛，

2991 ……诸天法旨广

2992 流布佛，

2993 南无宝步

2994 佛，南无华

2995 手佛，

2996 南无威

2997 德佛,

2998 南无

2999 破怨贼

3000 佛,南无

3001 富多闻

3002 佛,南无妙

3003 国佛,

3004 南无华

3005 明佛,

3006 南无狮子智

3007 佛,

3008 南无狮子游戏

3009 菩萨,

3010 南无狮子奋迅

3011 菩萨,南无

3012 无边身菩萨,

3013 南无

3014 观世音菩萨,

3015 我们发愿,请他们以慈悲

3016 力

3017 同加覆护。

3018 又复归依如是

3019 全部十方虚空

3020 界中一切三宝,

3021 我们发愿,

3022 在今日

3023 此道场中令其一同行忏

3024 者,让他们从今日……

3025 ……行于……之道,受生

3026 而自在,以四

3027 无量心、六波罗蜜,

3028 按经法之语修

3029 行,四无碍

3030 辩、六

3031 神通无有不足

3032 全部具足,百千种

3033 三昧禅定,念任何一种,

3034 之后就得现前,一切

3035 所谓总持之咒的法

3036 门皆能进入,

3037 早登道场,

3038 得成正觉。

3039 第三十六,(为)随吃苦

3040 精进之善业

3041 而喜者,施力者……

3042 ……直至

3043 转生之时,

3044 为完成我所作之业精进

3045 吃苦而随喜者,

3046 为我所作之业施力者,

3047 为助功德善业

3048 者,以及为他们

3049 各自的眷属,

3050 又为此世牢

3051　狱中的忧愁

3052　苦闷者，

3053　以及监狱中锁住的

3054　一切遭受刑罚者，

3055　念那恶处(恶)世，

3056　虽获得人身，

3057　(然而)乐少苦多,枷

3058　锁杻械

3059　完全不离身者……

3060　我们 qalïmdu 都督与 el kälmiš

3061　kumari 一起,以慈悲

3062　心,全部归依一切世间之

3063　大慈悲

3064　父,

3065　南无次第

3066　行佛,

3067　南无福德灯

3068　佛,

3069　南无音声

3070　治佛,

3071　南无憍昙

3072　佛,

3073　南无势力

3074　佛,南无

3075　身心住

3076　佛,

3077　……智力德

3078　佛,

3079　南无善灯

3080　佛,南无坚

3081　行佛,

3082　南无天音

3083　佛,南无安

3084　乐佛,

3085　南无日

3086　面佛,

3087　南无

3088　乐解脱

3089　佛,南无戒

3090　明佛,

3091　南无住戒

3092　佛,

3093　南无无垢净……

3094　……观世音菩萨,

3095　我们发愿,

3096　请他们以慈悲

3097　力,同加

3098　覆护。

3099　又复归依如是十方

3100　尽虚空界中一切

3101　三宝,

3102　我们发愿,

3103　让在今日随吃苦精进

3104　而喜者,以及

3105 他们各自的眷

3106 属,从今日

3107 以后直至得菩提

3108 之时,其一切罪

3109 障皆得灭

3110 尽,一切痛苦……

3111 ……波罗蜜、四

3112 无量心皆悉令其

3113 具足,舍生死中

3114 诸苦,得涅槃中

3115 诸乐。

3116 我们又发愿,

3117 所有东西两

3118 方,其中受刑罚、

3119 药物者,

3120 所有其他牢狱中

3121 无罪而白白被锁住

3122 的、忧愁

3123 苦闷之人,一切

3124 患病无力之人,

3125 以及他们各自的眷

3126 属,现今此

3127 礼佛之功德善……

3128 ……让他们智

3129 力无尽,身

3130 心如同第三禅

3131 一般完全快乐,

3132 念牢狱中诸苦,

3133 念诸佛之

3134 恩,改变恶(行),

3135 修习善(行),

3136 皆发大乘

3137 心,行于菩萨道,

3138 到达金刚禅定之边际,

3139 重新再

3140 解救一切众生,

3141 一同证得正觉,

3142 以神力

3143 得自在。已忏悔,

3144 发完菩提心。

3145 现今此……

3146 ……

3147 ……完结了。现今

3148 此后应将以往功德

3149 善业各各

3150 向他人发回向心,

3151 若说为何

3152 那样做,

3153 此一切众生

3154 (之所以)不能得解脱,

3155 皆因附着于果报

3156 不能舍

3157 离

3158 之故。若谁

3159 有极少功德，

3160 虽只一毫，

3161 （但也）有善业，

3162 若能向他人回向，之后

3163 他们对那果报再次……

3164 ……发……之心，又

3165 劝诫他人，

3166 不要附着于果报。

3167 现今我们共

3168 同以从前至

3169 心五体投地，

3170 敬拜归依世间大慈

3171 悲

3172 父

3173 ，

3174 南无坚

3175 出佛，

3176 南无安阇那

3177 佛，

3178 南无增益

3179 佛，南无

3180 香明佛……

3181 ……佛，南无

3182 至妙道

3183 佛，南无

3184 乐实

3185 佛，南无明法

3186　佛，

3187　南无具威

3188　德佛，

3189　南无至灭寂

3190　佛，

3191　南无上慈

3192　佛，

3193　南无大慈

3194　佛，

3195　南无甘露

3196　主

3197　佛，

3198　……南无文殊师利

3199　菩萨，南无

3200　普贤菩萨，

3201　南无无边身菩萨，

3202　南无

3203　观世音菩萨，

3204　我们发愿，请他们以慈

3205　悲力

3206　同加覆

3207　护。我们发愿，让此

3208　会众全部具足

3209　一切行愿。

3210　又复归依如是十

3211　方尽虚空界中

3212　一切三宝，

3213　我们发愿，

3214　在今日此道场

3215　同业大众，今日……

3216　……若他们那样地……

3217　停留，由于此

3218　发愿之力，此大

3219　众无论生于何处，

3220　身口意

3221　之业始终自己

3222　变清净，常将

3223　柔软心，调

3224　和心，不放逸

3225　心，灭寂心，

3226　真心，不杂

3227　乱心，不贪

3228　不吝心，大心，

3229　大慈悲心，

3230　安住心，

3231　欢喜心，

3232　度一切心，

3233　守护一切……

3234　……修离……

3235　之禅定，令一切

3236　众生受益安

3237　乐，不舍弃其菩提

3238　愿，

3239　让他们一同得成正觉。

3240　说回向

3241　之法是此。

3242　在今日此道场

3243　同业大

3244　众,共同屈膝

3245　下跪,合起手掌,

3246　心念口

3247　言,请他们现今随我说。

3248　十方

3249　诸天、大圣

3250　诸仙之所有

3251　功德善业,

3252　我们现今为他们

3253　回向。让他们一同

3254　皆归一乘道。

3255　十方一切

3256　人王之

3257　所有修于菩提

3258　之业,我们现今

3259　为他们回向。

3260　让他们一同

3261　归向无上菩提。

3262　六道众生

3263　虽少但具有的

3264　善业,我们现今

3265　为他们回向。

3266　让他们一同

3267 归向无上菩提。

3268 十方诸佛之

3269 弟子、善来的……

3270 ……

3271 ……这样我们将它们

3272 皆回向。

3273 让他们一同皆

3274 接近菩提。十

3275 方诸菩萨，

3276 读诵

3277 以及受持诸经者、入禅

3278 出禅者、劝诫一切

3279 行于善业者，

3280 如是

3281 等三乘之

3282 所有善业之

3283 本，我们现今将它们皆

3284 回向。让他们一同

3285 归向菩提。天

3286 上以及人世间者之

3287 以圣道坚固……

3288 ……将诸……

3289 ……我们虽有如毫般微少

3290 之功德，

3291 我们(也)将这些皆一起

3292 回施众生界。

3293 直至众生得菩提之时，

3294　我们（一直）不会舍弃菩提愿。

3295　他们获得菩提

3296　之后，此后，让我们

3297　自己（也）登正觉。

3298　我们

3299　发愿，请所有

3300　菩萨、无漏得善之

3301　一切罗汉，在此世以及

3302　后世随我愿

3303　见、摄受。

3304　现今我们共同以至

3305　心五体（投）地……

3306　……我们（奉）为……（檀）越，善知识恶知识

3307　回向。

3308　我们奉为护世

3309　四王

3310　回向。我们又为十

3311　方魔王

3312　回向。我们又为

3313　聪明正直心，

3314　为天地

3315　虚空表面者、

3316　守善罚恶者、

3317　守护持咒者、

3318　五方龙

3319　王、天龙八

3320　部众

3321 回向。(又为)幽显

3322 身形的上天……

3323 ……直至……众的一切

3324 众生,从今日

3325 以后直至得菩提之时,

3326 让他们始终知晓无相法

3327 性,不再

3328 贪恋

3329 附着于何物。

3330 在庄严的东方大中国,

3331 通晓大乘小乘诸论

3332 (以及)所有经法的

3333 菩萨界的所有智

3334 师,名为梁武帝的中国皇帝……

卷 十

3335 ……南无迦叶佛,

3336 南无本师释迦牟尼

3337 佛,南无

3338 后来时的弥勒

3339 佛,自无始

3340 漫长的轮回以来直至今日,

3341 若有以身口意

3342 所集的严重罪业,

3343 ……悔过领悟

3344 忏悔……

3345 ……以……

3346 ……回向经部。

3347 第三十九,为六根

3348 发愿……部。

3349 第四十,嘱……

3350 ……部。经法……

3351 ……

3352 ……阐释经法……

3353 在今日,与此道场

3354 同业大众一起,

3355 现今我们共同……

3356 ……不(休)息地……

3357 ……之处的……

3358 ……阎罗王……

3359 ……以及

3360 无量苦恼

3361 皆悉远离消除。

3362 以我们这行忏之法

3363 为所有众生作大宅,

3364 使他们的苦阴

3365 灭除,……作大救护,

3366 让我脱离烦恼。

3367 作大归依,让我

3368 远离恐惧。作为大而应去的

3369 寂静住地,智慧……

3370 ……请……(此道场)同业大众

3371 聆听。因像此诸法

3372 一样的所有菩萨

3373 摩诃萨之善恶知识

3374 之故,让他们以一切善根

3375 向他人……共

3376 同回向。

3377 若说为何,以完全平等无差别之

3378 心,入平等之禅思,

3379 因无善恶知识

3380 之想,常以爱眼

3381 看一切众生。若

3382 众生以仇恨之心,菩萨……

3383 他们不能动摇扰乱诸菩萨之解救善

3384 心。

3385 如智

3386 慧之日将众生界

3387 全部照亮一般对失明众生

3388 不隐藏光明,

3389 诸菩萨之解救善

3390 心也是如此。

3391 对作恶业者即

3392 退却沉没,不因那众生

3393 难以调伏之故而减退舍弃

3394 其善根。

3395 诸菩萨诸摩诃萨之……

3396 ……发使(其)……之心、使(其)安乐

3397 之心、最

3398 胜心，

3399 以一切善根

3400 回向。诸菩萨诸摩诃萨

3401 发如此善根，

3402 向他们回向。

3403 在今日……如此时机，我们

3404 如此回向，

3405 心念口言，若

3406 我们有任何回施之功德，

3407 （那么）因我们所回施的功德之故，

3408 得清净生，净……

3409 ……离……，忆持不忘诸法，身口诸业

3410 变净，使心常住于胜妙善根，

3411 永离贫困，

3412 具足七种法物，修习于一切菩萨之

3413 所学，得诸善根，

3414 具足平等，达到最上解脱之善，

3415 因一切种智，在一切众生中，得此慈

3416 爱之眼，身相清净，

3417 因善辩之智，（而）会说话，生发诸

3418 善，以不恋着之

3419 心进入甚深之法，摄受一切，与诸

3420 佛之住一同住于无恋着之处，所有……

3421 ……让……

3422 ……我们发愿，……

3423 ……令我们……之愿圆满。

3424 我们发菩提愿，四

3425　生六道中的……

3426　……也一同……

3427　……再达到更多信仰,

3428　归依世间大慈

3429　悲父,

3430　南无威

3431　德佛,

3432　南无见明

3433　佛,

3434　南无尽魔

3435　佛,南无

3436　过衰道

3437　佛,南无

3438　不坏意佛,

3439　南无水王

3440　佛,南无

3441　净魔佛,

3442　南无众生最

3443　上国王佛,

3444　南无爱明

3445　佛,

3446　南无菩提相……

3447　……观世音菩萨,我们发愿,请他们以慈

3448　悲力同加

3449　摄受,令我们的回向之心全部完成。

3450　又复归依如是十方

3451　尽虚空界中一切三宝,

3452 我们请求,我们 basa qurtqa 与……

3453 一起,受无量无边之苦楚,

3454 不能从三恶道中(得以)自拔,

3455 在今日,违背我所发这菩提心者、

3456 违背我的菩提行者、违背我的菩提愿

3457 者,若完全有我的无量大重罪业,

3458 (那么)我们发愿,(请)十方大地之……

3459 ……此义的……

3460 ……生……

3461 ……由于……,因此……六根……

3462 ……应发……。

3463 我们发愿,在今日此道

3464 场同业大

3465 众,广及十方

3466 四生六道中

3467 一切众生,皆从今日

3468 以后直至得菩提

3469 之时,让我(们)眼常不见……

3470 ……让我们常不见……

3471 ……减少……

3472 ……毁坏……

3473 ……让我们不见……愚痴无信怀疑者

3474 自己……

3475 ……之色。让我们不见有虚假无敬

3476 傲慢心者之

3477 色。让我们常不见九十六

3478 种邪见

3479　异端之色。

3480　我们发愿，

3481　让我们眼常不见

3482　这样一切

3483　邪恶之色。

3484　……住……

3485　……常……

3486　……

3487　……让我们常见……之色……

3488　……让我们常见……之色……

3489　……让我们常见……宝……

3490　……撒……之色……

3491　……五种……

3492　……让我们常见……人之

3493　色。

3494　让我们常见他们的身体肌肉

3495　……在全部十方……

3496　……遍布之色。

3497　我们又发愿，

3498　让我们眼常见

3499　自诸佛之肉髻放出光芒，

3500　看见那光芒，有因缘之众生

3501　到来会合 yänä ymä qut qolunu täginürbiz

3502　之色。（让我们常见）十

3503　方菩萨、罗汉、

3504　所有贤者之……

3505　……让我们常见……大众欢

3506 　喜

3507 　顶受……法旨之

3508 　色。

3509 　让我们常见四众

3510 　围坐希

3511 　求听法之色。

3512 　让我们常见一切布施者、

3513 　持戒者、忍辱者、精进者之

3514 　色。

3515 　(让我们常见)寂静无声地思考一切禅

3516 　思者、

3517 　修习智慧者之色……

3518 　……已完。

3519 　现今我们共同以至

3520 　心五体

3521 　投地,归依世间之

3522 　大慈悲

3523 　父,

3524 　南无善灭寂

3525 　佛,

3526 　南无梵命

3527 　佛,南无

3528 　智喜

3529 　佛,南无

3530 　……众王……

3531 　……福德明

3532 　佛,南无

3533 喜明

3534 佛,南无好

3535 音佛,

3536 南无法

3537 自在佛,

3538 南无梵

3539 音佛,

3540 南无释迦牟尼

3541 佛,南无

3542 弥勒佛,

3543 南无妙音

3544 菩萨,南无大

3545 势至菩萨,

3546 南无无边身菩萨,南无

3547 观世音菩萨,又复

3548 归依如是十方尽虚空界中一切

3549 三宝,我们发愿,

3550 请他们以慈悲力同加

3551 摄受。我们 basa qurtqa 与……

3552 一起,令我所发菩提愿得如所愿,令我的愿望

3553 得以圆满。此后应发耳根

3554 愿。又愿……

3555 ……我们发愿,在今日

3556 与此道场同业

3557 大众一起,广及

3558 十方四

3559 生六道中

3560 一切众生，与他们一起，

3561 从今日以后（直至）得菩提之时……

3562 ……让我们不听……之声。让我们不听十八

3563 地狱中……

3564 ……小之诸地狱中无量

3565 痛苦之声。

3566 我们又发愿，从今日

3567 以后让我们耳常不听

3568 饿鬼由于饥渴……

3569 ……（而）烦扰，希求食饮之物

3570 而不得之声。

3571 让我们不听饿鬼行走晃动，在肢体

3572 之间火焰

3573 燃烧，拉五百火车

3574 之火……

3575 ……让我们耳常不听……分离……

3576 ……直至……

3577 ……以及八苦之

3578 声。

3579 让我们耳常不听四百四种

3580 ……痛苦……疾病……

3581 ……之声。

3582 让我们耳常不听一切邪恶之声。

3583 （让我们耳常不听）以钟

3584 铃螺鼓琴瑟

3585 箜篌，名为琳琅的玉饰，

3586 名为玉珮的玉饰

3587 使人迷惑之声……

3588 ……

3589 让我常听读……之声。

3590 让我常听诸佛一言

3591 说法,各……

3592 ……之声。……

3593 让我常听在一切众生中……

3594 ……佛性……

3595 ……永住,不灭尽之

3596 法音。

3597 让我常听十地之诸菩萨

3598 修习于忍辱精进之

3599 声。(让我常听)得无生

3600 解,善入诸佛

3601 智慧,三……

3602 ……让我们听……说法……

3603 ……。让我们常听万……

3604 ……之声。……

3605 ……诸佛……

3606 ……众生……

3607 ……南无名赞……

3608 ……

3609 ……

3610 ……南无……流布

3611 佛,……

3612 ……佛,

3613 南无释迦牟尼

3614　佛,南无

3615　弥勒佛,

3616　南无无边身

3617　菩萨,南无

3618　观世音菩萨,

3619　又复归依如是十方

3620　尽虚空界中一切

3621　三宝,

3622　我们发愿,

3623　(请他们)以慈悲

3624　力同加……

3625　……直至得菩提之时,

3626　让我们鼻常不闻杀生

3627　尝味、吃喝其肉……

3628　之气味。

3629　让我们不闻猎人

3630　放火,将众生……

3631　杀死之气味。让我们不闻将众生

3632　蒸煮……

3633　烤之气味。

3634　让我们不闻以三十六物

3635　所做成的这身体的革囊

3636　发臭之处的

3637　气味。

3638　……让我们不闻……难以接近之

3639　气味。让我们不闻前面

3640　大小流出之粪便的

3641 发臭之气味。

3642 让我们不闻……尸体膨胀,

3643 ……完全腐烂之

3644 气味。我们又发愿,

3645 与大众以及

3646 六道中的众生一起,

3647 从今日以后,让我们常闻

3648 十方世界中

3649 牛头旃檀以及无价之物的

3650 香气。

3651 ……让我常闻……行……业、六……

3652 之香气。

3653 让我们常闻一切七种

3654 方便之人的

3655 十六行之香气。

3656 让我们常闻十方

3657 辟支佛的有学

3658 无学的诸沙门之

3659 德的香气。

3660 (让我们)常(闻)得四福、

3661 勤求四福、

3662 得无漏之善

3663 者的香气……

3664 ……让我们常闻……之香气。

3665 让我们常闻诸佛

3666 诸菩萨之香气。

3667 让我们常闻三十七

3668 品菩提部法的、

3669 十二缘

3670 观法的、六波罗蜜的

3671 香气。

3672 (让我们常闻)……大悲

3673 三永住之念

3674 留处、十力、

3675 四无畏智、

3676 此十八……

3677 ……归依……，南无……

3678 佛，

3679 南无常应供养

3680 佛，

3681 南无度忧

3682 佛，南无

3683 乐安佛，

3684 南无世

3685 广意佛，

3686 南无爱

3687 身佛，

3688 南无妙足

3689 佛，南无……

3690 南无金刚藏

3691 菩萨，南无无边

3692 身菩萨，南无

3693 观世音

3694 菩萨，又复归依如是

3695 十方尽虚空

3696 界中一切三宝，

3697 我们发愿，

3698 令我心中这

3699 愿望得如所愿，令

3700 我的菩提愿圆满。此

3701 后应发舌根愿。

3702 我们又发愿，……

3703 ……让我也不尝一切自死之味。让我不尝生类

3704 髓血之味。让我不尝迎面相遇的有仇恨

3705 之心者的毒恶药草之味。

3706 让我不尝一切（能）生烦恼的众多滋味之

3707 味。我发愿，让我以舌恒尝百种

3708 甘露美妙之味。让我恒尝诸天自现之

3709 神圣食饮之物的味道。

3710 让我恒尝香积香饭之

3711 味。让我恒尝诸佛所吃

3712 之食的味道。让我恒尝法身

3713 修行于斋戒禅定、

3714 自修习中显现的美妙食饮之物的味道。

3715 让我恒尝法喜禅悦之味。

3716 让我恒尝无量功德……善……

3717 ……之味的味道。让我恒尝一味

3718 解脱、等善之味。

3719 让我恒尝……诸佛直至涅槃之时，（一直）所说之法中

3720 ……欢喜、最上胜味之

3721 味。发舌根愿已完毕。

3722 现今我(们)共同以至心五体

3723 投地,归依世间大慈悲

3724 父,南无真

3725 实佛,南无天主

3726 佛,南无乐善音

3727 声

3728 佛,

3729 南无净信……

3730 ……不动佛,

3731 南无信清净

3732 佛,

3733 南无释迦牟尼佛,

3734 南无弥勒

3735 佛,南无

3736 虚空藏菩萨,

3737 南无常啼

3738 菩萨,南无无边

3739 身菩萨,南无

3740 观世音

3741 菩萨,又复

3742 (归依)如是十方尽……

3743 ……与……同业大众一起,

3744 广及十方一切

3745 众生,从今日以后

3746 直至得菩提之时,

3747 让我们身常不觉五

3748 欲邪

3749 ……之触。

3750 让我们不觉炽热炉

3751 炭地狱、寒冰

3752 等诸地狱之

3753 触。

3754 （让我们不觉）诸饿鬼……

3755 ……让我们不觉……虱……

3756 诸虫之触。

3757 让我们不觉以刀兵、毒恶

3758 药草加害者之

3759 触。让我们不觉饥

3760 渴困苦一切

3761 诸触。我们发愿，

3762 让我们以身常

3763 觉诸天

3764 妙衣之

3765 触。

3766 （让我们常觉）自己显现的甘露味之……

3767 ……让我们常觉……净土中……

3768 ……吹身之

3769 触。

3770 让我常觉在十方诸佛之

3771 净国中、在七宝

3772 ……池中洗净身心

3773 之

3774 触。

3775 让我们常觉无衰老、生病、死亡等

3776 痛苦之触。

3777 （让我们常觉）自由随意飞翔

3778 行走，与诸菩萨一起……

3779 ……让我们常觉……听法之触。

3780 让我们常觉诸佛向涅槃

3781 ……胜自在之

3782 触。我们发愿，

3783 共同以至心五

3784 体投地，归依世间大慈

3785 悲父，

3786 南无……

3787 佛，南无

3788 龙象王音

3789 佛，南无

3790 持轮尊

3791 佛，

3792 南无法财

3793 成佛，

3794 南无世

3795 爱

3796 佛，南无……

3797 佛，

3798 南无无量宝名

3799 佛，南无……

3800 佛，南无慧道

3801 佛，南无妙香

3802 佛，南无虚空音

3803 佛,南无虚空

3804 佛,南无释迦牟尼

3805 佛,南无弥勒

3806 佛,南无出三界

3807 菩萨,南无

3808 跋陀婆罗(贤护)菩萨,

3809 南无无边

3810 身菩萨,

3811 南无

3812 观世音菩萨,

3813 又复归依如是

3814 十方尽虚空

3815 界中一切三

3816 宝,

3817 我们发愿,

3818 请他们以慈悲

3819 力覆护。

3820 令我 basa qurtqa 的愿望

3821 得如所愿,令我的菩提愿圆满。

3822 此后应发意根愿。

3823 我们又发愿,在今日

3824 道场同业大众,

3825 广及十方一切众生,从今日

3826 以后直至得菩提之时,让我们意

3827 常得知贪欲、瞋恚、愚痴之

3828 患。(让我们常知)

3829 身杀、偷盗、

3830 贪欲、

3831 妄言……

3832 ……绮语……

3833 ……诋毁……

3834 ……让我们意常得知……

3835 ……之法……。

3836 让我们常知……恶知识,

3837 ……亲近

3838 善知识。

3839 让我们常知九十六种

3840 邪师之

3841 ……,受……

3842 ……为非。

3843 (让我们)常(知)三漏、

3844 五盖、

3845 十缠

3846 是障……

3847 ……elig(？)①……一切

3848 贤圣是……

3849 ……救……苦……。

3850 我们发愿,

3851 让我们意常得知

3852 归依三宝、

3853 (领)受五戒、

3854 依次第(而)行十种善法,

---

① 据威尔金斯集校本所注,此处的 elig 一词意义不明。

3855　如是

3856　等善(业),将招上面天

3857　界、下面人世之

3858　胜

3859　报……

3860　……让我们常知所谓……之

3861　……成四

3862　果。

3863　让我们也常知一切

3864　经法之总相、

3865　别相。

3866　让我们常知十二

3867　因缘

3868　……三世、

3869　因果之

3870　不休不息永久

3871　轮转。

3872　(让我们常知)六波罗蜜……

3873　……让我们常知以……坚固之心

3874　断无明慧之暗、

3875　得无上之果报。

3876　{让我们得知

3877　以金刚般坚固之心

3878　断无明慧之暗、

3879　得无上之果报。}①

---

① 此处第 3876 行至第 3879 行大括号内之内容与第 3873 行至第 3875 行之内容相同。

3880　（让我们常知）因体极一照

3881　（而）具足万种

3882　功德，

3883　完全除尽尘累因缘、

3884　罪过，

3885　……

3886　……

3887　……归依……大慈

3888　悲父，

3889　南无天

3890　王佛，

3891　南无净珠

3892　佛，

3893　南无善财

3894　佛，南无

3895　灯焰

3896　佛，南无宝

3897　音佛，

3898　南无……

3899　……佛，南无释迦牟尼

3900　佛，南无

3901　弥勒佛，

3902　南无马鸣菩萨，

3903　南无龙树

3904　菩萨，

3905　南无无边身

3906　菩萨，

3907 南无观世

3908 音菩萨,

3909 又复(归依)如是十

3910 方尽虚空界中

3911 一切三宝……

3912 ……我们又

3913 发愿,此大

3914 众,广及十

3915 方一切众生,

3916 从今日以后直至

3917 得菩提之时,让我们口常

3918 不诋毁三宝。

3919 让我们口

3920 不辱骂广为通

3921 晓诸经法者,

3922 不说他们的罪过。

3923 (让我们不说)若作善业,

3924 将乐报……

3925 ……(让我们不)使(人)作……

3926 ……让我们不称赞……人之恶行。

3927 让我们不说世俗之

3928 在家人的无趣……

3929 游戏(可)笑……

3930 ……之事。……

3931 让我们不对……人

3932 说,使其相信异端魔鬼。

3933 让我们不评论

3934 他人的善

3935 恶。

3936 让我们不……瞋恚于

3937 父母、师

3938 长、善友……

3939 ……不让我们说……

3940 ……罪业……

3941 ……(让我们口常赞叹)三宝……

3942 ……(让我们赞叹)……广为通(晓)……

3943 ……

3944 ……

3945 ……让我们常

3946 说……,

3947 对他人施益。

3948 让我们常说宣讲……之

3949 十二部的善逝之经

3950 书。

3951 让我们常说在一切众生中皆

3952 同(有)佛性,

3953 向他们讲所谓"常

3954 乐我净"之法。

3955 (让我们)常劝诫他人,

3956 对父母……

3957 ……我们发愿,让我们口

3958 常说十住……

3959 佛地之无量

3960 功德。

3961　让我们常使他人

3962　修习于净土行，

3963　（使其）以极

3964　果庄严。

3965　让我们常劝诫

3966　他人，使其精进努力、

3967　礼拜三宝。

3968　（让我们）常教他人，……

3969　……诸佛的……

3970　……归依……世间

3971　大慈悲

3972　父，

3973　南无世

3974　华佛，

3975　南无高顶

3976　佛，

3977　南无普辩才

3978　佛，

3979　南无差别知见

3980　佛，

3981　南无狮子……

3982　……佛，南无乐菩提

3983　佛，南无释迦牟尼佛，

3984　南无弥勒佛，

3985　南无狮子游戏菩萨，

3986　南无狮子奋迅

3987　菩萨，南无无边身菩萨，

3988 南无观世音菩萨,

3989 又复归依如是十方尽虚

3990 空界中一切三宝,

3991 我发愿,请他们以慈

3992 悲力覆护摄

3993 受。我 šiŋtsün 都统的……

3994 ……应发……愿。应发诸行

3995 法门愿。

3996 我们又发愿,

3997 十方尽

3998 虚空界、四

3999 生、六道中

4000 一切众生皆

4001 从现今此发愿之时

4002 以后,让我们各个

4003 能具足诸行

4004 法门。

4005 任何法……

4006 ……使……洁净、护口法

4007 门,不使三……

4008 毁坏、

4009 护意法门,

4010 具足菩提愿

4011 之法门,最

4012 上不害悲

4013 心法门,向他人

4014 施益、

4015　使其立于功德之慈心

4016　法门,将他人……

4017　……之法门,

4018　将平等应正之事……

4019　……在……之法门中……

4020　……我们发……此诸法门

4021　愿,

4022　让我与一切众生一起

4023　具足如是无量

4024　法门。

4025　让我在心趣那样的

4026　法门中

4027　如幻一般观心。

4028　……

4029　让我……一去不返。让我在念

4030　力法门中

4031　不忘不舍任何经法。

4032　让我在定力法

4033　门中灭除一切妄想。

4034　让我在慧

4035　力法门中因周

4036　旋往来……

4037　而

4038　施益。……

4039　……(让我)在进觉法

4040　门中得菩提之……

4041　……让他们将……皆解救出来,

4042　在八难

4043　处,……将众生……

4044　……因争吵而阻碍之……

4045　……。让他们将瞋

4046　恚之人全部

4047　……迅速行走。

4048　让他们摄受懈怠

4049　众生,使其

4050　精进于善法。

4051　让他们以定意神

4052　通,阻碍摄取一切妄

4053　想。

4054　……佛,

4055　南无慧

4056　华佛,

4057　南无坚音

4058　佛,南无

4059　安乐

4060　佛,南无

4061　妙益佛,

4062　南无爱

4063　净佛,

4064　南无惭愧颜

4065　佛,

4066　南无妙髻……

4067　……,南无

4068　观世音菩萨,

4069　又复归依如是

4070　十方尽虚空界中一切三

4071　宝,

4072　我们发愿,

4073　请他们以慈悲

4074　力救护

4075　摄受。

4076　……三界、六

4077　道、四

4078　生中之众生

4079　现今此慈……

4080　……此道场同业

4081　大众相继为六道

4082　四生中之

4083　众生发愿完毕。

4084　现今此后众生

4085　付嘱诸大菩萨,

4086　我们发愿,请他们以慈

4087　悲心

4088　同加摄受。

4089　现今因此发愿

4090　忏悔的功德善业之

4091　缘故,我们又发愿,

4092　(请他们以)慈悲……

4093　……我们发愿,

4094　……诸佛……

4095　……心的……

4096 ……具足……

4097 ……令其……。

4098 我们又发愿,

4099 让一切众生

4100 ……福田……

4101 ……因作……

4102 离开二乘之

4103 愿,

4104 (得)诸如来之

4105 无碍……解脱……

4106 ……我们又发愿,

4107 让一切众生……

4108 ……所行……

4109 ……自在,得诸如来之

4110 一切处……

4111 无碍神力。

4112 我们又发愿,

4113 让一切众生

4114 摄受大乘,

4115 得无量种

4116 智慧,

4117 以安乐之心

4118 坐在不动神圣之处。……

4119 ……我们又发愿,

4120 ……

4121 ……庄

4122 严的……向法界……

4123 ……

4124 ……

4125 ……

4126 ……我们又发愿，

4127 （让）一切众生……

4128 ……（得）……身……

4129 ……世界……

4130 ……（能）去所有……

4131 ……不休（不）息……

4132 ……

4133 ……发……大愿完毕。

4134 如法性一般……

4135 如虚空一般……

4136 ……我们发愿，让一切众生

4137 ……思想……

4138 ……让……之菩提愿圆满。

4139 ……我们共同

4140 以至心五体

4141 投地，我们 qalïmdu 都督

4142 （与）el kälmiš täŋrim（一起）……

4143 ……以及与此所有

4144 （大）众一起……

4145 ……

4146 ……十

4147 方尽虚空界中

4148 ……观

4149 世音菩萨、

4150　文殊师利菩萨、

4151　……无与伦比的神圣的……

4152　……尽十方

4153　菩萨、狮子奋

4154　迅菩萨、狮子……

4155　……妙德菩萨、

4156　宝光菩萨、

4157　常啼菩萨、

4158　出三界

4159　菩萨,又复嘱累如是

4160　十方尽虚空

4161　界中一切菩萨

4162　摩诃

4163　萨,

4164　以本愿力……

4165　……誓度众生力……

4166　……请他们摄受……无穷无尽一切众生。

4167　我们又发愿,请……将此……

4168　……众生、善知识……

4169　……将……之思想……

4170　……

4171　……

4172　……让诸

4173　众生……正

4174　直心,追随诸菩萨,

4175　(而)不远离。

4176　我们发愿,让一切

4177　众生跟随诸菩萨的教诲，

4178　相反对立……

4179　……坚固……

4180　……

4181　……菩萨……

4182　……自己……得到完全的清净，

4183　具足神通，

4184　如意自在，

4185　登上大乘……

4186　……直至得……

4187　智慧之时，……

4188　……在其二者之间……

4189　……不懈怠……

4190　……俱……

4191　……一切……

4192　……全部

4193　完全地……弥勒世尊

4194　现在为我们作证，

4195　因十方

4196　诸佛怜悯

4197　覆护……

4198　……我的悔过……

4199　……应供①、等正

4200　觉②……

① 在回鹘文本中，译者将汉文原文中此处的"阿罗诃"意译为"应供"。
② 在回鹘文本中，译者将汉文原文中此处的"三藐三佛陀"意译为"等正觉"。

4201 ……智者……将无量

4202 之人解

4203 救出来,从生死轮回之

4204 诸苦中拯拔

4205 解救出来。

4206 因此我们全都

4207 敬奉五……

卷十未确定归属部分:

4208 ……在……诸法中……

4209 ……

4210 ……尊敬……

4211 ……

4212 ……

4213 ……

4214 ……此道场同业……

4215 ……痛苦……

4216 ……无等的……

4217 ……诸具足……者……

4218 ……诸智慧者……

4219 ……佛……

4220 ……天佛……

4221 ……梵天……

4222 ……天……

4223 ……真正的……

4224 ……向……之福……

4225 ……

4226 ……

4227 ……国家……

4228 ……

4229 ……

4230 ……

4231 ……回向部……

4232 ……抄写者……

4233 ……向诸佛……

4234 ……

4235 ……世间……

4236 ……恐惧……

4237 ……蜜蜂……

4238 ……誓愿力……

4239 ……

4240 ……

4241 ……

4242 ……

4243 ……慈

4244 悲心……

4245 ……恶……

4246 ……地狱……

4247 ……敬拜……

4248 ……第四十……

4249 ……一……

4250 ……诸根本……

4251 ……第九……

4252 ……平等……

4253 ……都统 qï……

4254 ……读……

全文未确定归属部分：

4255 ……

4256 ……令其净竭。……

4257 ……elïmyan t(ä)[ŋrim……

4258 ……以虔诚之心……

4259 ……在……(之)处……

4260 ……持……

4261 ……

4262 ……以至心……

4263 ……心会显现。……

4264 ……会说……

4265 ……

4266 ……一起断除……

4267 ……

4268 ……(同)业大众……

4269 ……其他的……

4270 ……

4271 ……(能)劝告……

4272 ……辛酸……

4273 ……又复归依如是

4274 十方尽虚空界中一切三

4275 宝,我们发愿,……

4276 ……一切……

4277 ……

4278 ……南无……

4279 佛,南无……佛,

4280 南无……佛,我们发愿,

4281 (请他们)以慈悲力……

4282 ……佛,南无……

4283 ……佛,南无……

4284 ……佛,南无……

4285 ……佛,南无……

4286 ……佛,南无……

4287 ……佛,南无……

4288 ……佛,南无……

4289 ……佛,南无……

4290 ……佛,南无……

4291 ……佛……

4292 ……向……道……

4293 ……(辛)酸……

4294 ……在今日……

4295 ……恶知识善知识……

4296 ……全部皆……水与乳……

4297 ……如在……(之)处一般……

4298 ……以……

4299 ……成为……

4300 ……首先……

4301 ……其次……

4302 ……尊……

4303 ……完竭……

4304 ……为弘扬传播诵读……

4305 ……以至诚之心,归依所有……

4306 ……诸佛,……

4307 ……čikui 都统(与)el……(一起)

4308 ……过去时的毗婆尸佛……

4309 ……佛,南无毗舍浮……

4310 ……南无拘留孙佛……

4311 ……拘那含牟尼佛……

4312 ……迦叶佛……

4313 ……佛……

4314 ……诸国王……

4315 ……开始……

4316 ……七……

4317 ……若此……

4318 ……

4319 ……得到……

4320 ……将……众生皆……

4321 ……我贤仁的……

4322 ……在……诸世……

4323 ……利益……

4324 ……无上菩提……

4325 ……佛……

4326 ……之心……

4327 ……我施……赞。……

4328 ……你们努力吧。……

4329 ……学习……

4330　……若他们发……不可

4331　思议的……

4332　……必定……

4333　……如他们所愿更加……

4334　……有……之机会……

4335　……不知……不完全……

4336　……向一切……

4337　……

4338　……

4339　……所有大众……

4340　……诸(高)山……

4341　……罪业……

4342　……罪业的……

4343　……

4344　……

4345　……

4346　……说……，……

4347　……将您的思想……

4348　……如此将这个……

4349　……诸佛……

4350　……行忏……

4351　……

4352　……

4353　……三世之所有与恒河之

4354　沙的数量(一样多)的……智慧诸佛……

4355　……将他们的头顶向地上……

4356　……所……之阿鼻

4357 地狱……,特别是三恶

4358 道……使无望的众生从三

4359 界中……脱离,无上的……

4360 ……是……,……

4361 ……听……忏悔之法……

4362 ……t(ä)ŋrim,其他的……

4363 ……t(ä)ŋrim 的灵魂……

4364 ……善知识……

4365 ……佛……

4366 ……佛,南无……

4367 ……佛,南无……

4368 ……

4369 ……佛……

4370 ……威猛的……

4371 ……佛……

4372 ……认为没有价值,邪恶的……

4373 ……我的岳父/公公……

4374 ……

4375 ……天中天佛……

4376 ……衡量……,生……

4377 ……妙门大师……

4378 ……在诸法中……

4379 ……所作的……

4380 ……

4381 ……

4382 ……认罪……

4383 ……互执……走下……

4384   ……互相了解……,佛……

4385   ……我们……,为一切众生……

4386   ……向……之福,我们发菩提心,……

4387   ……我的菩提心……

4388   ……

4389   ……一切毗那夜迦……

4390   ……我们敬拜……三宝,……

4391   ……

4392   ……

4393   ……向诸……

4394   ……

4395   ……从……(之)语中……

4396   ……完全……

4397   ……若有愿望……

4398   ……在诸善业中……

4399   ……不是……

4400   ……生病的……

4401   ……感到厌恶……

4402   ……

4403   ……理解……

4404   ……

4405   ……犯错……

4406   ……得到……,……

4407   ……说……是……

4408   ……说……是恶,……

4409   ……

4410   ……越过……

4411　……

4412　……诸佛……

4413　……道场……

4414　……心……

4415　……方向的……

4416　……达不到的……

4417　……常华……

4418　……北方的……

4419　……

4420　……宫殿……

4421　……

4422　……所希望的……

4423　……我怎样的……

4424　……一切……

4425　……佛……

4426　……让……完成圆满。……

4427　……在大中国中的……

4428　……通晓……所有经法的……

4429　……诸智师，名为梁武帝的……

4430　……全部《大藏经》……

4431　……

4432　……

4433　……在东方大中国，

4434　通晓一切大乘经、所有经法的菩萨

4435　界的所有智师，应名为梁武帝的

4436　中国皇帝之请求，在全部《大藏经》

4437　中集取完毕。……

4438　现今在此处,在此慈悲道场中,

4439　为弘扬传播诵读行忏之法,

4440　我优婆塞……与……turmïš 一起,以至诚信心,归依所有三世之

4441　智慧诸佛,

4442　南无毗婆尸佛,

4443　南无尸弃佛,……

结 语

　　综上所述,回鹘文《慈悲道场忏法》语言的词法具有典型的回鹘语特征,它一方面继承了古代突厥碑铭文献语言和早期回鹘文献语言词法的特点,一方面也出现了新的变化,并一直沿用下去,影响了近代和现代突厥语族语言的词法演变。

　　具体来讲,在名词方面,首先,古代突厥碑铭文献语言中常用的表示名词双数或复数的形态标记如–z、–t、–an/–än、–ɣun/–gün 等,在该文献语言中几乎不再使用,有在使用的也已固化成为构成名词的构词词缀,而不再是构形词缀。而古代突厥碑铭文献语言与早期回鹘文献语言中不常使用的复数附加成分–lar/–lär,在该文献语言中则已成为与单数相对立的唯一表示复数的形态标记。在近现代突厥语族语言中,–lar/–lär 作为表示复数的形态标记,也一直被沿用下来。其次,在古代突厥碑铭文献语言与早期回鹘文献语言中可以作为第二人称复数的领属附加成分,在该文献语言中仅作为第二人称单数尊称的领属附加成分来使用,这从侧面反映了语言演变的细化。虽然受到客观语言材料的限制,该文献语言中并未出现第二人称复数领属附加成分,但根据第二人称单数有普称与尊称之分的事实,我们可以推测,该文献语言中若出现第二人称复数领属附加成分,也应该是以与单数普称、尊称相对立的形式出现,有其独立的形态标记,而不是以第二人称单数尊称的领属附加成分同时来表示第二人称复数领属附加成分的意义。再次,古代突厥碑铭文献语言中的–ra/–rä 这一类型的与格附加成分在该文献中只出现在带第三人称领属附加成分的反身代词 öz 之后，出现了一次，其余都已固化成为处所副词或时间副词的构词附加成分。古代突厥碑铭文献与早期回鹘文献语言中常用的–ɣaru/–qaru/–gärü/–kärü 这一类型的与格附加成分在该文献中只保留了–ɣaru 一种变体，且已基本固化于方位处所词之后构成处所副词。而该文献语言中最常用的与格附加成分–ɣa/–qa/–gä/–kä，也在近代与现代突厥语族语言中沿用下来，成为最主要的与格附加成分。此外，该文献语言中从格附加成分与位格附加成分各自表现出更明显的独立的语义功能，换句话来讲，即位格兼表位格与从格意义的情况更为少见，这也是语言演变细化的表现之一。另外，与古代突厥碑铭文献语言相比较而言，该文献语言中比况格、方位特征格更为常用。

在动词方面，无论从人称–数、肯定–否定、时、式、态范畴来看，还是从动名词、形动词、副动词、助动词范畴来看，该文献语言继承了古代突厥碑铭文献语言与早期回鹘文献语言的特点。此外，该文献语言在动词式范畴的表达方面更具有规律性，这是语言使用更为成熟的表现。该文献语言动词各种语法范畴的特点也在近现代突厥语族语言动词各种语法范畴的演变中延续下来。

在形容词、数量词、代词、副词、后置词、连词、语气词、感叹词和象声词的使用上，该文献语言依旧保持了古代突厥碑铭文献语言和早期回鹘文献语言的特点，只是在数量上有所增加，在语法意义的表达上更为具体。许多词在近现代突厥语族语言中仍然在使用。

由于该文献属于回鹘佛教文献，因此其语言词法的特点与其他回鹘佛教文献的语言词法的特点大体相同。总体来说，回鹘文《慈悲道场忏法》语言的词法保留了古代突厥碑铭文献语言与早期回鹘文献语言的特点，但也由于受到当时佛教汉语的影响，出现了其独有的一些特点。

总之，对回鹘文《慈悲道场忏法》的语言进行更加深入与广泛地研究，还需要学者们的共同努力。

参考文献

一、专著

1. Gerard Clauson, *An Etymologi Dictionary of Pre-Thirteenth-Century Turkish*, Oxford University Press, 1972.

2. Ingrid Warnke, *Eine Buddhistische Lehrschrift Über Das Bekennen Der Sünden-Fragmente der uigurischen Version des Cibeidaochang-chanfa*, Dissertation zur Erlangung des akademischen Grades Doktor eines Wissenschaftszweiges（unpubl, Diss,）, Berlin, 1978.

3. Jens Wilkens, *Das Buch Von Der Sündentilgung, Edition des alttürkisch-buddhistischen Kšanti Kılguluk Nom Bitig*, BTT XXV（1）、（2）, Turnhout, 2007.

4. Klaus Röhrborn, *Eine uigurische Totenmesse*, Berliner Turfantexte II, Berlin, 1971.

5. Marcel Erdal, *Old Turkic Word Formation-A Functional Approach to the Lexicon* Vol, I、Vol, II, Otto Harrassowitz, Wiesbaden 1991.

6. Talat Tekin, *A grammar of Orkhon Turkic*, Indiana University, 1968.

7. ［德］A, 冯·加班:《古代突厥语语法》, 耿世民译, 呼和浩特: 内蒙古教育出版社, 2004 年。

8. 阿不里克木·亚森:《吐鲁番回鹘文世俗文书语言结构研究》,乌鲁木齐:新疆大学出版社,2001 年。

9. 程适良主编:《现代维吾尔语语法》,乌鲁木齐:新疆人民出版社,1996年。

10. 陈世明,热扎克编著:《维吾尔语实用语法》,乌鲁木齐:新疆大学出版社,1991 年。

11. [德]茨默:《佛教与回鹘社会》,桂林、杨富学译,北京:民族出版社,2007 年。

12. 邓浩,杨富学:《西域敦煌回鹘文献语言研究》,兰州:甘肃文化出版社,1999 年。

13. 丁福保编:《佛学大辞典》,北京:文物出版社,1984 年。

14. [日]高楠顺次郎编:《大正新修大藏经》(第四十五册),日本东京:大正一切经刊行会,1927 年。

15. 耿世民:《维吾尔古代文献研究》,北京:中央民族大学出版社,2003 年。

16. 耿世民:《古代突厥文碑铭研究》,北京:中央民族大学出版社,2005 年。

17. 耿世民:《新疆历史与文化概论》,北京:中央民族大学出版社,2006 年。

18. 耿世民:《回鹘文社会经济文书研究》,北京:中央民族大学出版社,2006 年。

19. 耿世民:《维吾尔与哈萨克语文学论集》,北京:中央民族大学出版社,2007 年。

20. 耿世民:《回鹘文哈密本〈弥勒会见记〉研究》,北京:中央民族大学出版社,2008 年。

21. 耿世民,阿不都热西提·亚库甫编著:《鄂尔浑——叶尼塞碑铭语言研究》,乌鲁木齐:新疆大学出版社,1999 年。

22. 耿世民编著:《古代维吾尔文献教程》,买提热依木·沙依提整理,北京:民族出版社,2006 年。

23. 耿世民,魏萃一:《古代突厥语语法》,北京:中央民族大学出版社,2010 年。

24. 李经纬,靳尚怡,颜秀萍:《高昌回鹘文献语言研究》,乌鲁木齐:新疆大学出版社,2003 年。

25. 李增祥编著:《突厥语言学基础》,北京:中央民族大学出版社,2011 年。

26. 李增祥,买提热依木,张铁山编著:《回鹘文文献语言简志》,乌鲁木齐:新疆大学出版社,1999 年。

27. 李增祥等:《耿世民先生 70 寿辰纪念文集》,北京:民族出版社,1999 年。

28. 买提热依木·沙依提:《突厥语言学导论》,北京:民族出版社,2004 年。

29. 牛汝极:《维吾尔古文字与古文献导论》,乌鲁木齐:新疆人民出版社,1997 年。

30. 牛汝极:《回鹘佛教文献——佛典总论及巴黎所藏敦煌回鹘文佛教文献》,乌鲁木齐:新疆大学出版社,2000 年。

31. 任继愈主编:《佛教大词典》,南京:江苏古籍出版社,2002 年。

33. 杨富学:《回鹘文献与回鹘文化》,北京:民族出版社,2003 年。

34. 易坤琇、高士杰编著:《维吾尔语语法》,北京:中央民族大学出版社,1998 年。

35. 张铁山:《突厥语族文献学》,北京:中央民族大学出版社,2005 年。

36. 张铁山:《回鹘文献语言的结构与特点》,北京:中央民族大学出版社,2005 年。

37. 赵明鸣:《〈突厥语词典〉语言研究》,北京:中央民族大学出版社,2001 年。

38. 赵世杰:《维语构词法》,乌鲁木齐:新疆人民出版社,1983 年。

39. [日]庄垣内 正弘:《ロッア所藏ウイグル语文献の研究》,日本京都:京都大学大学院文学研究科,2003 年。

二、论文

1. Ingrid Warnke, Fragmente des 25, und 26, Kapitels des *Kšanti qїlɣuluq nom*

bitig, Altorientalische Forschungen10, 1983(2), pp, 243–268.

2. ［前苏联］A, M, 谢尔巴克:《新疆十至十三世纪突厥文献语言语法概论（动词部分）(续), 动词的构词法》,《突厥语研究通讯》1989 年第 2 期。

3. 阿布都那扎尔·阿布都拉:《维吾尔语构词词缀历时比较研究——以构成静词的词缀为主》,博士学位论文,中央民族大学,2009 年。

4. 阿不都热西提·亚库甫:《古代维吾尔语摩尼教文献语言结构描写研究》,博士学位论文,中央民族大学,1996 年。

5. 阿不都热西提·亚库甫:《〈福乐智慧〉语言名词的形态系统概述》,中央民族大学突厥语言文化系、中亚学研究所、维吾尔学研究所编:《突厥语言与文化研究》(第二辑),北京:中央民族大学出版社,1997 年。

6. 阿不里克木·亚森:《吐鲁番回鹘文世俗文书动词条件式研究》,《语言与翻译》2002 年第 2 期。

7. 阿依达尔·米尔卡马力,迪拉娜·伊斯拉非尔:《吐鲁番博物馆藏回鹘文〈慈悲道场忏法〉残叶研究》,《敦煌研究》2011 年第 4 期。

8. 阿依努·艾比西:《回鹘文〈金光明最胜王经〉对译同义词研究》,硕士学位论文,中央民族大学,2009 年。

9. 陈佳政:《忏法、慈悲与佛教中国化——以〈梁皇忏〉为中心》,硕士学位论文,浙江大学,2011 年。

10. 陈明:《〈福乐智慧〉的词法研究》,硕士学位论文,喀什师范学院,2008 年。

11. 陈宗振:《〈突厥语词典〉中保留在西部裕固语里的一些古老词语》,《民族语文》1992 年第 1 期。

12. 陈宗振:《再论〈突厥语词典〉中保留在西部裕固语里的一些古老词语》,《民族语文》1993 年第 1 期。

13. 邓浩:《〈突厥语词典〉名词的语法范畴及其形式》,《民族语文》1995 年第 1 期。

14. 邓浩,杨富学:《西域敦煌回鹘文献语言词法研究》,《敦煌研究》1998 年第 1 期。

15. 邓浩,杨富学:《西域敦煌回鹘文献语言中的动词及其用法》,《敦煌研究》1998 年第 4 期。

16. 邓浩,杨富学:《西域敦煌回鹘文献条件形式的演变》,《敦煌研究》1999 年第 1 期。

17. 迪丽达尔:《古代突厥语和现代维吾尔语副词的初步比较研究》, 李增祥等:《耿世民先生 70 寿辰纪念文集》,北京:民族出版社,1995 年。

18. 迪拉娜·伊斯拉非尔:《回鹘文哈密本〈弥勒会见记〉之动词词法研究》, 硕士学位论文,中央民族大学,2005 年。

19. 哈米提·扎克尔:《突厥语族诸语言词法描写中尚待解决的若干问题》, 《语言与翻译》(汉文)2002 年第 2 期。

20. 洪勇明:《试论古代突厥语造词法》,《伊犁师范学院学报》(社会科学版)2007 年第 3 期。

21. 靳尚怡:《高昌回鹘文文献语言的助词》,《语言与翻译》2002 年第 3 期。

22. 靳尚怡:《回鹘文献语言的助动词简析》, 刘志霄主编:《中国维吾尔历史文化研究论丛》(1),乌鲁木齐:新疆人民出版社,1998 年。

23. 李经纬:《浅谈高昌回鹘文献语言的连词》,《语言与翻译》2002 年第 2 期。

24. 李经纬:《回鹘文〈乌古斯可汗的传说〉kim 一词的用法》,《语言与翻译》1988 年第 1 期。

25. 李经纬:《回鹘文献语言的数量词》,《语言与翻译》1990 年第 4 期、1991 年第 1 期。

26. 李经纬:《回鹘文文献语言动词的语法形式与语法意义(一)》,《喀什师范学院学报》1996 年第 3 期。

27. 李经纬:《回鹘文文献语言动词的语法形式与语法意义(二)》,《喀什师范学院学报》1996 年第 4 期。

28. 李经纬:《回鹘文献语言动词的双功能形式》,《语言与翻译》1997 年第

2 期。

29. 李经纬,陈瑜:《回鹘文文献语言名词的格范畴》,《语言与翻译》1996 年第 2 期。

30. 李经纬,靳尚怡:《回鹘文献语言的后置词》,《语言与翻译》1995 年第 1 期。

31. 李树辉:《〈突厥语大词典〉诠释四题》,《喀什师范学院学报》1998 年第 3 期。

32. 李秀花:《〈慈悲道场忏法〉成书考》,《东方论坛》2008 年第 2 期。

33. 李增祥:《中世纪突厥语文献与现代哈萨克语的词汇》, 李增祥等:《耿世民先生 70 寿辰纪念文集》,北京:民族出版社,1995 年。

34. 刘萍:《佛教的传播对古代维吾尔语书面语的影响》,《语言与翻译》1994 年第 4 期。

35. 刘萍:《摩尼教的传播对回鹘书面语的影响》,《新疆社科论坛》1995 年第 2 期。

36. 柳元丰:《古代维吾尔语借词研究》,《喀什师范学院学报》2010 年第 4 期。

37. 买买提阿布都拉·艾则孜:《回鹘文〈两王子的故事〉语言词法系统研究》,硕士学位论文,新疆大学,2011 年。

38. 买提热依木:《古代突厥语的构词词缀》,中央民族大学突厥语言文化系、中亚学研究所、维吾尔学研究所编:《突厥语言与文化研究》(第二辑),北京:中央民族大学出版社,1997 年。

39. 牛汝极:《敦煌吐鲁番回鹘佛教文献与回鹘语大藏经》,《西域研究》2002 年第 2 期。

40. 帕丽达·阿木提:《古代维吾尔语的构词系统及其实用价值》, 李增祥等:《耿世民先生 70 寿辰纪念文集》,北京:民族出版社,1995 年。

41. 热孜娅·努日:《回鹘文哈密本〈弥勒会见记〉名词研究》,硕士学位论文,中央民族大学,2006 年。

42. 热孜娅·努日:《回鹘文〈常啼菩萨求法故事〉研究》,博士学位论文,中央民族大学,2009 年。

43. 沈利元:《回鹘文〈佛教徒忏悔文〉译释》,《喀什师院学报》1994 年第 3 期。

44. 吴超:《中国藏黑水城汉文文献所见〈慈悲道场忏法〉考释》,《赤峰学院学报》2011 年第 8 期。

45. 心净:《关于"梁皇宝忏"》,《佛教文化》2005 年第 3 期。

46. [德]颜思·维尔金斯:《吐鲁番博物馆藏回鹘语〈慈悲道场忏法〉两残页研究》,王丁译,殷晴主编:《吐鲁番学新论》,乌鲁木齐:新疆人民出版社,2006年。

47. 杨富学:《回鹘佛教徒忏悔文及其特色》,刘光华主编:《谷苞先生 90 华诞纪念文集》,兰州:兰州大学出版社,2007 年。

48. 杨志高:《英藏西夏文〈慈悲道场忏法〉误定之重考》,《宁夏社会科学》2008 年第 2 期。

49. 杨志高:《西夏文〈慈悲道场忏罪法〉卷二残叶研究》,《民族语文》2009 年第 1 期。

50. 杨志高:《俄藏本和印度出版的西夏文〈慈悲道场忏罪法〉叙考》,《图书馆理论与实践》2009 年第 12 期。

51. 杨志高:《中英两国的西夏文〈慈悲道场忏罪法〉藏卷叙考》,《宁夏师范学院学报》2010 年第 1 期。

52. 杨志高:《西夏文〈慈悲道场忏罪法〉第七卷两个残品的补证译释》,《西南民族大学学报》2010 年第 4 期。

53. 杨志高:《国图藏西夏文〈慈悲道场忏法〉卷八译释(一)》,杜建录主编:《西夏学》(第 5 辑),上海:上海古籍出版社,2010 年。

54. 杨志高:《国家图书馆藏西夏文〈慈悲道场忏法序〉译考》,杜建录主编:《西夏学》(第 8 辑),上海:上海古籍出版社,2012 年。

55. 叶少钧:《试论十一世纪维吾尔语词的构成——学习〈突厥语大辞典〉》,《喀什师范学院学报》1985 年第 3 期。

56. 叶少钧:《宗教与回鹘语言》,《喀什师范学院学报》(社会科学版)1999年第 3 期。

57. 印顺:《鬼与地狱·经忏法事——中国佛教琐谈(二)》,《法音》2005 年第 9 期。

58. 张定京:《语法范畴与词法、句法——突厥语言语法范畴问题》,《中央民族大学学报》1999 年第 2 期。

59. 张铁山:《莫高窟北区 B128 窟出土回鹘文〈慈悲道场忏法〉残叶研究》,《民族语文》2008 年第 1 期。

60. 张铁山:《吐鲁番柏孜克里克出土两叶回鹘文〈慈悲道场忏法〉残叶研究》,《民族语文》2011 年第 4 期。

61. 张铁山:《〈突厥语词典〉词汇统计研究》,中央民族大学少数民族语言文学学院编委会编:《中国民族语言论丛》(二),昆明:云南民族出版社,1997 年。

62. 张铁山:《〈突厥语词典〉名词构词附加成分统计研究》,《中央民族大学学报》1997 年第 5 期。

63. 张铁山:《〈突厥语词典〉动词构词附加成分电脑统计分析》,《民族语文》1998 年第 2 期。

64. 赵永红:《论佛教文化对回鹘语词汇的影响》,中央民族大学少数民族语言文学学院编委会编:《中国民族语言论丛》(二),昆明:云南民族出版社,1997 年。

65. 赵永红:《试论高昌回鹘王国时期回鹘文文献语言词汇的发展变化》,中央民族大学突厥语言文化系、中亚学研究所、维吾尔学研究所编:《突厥语言与文化研究》(第二辑),北京:中央民族大学出版社,1997 年。

66. 赵永红:《回鹘文献语言词汇的特点》,《语言与翻译》2005 年第 2 期。

67. 赵明鸣:《关于〈突厥语词典〉中的一种宾格附加成分-n》,《民族语文》1998 年第 6 期。

68. 赵明鸣:《〈突厥语词典〉中的一种宾格附加成分-I 考》,《民族语文》

1999 年第 3 期。

69. 赵明鸣:《〈突厥语词典〉动词态范畴研究》,《新疆大学学报》1999 年第 4 期。

70. 赵明鸣:《〈突厥语词典〉动词反身态研究》,《民族语文》1999 年第 6 期。

71. 赵明鸣:《〈突厥语词典〉动词态特殊附加成分研究》,《语言与翻译》1999 年第 4 期。

72. 赵明鸣:《〈突厥语词典〉语言构形及构词附加成分研究》,郎樱主编:《中国维吾尔历史文化研究论丛》(3),北京:民族出版社,2003 年。